# 道路建筑材料

(第2版)

**主　编**　袁　捷
**副主编**　黄成福　李　捷

西南交通大学出版社
·成　都·

```
------------------------------------------------
图书在版编目（CIP）数据

道路建筑材料 / 袁捷主编. —2 版. —成都：西
南交通大学出版社，2018.1（2024.1 重印）
ISBN 978-7-5643-6042-9

Ⅰ. ①道… Ⅱ. ①袁… Ⅲ. ①道路工程 – 建筑材料 –
高等职业教育 – 教材 Ⅳ. ①U414

中国版本图书馆 CIP 数据核字（2018）第 024799 号
------------------------------------------------
```

**道路建筑材料**
（第 2 版）

主　　编 / 袁　捷　　　　　　责任编辑 / 孟苏成
　　　　　　　　　　　　　　　封面设计 / 何东琳设计工作室

西南交通大学出版社出版发行
（四川省成都市二环路北一段 111 号西南交通大学创新大厦 21 楼　610031）
发行部电话：028-87600564　　　028-87600533
网址：http://www.xnjdcbs.com
印刷：成都蓉军广告印务有限责任公司

成品尺寸　185 mm × 260 mm
印张　19.5　　字数　487 千
版次　2018 年 1 月第 2 版　　印次　2024 年 1 月第 13 次

书号　ISBN 978-7-5643-6042-9
定价　48.00 元

课件咨询电话：028-81435775
图书如有印装质量问题　本社负责退换
版权所有　盗版必究　举报电话：028-87600562

# 再版前言

2006年夏，四川、青海、甘肃、湖南、山西、山东六省的交通职业技术学院公路与桥梁专业的教师在成都共同商讨，编写一套适合高职高专公路与桥梁专业教学的教材。教材编写贯彻"删繁就简、知识整合、突出技能、够用为度"的原则，《道路建筑材料》就是该套教材其中的一本。

本教材第1版于2007年8月出版，经过全国许多交通职业院校近10年时间的教学实践检验，本教材得到了相关院校师生的肯定和好评。

在全国交通土建高职高专规划教材编审委员会的统一协调下，根据"十三五"国家级土建教材的编写要求，在充分吸取各院校和工程单位意见的基础上对本教材进行了重新编写。

在编写中坚持贯彻国家示范性高职院校办学的新理念。"知行合一、项目贯通、三合三段"，校企共同研究交通土建行业的发展和不同岗位的典型工作任务，从高职道路桥梁工程技术专业工作任务与职业能力中的材料试验检测能力出发，以学生职业能力和基本知识的培养为主线，以国家标准、行业规范和规程为依据，以职业岗位工作任务为切入点进行编写。

本教材的主要特点有：

1. 从企业需求出发，重塑教学目标

本教材是从企业的需要及学生职业发展出发，让学生通过专业学习，能够切实找到自己的职业发展方向或能更好地适应未来企业的用人需要。

2. 从人才培养的目标出发，重整教学内容

根据道路桥梁工程技术专业人才培养目标，与企业合作进行职业岗位分析，确定道路桥梁工程技术专业岗位和岗位群，根据行动体系重新构建学习领域，以工作过程为导向培养学生的知识和能力。

"道路建筑材料"是道路桥梁工程技术及其相关专业的一门技术基础课，是实践性很强的一门课程。在编写中，不仅注重基础知识的阐述，更注重理论联系实际，书中列举了大量与工程实践紧密结合的例题，每章后面的思考题与习题也大多与工程实际紧密相关，每章后还有相关的试验，这有助于对学生基本能力的培养，提高学生的动手能力，为其毕业后的就业打下坚实的基础。

在编写过程中，采用了目前我国颁布的道路建筑材料方面的最新标准、规范，对国内外的有关建筑材料方面的最新成就也作了一些介绍。本书主要介绍道路建筑材料的技术性能和工程应用的系统知识，着重阐述道路建筑材料的基本知识和基本理论。全书共分八章，分别介绍了砂石材

料、石灰和水泥、路基填筑材料——土、水泥混凝土和砂浆、沥青材料、沥青混合料、钢材、工程高分子聚合物材料。

本书由青海交通职业技术学院袁捷担任主编，甘肃交通职业技术学院黄成福、青海交通职业技术学院李捷担任副主编。参加各章编写工作的分别为：绪论、第五章袁捷；第一、六章湖南交通职业技术学院姜晖、李良（中国建筑第五工程局湖南事业部）；第二、四章黄成福；第三章李捷；第七、八章山东交通职业学院邴磊。

本书在编写过程中，参考了一些有关道路建筑材料方面的文献、资料和书籍，在此，谨向这些文献、资料和书籍的作者表示敬意和感谢。

由于编者水平所限，书中疏漏和不妥之处在所难免，敬请读者不吝指正。

编 者
2018 年 1 月

# 目 录

绪 论 ························································································································· 1

## 第一章 砂石材料 ······································································································ 4
第一节 天然石料 ····································································································· 4
第二节 石料的技术性质和技术标准 ········································································· 8
第三节 集料的技术性质和技术要求 ······································································· 15
小 结 ··················································································································· 24
思考题与习题 ········································································································· 25
试验1.1 岩石单轴抗压强度试验 ············································································ 27
试验1.2 粗集料及集料混合料筛分试验 ·································································· 28
试验1.3 粗集料密度及吸水率试验（网篮法） ························································ 31
试验1.4 粗集料堆积密度及空隙率试验 ·································································· 33
试验1.5 粗集料压碎值试验 ··················································································· 35
试验1.6 细集料筛分试验 ······················································································ 36
试验1.7 细集料表观密度试验（容量瓶法） ···························································· 38
试验1.8 细集料堆积密度及紧装密度试验 ······························································· 39

## 第二章 石灰和水泥 ································································································· 41
第一节 石 灰 ······································································································ 41
第二节 硅酸盐水泥与普通硅酸盐水泥 ··································································· 47
第三节 掺混合材料的硅酸盐水泥 ·········································································· 56
第四节 其他品种水泥 ··························································································· 62
小 结 ··················································································································· 64
思考题与习题 ········································································································· 65
试验2.1 石灰有效氧化钙及氧化镁的测定 ······························································ 65
试验2.2 水泥细度试验（80 μm 筛筛析法） ·························································· 70
试验2.3 水泥标准稠度用水量与凝结时间试验 ······················································· 71
试验2.4 水泥安定性的测定 ··················································································· 74
试验2.5 水泥胶砂强度检验方法（ISO 法） ··························································· 76

## 第三章 路基填筑材料——土 ···················································································· 80
第一节 土的三相组成 ··························································································· 80
第二节 土的物理性质指标和物理状态指标 ···························································· 86
第三节 土的动力特性与击实试验 ·········································································· 96
第四节 稳定土 ······································································································ 98
小 结 ·················································································································· 105

思考题与习题 106
　　　试验3.1　T 0115—1993 颗粒分析试验（筛分法） 107
　　　试验3.2　T 0103—1993 土的含水率试验（烘干法） 109
　　　试验3.3　T 0104—1993 土的含水率试验（酒精燃烧法） 111
　　　试验3.4　T 0107—1993 土的密度试验（环刀法） 112
　　　试验3.5　T 0112—1993 土的比重试验（比重瓶法） 114
　　　试验3.6　T 0118—2007 液限和塑限联合测定法（界限含水率试验） 115
　　　试验3.7　T 0131—2007 击实试验（土的击实试验） 118
　　　试验3.8　T 0805—2007 无机结合料稳定土的无侧限抗压强度试验 123

**第四章　水泥混凝土和砂浆** 127
　　第一节　水泥混凝土的分类 127
　　第二节　水泥混凝土对组成材料的技术要求 135
　　第三节　水泥混凝土的技术性质 143
　　第四节　普通水泥混凝土的组成设计 155
　　第五节　普通水泥混凝土的质量控制 169
　　第六节　混凝土外加剂 171
　　第七节　建筑砂浆 173
　　小　　结 179
　　思考题与习题 179
　　　试验4.1　水泥混凝土拌和物的拌和与现场取样方法 181
　　　试验4.2　混凝土拌和物坍落度试验 182
　　　试验4.3　混凝土拌和物维勃稠度试验 184
　　　试验4.4　水泥混凝土毛体积密度试验 185
　　　试验4.5　水泥混凝土抗压强度试验 186
　　　试验4.6　水泥混凝土抗折强度试验 187
　　　试验4.7　砂浆稠度试验 189
　　　试验4.8　砌筑砂浆抗压强度试验 190

**第五章　沥青材料** 192
　　第一节　沥青及其分类 192
　　第二节　石油沥青 193
　　第三节　石油沥青的技术性质 198
　　第四节　煤沥青 205
　　第五节　乳化沥青 207
　　第六节　其他沥青 210
　　小　　结 213
　　思考题与习题 214
　　　试验5.1　沥青针入度试验 214
　　　试验5.2　沥青延度试验 217
　　　试验5.3　沥青软化点试验（环球法） 219
　　　试验5.4　沥青脆点试验（弗拉斯法） 222

| 试验 5.5 | 沥青与粗集料的黏附性试验 | 224 |
| 试验 5.6 | 沥青标准黏度试验 | 226 |

## 第六章 沥青混合料 ... 229
第一节　沥青混合料的分类 ... 229
第二节　沥青混合料的组成结构和强度理论 ... 232
第三节　沥青混合料的技术性质 ... 236
第四节　沥青混合料对组成材料的要求 ... 243
第五节　沥青混合料的组成设计 ... 247
小　　结 ... 266
思考题与习题 ... 267
试验 6.1　沥青混合料取样法 ... 270
试验 6.2　沥青混合料试件制作方法（击实法） ... 272
试验 6.3　压实沥青混合料密度试验（表干法） ... 275
试验 6.4　沥青混合料马歇尔稳定度试验 ... 278
试验 6.5　沥青混合料车辙试验 ... 280

## 第七章 钢材 ... 283
第一节　钢材的分类和制品 ... 283
第二节　钢的技术性质和技术标准 ... 284
第三节　钢的冷加工和热处理 ... 289
小　　结 ... 291
思考题与习题 ... 291
试验 7.1　冷弯试验 ... 291

## 第八章 工程高分子聚合物材料 ... 293
第一节　概　述 ... 293
第二节　土工布 ... 295
第三节　高分子合成树脂 ... 297
第四节　高分子聚合物改性水泥混凝土 ... 298
第五节　高分子聚合物改性沥青混合料 ... 299
思考题与习题 ... 302

## 参考文献 ... 303

# 绪　论

随着交通运输基础设施建设规模的迅速发展以及交通量和车辆荷载与日俱增，对道路路面工程与桥梁结构工程的使用性能要求也在不断提高。为了保证和提高路桥工程结构的使用质量，降低工程建设造价，使建筑材料的选择更趋合理、耐用和经济，从事相关专业的工程技术人员应该全面了解和掌握道路建筑材料的基本概念与理论、技术性能与质量要求、检测手段方面的系统知识。

## 一、"道路建筑材料"课程的任务和学习内容

"道路建筑材料"是公路与桥梁专业的一门技术基础课，是研究道路与桥梁建筑材料性能的一门科学。

工程实体是由建筑材料修筑而成的。在道路桥梁建筑中要使用大量的建筑材料，通常用于材料的费用要占工程总造价的50%以上，某些重要工程甚至可达70%～80%。材料质量的优劣、能否正确合理地使用建筑材料，直接关系到整个工程的质量好坏和造价的高低。作为土建工程技术人员，如缺乏建筑材料的知识，要做到工程设计和施工的安全、经济、合理是不可能的。因此，"道路建筑材料"是公路与桥梁专业的一门重要的技术基础课。该课程的任务是研究道路桥梁中各种材料的技术性能，掌握材料质量的检测方法，合理地选用和配制建筑材料。

"道路与建筑材料"课程的学习内容主要是道路与桥梁建筑工程常用材料的技术性能及检测方法、各种材料的内部组成结构及其与技术性能的关系、产源或加工工艺对材料品质的影响，以及各种材料在性能方面存在的问题和改善的途径。

本书讲述的主要内容有：

1. 石料与集料

石料与集料包括人工开采的岩石或轧制的碎石、天然砂砾石及各种性能稳定的工业冶金矿渣，如煤渣、高炉渣和钢渣等，这类材料是公路与桥梁工程结构中使用量最大的一宗材料。其中尺寸较大的块状石料经加工后，可以直接用于砌筑道路、桥梁工程结构及附属构造物；性能稳定的岩石集料可制成沥青混合料或水泥混凝土，用于铺筑沥青路面或水泥路面，也可直接用于铺筑道路基层、垫层或低等级道路面层；一些具有活性的矿质材料或工业废渣，如粒化高炉矿渣、粉煤灰等经加工后可作为水泥原料，也可以作为水泥混凝土和沥青混合料中的掺和料使用。

2. 结合料和聚合物类

沥青、水泥和石灰等是道路建筑材料中常用的结合料，它们的作用是将松散的集料颗粒

胶结成具有一定强度和稳定性的整体材料。此外，塑料（合成树脂）、橡胶和纤维等聚合物材料，除了可用作混凝土路面的填缝料外，也可以作为结合料配制改性沥青、制作聚合物水泥混凝土等，用于改善道路建筑材料的技术性能。

3. 水泥混凝土与砂浆

水泥混凝土是由水泥与矿质集料组成的复合材料，具有较高的强度和刚度，能承受较繁重的车辆荷载作用，故主要用于桥梁结构和高等级道路面层结构。水泥砂浆主要由水泥和细集料组成，用于砌筑和抹面结构物中。

4. 无机结合料稳定类混合料

无机结合料稳定类混合料是以石灰（粉煤灰）、少量水泥（石灰）或土壤固化剂作为稳定材料，将松散的土、碎砾石集料稳定、固化形成的复合材料，具有一定的强度、板体性和扩散应力的能力，但耐磨性和耐久性略差，通常用于高等级道路路面基层结构或低等级道路面层结构。

5. 沥青混合料

沥青混合料是由矿质集料和沥青材料组成的复合材料，具有较高的强度、柔韧性和耐久性，所铺筑的沥青路面连续、平整、具有弹性和柔韧性，适合于车辆的高速行驶，是高等级道路特别是高速公路和城市快速路面层结构及桥梁桥面铺装层的重要材料。

6. 其他道路建筑材料

在道路或桥梁工程结构中，其他常用材料包括钢材、填缝料等。钢材主要应用于桥梁结构及钢筋混凝土结构中；填缝料则主要应用于水泥混凝土路面接缝构造中。

## 二、建筑材料在道路与桥梁工程中应具备的性质

道路与桥梁都是无遮盖而裸露于大自然的结构物，除了承受频繁的车辆荷载作用外，还要承受各种自然因素的综合作用。因此，对于修筑它的建筑材料，除了有良好的力学强度外，还应有抵抗各种自然因素破坏的能力，即在各种自然因素的长时期恶劣影响下，材料的综合力学性能不产生明显的衰减。因此，要求道路建筑材料必须具备以下几方面的技术性质：

1. 力学性质

力学性质是指材料抵抗车辆荷载综合作用的性能。这些综合作用主要是拉力、压力、弯曲、剪切、磨耗、冲击等多种类型的受力状态。在这些受力状态中，对具体的某一构件来讲，通常只受一种或两种主要力的作用。而对于某一种建筑材料通常也是某一方面的力学性能较好。因此，应根据构件的受力状态，合理地选用建筑材料。如桥墩，其主要受力为压力，因此，应选用抗压强度较高的材料，如石料、水泥混凝土等。

2. 物理性质

物理性质是指材料在温度、湿度等自然因素的影响下，其力学性能的变化程度。对于一般的材料，当温度或湿度发生变化时，其力学性能也会发生相应的变化。如沥青材料在夏季气温升高时，其力学强度会明显下降；浸水的水泥混凝土，当气温在 0°C 以下时，会因冰冻

而胀裂等。因此，物理性能良好的建筑材料应是在各种自然因素变化的情况下，其力学强度变化不大的材料。

### 3. 化学性质

化学性质是材料抵抗各种周围环境对其化学作用的性能。道路与桥梁的结构物经常要受到周围环境的化学侵蚀，如浸在工业废水或海水中的桥墩等水泥混凝土结构物，由于水中含有$SO_4^{2-}$、碳酸、镁盐等有害物质，极易与水泥混凝土中的矿物成分起化学反应，使水泥混凝土的强度遭到破坏。又如沥青由于受日光紫外线的综合作用，引起化学组分的转化，使沥青材料逐渐"老化"，等等。因此，用于道路与桥梁的建筑材料应该具有抵抗自然界化学腐蚀的能力。

### 4. 工艺性质

工艺性质是指材料能够按照一定的工艺流程加工制造的特性。道路与桥梁的构件通常要做成各种各样的形状，因此建筑材料应有一定的加工性能。如水泥混凝土应有良好的可塑性，钢筋应便于弯曲、焊接等。

## 三、道路建筑材料的性能检测与技术标准

### 1. 材料的性能检测

道路建筑材料的基本技术性质需要通过适当的检测手段来确定，材料性能的检测方法应能够反映实际结构中材料的受力状态，所得到的试验数据和技术参数应能够表达材料的技术特性，并具有重复性与可比性。为此，材料性能检测应按照当前技术标准中规定的标准程序进行，以保证试验结果的科学性、公正性和权威性。

根据工程重要性与材料试验规模，材料的检测层次分为：

（1）试验室原材料与混合料的性能测定。

（2）试验室模拟结构物的性能测定。

（3）现场足尺寸结构物的性能测定。

### 2. 技术标准

材料的技术标准是有关部门根据材料自身固有特性，结合研究条件和工程特点，对材料的规格、质量标准、技术指标及相关的试验方法所做出的详尽而明确的规定。科研、生产、设计与施工单位，应以这些标准为依据进行道路建筑材料的性能评价、生产、设计和施工。

目前我国的建筑材料标准分为：国家标准、行业标准、地方标准和企业标准等四类。国家标准是由国家标准化管理委员会颁布的，简称"国标"，代号GB；行业标准由国务院有关行政主管部门制定和颁布；企业标准适用于本企业，凡没有制定国家标准或行业标准的材料或制品，均应制定企业标准。

国际上较有影响的技术标准有：国际标准（ISO）、美国材料试验学会标准（ASTM）、日本工业标准（JIS）和英国标准（BS）等。

随着科技的不断进步，检测手段和测试设备功能的提高，材料的试验规程和技术标准也在不断地变化，这就要求我们不断地学习新的试验方法和技术标准，积极探索改善材料性能的新途径。

# 第一章　砂石材料

### 知识目标

1. 掌握岩石的定义，了解岩石的分类及矿物组成；
2. 掌握石料与集料的技术性质和技术要求，及其在工程中的应用。

### 能力目标

1. 能对集料的常规性能指标进行检测和处理；
2. 能熟练操作石料抗压强度试验；
3. 能合理选择工程中的砌体材料。

### 引　言

砂石材料是道路与桥梁建筑中用量最大的一种建筑材料，它可以直接用于道路或桥梁的圬工结构，亦可作为水泥混凝土、沥青混合料的集料。用作道路与桥梁的砂石材料都应具备一定的技术性质，以适应不同工程的技术要求。

砂石材料包括天然石料、人工轧制的集料以及工业冶金矿渣等，下面将对天然石料和集料的技术性质予以论述。

## 第一节　天然石料

天然石料是采自地壳，经加工或未经加工的岩石。

天然石料是最古老的路桥材料之一。河北的赵州桥、福建泉州的洛阳桥以及万里长城等，均为我国古代著名的砖石结构物。天然石料具有较高的抗压强度，良好的耐久性和耐磨性，部分岩石品种经加工后还可以获得独特的装饰效果，且资源分布广，便于就地取材，因而得到广泛应用。但石料脆性大、抗拉强度低、自重大，石结构的抗震性差，加之岩石开采加工较困难，价格高等因素，石料作为路桥材料已逐渐被混凝土所取代。

### 一、造岩矿物

岩石是由各种不同地质作用所形成的天然固态矿物组成的集合体。组成岩石的矿物称为造岩矿物，目前发现的造岩矿物有3 300多种。由一种矿物构成的岩石称为单矿岩（如石灰岩），这种岩石的性质由其矿物成分及结构构造决定。由两种或更多种矿物构成的岩石称为多矿岩（如花岗岩）。

不同造岩矿物和成岩条件使得各类天然岩石具有不同的结构和构造特征。石料的物理力学性质在很大程度上取决于天然岩石的矿物成分，以及这些矿物在岩石中的结构与构造。几种具有代表性的矿物见表 1.1。

表 1.1 几种具有代表性的矿物

| 矿物名称 | 化学组成 | 外观特征 | 特 性 | 常见岩石代表 |
| --- | --- | --- | --- | --- |
| 石英 | 结晶二氧化硅 | 白色、乳白色或灰色 | 质地非常坚硬 | 花岗岩、砂岩 |
| 长石 | 结晶碳酸岩 | 白、浅灰、红色、青、暗灰 | 质地较石英偏低，易风化成高岭土 | 花岗岩 |
| 云母 | 结晶片状含水铝硅酸盐 | 无色透明、黑色 | 易解离成片状，降低岩石的耐久性、强度 | 花岗岩 |
| 方解石 | 结晶碳酸钙 | 白色 | 易溶于含二氧化碳的水中，被酸分解 | 石灰岩 |

## 二、岩石分类

岩石的性质除了与构成岩石的矿物有关之外，还取决于不同的成岩条件。根据成岩条件，按地质分类法，天然岩石可分成 3 类：岩浆岩、沉积岩、变质岩。

1. 岩浆岩

岩浆岩又称火成岩。它是地壳深处熔融的岩浆在地下或喷出地面后，经冷凝而成的岩石。岩浆岩是组成地壳的主要岩石，占地壳总量的 89%。根据岩浆冷却情况的不同，岩浆岩可分为深成岩、喷出岩和火山岩 3 种。

深成岩是岩浆在地壳深处受到很大的上部覆盖压力作用，缓慢且较均匀地冷却而成的岩石。其特点是体积密度大、孔隙率及吸水率小、抗压强度高、抗冻性及耐磨性好。路桥常用的深成岩有花岗岩、正长岩、闪长岩等。

喷出岩是岩浆喷出地表时，在压力降低和迅速冷却的条件下而形成的岩石。路桥常用的喷出岩有玄武岩、辉绿岩、安山岩等。玄武岩和辉绿岩十分坚硬，难以加工，常用作耐酸或耐热材料，也是制造铸石和岩棉的原料。

火山岩是火山爆发时，岩浆被喷射到空中，经急速冷却后落下而形成的岩石。路桥工程中常用的火山岩有火山灰、浮石、火山凝灰岩等。火山灰可作为生产水泥的混合材料及混凝土的掺和料；浮石可作为配制轻骨料混凝土的轻骨料。

2. 沉积岩

沉积岩又称水成岩。它是由露出地表的各种岩石（母岩）经自然风化、风力搬迁、流水冲移等作用后，再沉积堆积在地表及离地表不太深处形成的岩石。沉积岩的体积密度小，密实度较差，吸水率较大，强度较低，耐久性也较差。但由于分布广，加工较容易，因此应用也比较广。

根据沉积岩的生成条件，可分为机械沉积岩、化学沉积岩和生物沉积岩 3 种。

机械沉积岩是由自然风化而逐渐破碎松散的岩石及砂等，经风、雨、冰川、沉积等机械作用而重新压实或胶结而成的岩石。路桥工程中常用沉积岩为砂岩，硅质砂岩的性能接近于花岗岩，可用作纪念性建筑及耐酸工程；钙质砂岩的性质类似于石灰岩，较易加工，应用较广，可作基础、踏步、人行道等；而黏土质砂岩浸水易软化，工程中很少使用。

化学沉积岩是由溶解于水中的矿物质经聚积、反应、重结晶等形成的岩石，如石膏岩、白云岩等。

生物沉积岩是由各种有机体的残骸沉积而成的岩石。石灰岩是建筑工程中用途最广、用量最大的生物沉积岩，它不仅是制造石灰和水泥的主要原料，而且也是普通混凝土常用的集料；石灰岩还可以砌筑基础、勒脚、拱、柱、路面、挡土墙等。

### 3. 变质岩

变质岩是由原有岩石在地壳运动过程中，受到地壳内部高温、高压的作用，使岩石原有的结构发生变化，产生熔融再结晶作用而形成的岩石。根据变质岩的原有岩石的不同，可分为正变质岩和副变质岩两种。

正变质岩是由岩浆岩变质而成的岩石，如片麻岩等，工程中常用作碎石、块石及人行道石板等。副变质岩是由沉积岩变质而成的岩石，工程中常用的有大理岩、石英岩等。

岩浆岩、沉积岩、变质岩的特征见表1.2。

表 1.2　三类岩石的特征

| 类　型 | | 成　因 | 矿物结构与构造 | 常见代表岩石 |
| --- | --- | --- | --- | --- |
| 岩浆岩 | 深成岩 | 由地壳深处的岩浆冷凝而成 | 结晶体和块状构造、结构致密 | 花岗岩、正长岩 |
| | 喷出岩 | 由岩浆喷出地面后凝而成 | 呈隐晶质或玻璃质结构 | 玄武岩、安山岩 |
| 沉积岩 | | 母岩风化后的物质经水流搬运、沉积、硬结而成 | 颗粒物质和胶结物质组成，大多呈现层理构造 | 石灰岩、砂岩、石膏 |
| 变质岩 | | 经地壳内部高温、高压等多种过程综合作用，岩石矿物重新再结晶变质后而形成 | 结构与变质经历有关。如受到高压作用再结晶后的变质岩质地紧密；相反则变质后形成片状结构 | 大理岩、石英岩、片麻岩 |

## 三、常见岩石种类

花岗岩是岩浆岩中分布较广的一种岩石，主要由长石、石英和少量云母（或角闪石等）组成，具有致密的结晶结构和块状构造。其颜色一般为灰白、微黄、淡红等；由于结构致密，其孔隙率和吸水率很小，表观密度大于 2 700 kg/m³；抗压强度达 120～250 MPa；抗冻性达 100～200 次冻融循环；耐风化，使用期为 75～200 年；对硫酸和硝酸的腐蚀具有较强的抵抗性。表面经琢磨加工后光泽美观，是优良的装饰材料。在土木工程中花岗岩常用作基础、闸坝、桥墩、台阶、路面、墙石和勒脚及纪念性土建结构物等。但在高温作用下，由于花岗岩内的石英膨胀，引起石材破坏，其耐火性不好。

玄武岩是喷出岩中最普通的一种，颜色较深，常呈玻璃质或隐晶质结构，有时也呈多孔状或斑形构造。硬度高，脆性大，抗风化能力强，表观密度为 2 900～3 500 kg/m³，抗压强度为 100～500 MPa，常用作高强混凝土的骨料，道路路面的抗滑表层等。

石灰岩是沉积岩中最普通的一种，通常为灰白色、浅白色，常因含有杂质而呈现深灰、灰黑、浅黄、浅红，表观密度为 2 600～2 800 kg/m³，抗压强度为 20～160 MPa，吸水率为 2%～

10%。其主要化学成分为 $CaCO_3$，主要矿物成分是方解石。但常含有白云石、菱镁硬矿、石英、蛋白石、含水量铁矿物及黏土等。因此，石灰石的化学成分、矿物组成、致密程度以及物理性质等差别甚大。石灰岩来源广、硬度低、易劈裂、便于开采，具有一定的强度和耐久性，因而广泛用于土木工程中。块石可作基础、墙身、阶石及路面等，碎石是常用的水泥混凝土和沥青混凝土的骨料。此外，它也是生产水泥和石灰的主要原料。

砂岩主要是由石英砂或石灰岩等细小碎屑经沉积并重新胶结而成的岩石。它的性质取决于胶结物的种类及胶结的致密程度。以氧化硅胶结而成为硅质砂岩；以碳酸钙胶结而成为石灰质砂岩；还有铁质砂岩和黏土质砂岩。砂岩的主要矿物为石英，次要矿物有长石、云母及黏土等，致密的硅质砂岩其性能接近于花岗岩，密度大、强度高、硬度大、加工较困难，可用于纪念性土木工程及耐酸工程等；钙质砂岩的性质类似于石灰岩，抗压强度为 60~80 MPa，加工较易，应用较广，可作基础、踏步、人行道等，但不耐酸的侵蚀；铁质砂岩的性能比钙质砂岩差，其密实者可用于一般土木工程；黏土质砂岩浸水易软化，土木工程中一般不用。

石英岩是由硅质砂岩变质而成，晶体结构、岩体均匀致密，抗压强度大(250~400 MPa)，耐久性好。但硬度大、加工困难，常用作耐磨耐酸的装饰材料。

大理岩又称大理石，是由石灰岩或白云岩经高温高压作用，重新结晶变质而成。表观密度为 2 500~2 700 kg/m³，抗压强度为 50~140 MPa，耐用年限为 30~100 年。

大理石构造致密，密度大，但硬度不大，易于分割。纯大理石常呈雪白色，含有杂质时，呈现黑、红、黄、绿等各种色彩。锯切、雕刻性能好，磨光后非常美观，可用于高级土木工程物的装饰工程。我国的汉白玉、丹东绿切花白、红奶油、墨玉等大理石均为世界著名的高级土木工程装饰材料。

路桥工程中常用岩石类型见表 1.3。

表 1.3 路桥工程中常用岩石类型

| 类型 | 矿物组成 | 外观色泽 | 性能 | 用途 |
| --- | --- | --- | --- | --- |
| 花岗岩 | 石英、长石、云母 | 多种色泽，如深青、浅灰、黄、红等 | 结构密实、密度大、抗压强高、耐久性好 | 基础、桥墩、堤坝、阶石、路面、海港结构、基座、勒脚、窗台、装饰石材等 |
| 玄武岩 | 辉石、斜长石、橄榄石 | 暗色矿物 | 硬度高、脆性大、耐久性好 | 作为承重和饰面材料 |
| 石灰岩 | 方解石，少量白云石、黏土 | 大多呈浅灰色 | 质地细密、坚硬、抗风化 | 墙身、桥墩、基础、阶石、路面及石灰、粉刷材料原料等 |
| 砂岩 | 石英，少量长石、方解石、云母等 | 灰色、白色或红色 | 硅质砂岩密实、坚硬、耐久性好；其他砂岩性能较差 | 基础、墙身、衬面、阶石、人行道、纪念碑及其他装饰石材等 |
| 石英岩 | 结晶氧化硅 | 色泽较浅 | 质地坚硬、强度高 | 砌筑工程 |

## 四、岩石的酸碱性

根据石料组成中二氧化硅成分含量的多少，将岩石分成不同酸碱性石料。

表 1.4 中的亲水系数表明石料对水亲和力的大小。亲水系数越大，说明石料与水的结合

程度越高,相对应与沥青的结合力就越弱,所以石料的酸碱性直接影响到石料和沥青构成的混合料的性质。

表 1.4 岩石的酸碱性

| 类 型 | 二氧化硅含量/% | 代表岩石 | 亲水系数 |
| --- | --- | --- | --- |
| 酸性石料 | >65 | 石英岩 | 1.06 |
| 中性石料 | 52~65 | 闪长岩 | — |
| 碱性石料 | <52 | 石灰岩 | 0.79 |

# 第二节 石料的技术性质和技术标准

## 一、石料的技术性质

石料的技术性质,主要从物理性质、力学性质和化学性质3个方面进行评价。

### (一)物理性质

石料的物理性质包括:物理常数(如真实密度、毛体积密度和孔隙率等)、吸水性(如吸水率、饱水率)和抗冻性。

**1. 物理常数**

石料的物理常数是石料矿物组成结构状态的反映,它与石料的技术性质有着密切的关系。石料的内部组成结构主要是由矿质实体和孔隙(包括与外界连通的开口孔隙和不与外界连通的闭口孔隙)所组成,如图1.1(a)所示。各部分质量与体积的关系如图1.1(b)所示。

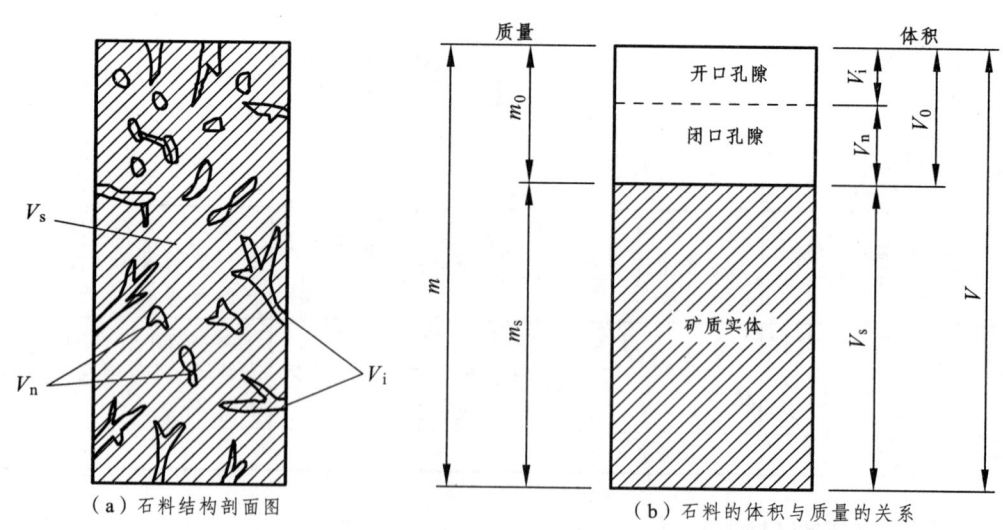

(a)石料结构剖面图　　(b)石料的体积与质量的关系

图 1.1 石料组成部分的质量与体积关系示意图

$V_s$—矿质实体体积;$V_n$—闭口孔隙体积;$V_i$—开口孔隙体积;$V$—石料毛体积;
$m_s$—矿质实体质量;$m_0$—石料的孔隙质量;$m$—石料的总质量

物理常数主要指石料的密度和孔隙率，此类常数能够直接影响到石料的力学性质，也是将石料用于混合料配合比设计的参数之一。

1）密　度

密度定义为在规定条件下（大多指规定的温度），石料矿质实体单位体积的质量。由于石料在组成结构上或多或少存在着孔隙，而孔隙又分为与外界连通的开口孔隙和与外界不连通的闭口孔隙，所以石料（包括集料）的密度就有数种不同形式。

（1）真实密度。真实密度是指在规定条件下，烘干石料矿质实体单位真实体积（不包括孔隙体积）的质量，按照式（1-1）计算。

$$\rho_t = \frac{m_s}{V_s} \tag{1-1}$$

式中：$\rho_t$——石料的真实密度，g/cm³；
$\quad m_s$——石料矿质实体的质量，g；
$\quad V_s$——石料矿质实体的体积，cm³。

石料真实密度的测定方法，按我国现行《公路工程岩石试验规程》（JTG E41—2005）规定，采用"密度瓶法"。要获得矿质实体的体积，必须将石料粉碎磨细，通过试验测定出来。

（2）表观密度。表观密度是指在规定条件下，烘干石料矿质实体包括闭口孔隙在内的单位表观体积的质量，由式（1-2）计算。

$$\rho_a = \frac{m_s}{V_s + V_n} \tag{1-2}$$

式中：$\rho_a$——石料的表观密度，g/cm³；
$\quad m_s$——石料矿质实体的质量，g；
$\quad V_s$——石料矿质实体的体积，cm³；
$\quad V_n$——石料矿质实体中闭口孔隙的体积，cm³。

石料表观密度的测定方法，按我国现行《公路工程岩石试验规程》（JTG E41—2005）规定，利用容量瓶法来测定。

（3）毛体积密度。毛体积密度是指在规定条件下，烘干石料矿质实体，包括孔隙（闭口、开口孔隙）体积在内的单位毛体积的质量，由式（1-3）计算。

$$\rho_b = \frac{m_s}{V_s + V_n + V_i} \tag{1-3}$$

式中：$\rho_b$——石料的毛体积密度，g/cm³；
$\quad m_s$——石料矿质实体的质量，g；
$\quad V_s$——石料矿质实体的体积，cm³；
$\quad V_n$——石料矿质实体中闭口孔隙的体积，cm³；
$\quad V_i$——石料矿质实体中开口孔隙的体积，cm³。

石料毛体积密度的测定方法，按我国现行《公路工程岩石试验规程》（JTG E41—2005）规定，利用量积法、水中称量法和蜡封法来测定。

2）孔隙率

孔隙率是指石料孔隙体积占石料总体积（包括开口孔隙和闭口孔隙体积）的百分率，由式（1-4）计算。

$$n = \frac{V_0}{V} \times 100 \quad (1\text{-}4)$$

式中：$n$ —— 石料的孔隙率，%；
　　　$V_0$ —— 石料的孔隙（含开口孔隙和闭口孔隙）的体积，$cm^3$；
　　　$V$ —— 石料的总体积，$cm^3$。

将式（1-1）和式（1-3）代入式（1-4）可得式（1-5），即采用石料的真实密度和毛体积密度计算其孔隙率。

$$n = \left(1 - \frac{\rho_b}{\rho_t}\right) \times 100 \quad (1\text{-}5)$$

式中：$n$ —— 石料的孔隙率，%；
　　　$\rho_t$ —— 石料的真实密度，$g/cm^3$；
　　　$\rho_b$ —— 石料的毛体积密度，$g/cm^3$。

2. 吸水性

石料的吸水性是石料在规定条件下吸水的能力，采用吸水率和饱和吸水率两项指标来表征。

（1）吸水率。石料吸水率是指在规定条件下，石料试样最大的吸水质量与烘干石料试件质量之比，以百分率表示。我国现行《公路工程岩石试验规程》（JTG E41—2005）规定采用自由吸水法测定。

（2）饱和吸水率。石料的饱和吸水率是指在强制条件下，石料试样最大的吸水质量与烘干石料试件质量之比，以百分率表示。我国现行《公路工程岩石试验规程》（JTG E41—2005）规定，采用煮沸法或真空抽气法测定。两者均可按式（1-6）计算：

$$w_a = \frac{m_1 - m}{m} \times 100 \quad (1\text{-}6)$$

式中：$w_a$ —— 石料试样的吸水率或饱水率，%；
　　　$m$ —— 烘至恒重时的试样质量，g；
　　　$m_1$ —— 吸水或饱水至恒重时试样质量，g。

显然 $m_1$ 往往要大于 $m$。吸水率、饱和吸水率能有效地反映石料微裂隙的发育程度，可用来判断石料的抗冻性和抗风化等性能。

3. 抗冻性

抗冻性是指石料在饱水状态下，能够经受反复冻结和融化而不破坏，并不严重降低强度的能力，这一性质优劣的判定采用直接冻融法和硫酸钠法两种方式。分别利用低温时结冰产生的冻胀和硫酸钠从液态离子状态转变为固体结晶状态产生的结晶体积膨胀来考验石料的抗冻性，而后者的考验程度要比前者更为显著一些，两者试验检测结果都可用式（1-7）和式（1-8）来计算：

$$Q_\text{冻} = \frac{m_1 - m_2}{m_1} \times 100 \quad (1\text{-}7)$$

$$K = \frac{R_2}{R_1} \times 100 \tag{1-8}$$

式中：$Q_{冻}$ —— 经历冻融循环作用后，石料的质量损失率，%；

$K$ —— 经历冻融循环作用后，石料的耐冻系数，%；

$m_1$ —— 试验前烘干石料试件的质量，g；

$m_2$ —— 经历冻融循环作用后，烘干石料试件的质量，g；

$R_1$ —— 试验前石料试件的饱水抗压强度，MPa；

$R_2$ —— 经历冻融循环作用后，石料试件的饱水抗压强度，MPa。

石料经多次冻融交替作用后，表面将出现剥落、裂纹，产生质量损失，强度降低。因此，要求在寒冷地区，冬季月平均气温低于 –15 ℃ 的重要工程，石料吸水率大于 0.5%时，都需要对石料进行抗冻性试验。

上述物理性质具体表现，在一定程度上都与石料的孔隙率有相应的关系。当孔隙率高，特别是与外界相通且较粗大的开口孔隙发达时，使石料的表观密度和毛体积密度减小，相应的吸水性加大，抗冻性能变差。因此，通过对石料物理指标的了解，可以在一定程度上预测石料的一些工程性质的好坏，认知石料的力学性质。

石料抗冻性试验通常采用直接冻融法。如无条件进行冻融试验，也可采用坚固性简易快速测定法，这种方法通过饱和硫酸钠溶液进行多次浸泡与烘干循环后来测定。

### （二）石料的力学性质

公路与桥梁工程结构物中用石料，应具备一定的力学性质，如抗压、抗拉、抗剪、抗折强度，还应具备如抗磨光、抗冲击和抗磨耗的力学性能。

石料的力学性质是指石料在工程应用中，所表现出的抗压、抗剪、抗弯拉强度的能力，以及抵抗荷载冲击、剪切和摩擦作用的能力。实践中常用抗压强度和磨耗率两项指标来表示石料的力学性质。

**1. 石料的抗压强度**

以单轴加荷的方法对规定形状的石料试样以标准方式进行抗压试验所得出的结果即为石料的抗压强度。

石料的单轴抗压强度，按我国现行《公路工程岩石试验规程》（JTG E41—2005）规定，将石料制备成标准试件（建筑地基用石料制备成直径为（50±2）mm，高径比为 2∶1 的圆柱体试件；桥梁工程用石料制备成边长为（70±2）mm 的立方体试件；路面工程用石料制备成边长为（50±2）mm 的立方体试件或直径和高均为（50±2）mm 的圆柱体试件），经吸水饱和后，单轴受压并在规定的加载条件下，达到破坏时单位承压面积的荷载，用式（1-9）来计算：

$$R = \frac{P}{A} \tag{1-9}$$

式中：$R$ —— 石料的抗压强度，MPa；

$P$ —— 试验时石料试件破坏时的极限荷载，N；

$A$ —— 石料试件的受力截面面积，mm²。

石料的抗压强度受多种因素的影响，其中包括矿物组成、结构及其孔隙构造，以及石料试件的尺寸和吸水率等。如石料结构疏松及孔隙率较大，其质点间的联系较弱，有效面积较小，故强度值较低；试件尺寸较小时，由于高度小，承压板与试件端面之间的摩擦力较大，使得试件内应力分布极不均匀，试验结果的真实性受到影响；当岩石的孔隙裂隙较大、含较多亲水矿物或较多可溶矿物时，饱水时的抗压强度会有明显的降低。

石料的抗压强度是石料力学性质中最重要的一项指标，它是石料强度分级和性质描述的主要依据。

2. 磨耗率

石料磨耗率是指其抵抗撞击、边缘剪力和摩擦等联合作用的能力。石料的磨耗率常采用洛杉矶式磨耗试验（又称搁板式磨耗试验）进行测定。我国现行标准《公路工程岩石试验规程》（JTG E41—2005）规定，石料磨耗试验方法与粗集料的磨耗试验方法相同，按《公路工程集料试验规程》（JTG E42—2005）采用洛杉矶式磨耗试验。

经过规定的搁板式磨耗机试验后，石料的磨耗率按式（1-10）来计算：

$$Q = \frac{m_1 - m_2}{m_1} \times 100 \tag{1-10}$$

式中：$Q$ —— 石料的磨耗率，%；

$m_1$ —— 装入试验机圆筒中的石料试样质量，g；

$m_2$ —— 试验后洗净烘干的筛上试样质量，g。

粗集料的洛杉矶磨耗损失是集料使用性能的重要指标，尤其是沥青混合料和基层集料，它与沥青路面的抗车辙能力、耐磨性、耐久性密切相关。一般磨耗损失小的集料，集料坚硬、耐磨、耐久性好。软弱颗粒含量多、风化严重的岩石经过磨耗试验，粉碎严重，这个指标很难通过。所以世界各国的沥青路面规范都对粗集料的洛杉矶磨耗损失提出了要求。对要求粗集料嵌挤能力强的SMA（沥青玛蹄脂碎石混合料）等，磨耗损失的要求更有所提高。洛杉矶式磨耗试验也是优选岩石的一个重要手段。

实践中还存在另一种磨耗试验 —— 狄法尔磨耗试验，由于该试验耗时较长，且对石料的考验程度不如搁板式磨耗试验，目前已采用不多。

### （三）化学性质

早年的研究认为矿质石料是一种惰性材料，它在混合料（各种矿质石料与水泥或沥青组成）中起着物理作用。随着科学的发展，科学家们根据研究，认为矿质石料在混合料中与结合料起着物理-化学作用，石料的化学性质将影响混合料的物理-力学性质。根据试验研究的结果，按$SiO_2$的含量多少将岩石划分为酸性、碱性及中性。按克罗斯的分类法，岩石化学组成中$SiO_2$含量大于65%的岩石称为酸性岩石，如花岗岩、石英岩等；$SiO_2$含量为52%~65%的岩石称为中性岩石，如闪长岩、辉绿岩等；$SiO_2$含量小于52%的岩石称为碱性岩石，如石灰岩、玄武岩等。所以，在选择与沥青结合的石料时，应考虑岩石的酸碱性对沥青与岩石黏结性的影响。

## 二、石料的技术标准

1. 路用石料的技术分级

工程实际中所采用的石料必须满足一定的技术要求，该要求就是石料的技术标准。道路建筑用天然石料按其技术性质分为 4 个等级，对不同矿物组成的石料技术性质的要求是不同的。因此，在分级之前首先应按其造岩矿物的成分、含量以及组织结构来确定岩石名称，然后划分其所属岩类。路用石料按技术要求的不同分为 4 个岩类，现将各岩类划分及其主要代表性岩石分列如下：

（1）岩浆岩类：如花岗岩、正长岩、辉绿岩、闪长岩、橄榄岩、玄武岩、安山岩、流纹岩等。

（2）石灰岩类：石灰岩、白云岩、泥灰岩、凝灰岩等。

（3）砂岩与片麻岩类：石英岩、砂岩、片麻岩、石英片麻岩等。

（4）砾石类。

以上各岩组按其物理-力学性质（主要为石料的抗压强度和磨耗率）各分成 4 个等级：

1 级——最坚强的岩石；2 级——坚强的岩石；3 级——中等强度岩石；4 级——较软的岩石。

**2. 路用石料的技术标准**

路用天然石料根据上述分类和分级方法，对不同岩类的各级石料的技术指标要求列于表 1.5。

**表 1.5　公路工程石料技术标准**

| 岩石类别 | 岩石品种 | 技术等级 | 技术标准 | | |
|---|---|---|---|---|---|
| | | | 饱水极限抗压强度/MPa | 磨耗率/%（洛杉矶法） | 磨耗率/%（狄法尔法） |
| Ⅰ 岩浆岩类 | 花岗岩 | 1 | >120 | <25 | <4 |
| | 玄武岩 | 2 | 100~200 | 25~30 | 4~5 |
| | 安山岩 | 3 | 80~100 | 30~45 | 5~7 |
| | 辉绿岩等 | 4 | — | 45~60 | 7~10 |
| Ⅱ 石灰岩类 | 石灰岩 白云岩等 | 1 | >100 | <30 | <5 |
| | | 2 | 80~100 | 30~35 | 5~6 |
| | | 3 | 60~80 | 35~50 | 6~12 |
| | | 4 | 30~60 | 50~60 | 12~20 |
| Ⅲ 砂岩与片麻岩类 | 石英岩 | 1 | >100 | <30 | <5 |
| | 片麻岩 | 2 | 80~100 | 30~35 | 5~7 |
| | 石英片麻岩 | 3 | 50~80 | 35~45 | 7~10 |
| | 砂岩 | 4 | 30~50 | 45~60 | 10~15 |
| Ⅳ 砾石 | | 1 | — | <20 | <5 |
| | | 2 | | 20~30 | 5~7 |
| | | 3 | | 30~50 | 7~12 |
| | | 4 | | 50~60 | 12~20 |
| 试验方法 | | | JTJ 054 T0213—94 | JTJ 054 T0221—94 | JTJ 054 T0222—94 |

注：① 本表摘自《公路工程石料试验规程》（JTJ 054—94）；
② 抗压强度试件饱水状态应按（JTJ 054 T0213—94）的方法进行；
③ 耐磨耗率应以洛杉矶磨耗机测定的结果为准；在无该机时，方可用狄法尔磨耗机测定。

## 三、道路和桥涵用石料制品

### 1. 道路路面建筑用石料制品

道路路面建筑用石料制品包括直接铺砌路面面层用的整齐块石、半整齐块石和不整齐块石三类；用作路面基层用的锥形块石、片石等。各种石料制品的技术要求和规格简要分述如下：

（1）高级铺砌用整齐块石。由高强、硬质、耐磨的岩石，经精凿加工而成，需以水泥混凝土为底层，并且用水泥砂浆灌缝找平，所以这种路面造价很高，只有在特殊要求路面，如特重交通以及履带车等行驶的路面使用。尺寸一般可按设计要求确定，大方块石为 300 mm × 300 mm ×（120～150）mm，小方块石为 120 mm × 120 mm × 250 mm，抗压强度不低于 100 MPa，洛杉矶磨耗率不大于 5%。

（2）路面铺砌用半整齐块石。经粗凿而成立方体的"方块石"或长方体的条石，顶面与底面平行，顶面积与底面积之比不小于 40%～75%。

半整齐块石用硬质石料制成，为修琢方便，常采用花岗岩。顶面不进行加工，因此顶面平整性较差，一般只在特殊地段，如土基尚未沉实稳定的桥头引道及干道，铁轮履带车经常通过的地段使用。

（3）铺砌用不整齐块石。又称拳石，它是由粗打加工而得到的块石，要求顶面为一平面，底面与顶面基本平行，顶面积与底面积之比大于 40%～60%，其优点是造价不高，经久耐用，其缺点是不平整，行车震动大，故目前应用较少。

（4）锥形块石。又称"大块石"，用于路面底基层，是由片石进一步加工而得的粗打集料，要求上小下大，接近截锥形，其底面积不宜小于 100 cm$^2$，以便砌摆稳定。高度一般分为（160±20）mm、（200±20）mm、（250±20）mm 等，通常底基层厚度应为石块高的 1.1～1.4 倍。除特殊情况外，一般不采用大块石基层。

### 2. 桥梁建筑用主要石料制品

桥梁建筑所用主要石料制品有：片石、块石、方块石、粗料石、镶面石等。

（1）片石。由打眼放炮采得石料，其形状不受限制，但薄片者不得使用。一般片石其最小边长应不小于 15 cm，体积不小于 0.01 m$^3$，每块质量一般在 30 kg 以上。用于圬工工程主体的片石，其极限抗压强度应不小于 30 MPa；用于附属圬工工程的片石，其极限抗压强度不小于 20 MPa。

（2）块石。块石是由成层岩中打眼放炮开采获得，或用楔子打入成层岩的明缝或暗缝中劈出的石料。

块石形状大致方正，无尖角，有两个较大的平行面，边角可不加工。其厚度应不小于 20 cm，宽度为厚度的 1.5～2.0 倍，长度为厚度的 1.5～3 倍。砌缝宽度一般不大于 20 mm，个别边角砌缝宽度可达 30～35 mm。石料极限抗压强度应符合设计文件的规定。

（3）方块石。在块石中选择形状比较整齐者稍加修整，使石料大致方正，厚度不小于 20 cm，宽度为厚度的 1.5～2 倍，长度为厚度的 1.5～4 倍。砌缝宽度不大于 20 mm，石料抗压强度应符合设计文件的规定。

（4）粗料石。形状尺寸和极限抗压强度应符合设计文件规定，其表面凹凸不大于 10 mm，砌缝宽度小于 20 mm。

（5）细料石。形状尺寸和极限抗压强度应符合设计文件规定，其表面凹凸不大于 5 mm，砌缝宽度小于 15 mm。

（6）镶面石。镶面石受气候因素——晴、雨、冻融的影响，损坏较快，一般应选用较好的、较坚硬的石料。石料的外露面可沿四周琢成 2 cm 的边，中间部分仍保持原来的天然石面。石料上、下和两侧均加工粗琢成剁口，剁口宽度不得小于 10 cm，琢面应垂直于外露面。

### 四、石料选用的原则

在土木工程设计和施工中，应根据适用性和经济性的原则选用石料。

1. 适用性原则

主要考虑石料的技术性能是否能满足使用要求。可根据石料在土木工程中的用途和部位，选定其主要技术性能满足要求的岩石。如承重用的石料（如基础、柱、墙等）主要应考虑其强度等级、耐久性、抗冻性等技术性能；围护结构用的石料应考虑是否具有良好的绝热性能；用作地面、台阶等的石料应坚韧耐磨；装饰用的构件（如栏杆、扶手等）需考虑石料本身的色彩与环境的协调性及可加工性等；对处在高温、高湿、严寒等特殊条件下的构件，还要分别考虑所用石料的耐久性、耐水性、抗冻性及耐化学侵蚀性等。

2. 经济性原则

天然石料的密度大，不宜长途运输，应综合考虑地方资源，尽可能做到就地取材。

## 第三节 集料的技术性质和技术要求

集料是指在混合料中起骨架或填充作用的粒料，包括岩石天然风化而成的砾石（卵石）和砂，由岩石经人工轧制的各种尺寸的碎石、机制砂、石屑以及工业冶金矿渣等。工程上一般根据粒径大小的不同，将集料分为粗集料和细集料两类。

集料的最大粒径这一概念由两个不同定义构成，即集料最大粒径和集料公称最大粒径。集料最大粒径是指集料 100% 都要求通过的最小标准筛筛孔尺寸；集料公称最大粒径是指集料可能全部通过或允许有少量不通过（一般容许筛余不超过 10%）的最小标准筛筛孔尺寸。通常集料公称最大粒径比最大粒径要小一个粒级。工程中所指的最大粒径往往是指公称最大粒径。

### 一、集料的技术性质

集料的技术性质主要从物理性质和力学性质两方面进行评价。

#### （一）粗集料的技术性质

在沥青混合料中，粗集料是指粒径大于 2.36 mm 的碎石、破碎砾石、筛选砾石和矿渣等；在水泥混凝土中，粗集料是指粒径大于 4.75 mm 的碎石、砾石和破碎砾石等，本节仅对粗集料的一般技术性质进行阐述。

1. 物理性质

1）物理常数

在计算粗集料的物理常数时，不仅要考虑到粗集料颗粒中的孔隙（开口孔隙或闭口孔隙），还要考虑颗粒间的空隙，故集料的密度有几种不同形式。

粗集料的体积和质量的关系如图1.2所示。

（1）表观密度。粗集料的表观密度（简称视密度）是在规定条件[（105±5℃）烘干至恒重]下，单位表观体积（包括集料矿质实体和闭口孔隙的体积）的质量。

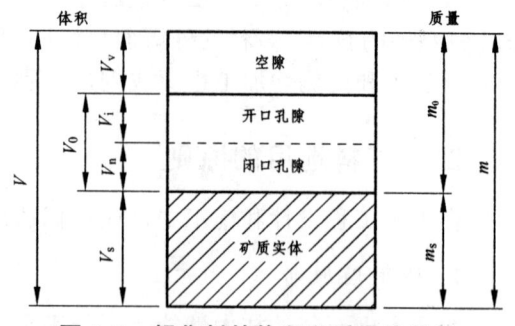

图1.2 粗集料的体积和质量的关系

粗集料表观密度以$\rho_a$表示。

$$\rho_a = \frac{m_s}{V_s + V_n} \tag{1-11}$$

式中：$\rho_a$——集料表观密度，g/cm³；

$m_s$——矿质实体质量，g；

$V_s$——矿质实体体积，cm³；

$V_n$——矿质实体中闭口孔隙体积，cm³。

粗集料表观密度测定方法按《公路工程集料试验规程》（JTG E42—2005）规定采用网篮法，具体内容见砂石材料的试验部分。

（2）毛体积密度。粗集料的毛体积密度是在规定条件下，单位毛体积（包括矿质实体、闭口孔隙和开口孔隙）的质量。粗集料毛体积密度可由下式求得：

$$\rho_b = \frac{m_s}{V_s + V_n + V_i} \tag{1-12}$$

式中：$\rho_b$——集料毛体积密度，g/cm³；

$m_s$——矿质实体质量，g；

$V_s$、$V_n$和$V_i$——分别为粗集料矿质实体、闭口孔隙和开口孔隙体积，cm³。

粗集料毛体积密度的测定方法是将已知质量的干燥粗集料经24 h饱水后，用湿毛巾擦干而求得饱和面干质量。然后用排水法求得其在水中的体积，即求得集料毛体积密度。

粗集料的表观密度和毛体积密度与石料的相应密度在概念上相同，仅在实际的密度测定方法上有所区别。

（3）堆积密度。粗集料的堆积密度是单位体积（包括矿质实体、闭口孔隙和开口孔隙及颗粒间体积）物质颗粒的质量，可按下式求得：

$$\rho = \frac{m_s}{V_s + V_n + V_i + V_v} \tag{1-13}$$

式中：$\rho$——粗集料的堆积密度，g/cm³；

$m_s$——矿质实体质量，g；

$V_s$、$V_n$、$V_i$ 和 $V_v$——分别为矿质实体、闭口孔隙、开口孔隙和颗粒间空隙的体积，cm³。

粗集料的堆积密度根据装样方法的不同可分为自然堆积状态、振实状态和捣实状态下的堆积密度，计算同式（1-13）。

（4）空隙率。空隙率是指粗集料颗粒之间空隙体积占粗集料总体积的百分率。粗集料空隙率可按下式计算：

$$n = \left(1 - \frac{\rho}{\rho_a}\right) \times 100 \qquad (1-14)$$

式中：$n$——粗集料空隙率，%；

$\rho$——粗集料的堆积密度，g/cm³；

$\rho_a$——粗集料的表观密度，g/cm³。

2）级　配

粗集料中各组成颗粒的分级和搭配称为级配，级配是通过筛分试验确定的。对水泥混凝土用粗集料可采用干筛法筛分试验，对沥青混合料及基层用粗集料必须采用水洗法筛分试验。

筛分试验就是将粗集料经过一系列筛孔尺寸的标准筛（标准筛为方孔筛，筛孔尺寸依次为 75 mm、63 mm、53 mm、37.5 mm、31.5 mm、26.5 mm、19 mm、16 mm、13.2 mm、9.5 mm、4.75 mm、2.36 mm、1.18 mm、0.6 mm、0.3 mm、0.15 mm、0.075 mm），测出各个筛上的筛余量，根据集料试样的质量与存留在各筛孔上的集料质量，就可求得一系列与集料级配有关的参数——①分计筛余百分率；②累计筛余百分率；③通过百分率。粗集料的筛分试验中采用的标准套筛尺寸范围及试样质量与细集料筛分试验有所不同，但级配参数的计算方法与细集料相同，详见"细集料的技术性质"内容。

3）坚固性

对已轧制成的碎石或天然卵石亦可采用规定级配的各粒级集料，按现行试验规程《公路工程集料试验规程》（JTG E42—2005）选取规定数量，分别装在金属网篮浸入饱和硫酸钠溶液中进行干湿循环试验。经 5 次循环后，观察其表面破坏情况，并用质量损失百分率来计算其坚固性（也称安定性）。

2. 力学性质

在结构层或混合料中，粗集料起骨架作用，应具备一定的强度、耐磨、抗磨耗和抗冲击性能等，这些性能用压碎值、磨光值、磨耗值和冲击值等指标表示。

粗集料力学性质主要是压碎值和磨耗率；其次是抗滑表层用集料的 3 项试验，即磨光值、冲击值和道瑞磨耗值。洛杉矶式磨耗试验已在石料性质中讲过，现将压碎值、磨光值、冲击值和道瑞磨耗值分述于下。

1）粗集料压碎值

压碎值是指按规定的方法测得石料抵抗压碎的能力，也是集料强度的相对指标，用以鉴定集料品质，评价其在公路工程中的适用性。

压碎值是对石料的标准试样在标准条件下进行加荷，测试石料被压碎后，标准筛上筛余质量的百分率。

按《公路工程集料试验规程》（JTG E42—2005）的规定，粗集料压碎值试验是将 9.5～13.2 mm 集料试样 3 kg 装入压碎值测定仪的金属筒内，放在压力机上，在 10 min 左右时间内均匀地加荷至 400 kN，稳压 5 s 然后卸载，对通过 2.36 mm 筛孔的集料称重，按式（1-15）计算：

$$Q'_a = \frac{m_1}{m_0} \times 100 \qquad (1\text{-}15)$$

式中：$Q'_a$ —— 石料压碎值，%；

$m_0$ —— 试验前试样质量，g；

$m_1$ —— 试验后通过 2.36 mm 筛孔的集料质量，g。

2）粗集料磨光值（PSV）

在现代高速行车条件下，要求路面石料既不要产生较大的磨损，也不要被磨光，也就是对路面粗糙度提出了更高的要求。

磨光值是反映石料抵抗轮胎磨光作用能力的指标，它是采用加速磨光机磨光石料，并用摆式摩擦系数测定仪测得的磨光后集料的摩擦系数。用高磨光值的石料来铺筑道路路面表层，可以提高路表的抗滑能力，保障车辆的安全行驶。

试验测出的磨光值以 PSV 表示，该值越大，表明集料的抗磨光性能越好。

3）集料冲击值（AIV）

冲击值反映石料抵抗冲击荷载的能力。由于路表集料直接承受车轮荷载的冲击作用，这一指标对道路表层用集料非常重要。冲击值可采用冲击试验仪测定。试验测出的冲击值以 AIV 表示，该值越小，表明集料的抗冲击性能越好。

冲击试验方法是选取粒径为 9.5～13.2 mm 的集料试样，用金属量筒分 3 次捣实的方法确定试验用集料数量，将集料装于冲击值试验仪的盛样器中，用捣实杆捣实 25 次使其初步压实，然后用质量为（13.75±0.05）kg 的冲击锤，沿导杆自（380±5）mm 处自由落下锤击集料，并连续锤击 15 次，每次锤击间隔时间不少于 1s。将试验后的集料用 2.36 mm 的筛子筛分并称量，按式（1-16）计算：

$$\text{AIV} = \frac{m_1}{m} \times 100 \qquad (1\text{-}16)$$

式中：AIV —— 集料的冲击值，%；

$m$ —— 试样总质量，g；

$m_1$ —— 冲击破碎后通过 2.36 mm 的试样质量，g。

4）集料磨耗值（AAV）

磨耗值用于确定石料抵抗表面磨损的能力，适用于对路面抗滑表层所用集料抵抗车轮磨耗值的测量。试验测出的磨耗值以 AAV 表示，该值越小，表明集料的抗磨耗能力越好。

按我国现行试验规程《公路工程集料试验规程》（JTG E42—2005），采用道瑞磨耗试验机来测定集料磨耗值。其方法是选取粒径为 9.5～13.2 mm 的洗净集料试样，单层紧排于两个试模内（不少于 24 粒），然后排砂并用环氧树脂砂浆填充密实。经养护 24 h，拆模取出试件，准确称出试件质量，试件、托盘和配重总质量为（2 000±10）g。将试件安装在道瑞磨耗机附的托盘上，道瑞磨耗机的磨盘以 28～30 r/min 的转速旋转，磨 500 转后，取出试件，刷净残砂，准确称出试件质量。其磨耗值按式（1-17）计算：

$$AAV = \frac{3(m_1 - m_2)}{\rho_s} \times 100 \quad （1-17）$$

式中：$AAV$ —— 集料的道瑞磨耗值，%；
　　　$m_1$ —— 磨耗前试件的质量，g；
　　　$m_2$ —— 磨耗后试件的质量，g；
　　　$\rho_s$ —— 集料表干密度，g/cm³。

### （二）细集料的技术性质

在沥青混合料中，细集料是指粒径小于 2.36 mm 的天然砂、人工砂（包括机制砂）及石屑；在水泥混凝土中，细集料是指粒径小于 4.75 mm 的天然砂、人工砂。在工程中应用较多的细集料是砂。

砂按来源分为两类。一类为天然砂，它是由自然风化、水流冲刷堆积形成的、粒径小于 4.75 mm 的岩石颗粒，按生存环境分为河砂、山砂和海砂。河砂颗粒表面圆滑，比较洁净，质地好，产源广；山砂颗粒表面粗糙有棱角，含泥量和含有机杂质多；海砂虽然具有河砂的特点，但因在海中，所以常混有贝壳、碎片和盐分等有害杂质。一般工程上多使用河砂，在缺乏河砂的地区，可采用山砂或海砂，但在使用时必须按规定作技术检验。另一类为人工砂。它是经人为加工处理得到的符合规格要求的细集料，通常指石料加工过程中，采取真空抽吸等方法除去大部分土和细粉，或将石屑水洗得到的洁净的细集料，机制砂、矿渣砂和煅烧砂都属于人工砂。其表面多棱角，较洁净，但造价较高，如无特殊情况，多不采用这种砂。

细集料技术性质主要包括物理性质、颗粒级配和粗度。

#### 1. 物理常数

细集料的物理常数主要有表观密度、堆积密度和空隙率等，其含义与粗集料完全相同，具体数值可通过试验测定。细集料的物理常数计算方法与粗集料相同，详见"粗集料的技术性质"。

#### 2. 级　配

级配是集料各级粒径颗粒的分配情况，砂的级配可通过筛分试验确定。对水泥混凝土用细集料可采用干筛法，如果需要也可采用水洗法筛分；对沥青混合料及基层用细集料必须用水洗法筛分。

筛分试验是将预先通过 9.5 mm 筛（水泥混凝土用天然砂）或 4.75 mm 筛（沥青路面及基层用的天然砂、石屑、机制砂等）的试样，称取 500 g 置于一套孔径为 4.75 mm、2.36 mm、1.18 mm、0.6 mm、0.3 mm、0.15 mm、0.075 mm 的方孔筛上，分别求出试样存留在各筛上的质量，即筛余量，然后按下述方式计算其有关级配参数。

1）分计筛余百分率

各号筛的分计筛余百分率为各号筛上的筛余量除以试样总量（$m$）的百分率，准确至 0.1%。按式（1-18）求得：

$$a_i = \frac{m_i}{m} \times 100 \tag{1-18}$$

式中：$a_i$ —— 某号筛的分计筛余百分率，%；

$m_i$ —— 某号筛上的筛余质量，g；

$m$ —— 试样的总质量，g。

2) 累计筛余百分率

各号筛的累计筛余百分率为该号筛及大于该号筛的各号筛的分计筛余百分率之和，准确至 0.1%。按式（1-19）计算：

$$A_i = a_1 + a_2 + \cdots + a_i \tag{1-19}$$

式中：$A_i$ —— 各号筛的累计筛余百分率，%；

$a_1$、$a_2$、…、$a_n$ —— 4.75、2.36 mm…至计算的某号筛的分计筛余百分率，%。

3) 通过百分率

各号筛的通过百分率等于 100 减去该号筛的累计筛余百分率，准确至 0.1%。按式（1-20）计算：

$$P_i = 100 - A_i \tag{1-20}$$

式中：$P_i$ —— 各号筛的通过百分率，%；

$A_i$ —— 各号筛的累计筛余百分率，%。

3. 粗　度

粗度是评价砂粗细程度的一种指标，通常用细度模数表示。细度模数亦称细度模量，可按式（1-21）计算，准确至 0.01。

$$M_x = \frac{(A_{0.15} + A_{0.3} + A_{0.6} + A_{1.18} + A_{2.36}) - 5A_{4.75}}{100 - A_{4.75}} \tag{1-21}$$

式中：$M_x$ —— 砂的细度模数；

$A_{0.15}$、$A_{0.3}$、…、$A_{4.75}$ —— 分别为 0.15 mm、0.3 mm、…、4.75 mm 各筛上的累计筛余百分率，%。

细度模数越大，表示细集料越粗。我国现行标准《建筑用砂》（GB/T 14684—2001）规定砂的粗度按细度模数可分为下列 3 级：

$M_x = 3.7 \sim 3.1$ 为粗砂

$M_x = 3.0 \sim 2.3$ 为中砂

$M_x = 2.2 \sim 1.6$ 为细砂

[例 1.1]　一工地现有砂 500 g，筛分试验后的筛分结果见表 1.6。计算该砂的细度模数，并评价其粗细程度。

表 1.6

| 筛孔尺寸/mm | 9.5 | 4.75 | 2.36 | 1.18 | 0.6 | 0.3 | 0.15 | 底盘 |
|---|---|---|---|---|---|---|---|---|
| 筛余量/g | 0 | 10 | 20 | 45 | 100 | 135 | 155 | 35 |

**解** 按题所给筛分结果计算如表 1.7。

表 1.7

| 筛孔尺寸/mm | 9.5 | 4.75 | 2.36 | 1.18 | 0.6 | 0.3 | 0.15 | 底盘 |
|---|---|---|---|---|---|---|---|---|
| 筛余量/g | 0 | 10 | 20 | 45 | 100 | 135 | 155 | 35 |
| 分计筛余百分率/% | 0 | 2 | 4 | 9 | 20 | 27 | 31 | 7 |
| 累计筛余百分率/% | 0 | 2 | 6 | 15 | 35 | 62 | 93 | 100 |
| 通过百分率/% | 100 | 98 | 94 | 85 | 65 | 38 | 7 | 0 |

根据公式（1-21）计算砂的细度模数：

$$M_x = \frac{(A_{0.15} + A_{0.3} + A_{0.6} + A_{1.18} + A_{2.36}) - 5A_{4.75}}{100 - A_{4.75}}$$
$$= [(93 + 62 + 35 + 15 + 6) - 5 \times 2]/(100 - 2)$$
$$= 2.05$$

由于细度模数为 2.05，在 2.2～1.6 之间，所以，此砂为细砂。

细度模数虽能表示砂的粗细程度，但不能完全反映出砂的颗粒级配情况，因为相同细度模数的砂可有不同的颗粒级配。因此，要全面表征砂的颗粒性质，必须同时使用细度模数和级配两个指标。

## （三）冶金矿渣集料的技术性质

冶金矿渣是在冶金生产过程中由矿石、燃料及助熔剂中易熔硅酸盐化合而成的副产品。

冶金矿渣分为黑色金属冶金矿渣与有色金属冶金矿渣两大类。黑色金属冶金矿渣又分为高炉重矿渣和钢渣两类。这些冶金矿渣从熔炉排出后，在空气中自然冷却，形成坚硬材料，既可作为基层材料，又可作为修筑水泥混凝土或沥青混凝土路面用的集料，是一种很好的路用材料。

### 1. 矿渣的化学成分和矿物组成

矿渣化学成分随着矿物成分、燃料、助熔剂及熔化金属的化学成分的不同而变化。其主要化学成分为 $SiO_2$、$Al_2O_3$、$CaO$ 及少量 $MgO$、$FeO$、$MnO$ 等，根据化学成分采用碱度（或酸度）作为矿渣分类基础。

碱性氧化物：$CaO$、$MgO$、$FeO$、$MnO$；

酸性氧化物：$SiO_2$、$P_2O_5$、$TiO_2$；

中性成分 $FeS$、$MnS$；

两面性氧化物：$Al_2O_3$，此氧化物遇碱时呈弱酸作用，而遇酸则起弱碱作用。

矿渣的酸性和碱性可用下列模数表示：

碱性矿渣：$M_{bc} = \dfrac{W(CaO) + W(MgO)}{W(SiO_2) + W(Al_2O_3)} > 1$

酸性矿渣：$M_{ac} = \dfrac{W(CaO) + W(MgO) + W(Al_2O_3)}{W(SiO_2)} < 1$

中性矿渣：$M_{bc} < 1$ 且 $M_{ac} > 1$。

矿渣中常见矿物成分有黄长石、辉石、橄榄石及少量的硫化物,路用矿渣一般 CaO、$Al_2O_3$ 含量较高,而 $SiO_2$ 含量较低者活性较大,质量较高。

2. 矿渣的物理力学性质

矿渣的密度与矿物成分有关,一般为 2.97~3.32 $g/cm^3$。矿渣的堆积密度约在 1 900 $kg/m^3$ 以上,空隙率大多在 35% 以下,耐冻性(或坚固性)一般均能符合路用要求。

矿渣力学强度一般均较高,其强度与空隙率有关。通常极限抗压强度在 50 MPa 以上,高者可达 150 MPa,相当于石灰岩至花岗岩的强度。其他性能如压碎值、冲击值、磨光值等均能符合路用石料的要求。水稳定性合格的冶金矿渣集料目前广泛用于水泥混凝土、沥青混凝土路面基层。

## 二、集料的技术要求

只有满足了一定技术要求的集料才能确保相关混合料的各项性能,粗细两种类型的集料分别有各自的技术要求。

1. 粗集料的技术要求

粗集料的技术要求参见表 1.8。

表 1.8 粗集料的技术要求

| 技 术 指 标 | | 技 术 要 求 | | |
|---|---|---|---|---|
| | | Ⅰ级 | Ⅱ级 | Ⅲ级 |
| 碎石压碎指标/% | < | 10 | 20 | 30 |
| 卵石压碎指标/% | < | 12 | 16 | 16 |
| 针片状颗粒含量/% | < | 5 | 15 | 25 |
| 含泥量/% | < | 0.5 | 1.0 | 1.5 |
| 泥块含量/% | < | 0 | 0.5 | 0.7 |
| 有机物含量(比色法) | | 合格 | 合格 | 合格 |
| 硫化物及硫酸盐含量(按 $SO_3$ 质量计)/% | < | 0.5 | 1.0 | 1.0 |
| 坚固性(质量损失)/% | < | 5 | 8 | 12 |
| 岩石抗压强度/MPa | | 在饱水状态下,火成岩应不小于 80;变质岩应不小于 60;水成岩应不小于 30 | | |
| 密度与空隙率 | | 表观密度>2 500 $kg/m^3$;<br>松散堆积密度>1 350 $kg/m^3$;<br>空隙率<47% | | |
| 碱集料反应 | | 经碱集料反应试验后,由卵石、碎石配制的试件无裂缝、酥裂、胶体外溢等现象,在规定试验龄期的膨胀率应小于 0.10% | | |

2. 细集料的技术要求

细集料的技术要求参见表 1.9。

**表 1.9 细集料的技术要求**

| 项目 | | | 技术要求 | | |
|---|---|---|---|---|---|
| | | | Ⅰ级 | Ⅱ级 | Ⅲ级 |
| 人工砂 | 压碎指标/%，小于 | | 20 | 25 | 30 |
| | 甲基蓝试验 | MB值<1.4 或合格 石粉含量/%，小于 | 3.0 | 5.0 | 7.0 |
| | | MB值<1.4 或合格 泥块含量/%，小于 | 0 | 1.0 | 2.0 |
| | | MB值≥1.4 或不合格 石粉含量/%，小于 | 1.0 | 3.0 | 5.0 |
| | | MB值≥1.4 或不合格 泥块含量/%，小于 | 0 | 1.0 | 2.0 |
| 天然砂 | 含泥量/%，小于 | | 1.0 | 3.0 | 5.0 |
| | 泥块含量/%，小于 | | 0 | 1.0 | 2.0 |
| 有害杂质含量/% | 氯化物含量（按氯离子质量计）/%，小于 | | 0.01 | 0.02 | 0.06 |
| | 云母含量/%，小于 | | 1.0 | 2.0 | 2.0 |
| | 有机物含量（比色法） | | 合格 | 合格 | 合格 |
| | 硫化物及硫酸盐（按 $SO_3$ 质量计）/%，小于 | | 0.5 | 0.5 | 0.5 |
| | 轻物质含量/%，小于 | | 1.0 | 1.0 | 1.0 |
| 坚固性 | 硫酸钠溶液循环后质量损失/%，小于 | | 8 | 8 | 10 |
| 密度和空隙率 | | | 表观密度>2 500 kg/m³；松散堆积密度>1 350 kg/m³；空隙率<47% | | |

**3. 集料的级配**

级配是指集料中各种粒径颗粒的搭配比例或分布情况。级配对水泥混凝土及沥青混合料的强度、稳定性及施工和易性有着显著的影响，级配设计也是水泥混凝土和沥青混合料配合比设计的重要组成部分。（关于集料的级配分析、级配理论和级配设计方法的有关内容，参见第六章第五节）

**4. 集料的颗粒形状与表面特征**

集料的性质除了与形成集料的岩石特征和孔隙结构等有直接关系之外，还与集料的颗粒形状和表面特征有一定的关系。因为集料的形状和表面特征都将影响集料颗粒间的内摩阻力、集料颗粒与结合料的黏结性及吸附性等方面。

（1）理想的集料颗粒形状是球状或立方体，而扁平、薄片、细长状（针片状颗粒）颗粒不仅增加集料的空隙率，还对施工的和易性和混凝土强度造成不利影响。

（2）集料表面特征指集料的粗糙程度和孔隙特征。表面粗糙的集料颗粒有较显著的摩阻力，同时也会影响集料的施工和易性；粗糙且有吸收水泥浆和沥青轻组分的孔隙特征的集料与结合料的黏结能力较强。

**5. 含泥量和泥块含量**

存在于集料中或包裹在集料颗粒表面的泥土会降低水泥的水化反应速度，也会妨碍集料与水泥（或沥青）间的黏结能力，显著影响混合料的整体强度与耐久性，故应对其含量加以限制。

泥是指砂中粒径小于 0.075 mm 的颗粒，泥块是指粗集料原尺寸大于 4.75 mm（或细集料大于 1.18 mm），但经水浸洗、手捏后小于 2.36 mm（细集料小于 0.6 mm）的颗粒。集料中含泥量和泥块含量由试验测定。

# 小 结

天然砂石材料在地表分布广泛，物理、力学性质好，在工程中被广泛应用。

石料可以直接加工为各种石料制品，应用于路面和桥梁工程。但是更主要的是轧制成集料，应用于水泥混凝土或沥青混合料中作为骨料。

石料的力学性质主要有：单轴抗压强度和洛杉矶磨耗值，这两项指标是评定石料等级的依据。

集料的力学性质，除压碎值和磨耗率外，由于现代高速交通的要求，对路面抗滑层用集料还要求磨光值、耐磨值和冲击值。

集料最主要的物理常数是密度和级配。

密度是单位体积的质量。由于计算密度时选用的体积不同，可分为真实密度、表观密度、毛体积密度和堆积密度等。包含有不同孔隙和空隙的集料密度对计算沥青和水泥混凝土的组成结构是非常有用的参数。石料与集料密度概念小结详见表 1.10。

级配良好的集料能直接用于工程中，否则应与其他集料按比例掺配使用。

表 1.10 石料与集料密度概念小结

| 密度类型 | 真实密度 | 表观密度 | 毛体积密度 | 表干密度 | 堆积密度 |
| --- | --- | --- | --- | --- | --- |
| 定义 | 石料矿质实体单位真实体积的质量 | 石料矿质实体包括闭口孔隙在内的单位表观体积的质量 | 石料矿质实体包括孔隙（闭口、开口孔隙）体积在内的单位毛体积的质量 | 单位毛体积（包括集料矿质实体体积及全部孔隙体积）的饱和面干质量 | 集料颗粒矿质实体的单位装填体积（包括集料颗粒间空隙体积、集料矿质实体及全部空隙体积）的质量 |
| 计算公式 | $\rho_t = \dfrac{m_s}{V_s}$ | $\rho_a = \dfrac{m_s}{V_s + V_n}$ | $\rho_b = \dfrac{m_s}{V_s + V_n + V_i}$ | $\rho_s = \dfrac{m_s}{V_s + V_n + V_i}$ | $\rho = \dfrac{m_s}{V_s + V_n + V_i + V_v}$ |
| 主要用途 | 确定石料、水泥及矿粉的密度，计算石料的孔隙率和混合料的配合比 | 确定粗细集料的密度，用于混合料的配合比和空隙率的计算 | 计算石料的孔隙率和集料的骨架间隙率 | 可用于集料磨耗值计算 | 计算集料的空隙率 |

## 思考题与习题

1-1 石料的主要物理常数与集料的主要物理常数各有哪几项?它们之间有何异同?

1-2 石料应具备哪些力学性质?采用什么指标来反映这些性质?

1-3 简述道路工程用石料的分类和分级方法。

1-4 石料的吸水率和饱水率有何不同?

1-5 什么是集料的堆积密度?

1-6 压碎值、磨耗值、磨光值及冲击值分别表征粗集料的什么性质?对路面工程有何实用意义?

1-7 什么是集料的级配?如何确定集料的级配?用哪几项参数表示集料的级配?

1-8 试述级配与粗度的联系和区别。

1-9 某道路工程沥青混合料用细集料的筛分试验结果见表 1.11。请计算该细集料的"分计筛余百分率"、"累计筛余百分率"、"通过百分率"及其细度模数,判断该细集料的粗细程度并分析其级配是否符合设计级配范围的要求。

表 1.11 某细集料的筛分结果

| 筛孔尺寸/mm | 9.5 | 4.75 | 2.36 | 1.18 | 0.6 | 0.3 | 0.15 | 0.075 | 底盘 |
|---|---|---|---|---|---|---|---|---|---|
| 筛余量/g | 0 | 13 | 160 | 100 | 75 | 50 | 39 | 25 | 38 |
| 设计级配范围/% | 100 | 95~100 | 55~75 | 35~55 | 20~40 | 12~28 | 7~18 | 5~10 | — |

1-10 某工程用石灰岩石料,经饱水抗压强度检验,平均极限荷载分别为 179 kN、182 kN、174 kN、178 kN、189 kN 和 185 kN(5 mm×5 mm 圆柱体试件);洛杉矶磨耗值为 33%。试确定该石料的技术等级。

1-11 一辆载重量 4 t 的卡车,一次能运红砖(设红砖 2.5 kg/块)多少块?一次能拉砂(设砂的堆积密度 1 500 kg/m³)多少立方米?

1-12 取 500 g 干砂做筛分试验,结果见表 1.12,试计算并画图确定该砂的规格和类别。该砂是否可用于高强度混凝土?

表 1.12

| 筛孔尺寸/mm | 4.75 | 2.36 | 1.18 | 0.6 | 0.3 | 0.15 | 筛底 |
|---|---|---|---|---|---|---|---|
| 筛余量/g | 5 | 45 | 115 | 132 | 93 | 76 | 34 |

1-13 一份残缺的砂子筛分记录见表 1.13,根据现有的材料补全。

表 1.13

| 筛孔/mm | 4.75 | 2.36 | 1.18 | 0.6 | 0.3 | 0.15 |
|---|---|---|---|---|---|---|
| 分计筛余/% | | | | 20 | | 20 |
| 累计筛余/% | 5 | 19 | | | | |
| 通过/% | | | | 45 | 22 | 2 |

1-14 从工地取回的砂样,烘干至恒重,其筛分结果见表 1.14、表 1.15,试判断该砂属于何区?

（砂的分区及级配范围见表 1.16）

表 1.14 某细集料的筛分结果

| 筛孔尺寸/mm | 9.5 | 4.75 | 2.36 | 1.18 | 0.6 | 0.3 | 0.15 | 筛底 |
|---|---|---|---|---|---|---|---|---|
| 筛余量/g | 0 | 10 | 20 | 45 | 100 | 135 | 155 | 35 |
| 分计筛余/% | | | | | | | | |
| 累计筛余/% | | | | | | | | |

表 1.15 某细集料的筛分结果

| 筛孔尺寸/mm | 9.5 | 4.75 | 2.36 | 1.18 | 0.6 | 0.3 | 0.15 | 筛底 |
|---|---|---|---|---|---|---|---|---|
| 筛余量/g | 0 | 40 | 110 | 80 | 155 | 10 | 100 | 5 |
| 分计筛余/% | | | | | | | | |
| 累计筛余/% | | | | | | | | |

表 1.16 砂的分区及级配范围

| 筛孔尺寸/mm | 级 配 区 | | |
|---|---|---|---|
| | Ⅰ 区 | Ⅱ 区 | Ⅲ 区 |
| | 累计筛余（按质量计）/% | | |
| 9.5 | 0 | 0 | 0 |
| 4.75 | 10～0 | 10～0 | 10～0 |
| 2.36 | 35～5 | 25～0 | 15～0 |
| 1.18 | 65～35 | 50～10 | 25～0 |
| 0.6 | 85～71 | 70～41 | 40～16 |
| 0.3 | 95～80 | 92～70 | 85～55 |
| 0.15 | 100～90 | 100～90 | 100～90 |

1-15 工地附近有两种砂，筛分结果见表 1.17。同时测得按不同比例配合砂的空隙率见表 1.18。试算各种配合方案所得砂的细度模数，并说明选哪种方案最好。为什么？

表 1.17

| 筛孔尺寸/mm | | 4.75 | 2.36 | 1.18 | 0.6 | 0.3 | 0.15 | 筛底 |
|---|---|---|---|---|---|---|---|---|
| 分计筛余/% | 甲 | 0 | 21 | 33 | 23 | 12 | 6 | 2 |
| | 乙 | 0 | 0 | 10 | 20 | 25 | 40 | 5 |

表 1.18

| 配 合 方 案 | 甲：乙（质量配合比） | 空 隙 率/% |
|---|---|---|
| 1 | 1：0 | 46 |
| 2 | 0：1 | 38 |
| 3 | 1：1 | 34 |
| 4 | 2：1 | 32 |

## 试验 1.1  岩石单轴抗压强度试验
（JTG E41 T0221—2005）

（一）目的和适用范围

单轴抗压强度试验是测定规则形状岩石试样单轴抗压强度的方法，主要用于岩石的强度分级和岩性描述。

本法采用饱和状态下的岩石立方体（或圆柱体）试件的抗压强度来评定岩石强度（包括碎石或卵石的原始岩石强度）。

在某些情况下，试件含水状态还可根据需要选择天然状态、烘干状态或冻融循环后状态。

试件的含水状态要在试验报告中注明。

（二）仪器设备

（1）压力试验机或万能试验机。

（2）钻石机、切石机、磨石机等岩石试件加工设备。

（3）烘箱、干燥箱、游标卡尺、角尺及水池等。

（三）试样准备

（1）建筑地基的岩石试验，采用圆柱体作为标准试件，直径为（50±2）mm、高径比为2∶1，每组试件共6个。

（2）桥梁工程用的石料试验，采用立方体试件，边长为（70±2）mm，每组试件共6个。

（3）路面工程用的石料试验，采用圆柱体或立方体试件，其直径或边长和高均为（50±2）mm。每组试件共6个。

有显著层理的岩石，分别沿平行和垂直层理方向各取试件6个。试件上、下端面应平行和磨平，试件端面的平面度公差应小于0.05mm，端面对于试件轴线垂直度偏差不应超过0.25。对于非标准圆柱体试件，试验后抗压强度试验值可按公式进行换算。

（四）试验步骤

（1）用游标卡尺量取试件尺寸（精确至0.1mm），对立方体试件在顶面和底面上各量取其边长，以各个面上相互平行的两个边长的算术平均值计算其承压面积；对于圆柱体试件在顶面和底面分别测量两个相互正交的直径，并以其各自的算术平均值分别计算底面和顶面的面积，取其顶面和底面面积的算术平均值作为计算抗压强度所用的截面积。

（2）试件的含水状态可根据需要选择烘干状态、天然状态、饱和状态、冻融循环后状态。试件烘干和饱和状态、试件冻融循环后状态应符合相关条款的规定。

（3）按岩石强度性质，选定合适的压力机。将试件置于压力机的承压板中央，对正上、下承压板，不得偏心。

（4）以0.5~1.0 MPa/s 的速率进行加荷直到破坏，记录破坏荷载及加载过程中出现的现象。抗压试件试验的最大荷载记录以N为单位，精度1%。

（五）结果整理

（1）岩石的抗压强度和软化系数分别按式（试1-1）、（试1-2）计算。

$$R = \frac{P}{A} \tag{试1-1}$$

式中：$R$ —— 岩石的抗压强度，MPa；
　　　$P$ —— 试件破坏时的荷载，N；
　　　$A$ —— 试件的截面积，$mm^2$。

$$K_P = \frac{R_W}{R_d}$$ （试 1-2）

式中：$K_P$ —— 软化系数；
　　　$R_W$ —— 岩石饱和状态下的单轴抗压强度，MPa；
　　　$R_d$ —— 岩石烘干状态下的单轴抗压强度，MPa。

（2）单轴抗压强度试验结果应同时列出每个试件的试验值及同组岩石单轴抗压强度的平均值；有显著层理的岩石，分别报告垂直与平行层理方向的试件强度的平均值。计算值精确至 0.1 MPa。

软化系数计算值精确至 0.01，3 个试件平行测定，取算术平均值；3 个值中最大与最小之差不应超过平均值的 20%，否则，应另取第 4 个试件，并在 1 个试件中取最接近的 3 个值的平均值作为试验结果，同时在报告中将 4 个值全部给出。

（3）试验记录。单轴抗压强度试验记录应包括岩石名称、试验编号、试件编号、试件描述、试件尺寸、破坏荷载、破坏状态。

## 试验 1.2　粗集料及集料混合料筛分试验
（JTG E42 T0302—2005）

（一）目的与适用范围

（1）测定粗集料（碎石、砾石、矿渣等）的颗粒组成。对水泥混凝土用粗集料可采用干筛法筛分，对沥青混合料及基层用粗集料必须采用水洗法试验。

（2）本方法也适用于同时含有粗集料、细集料、矿粉的集料混合料筛分试验，如未筛碎石、级配碎石、天然砂砾、级配砂砾、无机结合料稳定基层材料、沥青拌和楼的冷料混合料、热料仓材料、沥青混合料经溶剂抽提后的矿料等。

（二）仪器设备

（1）试验筛：根据需要选用规定的标准筛。
（2）摇筛机。
（3）天平或台秤：感量不大于试样质量的 0.1%。
（4）其他：盘子、铲子、毛刷等。

（三）试验准备

按规定将来料用分料器或四分法缩分至试表 1.1 要求的试样所需量，风干后备用。根据需要可按要求的集料最大粒径的筛孔尺寸过筛，除去超粒径部分颗粒后，再进行筛分。

**试表 1.1　筛分用的试样质量**

| 公称最大粒径/mm | 75 | 63 | 37.5 | 31.5 | 26.5 | 19 | 16 | 9.5 | 4.75 |
|---|---|---|---|---|---|---|---|---|---|
| 试样质量不少于/kg | 10 | 8 | 5 | 4 | 2.5 | 2 | 1 | 1 | 0.5 |

（四）试验步骤

1. 水泥混凝土用粗集料干筛法试验步骤

（1）取试样一份置于（105±5）℃烘箱中烘干至恒重，称取干燥集料试样的总质量（$m_0$），准确至0.1%。

（2）用搪瓷盘作筛分容器，按筛孔大小排列顺序逐个将集料过筛，人工筛分时，需使集料在筛面上同时有水平方向及上下方向的不停顿的运动，使小于筛孔的集料通过筛孔，直到1 min内通过筛孔的质量小于筛上残余量的1%为止。当采用摇筛机筛分时，应在摇筛机筛分后再逐个由人工补筛。将筛出通过的颗粒并入下一号筛，和下一号筛中的试样一起过筛，顺序进行，直至各号筛全部筛完为止，以确认1 min内通过筛孔的质量确实小于筛上残余量的1%。

注：由于0.075 mm筛干筛几乎不能把沾在粗集料表面的小于0.075 mm部分的石粉筛过去，而且对水泥混凝土用粗集料而言，0.075 mm通过率的意义不大，所以也可以不筛，且把通过0.15 mm筛的筛下部分作为0.075 mm的分计筛余，将粗集料的0.075 mm通过率假设为0。

（3）如果某个筛上的集料过多，影响筛分作业时，可以分两次筛分。当筛余颗粒的粒径大于19 mm时，筛分过程中允许用手指轻轻拨动颗粒，但不得逐颗塞过筛孔。

（4）称取每个筛上的筛余量，准确至总质量的0.1%，各筛分计筛余量及筛底存量的总和与筛分前试样的干燥总质量 $m_0$ 相比，其相差不得超过0.3%。

2. 沥青混合料及基层用粗集料水洗法试验步骤

（1）取一份试样，将试样置于（105±5）℃烘箱中烘干至恒重，称取干燥集料试样的总质量（$m_3$），准确至0.1%。

（2）将试样置一洁净容器中，加入足够数量的洁净水，将集料全部盖没，但不得使用任何干筛法洗涤剂、分散剂、表面活性剂。

（3）用搅棒充分搅动集料，使集料表面洗涤干净，使细粉悬浮在水中，但不得破碎集料或有集料从水中溅出。

（4）根据集料粒径大小选择组成一组套筛，其底部为0.075 mm标准筛，上部为2.36 mm或4.75 mm筛。仔细将容器中混有细粉的悬浮液倒出，经过套筛流入另一容器中，尽量不要将粗集料倒出，以免损坏标准筛筛面。

（5）重复（2）～（4）步骤，直至倒出的水洁净为止，必要时可采用水流缓慢冲洗。

（6）将套筛的每个筛子上的集料及容器中的集料全部回收在一个搪瓷盘中，容器上不得有沾附的集料颗粒。

注：沾在0.075 mm筛面上的细粉很难回收扣入搪瓷盘中，此时需将筛子倒扣在搪瓷盘上用少量的水并助以毛刷将细粉刷落入搪瓷盘中，并注意不要散失。

（7）在确保细粉不散失的前提下，小心滗去搪瓷盘中的积水，将搪瓷盘连同集料一起置（105±5）℃烘箱中烘干至恒重，称取干燥集料试样的总质量（$m_4$），准确至0.1%。以 $m_3$ 与 $m_4$ 之差作为0.075 mm的筛下部分。

（8）将回收的干燥集料按干筛方法筛分出0.075 mm以上各筛的筛余量，此时0.075 mm筛下部分应为0，如果尚能筛出，则应将其并入水洗得到的0.075 mm的筛下部分，且表示水洗得不干净。

（五）结果整理

1. 干筛法筛分结果的计算

（1）计算各筛分计筛余量及筛底存量的总和与筛分前试样的干燥总质量 $m_0$ 之差，作为筛分时的损耗，若大于 0.3%，应重新进行试验。

$$m_5 = m_0 - (\sum m_i + m_底) \tag{试 1-3}$$

式中：$m_5$—— 由于筛分造成的损耗，g；
$\qquad m_0$—— 用于干筛的干燥集料总质量，g；
$\qquad m_i$—— 各号筛上的分计筛余，g；
$\qquad i$—— 依次为 0.075 mm、0.15 mm…至集料最大粒径的排序；
$\qquad m_底$—— 筛底（0.075 mm 以下部分）集料总质量，g。

（2）干筛分计筛余百分率。干筛后各号筛上的分计筛余百分率按式（试 1-4）计算，准确至 0.1%。

$$P_i' = \frac{m_i}{m_0 - m_5} \times 100 \tag{试 1-4}$$

式中：$P_i'$—— 各号筛上的分计筛余百分率，%；
$\qquad m_5$、$m_0$、$m_i$、$i$—— 意义同前。

（3）干筛累计筛余百分率。各号筛的累计筛余百分率为该号筛以上各号筛的分计筛余百分率之和，准确至 0.1%。

（4）干筛质量通过百分率。各号筛的质量通过百分率 $P_i$ 等于 100 减去该号筛累计筛余百分率，准确至 0.1%。

（5）由筛底存量除以扣除损耗后的干燥集料总质量计算 0.075 mm 筛的通过率。

（6）试验结果以两次试验的平均值表示，准确至 0.1%。当两次试验结果 $P_{0.075}$ 的差值超过 1%时，试验应重新进行。

2. 水筛法筛分结果的计算

（1）按式（试 1-5）、（试 1-6）计算粗集料中 0.075 mm 筛下部分质量 $m_{0.075}$ 和含量 $P_{0.075}$，准确至 0.1%，当两次试验结果 $P_{0.075}$ 的差值超过 1%时，试验应重新进行。

$$m_{0.075} = m_3 - m_4 \tag{试 1-5}$$

$$P_{0.075} = \frac{m_{0.075}}{m_3} \times 100 = \frac{m_3 - m_4}{m_3} \times 100 \tag{试 1-6}$$

式中：$P_{0.075}$—— 粗集料中小于 0.075 mm 的含量（通过率），%；
$\qquad m_{0.075}$—— 粗集料中水洗得到的小于 0.075 mm 部分的质量，g；
$\qquad m_3$—— 用于水洗的干燥粗集料总质量，g；
$\qquad m_4$—— 水洗后的干燥粗集料总质量，g。

（2）计算各筛分计筛余量及筛底存量的总和与筛分前试样的干燥总质量 $m_4$ 之差，作为筛分时的损耗，若损耗率大于 0.3%，应重新进行试验。

$$m_5 = m_3 - (\sum m_i + m_{0.075}) \tag{试 1-7}$$

式中：$m_5$—— 由于筛分造成的损耗，g；
$\qquad m_3$—— 用于水筛筛分的干燥集料总质量，g；
$\qquad m_i$—— 各号筛上的分计筛余，g；
$\qquad i$—— 依次为 0.075 mm、0.15 mm…至集料最大粒径的排序；

$m_{0.075}$——水洗后得到的 0.075 mm 以下部分质量，即 $m_3 - m_4$，g。

（3）计算其他各筛的分计筛余百分率、累计筛余百分率、质量通过百分率，计算方法与干筛法相同，当干筛时筛分有损耗时，应按干筛法从总质量中扣除损耗部分。

试验结果以两次试验的平均值表示。

## 试验 1.3　粗集料密度及吸水率试验（网篮法）
### （JTG E42 T0304—2005）

（一）目的与适用范围

本方法适用于测定各种粗集料的表观相对密度、表干相对密度、毛体积相对密度、表观密度、表干密度、毛体积密度，以及粗集料的吸水率。

（二）仪器设备

（1）天平或浸水天平：可悬挂吊篮测定集料的水中质量，称量应满足试样数量称量要求，感量不大于最大称量的 0.05%。

（2）吊篮：耐锈蚀材料制成，直径和高度为 150 mm 左右，四周及底部用 1~2 mm 的筛网编制或具有密集的孔眼。

（3）溢流水槽：在称量水中质量时能保持水面高度一定。

（4）烘箱：能控温在（105±5）℃。

（5）温度计。

（6）标准筛。

（7）其他：盛水容器（如搪瓷盘）、刷子、毛巾等。

（三）试验准备

（1）将取来的试样用标准筛过筛除去其中的细集料，对较粗的粗集料可用 4.75 mm 筛过筛，对 2.36~4.75 mm 集料，或者混在 4.75 mm 以下石屑中的粗集料，则用 2.36 mm 标准筛过筛，用四分法或分料器法缩分至要求的质量，分两份备用。对沥青路面用粗集料，应对不同规格的集料分别测定，不得混杂，所取的每一份集料试样应基本上保持原有的级配。在测定 2.36~4.75 mm 的粗集料时，试验过程中应特别小心，不得丢失集料。

（2）经缩分后供测定密度和吸水率的粗集料质量应符合试表 1.2 的规定。

**试表 1.2　测定密度所需要的试样最小质量**

| 公称最大粒径/mm | 4.75 | 9.5 | 16 | 19 | 26.5 | 31.5 | 37.5 | 63 | 75 |
|---|---|---|---|---|---|---|---|---|---|
| 每一份试样的最小质量/kg | 0.8 | 1 | 1 | 1 | 1.5 | 1.5 | 2 | 3 | 3 |

（3）将每一份集料试样浸泡在水中，并适当搅动，仔细洗去附在集料表面的尘土和石粉，经多次漂洗干净至水清澈为止。清洗过程中不得散失集料颗粒。

（四）试验步骤

（1）取试样一份装入干净的搪瓷盘中，注入洁净的水，水面至少应高出试样 20 mm，轻轻搅动石料，使附着在石料上的气泡完全逸出。在室温下保持浸水 24 h。

（2）将吊篮挂在天平的吊钩上，浸入溢流水槽中，向溢流水槽中注水，水面高度至水槽的溢流孔为止，将天平调零。吊篮的筛网应保证集料不会通过筛孔流失，对 2.36~4.75 mm 粗集料应更换小孔筛网,或在网篮中加放入一个浅盘。

(3) 调节水温在 15℃~25℃ 范围内。将试样移入吊篮中。溢流水槽中的水面高度由水槽的溢流孔控制,维持不变,称取集料的水中质量($m_w$)。

(4) 提起吊篮,稍稍滴水后,较粗的粗集料可以直接倒在拧干的湿毛巾上。将较细的粗集料(2.36~4.75 mm)连同浅盘一起取出,稍稍倾斜搪瓷盘,仔细倒出余水,将粗集料倒在拧干的湿毛巾上,用毛巾吸走从集料中漏出的自由水。注意不得有颗粒丢失,或有小颗粒附在吊篮上。再用拧干的湿毛巾轻轻擦干集料颗粒的表面水,至表面看不到发亮的水迹,即为饱和面干状态。当粗集料尺寸较大时,宜逐颗擦干。注意对较粗的粗集料,拧湿毛巾时防止拧得太干,对较细的含水较多的粗集料,毛巾可拧得稍干些。擦颗粒的表面水时,既要将表面水擦掉,又不能将颗粒内部的水吸出。整个过程中不得有集料丢失,且已擦干的集料不得继续在空气中放置,以防止集料干燥。

注:对 2.36~4.75 mm 集料,用毛巾擦拭时容易沾附细颗粒集料造成损失,此时宜改用洁净的纯棉汗衫布擦拭至表干状态。

(5) 立即在保持表干状态下,称取集料的表干质量($m_f$)。

(6) 将集料置于浅盘中,放入(105±5)℃ 的烘箱中烘干至恒重。取出浅盘,放在带盖的容器中冷却至室温,称取集料的烘干质量($m_a$)。

(7) 对同一规格的集料应平行试验两次,取平均值作为试验结果。

(五)结果整理

(1) 表观相对密度 $\gamma_a$、表干相对密度 $\gamma_s$、毛体积相对密度 $\gamma_b$ 按式(试 1-8)、(试 1-9)、(试 1-10)计算至小数点后 3 位。

$$\gamma_a = \frac{m_a}{m_a - m_w} \tag{试 1-8}$$

$$\gamma_s = \frac{m_f}{m_f - m_w} \tag{试 1-9}$$

$$\gamma_b = \frac{m_a}{m_f - m_w} \tag{试 1-10}$$

式中:$\gamma_a$ —— 集料的表观相对密度,无量纲;

$\gamma_s$ —— 集料的表干相对密度,无量纲;

$\gamma_b$ —— 集料的毛体积相对密度,无量纲;

$m_a$ —— 集料的烘干质量,g;

$m_f$ —— 集料的表干质量,g;

$m_w$ —— 集料的水中质量,g。

(2) 集料的吸水率以烘干试样为基准,按式(试 1-11)计算,准确至 0.01%。

$$W_x = \frac{m_f - m_a}{m_a} \times 100 \tag{试 1-11}$$

式中:$W_x$ —— 粗集料的吸水率,%。

(3) 粗集料的表观密度(视密度)$\rho_a$、表干密度 $\rho_s$、毛体积密度 $\rho_b$,按式(试 1-12)、(试 1-13)、(试 1-14)计算,准确至小数点后 3 位。不同水温条件下测量的粗集料表观密度需进行水温修正,不同试验温度下水的密度 $\rho_T$ 及水的温度修正系数 $\alpha_T$ 按试表 1.3 选用。

试表 1.3　不同水温时水的密度 $\rho_T$ 及水温修正系数 $\alpha_T$

| 水温/°C | 15 | 16 | 17 | 18 | 19 | 20 |
|---|---|---|---|---|---|---|
| 水的密度 $\rho_T$/(g/cm³) | 0.999 13 | 0.998 97 | 0.998 80 | 0.998 62 | 0.998 43 | 0.998 22 |
| 水温修正系数 $\alpha_T$ | 0.002 | 0.003 | 0.003 | 0.004 | 0.004 | 0.005 |
| 水温/°C | 21 | 22 | 23 | 24 | 25 | — |
| 水的密度 $\rho_T$/(g/cm³) | 0.998 02 | 0.997 79 | 0.997 56 | 0.997 33 | 0.997 02 | — |
| 水温修正系数 $\alpha_T$ | 0.005 | 0.006 | 0.006 | 0.007 | 0.007 | — |

$$\rho_a = \gamma_a \times \rho_T \quad \text{或} \quad \rho_a = (\gamma_a - \alpha_T) \times \rho_w \quad \quad (\text{试 } 1\text{-}12)$$

$$\rho_s = \gamma_s \times \rho_T \quad \text{或} \quad \rho_s = (\gamma_s - \alpha_T) \times \rho_w \quad \quad (\text{试 } 1\text{-}13)$$

$$\rho_b = \gamma_b \times \rho_T \quad \text{或} \quad \rho_b = (\gamma_b - \alpha_T) \times \rho_w \quad \quad (\text{试 } 1\text{-}14)$$

式中：$\rho_w$——水在 4°C 时的密度，1 000 kg/m³。

重复试验的精密度，对表观相对密度、表干相对密度、毛体积相对密度，两次结果相差不得超过 0.02，对吸水率不得超过 0.2%。

## 试验 1.4　粗集料堆积密度及空隙率试验
（JTG E42 T0309—2005）

（一）目的与适用范围

测定粗集料的堆积密度，包括自然堆积状态、振实状态、捣实状态下的堆积密度，以及堆积状态下的空隙率。

（二）仪器设备

（1）天平或台秤：感量不大于称量的 0.1%。

（2）容量筒：适用于粗集料堆积密度测定的容量筒应符合试表 1.4 的要求。

试表 1.4　容量筒的规格要求

| 粗集料公称最大粒径/mm | 容量筒容积/L | 容量筒规格/mm | | | 筒壁厚度/mm |
|---|---|---|---|---|---|
| | | 内径 | 净高 | 底厚 | |
| ≤4.75 | 3 | 155±2 | 160±2 | 5.0 | 2.5 |
| 9.5~26.5 | 10 | 205±2 | 305±2 | 5.0 | 2.5 |
| 31.5~37.5 | 15 | 255±5 | 295±5 | 5.0 | 3.0 |
| ≥53 | 20 | 355±5 | 305±5 | 5.0 | 3.0 |

（3）平头铁锹。

（4）烘箱：能控温（105±5）°C。

（5）振动台：频率为（3 000±200）次/min，负荷下的振幅为 0.35 mm，空载时的振幅为 0.5 mm。

（6）捣棒：直径 16 mm，长 600 mm，一端为圆头的钢棒。

（三）试验准备

按规定方法取样、缩分，质量应满足试验要求，在（105±5）°C 的烘箱中烘干，也可以摊在清洁的地面上风干，拌匀后分成两份备用。

（四）试验步骤

1. 自然堆积密度

取试样 1 份，置于平整干净的水泥地（或铁板）上，用平头铁锹铲起试样，使石子自由落入容量筒内。此时，从铁锹的齐口至容量筒上口的距离应保持为 50 mm 左右，装满容量筒并除去凸出筒口表面的颗粒，并以合适的颗粒填入凹陷空隙，使表面积稍凸起部分和凹陷部分的体积大致相等，称取试样和容量筒总质量（$m_2$）。

2. 振实密度

按堆积密度试验步骤，将装满试样的容量筒放在振动台上，振动 3 min，或者将试样分 3 层装入容量筒。装完一层后，在筒底垫放一根直径为 25 mm 的圆钢筋，将筒按住，左右交替颠击地面各 25 下，然后装入第二层，用同样的方法颠实（但筒底所垫钢筋的方向应与第一层放置方向垂直）；然后再装入第三层，如法颠实；待 3 层试样装填完毕后，加料到试样超出容量筒口，用钢筋沿筒口边缘滚转，刮下高出筒口的颗粒，用合适的颗粒填平凹处，使表面稍凸起部分和凹陷部分的体积大致相等，称取试样和容量筒总质量（$m_2$）。

3. 捣实密度

根据沥青混合料的类型和公称最大粒径，确定起骨架作用的关键性筛孔（通常为 4.75 mm 或 2.36 mm 等）。将矿料混合料中此筛孔以上颗粒筛出，作为试样装入符合要求规格的容器中达 1/3 的高度，由边至中用捣棒均匀捣实 25 次。再向容器中装入 1/3 高度的试样，用捣棒均匀地捣实 25 次，捣实深度约至下层的表面。然后重复上一步骤，加最后一层，捣实 25 次，使集料与容器口齐平。用合适的集料填充表面的大空隙，用直尺大体刮平，目测估计表面凸起的部分与凹陷部分的容积大致相等，称取容量筒与试样的总质量（$m_2$）。

4. 容量筒容积的标定

用水装满容量筒，测量水温，擦干筒外壁的水分，称取容量筒与水的总质量（$m_w$），并按水的密度对容量筒的容积作校正。

（五）结果整理

（1）容量筒的容积按式（试 1-15）计算。

$$V = \frac{m_w - m_1}{\rho_T} \quad \text{（试 1-15）}$$

式中：$V$ —— 容量筒的容积，L；

$m_1$ —— 容量筒的质量，kg；

$m_w$ —— 容量筒与水的总质量，kg；

$\rho_T$ —— 试验温度 $T$ 时水的密度，按试表 1-3 选用，g/cm³。

（2）堆积密度（包括自然堆积状态、振实状态、捣实状态下的堆积密度）按式（试 1-16）计算至小数点后 3 位。

$$\rho = \frac{m_2 - m_1}{V} \quad \text{（试 1-16）}$$

式中：$\rho$ —— 与各种状态相对应的堆积密度，$t/m^3$；
　　　$m_1$ —— 容量筒的质量，kg；
　　　$m_2$ —— 容量筒与试样的总质量，kg；
　　　$V$ —— 容量筒的容积，L。

（3）水泥混凝土用粗集料振实状态下的空隙率按式（试1-17）计算。

$$V_c = \left(1 - \frac{\rho}{\rho_a}\right) \times 100 \qquad (\text{试}1\text{-}17)$$

式中：$V_c$ —— 水泥混凝土用粗集料的空隙率，%；
　　　$\rho_a$ —— 粗集料的表观密度，$t/m^3$；
　　　$\rho$ —— 按振实法测定的粗集料的堆积密度，$t/m^3$。

（4）沥青混合料用粗集料骨架捣实状态的间隙率按式（试1-18）计算。

$$VCA_{DRC} = \left(1 - \frac{\rho}{\rho_b}\right) \times 100 \qquad (\text{试}1\text{-}18)$$

式中：$VCA_{DRC}$ —— 捣实状态下粗集料骨架间隙率，%；
　　　$\rho_b$ —— 按网篮法测定的粗集料的毛体积密度，$t/m^3$；
　　　$\rho$ —— 按振实法测定的粗集料的自然堆积密度，$t/m^3$。

以两次平行试验结果的平均值为测定值。

## 试验 1.5　粗集料压碎值试验
（JTG E42 T0316—2005）

**（一）目的与适用范围**

集料压碎值用于衡量石料在逐渐增加的荷载下抵抗压碎的能力，是衡量石料力学性质的指标，以评定其在公路工程中的适用性。

**（二）仪器设备**

（1）石料压碎值试验仪：由内径 150 mm、两端开口的钢制圆形试筒、压柱和底板组成。试筒内壁、压柱的底面及底板的上表面等与石料接触的表面都应进行热处理，使表面硬化，达到维氏硬度 HV65，并保持光滑状态。

（2）金属棒：直径 10 mm，长 45～60 mm，一端加工成半球形。

（3）天平：称量 2～3 kg，感量不大于 1 g。

（4）标准筛：筛孔尺寸 13.2 mm、9.5 mm、2.36 mm 筛各一个。

（5）压力机：500 kN，应能在 10 min 内达到 400 kN。

（6）金属筒：圆柱形，内径 112 mm，高 179.4 mm，容积 1 767 $cm^3$。

**（三）试验准备**

（1）采用风干石料，用 13.2 mm 和 9.5 mm 标准筛过筛，取 9.5～13.2 mm 的试样 3 组，各 3 000 g，供试验用。如过于潮湿需加热烘干时，烘箱温度不得超过 100℃，烘干时间不超过 4 h，试验前，石料应冷却至室温。

（2）每次试验的石料数量应满足按下述方法夯击后石料在试筒内的深度为 100 mm。将试样分 3 次（每次数量大体相同）均匀装入试模中，每次均将试样表面整平，用金属棒的半球面端从石料表面上均匀捣实 25 次。最后用金属棒作为直刮刀将表面仔细整平。称取量筒中试样质量（$m_0$），以相同质量的试样进行压碎值的平行试验。

（四）试验步骤

（1）将试筒安放在底板上。

（2）将试样分 3 次（每次数量大体相同）均匀放入试模中，每次均将试样表面整平，用金属棒的半球面端从石料表面上均匀捣实 25 次。最后用金属棒作为直刮刀将表面仔细整平。

（3）将装有试样的试模放到压力机上，同时加压头放入试筒内石料面上，注意使压头摆平，勿楔挤试模侧壁。

（4）开动压力机，均匀地施加荷载，在 10 min 左右的时间内达到总荷载 400 kN，稳压 5 s，然后卸荷。

（5）将试模从压力机上取下，取出试样。

（6）用 2.36 mm 标准筛筛分经压碎的全部试样，可分几次筛分，均需筛到在 1 min 内无明显的筛出物为止。

（7）称取通过 2.36 mm 筛孔的全部细料质量（$m_1$），准确至 1 g。

（五）结果整理

石料压碎值按式（试 1-19）计算，准确至 0.1%。

$$Q_a' = \frac{m_1}{m_0} \times 100 \qquad （试1\text{-}19）$$

式中：$Q_a'$—— 石料压碎值，%；

$m_0$—— 试验前试样质量，g；

$m_1$—— 试验后通过 2.36 mm 筛孔的细料质量，g。

以 3 个试样平行试验结果的算术平均值作为压碎值的测定值。

## 试验 1.6　细集料筛分试验
（JTG E42 T0327—2005）

（一）目的与适用范围

测定细集料（天然砂、人工砂、石屑）的颗粒级配及粗细程度。对水泥混凝土用细集料可采用干筛法，如果需要也可采用水洗法筛分。对沥青混合料及基层用细集料必须用水洗法筛分。

注：当细集料中含有粗集料时，可参照此方法用水洗法筛分，但需特别注意保护标准筛筛面不遭损坏。

（二）仪器设备

（1）标准筛。

（2）天平：称量 1 000 g，感量不大于 0.5 g。

（3）摇筛机。

（4）烘箱：能控温在（105±5）℃。

（5）其他：浅盘和硬、软毛刷等。

（三）试验准备

根据样品中最大粒径的大小，选用适宜的标准筛，通常为 9.5 mm 筛（水泥混凝土用天然砂）或 4.75 mm 筛（沥青路面及基层用的天然砂、石屑、机制砂等）筛除其中的超粒径材料。然后在潮湿状态下将样品充分拌匀，用分料器法或四分法缩分至每份不少于 550 g 的试样两份，在（105±5）℃的烘箱中烘干至恒重，冷却至室温后备用。

注：恒重系指相邻两次称量间隔时间大于 3 h（通常不少于 6 h）的情况下，前后两次称量之差小于该项试验所要求的称量精密度。

（四）试验步骤

1. 干筛法试验步骤

（1）准确称取烘干试样约 500 g（$m_1$），准确至 0.5 g，置于套筛的最上面一只筛，即 4.75 mm 筛上。将套筛装入摇筛机，摇筛约 10 min，然后取出套筛，再按筛孔大小顺序，从最大的筛号开始，在清洁的浅盘上逐个进行手筛，直到每分钟的筛出量不超过筛上剩余量的 0.1%时为止。将筛出通过的颗粒并入下一号筛，和下一号筛中的试样一起过筛，以此顺序进行至各号筛全部筛完为止。

注：① 试样如为特细砂时，试样质量可减少到 100 g；
② 如试样含泥量超过 5%，不宜采用干筛法；
③ 无摇筛机时，可直接用手筛。

（2）称量各筛筛余试样的质量，精确至 0.5 g。所有各筛的分计筛余量和底盘中剩余量的总量与筛分前的试样总量，相差不得超过后者的 1%。

2. 水洗法试验步骤

（1）准确称取烘干试样约 500 g（$m_1$），准确至 0.5 g。

（2）将试样置一洁净容器中，加入足够数量的洁净水，将集料全部盖没。

（3）用搅棒充分搅动集料，使集料表面洗涤干净，使细粉悬浮在水中，但不得有集料从水中溅出。

（4）用 1.18 mm 筛及 0.075 mm 筛组成套筛。仔细将容器中混有细粉的悬浮液徐徐倒出，经过套筛流入另一容器，但不得将集料倒出。

注：不可直接倒至 0.075 mm 筛上，以免集料掉出损坏筛面。

（5）重复（2）~（4）步骤，直至倒出的水洁净且将小于 0.075 mm 的颗粒全部倒出。

（6）将容器中的集料倒入搪瓷盘中，用少量水冲洗，使容器上沾附的集料颗粒全部进入搪瓷盘中。将筛子反扣过来，用少量的水将筛上的集料冲洗入搪瓷盘中。操作过程中不得有集料散失。

（7）将搪瓷盘连同集料一起置于（105±5）℃的烘箱中烘干至恒重，称取干燥集料试样的总质量（$m_2$），准确至 0.1%。$m_1$ 与 $m_2$ 之差即为通过 0.075 mm 部分。

（8）将全部要求尺寸的筛孔组成套筛（但不需 0.075 mm 筛），将已经洗去小于 0.075 mm 部分的干燥集料置于套筛上（通常为 4.75 mm 筛），将套筛装入摇筛机，摇筛约 10 min，然后取出套筛，再按筛孔大小顺序，从最大的筛号开始，在清洁的浅盘上逐个进行手筛，直至每分钟的筛出量不超过筛上剩余量的 1%时为止，将筛出通过的颗粒并入下一号筛，和下一号筛中的试样一起过筛，按照这样的顺序进行，直至各号筛全部筛完为止。

注：如为含有粗集料的集料混合料，套筛筛孔应根据需要选择。

（9）称量各筛筛余试样的质量，精确至 0.5 g。所有各筛的分计筛余量和底盘中剩余量的总质量，与筛分前后试样总量 $m_2$ 的差值不超过后者的 1%。

## （五）结果整理

（1）计算分计筛余百分率。各号筛的分计筛余百分率为各号筛上的筛余量除以试样总量（$m_1$）的百分率，准确至 0.1%。对沥青路面细集料而言，0.15 mm 筛下部分即为 0.075 mm 的分计筛余，由步骤（7）测得的 $m_1$ 与 $m_2$ 之差即为小于 0.075 mm 的筛底部分。

（2）计算累计筛余百分率。各号筛的累计筛余百分率为该号筛及大于该号筛的各号筛的分计筛余百分率之和，准确至 0.1%。

（3）计算质量通过百分率。各号筛的质量通过百分率等于 100 减去该号筛的累计筛余百分率，准确至 0.1%。

（4）根据各筛的累计筛余百分率或通过百分率，绘制级配曲线。

（5）天然砂的细度模数按式（试 1-20）计算，准确至 0.01。

$$M_x = \frac{(A_{0.15} + A_{0.3} + A_{0.6} + A_{1.18} + A_{2.36}) - 5A_{4.75}}{100 - A_{4.75}} \quad \text{（试 1-20）}$$

式中：$M_x$ —— 砂的细度模数；

$A_{0.15}$，$A_{0.3}$，…，$A_{4.75}$ —— 分别为 0.15、0.3、…、4.75 mm 各筛上的累计筛余百分率，%。

（6）应进行两次平行试验，以试验结果的算术平均值作为测定值。如两次试验所得的细度模数之差大于 0.2，应重新进行试验。

## 试验 1.7　细集料表观密度试验（容量瓶法）

（JTG E42 T0328—2005）

（一）目的与适用范围

用容量法测定细集料（天然砂、石屑、机制砂）在 23℃ 时对水的表观相对密度和表观密度。本方法适用于含有少量大于 2.36 mm 部分的细集料。

（二）仪器设备

（1）天平：称量 1 kg，感量不大于 1 g。

（2）容量瓶：500 mL。

（3）烘箱：能控温在（105±5）℃。

（4）烧杯：500 mL。

（5）其他：干燥器、浅盘、铝制料勺、温度计、洁净水等。

（三）试验准备

将缩分至 650 g 左右的试样在温度为（105±5）℃ 的烘箱中烘干至恒重，并在干燥器内冷却至室温，分成两份备用。

（四）试验步骤

（1）称取烘干的试样约 300 g（$m_0$），装入盛有半瓶洁净水的容量瓶中。

（2）摇转容量瓶，使试样在已保温至（23±1.7）℃ 的水中充分搅动以排除气泡，塞紧瓶塞，在恒温条件下静置 24 h 左右，然后用滴管添水，使水面与瓶颈刻度线平齐，再塞紧瓶塞，擦干瓶外水分，称其总质量（$m_2$）。

（3）倒出瓶中的水和试样，将瓶的内外表面洗净，再向瓶内注入同样温度的洁净水（温差不超过 2°C）至瓶颈刻度线，塞紧瓶塞，擦干瓶外水分，称其总质量（$m_1$）。

注：在砂的表观密度试验过程中应测量并控制水的温度，试验期间的温度不得超过 1°C。

（五）结果整理

（1）细集料的表观相对密度按式（试 1-21）计算至小数点后 3 位。

$$\gamma_a = \frac{m_0}{m_0 + m_1 - m_2} \qquad （试 1-21）$$

式中：$\gamma_a$——细集料的表观相对密度，无量纲；

$m_0$——试样的烘干质量，g；

$m_1$——水及容量瓶总质量，g；

$m_2$——试样、水及容量瓶总质量，g。

（2）表观密度 $\rho_a$ 按式（试 1-22）计算，准确至小数点后 3 位。

$$\rho_a = \gamma_a \times \rho_T \quad 或 \quad \rho_a = (\gamma_a - \alpha_T) \times \rho_w \qquad （试 1-22）$$

式中：$\rho_a$——细集料的表观密度，g/cm³；

$\rho_w$——水在 4°C 时的密度，1 000 kg/m³；

$\alpha_T$——试验时的水温对水的密度影响的修正系数，按表 1.3 取用；

$\rho_T$——试验温度 $T$ 时水的密度，按表 1.3 取用，g/cm³。

以两次平行试验结果的算术平均值作为测定值，如两次结果之差值大于 0.01 g/cm³ 时，应重新取样进行试验。

## 试验 1.8　细集料堆积密度及紧装密度试验
（JTG E42 T0331—1994）

（一）目的与适用范围

测定砂自然状态下的堆积密度、紧装密度及空隙率。

（二）仪器与设备

（1）台秤：称量 5 kg，感量 5 g。

（2）容量筒：金属制，圆筒形，内径 108 mm，净高 109 mm，筒壁厚 2 mm，筒底厚 5 mm，容积约为 1 L。

（3）标准漏斗。

（4）烘箱：能控温在（105±5）°C。

（5）其他：小勺、直尺、浅盘等。

（三）试验准备

（1）用浅盘装试样约 5 kg，在温度为（105±5）°C 的烘箱中烘干至恒量，取出并冷却至室温，分成大致相等的两份备用。

（2）容量筒容积的校正方法。以温度为（20±5）°C 的洁净水装满容量筒，用玻璃板沿筒口滑移，使其紧贴水面并擦干筒外壁水分，然后称量，用下式计算筒的容积 $V$：

$$V = m_2' - m_1' \qquad\qquad (试1\text{-}23)$$

式中：$m_1'$ ——容量筒和玻璃板的总质量，g；

　　　$m_2'$ ——容量筒、玻璃板和水的总质量，g。

注：试样烘干后如有结块，应在试验前先予捏碎。

（四）试验步骤

（1）堆积密度：将试样装入漏斗中，打开底部的活动门，将砂流入容量筒中，也可直接用小勺向容量筒中装试样，但漏斗出料口或料勺距容量筒筒口均应为 50 mm 左右，试样装满并超出容量筒筒口后，用直尺将多余的试样沿筒口中心线向两个相反方向刮平，称取质量（$m_1$）。

（2）紧装密度：取试样 1 份，分两层装入容量筒。装完一层后，在筒底垫放一根直径为 10 mm 的钢筋，将筒按住，左右交替颠击地面各 25 下，然后再装入第二层。第二层装满后用同样方法颠实（但筒底垫钢筋的方向应与第一层放置方向垂直），两层装完并颠实后，添加试样超出容量筒筒口，然后用直尺将多余的试样沿筒口中心线向两个相反方向刮平，称其质量（$m_2$）。

（五）结果整理

（1）堆积密度 $\rho$ 及紧装密度 $\rho'$ 分别按下式计算，计算至小数点后 3 位。

$$\rho = \frac{m_1 - m_0}{V} \qquad\qquad (试1\text{-}24)$$

$$\rho' = \frac{m_2 - m_0}{V} \qquad\qquad (试1\text{-}25)$$

式中：$m_0$ —— 容量筒的质量，g；

　　　$m_1$ —— 容量筒和堆积密度砂的总质量，g；

　　　$m_2$ —— 容量筒和紧装密度砂的总质量，g；

　　　$V$ —— 容量筒容积，mL。

以两次试验结果的算术平均值作为测定值。

（2）空隙率按下式计算：

$$n = \left(1 - \frac{\rho}{\rho_a}\right) \times 100 \qquad\qquad (试1\text{-}26)$$

式中：$n$ —— 砂的空隙率，%；

　　　$\rho$ —— 砂的堆积或紧装密度，g/cm³；

　　　$\rho_a$ —— 砂的表观密度，g/cm³。

以两次试验结果的算术平均值作为测定值。

# 第二章　石灰和水泥

### 知识目标

1. 掌握石灰的消化、硬化过程和原理，质量检验方法和质量标准；
2. 掌握了解硅酸盐水泥熟料的矿物组成，凝结硬化机理和技术性质；
3. 了解掺混合材料的硅酸盐水泥和其他品种水泥。

### 能力目标

1. 能够确定石灰的质量等级；
2. 能掌握硅酸盐水泥熟料各矿物成分的特性、凝结硬化的机理和技术性质的测定方法；
3. 能正确检验水泥的质量，对其他水泥的特性和工程应用也应有一定了解；
4. 能合理选用水泥品种。

### 引　言

在建筑工程中，能以自身的物理化学作用将松散材料（如砂、石）胶结成为具有一定强度的整体结构的材料，统称为胶凝材料。胶凝材料按其化学成分不同分为有机胶凝材料（如各种沥青和树脂）和无机胶凝材料两大类；无机胶凝材料根据其硬化条件不同又分为水硬性胶凝材料和气硬性胶凝材料。气硬性胶凝材料只能在空气中硬化、保持或继续提高强度（如石灰、石膏）。水硬性胶凝材料则不仅能在空气中硬化，而且能很好地在水中硬化，且可在水中保持并继续提高强度，各种水泥都属于水硬性胶凝材料。胶凝材料分类可归纳为表 2.1。

**表 2.1　胶凝材料分类**

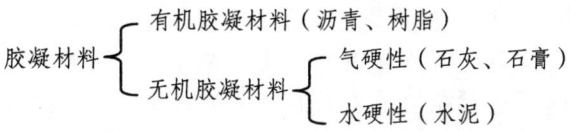

## 第一节　石　灰

### 一、石灰的生产加工工艺概述

#### 1. 石灰的生产工艺

将主要成分为碳酸钙和碳酸镁的岩石经高温煅烧（加热至 900°C 以上），逸出 $CO_2$ 气体，

得到白色或灰白色的块状材料即为块状生石灰,其主要化学成分为氧化钙(CaO)和氧化镁(MgO)。化学反应如下:

$$CaCO_3 \xrightarrow{\text{大于}900°C} CaO + CO_2 \uparrow \qquad (2-1)$$

优质的石灰,色质洁白或略带灰色,质量较轻,其堆积密度为 800~1 000 kg/m³。石灰在烧制过程中,往往由于石灰石原料尺寸过大或窑中温度不匀等原因,使得石灰中含有未烧透的内核,这种石灰即称为"欠火石灰"。欠火石灰的颜色发青且未消化残渣含量高,有效氧化钙和氧化镁含量低,使用时缺乏黏聚力。另一种情况是由于煅烧温度过高、时间过长而使石灰表面出现裂缝或玻璃状的外壳,体积收缩明显,颜色呈灰黑色,块体密度大,消化缓慢,这种石灰称"过火石灰"。"过火石灰"使用时消解缓慢,甚至用于建筑结构物中仍能继续消化,以致引起体积膨胀,导致灰层表面剥落或产生裂缝等破坏现象,危害极大。

2. 石灰的分类

石灰俗称白灰,根据成品加工方法的不同,可分为:

(1)块状生石灰:由原料煅烧而成的原产品,主要成分为 CaO。

(2)生石灰粉:由块状生石灰磨细而得到的细粉,其主要成分亦为 CaO。

(3)消石灰:将生石灰用适量的水消化而得到的粉末,亦称熟石灰,其主要成分为 $Ca(OH)_2$。

(4)石灰浆:将生石灰与多量的水(为石灰体积的 3~4 倍)消化而得可塑性浆体,称为石灰膏,主要成分为 $Ca(OH)_2$ 和水。如果水分加得更多,则呈白色悬浮液,称为石灰乳。

## 二、石灰的消化和硬化

### (一)石灰的消化

生石灰在使用前一般都需加水消解,这一过程称为"消化"或"熟化"。消化后的石灰称为"消石灰"或"熟石灰"。其化学反应式如下:

$$CaO + H_2O \longrightarrow Ca(OH)_2 + 64.9 \text{ kJ/mol} \qquad (2-2)$$

此反应为放热反应,消化过程体积增大 1~2.5 倍。消解石灰的理论加水量为石灰质量的32%,但由于消化过程中水分的蒸发损失,实际加水量需达 70% 以上。在石灰的消解期间应严格控制加水量和加水速度,对消解速度快,活性大的石灰,消解时加水要快,水量要足,并加速搅拌,避免已消解的石灰颗粒包围于未消化颗粒周围,使内部石灰不易消解。对消解速度慢的石灰,则应采用相反措施,使生石灰充分消解,尽量减少未消化颗粒含量。石灰在消化时,为了消除"过火石灰"的危害,可在消化后"陈伏"半月左右后再使用;石灰浆在"陈伏"期间,其表面应保持一定厚度的水,使石灰与空气隔绝,以防止碳酸化。

### (二)石灰的硬化

石灰的硬化过程包括干燥硬化和碳酸化两部分。

1. 石灰浆的干燥硬化(结晶作用)

石灰浆在干燥过程中游离水逐渐蒸发,或被周围砌体吸收,氢氧化钙从饱和溶液中结晶析出,固体颗粒互相靠拢粘紧,强度也随之提高。其反应如下:

$$\mathrm{Ca(OH)_2} + n\mathrm{H_2O} \xrightarrow{\text{晶化}} \mathrm{Ca(OH)_2} \cdot n\mathrm{H_2O} \tag{2-3}$$

## 2. 硬化石灰浆的碳酸化（碳化作用）

氢氧化钙与空气中的二氧化碳作用生成碳酸钙晶体。石灰碳酸化作用只在有水条件下才能进行，其反应如下：

$$\mathrm{Ca(OH)_2} + \mathrm{CO_2} + \mathrm{H_2O} \xrightarrow{\text{碳化}} \mathrm{CaCO_3} + 2\mathrm{H_2O} \tag{2-4}$$

石灰浆体的硬化包括上面两个同时进行的过程，即表层以碳化为主，内部则以干燥硬化为主。纯石灰浆硬化时易发生收缩开裂，所以工程上常配制成石灰砂浆或添加纤维后使用。

## 三、石灰的技术要求和技术标准

### （一）技术要求

用于道路或桥梁工程的石灰，应符合下列技术要求：

#### 1. 有效氧化钙和氧化镁含量

石灰中产生黏结性的有效成分是活性氧化钙和氧化镁。它们的含量是评价石灰质量的主要指标，其含量越多，活性越高，质量也越好。有效氧化钙和氧化镁含量的测定方法，按我国现行行业标准《公路工程无机结合料稳定材料试验规程》（JTJ 057—94）规定，有效氧化钙含量用中和滴定法测定，氧化镁含量用络合滴定法测定。

1）有效氧化钙含量

取 0.5 g 烘干磨细的石灰试样，置于具塞三角瓶内，同时加入 5 g 蔗糖、15 个玻璃珠和蒸馏水 50 mL，立即加塞振荡 15 min。然后加入 2~3 滴酚酞指示剂，用 0.5 mol/L 盐酸标准溶液滴定至溶液的粉红色显著消失并在 30 s 内不再复现。有效氧化钙的百分含量按下式计算：

$$\mathrm{CaO} = \frac{V \times N \times 0.028}{G} \times 100 \tag{2-5}$$

式中：$V$ —— 滴定时消耗盐酸标准溶液的体积，mL；

$N$ —— 盐酸标准溶液的当量浓度，mol/L；

0.028 —— 氧化钙毫克当量；

$G$ —— 试样质量，g。

2）有效氧化镁含量

称取磨细烘干试样 0.5 g 放入 250 mL 烧杯中，用蒸馏水湿润，加 30 mL 1∶10 盐酸后保持微沸 8~10 min。冷却后移入 250 mL 容量瓶中并加水至刻度。沉淀后吸取 25 mL 溶液放入 250 mL 三角瓶中，加 50 mL 蒸馏水。然后按顺序加酒石酸钾钠溶液 1 mL、三乙醇胺溶液 5 mL，再加入氨水-氯化铵缓冲溶液 10 mL、酸性铬蓝 K——萘酚绿 B 指示剂约 0.1 g，此时溶液呈酒红色。用 EDTA 二钠标准溶液滴定至溶液由酒红色变为纯蓝色时即为滴定终点，记录 EDTA 标准溶液耗用体积 $V_1$。再从前述同一容量瓶中，用移液管吸取 25 mL 溶液，置于 300 mL 三角瓶中，加 150 mL 蒸馏水稀释。然后依次加入三乙醇胺溶液 5 mL、20%氢氧化钠溶液 5 mL，放入约 0.1 g 钙指示剂。此时溶液呈酒红色。用 EDTA 二钠标准溶液滴定，直至溶液由酒红色变为纯蓝色即为滴定终点，记录耗用 EDTA 二钠标准溶液体积 $V_2$。氧化镁的百分含量按下式计算：

$$MgO = \frac{T_{MgO}(V_1 - V_2) \times 10}{G \times 1\,000} \times 100 \tag{2-6}$$

式中：$T_{MgO}$ —— EDTA 二钠标准溶液对氧化镁的滴定度；

$V_1$ —— 滴定钙、镁含量消耗 EDTA 二钠标准溶液体积，mL；

$V_2$ —— 滴定钙消耗 EDTA 二钠标准溶液体积，mL；

10 —— 总溶液对分取溶液的体积倍数；

$G$ —— 试样质量，g。

## 2. 生石灰产浆量和未消化残渣含量

产浆量是单位质量（1 kg）的生石灰经消化后所产石灰浆体的体积（L）。石灰产浆量越高，则表示其质量越好。未消化残渣含量是生石灰消化后，未能消化而存留在 5 mm 圆孔筛上的残渣占试样的百分率。其含量越多，石灰质量越差，须加以限制。

按现行标准《建筑石灰物理试验方法》（JC/T 478.1—92）规定，取石灰试样 1kg，倒入装有 2 500 mL[（20±5）°C]清水的标准产浆桶内的筛筒中，盖上盖子，静置消化 20 min，用圆木棒连续搅动 2 min，继续静置消化 40 min，再搅动 2 min。提取筛筒，用清水冲洗筛筒内残渣，至水流不浑浊，冲洗残渣的清水仍倒入产浆桶内，水的总体积控制在 3 000 mL。将残渣在 100°C~105°C 烘箱烘干至恒重，冷却至室温后用 5 mm 圆孔筛筛分，称量筛余物，按式（2-7）计算未消化残渣含量：

$$r = \frac{m_1}{m} \times 100 \tag{2-7}$$

式中：$r$ —— 未消化残渣含量，%；

$m_1$ —— 未消化残渣质量，g；

$m$ —— 石灰试样质量，g。

石灰浆体在产浆桶中静置 24 h 后，用钢尺量出浆体高度，按式（2-8）计算产浆量：

$$Q = \frac{\pi R^2 H}{1 \times 10^6} \tag{2-8}$$

式中：$Q$ —— 产浆量，L/kg；

$\pi$ —— 取 3.14；

$H$ —— 浆体高度，mm；

$R$ —— 产浆桶半径，mm。

## 3. 二氧化碳（$CO_2$）含量

控制生石灰或生石灰粉中 $CO_2$ 的含量，是为了检测石灰石在煅烧时"欠火"造成产品中未分解完成的碳酸盐的含量。$CO_2$ 含量越高，即表示未分解完全的碳酸盐含量越高，则（CaO + MgO）

含量相对降低，导致石灰的胶结性能下降。

**4. 消石灰游离水含量**

游离水含量，指化学结合水以外的含水量。生石灰在消化过程中加入的水是理论需水量的2~3倍，除部分水被石灰消化过程中放出的热蒸发掉外，多加的水分残留于氢氧化钙（除结合水外）中。残余水分会导致消石灰粉的碳化作用在其使用之前发生，影响石灰的质量，因此对消石灰粉的游离水含量需加以限制。

消石灰游离水测定方法是，取试样100 g，移于搪瓷盘中，在100℃~105℃烘箱内烘干至恒重，冷却至室温后称量，按式（2-9）计算游离水含量。

$$C_{H_2O} = \frac{m - m_1}{m} \times 100 \qquad (2-9)$$

式中：$C_{H_2O}$ —— 游离水含量，%；

$m_1$ —— 烘干后试样质量，g；

$m$ —— 消石灰粉试样质量，g。

**5. 细 度**

细度与石灰的质量有密切联系，过量的筛余物影响石灰的黏结性。现行标准《建筑生石灰粉》（JC/T 480—92）和《建筑消石灰粉》（JC/T 481—92）以0.9 mm和0.125 mm筛余百分率控制。

试验方法是，称取试样50 g，倒入0.9 mm、0.125 mm套筛内进行筛分，分别称量筛余物，按原试样计算其筛余百分率。

**（二）技术标准**

建筑石灰按现行标准《建筑生石灰》（JC/T 479—92）、《建筑生石灰粉》（JC/T 480—92）和《建筑消石灰粉》（JC/T 481—92）的规定，按其氧化镁含量划分为钙质石灰和镁质石灰两类，其分类界限按表2.2的规定。

表2.2 钙质石灰和镁质石灰分类界限

| 氧化镁含量/%  品种 类别 | 生石灰 | 生石灰粉 | 消石灰粉 |
|---|---|---|---|
| 钙质石灰 | ≤5 | ≤5 | <4 |
| 镁质石灰 | >5 | >5 | ≥4 |

由于生石灰和消石灰粉的划分等级的技术项目和指标不同，故分别提出不同要求。

**1. 生石灰技术标准**

根据氧化镁含量按表2.2分为钙质生石灰和镁质生石灰两类，然后再按有效氧化钙和氧化镁含量、产浆量、未消解残渣和$CO_2$含量等4个项目的指标分为优等品、一等品和合格品3个等级，见表2.3。

表 2.3 生石灰的技术指标

| 项 目 | 钙质生石灰 | | | 镁质生石灰 | | |
|---|---|---|---|---|---|---|
| | 优等品 | 一等品 | 合格品 | 优等品 | 一等品 | 合格品 |
| 有效 CaO + MgO 含量/%，不小于 | 90 | 85 | 80 | 85 | 80 | 75 |
| 未消化残渣含量（5 mm 圆孔筛筛余）/%，不大于 | 5 | 10 | 15 | 5 | 10 | 15 |
| $CO_2$/%，不大于 | 5 | 7 | 9 | 6 | 8 | 10 |
| 产浆量/（L/kg），不小于 | 2.8 | 2.3 | 2.0 | 2.8 | 2.3 | 2.0 |

注：按 JC/T 478.2—92，石灰有效 CaO + MgO 含量均由络合滴定法测定。

2. 生石灰粉技术标准

根据氧化镁含量按表 2.2 分为钙质石灰和镁质石灰两类后，再按（CaO + MgO）含量，$CO_2$ 含量和细度等项目的指标，分为优等品、一品等和合格品 3 个等级，见表 2.4。

表 2.4 生石灰粉技术指标

| 项 目 | | 钙质生石灰 | | | 镁质生石灰 | | |
|---|---|---|---|---|---|---|---|
| | | 优等品 | 一等品 | 合格品 | 优等品 | 一等品 | 合格品 |
| 有效 CaO + MgO 含量/%，不小于 | | 85 | 80 | 75 | 80 | 75 | 70 |
| $CO_2$ 含量/%，不大于 | | 7 | 9 | 11 | 8 | 10 | 12 |
| 细度 | 0.90 mm 筛的筛余/%，不大于 | 0.2 | 0.5 | 1.5 | 0.2 | 0.5 | 1.5 |
| | 0.125 mm 筛的筛余/%，不大于 | 7.0 | 12.0 | 18.0 | 7.0 | 12.0 | 18.0 |

3. 消石灰粉技术标准

消石灰粉按氧化镁含量<4%时称为钙质消石灰粉，4%≤氧化镁含量<24%时称为镁质消石灰粉，24%≤氧化镁含量<30%时称为白云石消石灰粉。按等级分为优等品、一等品和合格品 3 个等级，见表 2.5。

表 2.5 消石灰粉技术指标

| 项 目 | | 钙质消石灰粉 | | | 镁质消石灰粉 | | | 白云石消石灰粉 | | |
|---|---|---|---|---|---|---|---|---|---|---|
| | | 优等品 | 一等品 | 合格品 | 优等品 | 一等品 | 合格品 | 优等品 | 一等品 | 合格品 |
| CaO + MgO 含量/%，不小于 | | 70 | 65 | 60 | 65 | 60 | 55 | 65 | 60 | 55 |
| 游离水/% | | 0.4~2 | 0.4~2 | 0.4~2 | 0.4~2 | 0.4~2 | 0.4~2 | 0.4~2 | 0.4~2 | 0.4~2 |
| 体积安定性 | | 合格 | 合格 | — | 合格 | 合格 | — | 合格 | 合格 | — |
| 细度 | 0.90 mm 筛筛余/%，不大于 | 0 | 0 | 0.5 | 0 | 0 | 0.5 | 0 | 0 | 0.5 |
| | 0.125 mm 筛筛余/%，不大于 | 3 | 10 | 15 | 3 | 10 | 15 | 3 | 10 | 15 |

### 四、石灰的应用和储存

1. 石灰的应用

（1）石灰砂浆：石灰砂浆主要用于地面以上部分的砌筑工程，并可用于抹面等装饰工程。

（2）加固软土地基：在软土地基中打入生石灰桩，可利用生石灰吸水产生膨胀对桩周土壤起挤密作用，利用生石灰和黏土矿物间产生的胶凝反应使周围的土固结，从而达到提高地基承载力的目的。

（3）石灰和黏土按一定比例拌和制成石灰土，或与黏土、砂砾制成三合土，用于道路工程的垫层。

（4）在道路工程中，随着半刚性基层在高等级路面中的应用，石灰稳定土、石灰粉煤灰稳定土及其稳定碎石等广泛用于路面基层。在桥梁工程中，石灰砂浆、石灰水泥砂浆、石灰粉煤灰砂浆广泛用于圬工砌体。

2. 石灰的储存

（1）磨细的生石灰粉应储存于干燥仓库内，采取严格的防水措施。

（2）如需较长时间储存生石灰，最好将其消解成石灰浆，并使表面与空气隔绝，防止碳化。

## 第二节　硅酸盐水泥与普通硅酸盐水泥

水泥是一种水硬性胶凝材料，也是建筑工程中用量最大的建筑材料之一。

在道路和桥梁工程中通常应用的水泥有硅酸盐水泥、普通硅酸盐水泥、矿渣硅酸盐水泥、火山灰硅酸盐水泥、粉煤灰硅酸盐水泥和复合硅酸盐水泥等六大通用水泥。由于道路路面对水泥的特殊要求，近年来已生产了道路水泥。此外，在某些特殊工程中，还使用铝酸盐水泥、膨胀水泥、快硬水泥等。随着水泥科学技术和生产的发展，水泥品种越来越多，但是在道路建筑中仍以硅酸盐水泥与普通硅酸盐水泥为主。本节着重对硅酸盐水泥的成分及其主要性能进行详细阐述，普通水泥由于掺加混合材料的数量少，性质与不掺混合材料的硅酸盐水泥相近，试验检测的方法与技术指标大体一致，故普通硅酸盐水泥仅作一般介绍。

### 一、硅酸盐水泥

凡由硅酸盐水泥熟料，0~5%石灰石或粒化高炉矿渣，适量石膏磨细制成的水硬性胶凝材料，称为硅酸盐水泥（即国外统称的波特兰水泥）。硅酸盐水泥分两种类型，不掺加混合材料的称Ⅰ型硅酸盐水泥，代号P·Ⅰ。在硅酸盐水泥粉磨时掺加石灰石或粒化高炉矿渣混合材料（不超过水泥质量的5%）的称Ⅱ型硅酸盐水泥，代号P·Ⅱ。

#### （一）硅酸盐水泥生产工艺概述

1. 硅酸盐水泥生产原料

生产硅酸盐水泥的原料，主要是石灰质原料和黏土质原料两类。石灰质原料（如石灰石、白垩、石灰质凝灰岩等）主要提供 CaO，黏土质原料（如黏土、黏土质页岩、黄土等）主要提供 $SiO_2$、$Al_2O_3$ 以及 $Fe_2O_3$。有时两种原料化学组成不能满足要求，还要加入少量校正原料（如黄铁矿渣等）调整。生产硅酸盐水泥原料的化学组成列于表 2.6。

表 2.6 硅酸盐水泥生产原料的化学组成

| 氧化物名称 | 化学成分 | 常用缩写 | 含量/% |
| --- | --- | --- | --- |
| 氧化钙 | CaO | C | 62~67 |
| 氧化硅 | $SiO_2$ | S | 19~24 |
| 氧化铝 | $Al_2O_3$ | A | 4~7 |
| 氧化铁 | $Fe_2O_3$ | F | 2~5 |

**2. 硅酸盐水泥生产工艺概述**

硅酸盐水泥的生产过程是：

（1）把几种原材料按适当比例配合在粉磨机中磨成生料。

（2）将制备好的生料入窑进行煅烧，至 1 450℃ 左右生成以硅酸钙为主要成分的硅酸盐水泥"熟料"。

（3）为调节水泥的凝结速度，在烧成的熟料中加入 3% 左右的石膏共同磨细，即为硅酸盐水泥。

因此，硅酸盐水泥生产工艺概括起来为"两磨一烧"。其生产流程示意图见图 2.1。

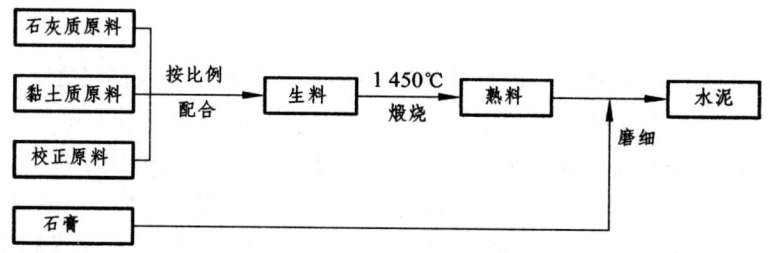

图 2.1 水泥生产流程示意图

**（二）硅酸盐水泥的化学成分和矿物组成**

**1. 硅酸盐水泥的矿物组成**

硅酸盐水泥的主要化学成分是氧化钙（CaO）、氧化硅（$SiO_2$）、氧化铝（$Al_2O_3$）和氧化铁（$Fe_2O_3$）。经过高温煅烧后，CaO、$SiO_2$、$Al_2O_3$、$Fe_2O_3$ 4 种成分化合为熟料中的主要矿物组成：

硅酸三钙（$3CaO \cdot SiO_2$，简式为 $C_3S$）；

硅酸二钙（$2CaO \cdot SiO_2$，简式为 $C_2S$）；

铝酸三钙（$3CaO \cdot Al_2O_3$，简式为 $C_3A$）；

铁铝酸四钙（$4CaO \cdot Al_2O_3 \cdot Fe_2O_3$，简式为 $C_4AF$）。

硅酸盐水泥熟料四种主要矿物化学组成与含量列于表 2.7。

表 2.7　硅酸盐水泥熟料的矿物组成

| 矿物组成 | 化学组成 | 常用缩写 | 含量/% |
|---|---|---|---|
| 硅酸三钙 | $3CaO \cdot SiO_2$ | $C_3S$ | 35~65 |
| 硅酸二钙 | $2CaO \cdot SiO_2$ | $C_2S$ | 10~40 |
| 铝酸三钙 | $3CaO \cdot Al_2O_3$ | $C_3A$ | 0~15 |
| 铁铝酸四钙 | $4CaO \cdot Al_2O_3 \cdot Fe_2O_3$ | $C_4AF$ | 5~15 |

**2. 水泥熟料主要矿物组成的性质**

（1）硅酸三钙。硅酸三钙是硅酸盐水泥中最主要的矿物组分，其含量通常在 50% 左右，它对硅酸盐水泥的性质有重要的影响。硅酸三钙水化速度较快，水化热高，且早期强度高，28d 强度可达一年强度的 70%~80%。

（2）硅酸二钙。硅酸二钙在硅酸盐水泥中的含量为 10%~40%，亦为主要矿物组分。遇水时对水反应较慢，水化热很低，硅酸二钙的早期强度较低而后期强度高。耐化学侵蚀性和干缩性较好。

（3）铝酸三钙。铝酸三钙在硅酸盐水泥中的含量通常在 15% 以下。它是 4 种组分中遇水反应速度最快，水化热最高的组分。铝酸三钙的含量决定水泥的凝结速度和释热量。通常为调节水泥凝结速度需掺加石膏或硅酸三钙与石膏形成的水化产物，对提高水泥早期强度起到一定作用。铝酸三钙耐化学侵蚀性差，干缩性大。

（4）铁铝酸四钙。铁铝酸四钙在硅酸盐水泥中通常含量为 5%~15%。遇水反应较快，水化热较高。强度较低，但对水泥抗折强度起重要作用。耐化学侵蚀性好，干缩性小。

**3. 水泥熟料主要矿物组成的性质比较**

硅酸盐水泥熟料中这四种矿物组成的主要特性是：

（1）反应速度：$C_3A$ 最快，$C_3S$ 较快，$C_4AF$ 也较快，$C_2S$ 最慢。

（2）释热量：$C_3A$ 最大，$C_3S$ 较大，$C_4AF$ 居中，$C_2S$ 最小。

（3）强度：$C_3S$ 最高，$C_2S$ 早期低，但后期增长率较大。故 $C_3S$ 和 $C_2S$ 为水泥强度主要来源。$C_3A$ 强度不高，$C_4AF$ 含量对抗折强度有利。

（4）耐化学侵蚀性：$C_4AF$ 最优，其次为 $C_2S$、$C_3S$，$C_3A$ 最差。

（5）干缩性：$C_4AF$ 和 $C_2S$ 最小，$C_3S$ 居中，$C_3A$ 最大。

硅酸盐水泥主要矿物组成的特性归纳见表 2.8。

表 2.8　硅酸盐水泥主要矿物组成与特性

| 矿物组成 | | 硅酸三钙（$C_3S$） | 硅酸二钙（$C_2S$） | 铝酸三钙（$C_3A$） | 铁铝酸四钙（$C_4AF$） |
|---|---|---|---|---|---|
| 与水反应速度 | | 中 | 慢 | 快 | 中 |
| 水化热 | | 中 | 低 | 高 | 中 |
| 对强度的作用 | 早期 | 良 | 差 | 良 | 良 |
| | 后期 | 良 | 优 | 中 | 中 |
| 耐化学侵蚀 | | 中 | 良 | 差 | 优 |
| 干缩性 | | 中 | 小 | 大 | 小 |

水泥中矿物成分水化后抗压强度和释热量随龄期的增长见图2.2和图2.3。

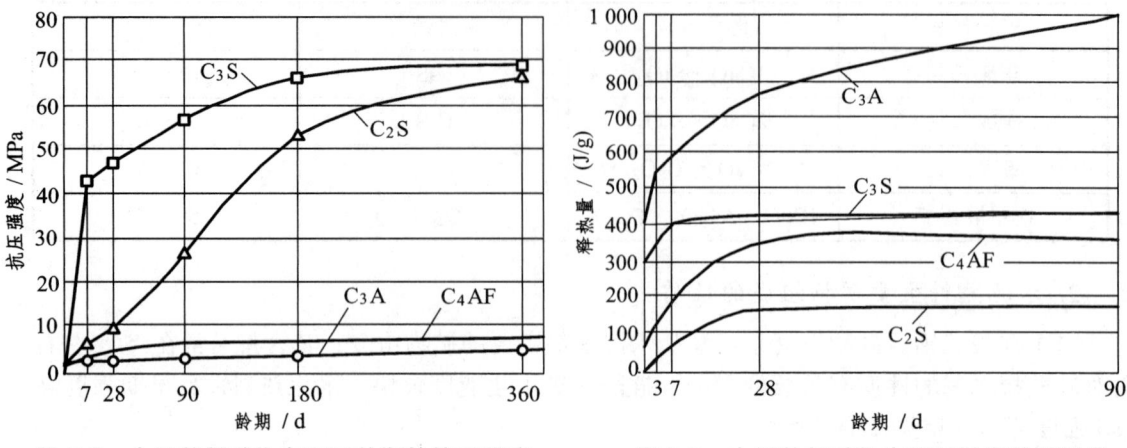

图2.2 水泥熟料矿物在不同龄期的抗压强度　　图2.3 水泥熟料矿物在不同龄期的释热量

水泥是由多种矿物组分组成的，改变各矿物组分的含量比例以及它们之间的匹配，则可生产各种性能各异的水泥。例如，提高 $C_3S$ 含量可制得高强度水泥；降低 $C_3S$、$C_3A$ 含量，提高 $C_2S$ 含量则可制得低热大坝水泥；提高 $C_4AF$ 和 $C_3S$ 含量则可制得较高抗折强度的道路硅酸盐水泥。

### （三）硅酸盐水泥的凝结和硬化

水泥加水拌和后成为可塑的水泥浆，由于水泥的水化作用，水泥浆逐渐变稠，失去流动性和可塑性而未具有强度的过程，称为水泥的"凝结"；随后产生强度逐渐发展，成为坚硬的人造石的过程，称为水泥的"硬化"。凝结和硬化是人为划分的两个阶段，实际上是一个连续而复杂的物理化学变化过程。

水泥遇水后，发生下列水化反应：

（1）硅酸三钙

$$3CaO \cdot SiO_2 + nH_2O \longrightarrow xCaO \cdot SiO_2 \cdot yH_2O + (3-x)Ca(OH)_2 \qquad (2-10)$$
　　　　硅酸三钙　　　　　　　水化硅酸钙　　　　　　氢氧化钙

（2）硅酸二钙

$$2CaO \cdot SiO_2 + mH_2O \longrightarrow xCaO \cdot SiO_2 \cdot yH_2O + (2-x)Ca(OH)_2 \qquad (2-11)$$
　　　　硅酸二钙　　　　　　　水化硅酸钙　　　　　　氢氧化钙

（3）铝酸三钙

$$3CaO \cdot Al_2O_3 + 6H_2O \longrightarrow 3CaO \cdot Al_2O_3 \cdot 6H_2O \qquad (2-12)$$
　　　　　　　　　　　　　　　　水化铝酸钙

$C_3A$ 在纯水中反应可生成水化铝酸钙，但这些水化物都是不稳定的，不是最后的生成物，在有石膏存在的情况下，其水化反应为：

$$3CaO \cdot Al_2O_3 + 3CaSO_4 \cdot 2H_2O + 26H_2O \longrightarrow 3CaO \cdot Al_2O_3 \cdot 3CaSO_4 \cdot 32H_2O \quad (2\text{-}13)$$

石膏　　　　　　　　　三硫型水化硫铝酸钙（钙矾石）

当石膏消耗完毕后，水泥中尚未水化的 $C_3A$ 与式（2-13）中钙矾石（AFt）生成单硫型水化硫铝酸钙（AFm）。

$$3CaO \cdot Al_2O_3 \cdot 3CaSO_4 \cdot 32H_2O + 2[3CaO \cdot Al_2O_3] + 4H_2O \longrightarrow$$
$$3[3CaO \cdot Al_2O_3 \cdot CaSO_4 \cdot 12H_2O] \quad (2\text{-}14)$$

单硫型水化硫铝酸钙

（4）铁铝酸四钙

$$4CaO \cdot Al_2O_3 \cdot Fe_2O_3 + 7H_2O \longrightarrow 3CaO \cdot Al_2O_3 \cdot 6H_2O + CaO \cdot Fe_2O_3 \cdot H_2O \quad (2\text{-}15)$$

水化铝酸钙　　　　　水化铁酸钙

从以上各化学反应方程式可以看出，硅酸盐水泥水化后主要有表 2.9 所列几种水化产物。

表 2.9　硅酸盐水泥水化产物的化学组成

| 水化产物名称 | 化学组成 | 常用缩写 |
|---|---|---|
| 水化硅酸钙 | $xCaO \cdot SiO_2 \cdot yH_2O$ | C-S-H |
| 氢氧化钙 | $Ca(OH)_2$ | CH |
| 三硫型水化硫铝酸钙（钙矾石） | $3CaO \cdot Al_2O_3 \cdot 3CaSO_4 \cdot 32H_2O$ | $C_3A_3CS \cdot H_{32}$（或 AFt） |
| 单硫型水化硫铝酸钙（单硫盐） | $3CaO \cdot Al_2O_3 \cdot CaSO_4 \cdot 12H_2O$ | $C_3ACS \cdot H_{12}$（或 AFm） |
| 三硫型水化铁铝酸钙 | $3CaO(Al_2O_3, Fe_2O_3) \cdot 3CaSO_4 \cdot 32H_2O$ | $C_3(A, F)3CSH_{32}$ |
| 单硫型水化铁铝酸钙 | $3CaO(Al_2O_3, Fe_2O_3) \cdot CaSO_4 \cdot 12H_2O$ | $C_3(AF)CSH_{12}$ |

充分水化的水泥浆体中，主要水化产物为水化硅酸钙（C-S-H），凝胶约占 70%，氢氧化钙（CH）结晶约占 20%，钙矾石（AFt）和单硫盐（AFm）约占 7%，其余是未水化的水泥和次要组分。

### （四）硅酸盐水泥的技术性质和技术标准

**1. 技术性质**

按照我国现行国家标准《通用硅酸盐水泥》（GB 175—2007）规定，硅酸盐水泥的技术性质包括下列项目：

1）化学性质

水泥的化学指标主要是控制水泥中有害的化学成分含量，若超过最大允许限量，即意味着对水泥性能和质量可能产生有害或潜在的影响。

（1）氧化镁含量。在水泥熟料中，常含有少量未与其他矿物结合的游离氧化镁，这种多余的氧化镁是高温时形成的方镁石，它水化为氢氧化镁的速度很慢，常在水泥硬化以后才开始水化，产生体积膨胀，可导致水泥石结构产生裂缝甚至破坏，因此它是引起水泥安定性不良的原因之一。我国现行标准《通用硅酸盐水泥》（GB 175—2007）规定，水泥中氧化镁的含量不宜超过 5.0%。如果水泥经压蒸安定性试验合格，则水泥中氧化镁的含量允许放宽到 6.0%。

（2）三氧化硫含量。水泥中的三氧化硫主要是在生产时为调节凝结时间加入石膏而产生的。石膏超过一定限量后，水泥性能会变坏，甚至引起硬化后水泥石体积膨胀，导致结构物破坏。《通用硅酸盐水泥》（GB 175—2007）规定，水泥中三氧化硫的含量不得超过 3.5%。

（3）烧失量。水泥煅烧不佳或受潮后，均会导致烧失量增加。烧失量测定是以水泥试样在 950℃~1 000℃ 下灼烧 15~20 min 冷却至室温称量。如此反复灼烧直至恒重，计算灼烧前后质量损失百分率。《通用硅酸盐水泥》（GB 175—2007）规定，Ⅰ型硅酸盐水泥的烧失量不得大于 3.0%，Ⅱ型硅酸盐水泥的烧失量不得大于 3.5%。普通硅酸盐水泥的烧失量不得大于 5.0%。

（4）不溶物。水泥中不溶物是用盐酸溶解滤去不溶残渣，经碳酸钠处理再用盐酸中和，高温灼烧至恒重后称量，灼烧后不溶物质量占试样总质量比例为不溶物含量。《通用硅酸盐水泥》（GB 175—2007）规定，Ⅰ型硅酸盐水泥中不溶物含量不得超过 0.75%，Ⅱ型硅酸盐水泥中不溶物含量不得超过 1.50%。

2）物理性质

（1）细度。细度是指水泥颗粒粗细的程度。细度越细，水泥与水起反应的面积越大，水化越充分，水化速度越快。所以，相同矿物组成的水泥，细度越大，早期强度越高，凝结速度越快，析水量减少。实践表明，细度提高，可使水泥混凝土的强度提高，工作性能得到改善。但是，水泥细度提高，在空气中的硬化收缩也较大，使水泥发生裂缝的可能性增加。因此，对水泥细度必须予以合理控制。水泥细度有两种表示方法：

① 筛析法。以 80 μm 方孔筛上的筛余量百分率表示。我国现行行业标准《公路工程水泥及水泥混凝土试验规程》（JTG E30—2005）规定，筛析法有负压筛法和水筛法两种，有争议时，以负压筛法为准。

② 比表面积法。以每千克水泥总表面积（$m^2$）表示，其测定采用勃氏透气法。《通用硅酸盐水泥》（GB 175—2007）规定，硅酸盐水泥细度比表面积大于 300 $m^2/kg$，普通硅酸盐水泥、矿渣硅酸盐水泥、火山灰硅酸盐水泥和粉煤灰硅酸盐水泥在 80 μm 方孔筛筛余不得超过 10.0%。

（2）水泥净浆标准稠度。为使水泥凝结时间和安定性的测定结果具有可比性，在此两项测定时必须采用标准稠度的水泥净浆。《公路工程水泥及水泥混凝土试验规程》（JTG E30 T0505—2005）规定，水泥净浆标准稠度的标准测定方法为试杆法，以标准试杆沉入净浆，并距离底板（6±1）mm 的水泥净浆稠度为"标准稠度"，其拌和用水量为该水泥标准稠度用水量，按水泥质量的百分比计；以试锥法（调整水量法和不变水量法）为代用法，采用调整水量法测定标准稠度用水量时，拌和水量应按经验确定加水量；采用不变水量法测定时，拌和水量为 142.5 mL，水量精确到 0.5 mL。如发生争议时，以调整水量法为准。

（3）凝结时间。水泥的凝结时间是从加水开始到水泥浆失去可塑性所需时间，分为初凝时间和终凝时间。

初凝时间是指水泥全部加入水中至初凝状态所经历的时间，用"min"计。初凝状态是指试针自由沉入标准稠度的水泥净浆，试针至距底板（4±1）mm 时的稠度状态。终凝时间是指由水泥全部加入水中至终凝状态所经历的时间,用"min"计。终凝状态是指试针沉入试体 0.5 mm,即环形附件开始不能在试体上留下痕迹时的稠度状态。

水泥的凝结时间对水泥混凝土的施工有重要意义。初凝时间太短,将影响混凝土拌和料的运输和浇灌;终凝时间过长,则影响混凝土工程的施工进度。《硅酸盐水泥、普通硅酸盐水泥》(GB 175—1999)规定,硅酸盐水泥初凝不得早于 45 min,终凝不得迟于 6.5 h。普通硅酸盐水泥初凝不得早于 45 min,终凝不得迟于 10 h。

(4)体积安定性。水泥体积安定性是反映水泥浆在凝结、硬化过程中,体积膨胀变形的均匀程度。各种水泥在凝结硬化过程中,如果产生不均匀变形或变形太大,使构件产生膨胀裂缝,就是水泥体积安定性不良。

影响体积安定性的因素主要为:熟料中氧化镁和氧化钙含量;水泥中三氧化硫含量。

按《公路工程水泥及水泥混凝土试验规程》(JTG E30—2005)规定:检验水泥体积安定性的标准法为雷氏法,以试饼法为代用法,有矛盾时以标准法为准。

① 雷氏法是将标准稠度的水泥净浆装于雷氏夹的环形试模中,经湿养 24 h 后,在沸煮箱中加热(30±5)min 至沸,继续恒沸 3 h±5 min。测定试件两指针尖端距离,两个试件在沸煮后,针尖端增加的距离平均值不大于 5.0 mm 时,即认为该水泥安定性合格。

② 试饼法是将水泥拌制成标准稠度的水泥净浆,制成直径 70~80 mm,中心厚约 10 mm 的试饼,在湿气养护箱中养护 24 h,然后在沸煮箱中加热(30±5)min 至沸,然后恒沸 3h±5 min,最后根据试饼有无弯曲、裂缝等外观变化,判断其安定性。

(5)强度。强度是水泥技术要求中最基本的指标,也是水泥的重要技术性质之一。

水泥强度除了与水泥本身的性质(熟料矿物成分、细度等)有关外,还与水灰比、试件制作方法、养护条件和时间有关。按《公路工程水泥及水泥混凝土试验规程》(JTG E30—2005)规定,用水泥胶砂强度法作为水泥强度的标准检验方法。此方法是以 1:3 的水泥和中国 ISO 标准砂,按规定的水灰比为 0.5,用标准制作方法,制成 40 mm×40 mm×160 mm 的标准试件,达到规定龄期(3 d,28 d)时,测其抗折强度和抗压强度,按国家标准《通用硅酸盐水泥》(GB 175—2007)、《矿渣硅酸盐水泥、火山灰质硅酸盐水泥及粉煤灰硅酸盐水泥》(GB 1344—1999)、《复合硅酸盐水泥》(GB 12958—1999)规定的最低强度值来评定其所属强度等级。

在进行水泥胶砂强度试验时,要用到中国 ISO 标准砂。此砂的粒径为 0.08~2.0 mm,分粗、中、细 3 级,各占三分之一。其中粗砂为 1.0~2.0 mm;中砂为 0.5~1.0 mm;细砂为 0.08~0.5 mm。ISO 标准砂颗粒分布见表 2.10。

表 2.10 ISO 标准砂颗粒分布

| 方孔边长/mm | 累计筛余/% | 方孔边长/mm | 累计筛余/% |
| --- | --- | --- | --- |
| 2.0 | 0 | 0.5 | 67±5 |
| 1.6 | 7±5 | 0.16 | 87±5 |
| 1.0 | 33±5 | 0.08 | 99±1 |

① 水泥强度等级。按规定龄期抗压强度和抗折强度来划分,硅酸盐水泥各龄期强度不低于表 2.11 所列数值。在规定各龄期的抗压强度和抗折强度均符合某一强度等级的最低强度值要求时,以 28 d 抗压强度值(MPa)作为强度等级,硅酸盐水泥强度等级分为 42.5、42.5R、

52.5、52.5R、62.5、62.5R 6个强度等级。

表 2.11　硅酸盐水泥的强度指标

| 品　种 | 强度等级 | 抗压强度/MPa | | 抗折强度/MPa | |
|---|---|---|---|---|---|
| | | 3 d | 28 d | 3 d | 28 d |
| 硅酸盐水泥 | 42.5 | 17.0 | 42.5 | 3.5 | 6.5 |
| | 42.5R | 22.0 | 42.5 | 4.0 | 6.5 |
| | 52.5 | 23.0 | 52.5 | 4.0 | 7.0 |
| | 52.5R | 27.0 | 52.5 | 5.0 | 7.0 |
| | 62.5 | 28.0 | 62.5 | 5.0 | 8.0 |
| | 62.5R | 32.0 | 62.5 | 5.5 | 8.0 |

水泥 28 d 以前强度称为早期强度，28 d 及其以后强度称为后期强度。

② 水泥型号。为提高水泥早期强度，我国现行标准将水泥分为普通型和早强型（或称R型）两个型号。早强型水泥 3 d 的抗压强度较同强度等级的普通型强度提高 10%～24%；早强型水泥的 3 d 抗压强度可达 28 d 抗压强度的 50%，水泥混凝土路面用水泥，在供应条件允许时，应尽量优先选用早强型水泥，以缩短混凝土养护时间，提早通车。

为了确保水泥在工程中的使用质量，生产厂在控制出厂水泥 28 d 的抗压强度时，均留有一定的富裕强度。在设计混凝土强度时，可采用水泥实际强度。通常富余强度系数为 1.00～1.13。

2．技术标准

硅酸盐水泥的技术标准，按《通用硅酸盐水泥》（GB 175—2007）的有关规定列于表 2.12。

表 2.12　硅酸盐水泥的技术标准

| 技术标准 | 细度比表面积/($m^2$/kg) | 凝结时间/min | | 安定性（沸煮法） | 抗压强度/MPa | 不溶物/% | | 水泥中MgO/% | 水泥中$SO_3$/% | 烧失量/% | | 水泥中碱含量按$Na_2O$+0.658$K_2O$计/% |
|---|---|---|---|---|---|---|---|---|---|---|---|---|
| | | 初凝 | 终凝 | | | Ⅰ型 | Ⅱ型 | | | Ⅰ型 | Ⅱ型 | |
| 指标 | >300 | ≥45 | ≤390 | 必须合格 | 见表2.11 | ≤0.75 | ≤1.5 | 5.0① | ≤3.5 | ≤3.0 | ≤3.5 | 0.60② |
| 试验方法 | GB/T 8074 | GB/T 1346 | GB/T 750 | GB/T 17671—1999 | | | | GB/T 176 | | | | |

注：① 如果水泥经压蒸安定性试验合格，则水泥中 MgO 含量允许放宽到 6.0%；
　　② 水泥中碱含量按 $Na_2O$ + 0.658$K_2O$ 计算值来表示，若使用活性集料，用户要求低碱水泥时，水泥中碱含量不得大于 0.60%或由供需双方商定。

《通用硅酸盐水泥》（GB 175—2007）规定：凡氧化镁、三氧化硫、初凝时间、安定性中的任一项不符合标准规定（参见表2.12），均为废品。凡细度、终凝时间、不溶物和烧失量中的任一项不符合标准规定，或混合材料掺加量超过最大限量，或强度低于规定指标时，称为不合格品。废品水泥在工程中严禁使用。

**（五）硅酸盐水泥石的腐蚀和防止**

1．水泥石的腐蚀

硅酸盐类水泥硬化后形成的水泥石，在正常环境条件下，其强度将持续增长，但在某些环境中水泥石的强度反而降低，甚至引起混凝土结构物的破坏，这种现象称为水泥石的腐蚀。水泥石的腐蚀一般有以下几种类型：

1）淡水溶析性侵蚀

又称溶出性侵蚀或溶析性侵蚀，就是混凝土在凝结过程中的水泥水化产物被淡水溶解而带走的一种侵蚀现象。

在硅酸盐水泥的水化产物中，$Ca(OH)_2$ 在水中的溶解度最大，首先被溶出。在水量小、静水或无压情况下，由于 $Ca(OH)_2$ 的迅速溶出，周围的水很快饱和，溶出作用很快就终止。但在大量或流动的水中，由于 $Ca(OH)_2$ 不断被溶析，不仅混凝土的密度和强度降低，还会导致水化硅酸钙和水化铝酸钙的分解，最终可能引起结构物的破坏。

2）硫酸盐的侵蚀

海水、沼泽水、工业污水中，常含有易溶的硫酸盐类，它们与水泥石中的氢氧化钙反应生成石膏，石膏在水泥石孔隙中结晶时体积膨胀，且石膏与水泥中的水化铝酸钙作用，生成水化硫铝酸钙（即钙矾石），其体积可增大 1.5 倍，使水泥石产生很大的内应力，导致混凝土结构物的强度降低，甚至破坏。

3）镁盐侵蚀

在海水、地下水或矿泉水中，常含有较多的镁盐，如氯化镁、硫酸镁。镁盐与水泥石中的氢氧化钙反应生成无胶结能力、极易溶于水的氯化钙，或生成二水石膏导致水泥石结构破坏。

4）碳酸侵蚀

在工业污水或地下水中常溶解有较多的二氧化碳（$CO_2$），$CO_2$ 与水泥石中的氢氧化钙作用，生成不溶于水的碳酸钙，碳酸钙再与水中的碳酸作用生成易溶于水的碳酸氢钙，其可溶性使水泥石的强度下降。

2. 水泥石腐蚀的防止

1）根据腐蚀环境特点，合理选用水泥品种

选用硅酸三钙含量低的水泥，使水化产物中 $Ca(OH)_2$ 的含量减少，可提高抗淡水侵蚀能力；选用铝酸三钙含量低的水泥，则可降低硫酸盐的腐蚀作用。

2）提高水泥石的密实度

水泥石内部存在的孔隙是水泥石产生腐蚀的内因之一。通过采取诸如合理设计混凝土配合比、降低水灰比、合理选择集料、掺外加剂及改善施工方法等，可以提高水泥石的密实度，增强其抗腐蚀能力。另外，也可以对水泥石表面进行处理，如碳化等，增加其表层密实度，从而达到防腐的目的。

3）敷设耐蚀保护层

当腐蚀作用较强时，可在混凝土表面敷设一层耐腐蚀性强且不透水的保护层（通常可采用耐酸石料、耐酸陶瓷、玻璃、塑料或沥青等）。

## 二、普通硅酸盐水泥

凡由硅酸盐水泥熟料，6%～15%混合材料，适量石膏磨细制成的水硬性胶凝材料，称为普通硅酸盐水泥（简称普通水泥），代号 P·O。活性混合材料的最大掺量不得超过水泥质量的15%,其中容许用不超过水泥质量5%的窑灰或不超过水泥质量10%的非活性混合材料来代替。掺非活性混合材料时,最大掺量不得超过水泥质量的10%。

普通水泥由于掺加混合材料的数量少,性质与不掺混合材料的硅酸盐水泥相近。普通硅酸盐水泥的强度等级分为32.5、32.5R、42.5、42.5R、52.5、52.5R 6个强度等级。各强度等级在规定龄期的抗压强度和抗折强度不得低于表2.13所示的值,其他技术性能要求见表2.14。

表2.13 普通硅酸盐水泥各龄期强度表

| 品 种 | 强度等级 | 抗压强度/MPa | | 抗折强度/MPa | |
|---|---|---|---|---|---|
| | | 3 d | 28 d | 3 d | 28 d |
| 普通硅酸盐水泥 | 32.5 | 11.0 | 32.5 | 2.5 | 5.5 |
| | 32.5R | 16.0 | 32.5 | 3.5 | 5.5 |
| | 42.5 | 16.0 | 42.5 | 3.5 | 6.5 |
| | 42.5R | 21.0 | 42.5 | 4.0 | 6.5 |
| | 52.5 | 22.0 | 52.5 | 4.0 | 7.0 |
| | 52.5R | 26.0 | 52.5 | 5.0 | 7.0 |

表2.14 普通硅酸盐水泥的技术指标

| 技术性能 | 细度(80 μm方孔筛的筛余量)/% | 凝结时间 | | 安定性(沸煮法) | 强度/MPa | 水泥中MgO/% | 水泥中$SO_3$/% | 烧失量/% | 碱含量/% |
|---|---|---|---|---|---|---|---|---|---|
| | | 初凝/min | 终凝/h | | | | | | |
| 指标 | ≤10 | ≥45 | ≤10 | 必须合格 | 见表2.13 | ≤5.0 | ≤3.5 | ≤5.0 | 0.60 |
| 试验方法 | GB/T 1345 | GB/T 1346 | | GB/T 1346 GB/T 750 | GB/T 17671 | GB/T 176 | | | |

# 第三节 掺混合材料的硅酸盐水泥

## 一、混合材料

为了改善硅酸盐水泥的某些性能,同时达到增加产量和降低成本的目的,在硅酸盐水泥熟料中掺加适量的各种混合材料与石膏共同磨细的水硬性胶凝材料,称为掺混合材料的硅酸盐水泥。常用的混合材料分为活性混合材料和非活性混合材料两种类型。

### (一)活性混合材料

活性混合材料是一种矿物材料,磨成细粉掺入水泥后,能与水泥中的矿物起化学反应,生成具有胶凝能力的水化产物,且既能在水中又能在空气中硬化。常用的活性混合材料有粒化高炉矿渣、火山灰质混合材料和粉煤灰。

1. 粒化高炉矿渣

将高炉炼铁矿渣在高温液态卸出时经冷淬处理,使其成为颗粒状态,质地疏松、多孔,称为粒化高炉矿渣。其主要化学成分为 CaO、$SiO_2$ 和 $Al_2O_3$,它们的总含量约在 90%以上,此外还有 MgO、FeO 和一些硫化物。其中 CaO 和 $SiO_2$ 含量均可高达 40%或更高,自身具有一定水硬性。

2. 火山灰质混合材料

火山灰、凝灰岩、硅藻石、烧黏土、煤渣、煤矸石渣等都属于火山灰质混合材料。这些材料都含有活性氧化硅和活性氧化铝,经磨细后,在 $Ca(OH)_2$ 的碱性作用下,可在空气中硬化,尔后在水中继续硬化增加强度。

3. 粉煤灰

火电厂的煤粉燃烧后收集的飞灰称粉煤灰。粉煤灰中含有较多的 $SiO_2$、$Al_2O_3$ 与 $Ca(OH)_2$,化合能力较强,具有较高的活性。

(二)非活性混合材料

经磨细后加入水泥中不具有或只具有微弱的化学活性的材料,在水泥水化中基本上不参加化学反应,仅起提高产量、调节水泥强度等级、节约水泥熟料的作用,因此又称为填充性混合材料。如石英砂、石灰石、黏土等,以及不符合技术要求的粒化高炉矿渣、粉煤灰及火山灰质混合材料等。

## 二、矿渣硅酸盐水泥

(一)矿渣硅酸盐水泥的定义

凡由硅酸盐水泥熟料和粒化高炉矿渣,适量石膏磨细制成的水硬性胶凝材料称为矿渣硅酸盐水泥(简称矿渣水泥),代号 P·S。水泥中粒化高炉矿渣掺加量按质量百分比计为 20%~70%。允许用石灰石、窑灰、粉煤灰和火山灰混合材料中的一种材料代替矿渣,代替数量不得超过水泥质量的 8%,替代后水泥中粒化高炉矿渣不得少于 20%。

(二)矿渣硅酸盐水泥的水化和硬化过程

矿渣硅酸盐水泥加水后,水化反应是分两步进行的。首先是熟料矿物水化,生成水化硅酸钙、水化铝酸钙、水化铁酸钙、氢氧化钙、水化硫铝酸钙等水化物;其次,$Ca(OH)_2$ 起着碱性激发剂的作用,与矿渣中的活性 $SiO_2$ 和活性 $Al_2O_3$ 作用,形成具有胶凝性能的水化硅酸钙和水化铝酸钙等水化产物。两次反应是交替进行而又相互制约的。由于二次反应消耗了水泥熟料的水化生成物,因此又加速了熟料的水化反应。

矿渣中的 $C_2S$ 也和熟料中的 $C_2S$ 一样参与水化作用,生成水化硅酸钙。

矿渣硅酸盐水泥中加入的石膏,一方面可调节水泥熟料的凝结时间,另一方面也是矿渣的硫酸盐激发剂,与水化铝酸钙结合,生成水化硫铝酸钙。如掺量适当可加速矿渣的水化,但若掺量过多，会降低水泥的质量。

### （三）矿渣硅酸盐水泥的性能和应用

由于矿渣硅酸盐水泥中水泥熟料含量比硅酸盐水泥少，并掺有大量的粒化高炉矿渣，因此与硅酸盐水泥相比，矿渣硅酸盐水泥的性能及应用具有以下特点：

1. 抗软水及硫酸盐腐蚀的能力较强

矿渣硅酸盐水泥中熟料相对减少，$C_3S$ 和 $C_2S$ 的含量也随之减少，其水化所析出的 $Ca(OH)_2$ 比硅酸盐水泥少，而且矿渣中活性 $SiO_2$、$Al_2O_3$ 与 $Ca(OH)_2$ 作用又消耗了大量的 $Ca(OH)_2$，这样水泥石中 $Ca(OH)_2$ 就更少了，因此提高了抗软水及硫酸盐腐蚀的能力。但因起缓冲作用的 $Ca(OH)_2$ 较少，抵抗酸性水和镁盐腐蚀的能力不如普通硅酸盐水泥。

矿渣硅酸盐水泥适用于要求耐淡水腐蚀和耐硫酸盐侵蚀的水工或海港工程。

2. 水化热低

矿渣硅酸盐水泥中，熟料减少，相对降低了 $C_3S$ 和 $C_3A$ 的含量，水化和硬化过程较慢，因此水化热比普通硅酸盐水泥低，宜用于大体积工程。

3. 早期强度低，后期强度高

矿渣硅酸盐水泥的水化过程首先是熟料的水化，矿渣活性组分的水化要在熟料水化产物 $Ca(OH)_2$ 的激发下进行。矿渣水泥中熟料含量少，而且常温下化合反应缓慢，因此强度增长速度较缓慢。到后期随着水化硅酸钙凝胶数量的增多，28 d 以后的强度将超过强度等级相同的硅酸盐水泥。矿渣掺入量越多，早期强度越低，后期强度增长率越大。此外，矿渣硅酸盐水泥的水化反应对温度敏感，提高养护温度、湿度，有利于强度发展。若采用蒸汽养护，强度增长较普通硅酸盐水泥快，且后期强度仍能很好地增长。

矿渣硅酸盐水泥不宜用在温度太低、养生条件差的工程。

4. 耐热性较强

矿渣硅酸盐水泥中的 $Ca(OH)_2$ 含量较低，且矿渣本身又是水泥的耐热掺料，故具有较好的耐热性，适用于受热（200°C 以下）的混凝土工程。还可掺入耐火砖粉等配制成耐热混凝土。

5. 干缩性较大

矿渣硅酸盐水泥中混合材料掺量较大，且磨细粒化高炉矿渣有尖锐棱角，故标准稠度需水量较大，保持水分能力较差，泌水性较大，因而干缩性较大，如养护不当，则易产生裂缝。因此矿渣水泥的抗冻性、抗渗性和抵抗干湿交替的性能均不及普通硅酸盐水泥，且碱度低，抗碳化能力差。

## 三、火山灰质硅酸盐水泥

1. 火山灰质硅酸盐水泥的定义

凡由硅酸盐水泥熟料和火山灰质混合材料，适量石膏磨细制成的水硬性胶凝材料称为火山灰质硅酸盐水泥（简称火山灰水泥），代号 P·P。水泥中火山灰质混合材料掺量按质量百分比计为 20%～50%。

2. 火山灰质硅酸盐水泥的水化和硬化过程

火山灰水泥的水化和硬化过程及水化产物均与矿渣水泥相类似。水泥加水后，先是熟料矿物水化，水化生成的 $Ca(OH)_2$ 再与火山灰质混合材料中的活性 $SiO_2$ 和活性 $Al_2O_3$ 等产生二次反应，生成以水化硅酸钙为主的一系列水化产物。火山灰质混合材料品种多，组成与结构差异大，虽然各种火山灰水泥的水化、硬化过程基本相似，但水化速度和水化产物等却随着混合材料、硬化环境和水泥熟料的不同而发生变化。

3. 火山灰质硅酸盐水泥的性能和应用

（1）火山灰水泥凝结硬化缓慢，早期强度低，后期强度高。火山灰水泥的凝结硬化过程对环境温度、湿度变化较为敏感，故火山灰水泥宜用蒸汽或压蒸养护，不宜用于有早强要求的工程及低温工程中。

（2）火山灰水泥具有良好的抗渗性、耐水性及一定的抗腐蚀能力。火山灰水泥在硬化过程中形成了大量的水化硅酸钙凝胶，提高了水泥石的致密程度，从而提高了抗渗性、耐水性及抗硫酸盐侵蚀性，且由于氢氧化钙含量低，因而有良好的抗淡水侵蚀性。故火山灰水泥宜用于抗渗性要求较高的工程。但是当混合材料中活性氧化铝含量较多时，则抗硫酸盐腐蚀能力较差。

（3）火山灰水泥保水性差，在干燥环境中将由于失水而使水化反应停止，强度不再增长，且由于水化硅酸钙凝胶的干燥将产生收缩和内应力，使水泥石产生很多细小的裂缝。在表面则由于水化硅酸钙抗碳化能力差，使水泥石表面产生"起粉"现象。因此，火山灰水泥不宜用于干燥环境中的地上工程。

（4）火山灰水泥具有较低的水化热，适用于大体积工程。

此外，这种水泥需水量大，收缩大，抗冻性差，使用时需引起注意。

## 四、粉煤灰硅酸盐水泥

1. 粉煤灰硅酸盐水泥的定义

凡由硅酸盐水泥熟料和粉煤灰，适量石膏磨细制成的水硬性胶凝材料称为粉煤灰硅酸盐水泥（简称粉煤灰水泥），代号 P·F。水泥中粉煤灰掺量按质量百分比计为 20%～40%。

2. 粉煤灰硅酸盐水泥的水化和硬化过程

粉煤灰水泥的水化和硬化过程与矿渣水泥相似，但也有不同之处。粉煤灰的活性组分主要是玻璃体（玻璃珠或空心玻璃珠），这种玻璃体比较稳定而且结构致密，不易水化。在 $Ca(OH)_2$ 的激发作用下，经过 28 d 到 3 个月的水化龄期，才能在玻璃体表面形成水化硅酸钙和水化铝酸钙。

3. 粉煤灰硅酸盐水泥的性能和应用

（1）粉煤灰水泥的凝结硬化慢，早期强度低，后期强度高，甚至可以赶上或明显超过硅酸盐水泥。粉煤灰活性越高，细度越细，则强度增长速度越快。因此，这种水泥宜用于承受荷载较迟的工程。

（2）粉煤灰颗粒比表面积较小，吸附水的能力较小，因而这种水泥干缩小，抗裂性较强。

（3）粉煤灰水泥泌水较快，易引起失水裂缝，故应在硬化早期加强养护，并采取一定的工艺措施。

另外，粉煤灰水泥还有一些与火山灰水泥类似的特性，如水化热小，抗硫酸盐腐蚀能力强及抗冻性差等特点。因此，粉煤灰水泥除同样能用于工业与民用建筑外，还非常适用于大体积水工混凝土以及水中结构、海港工程等。

粉煤灰水泥水化产物的碱度低，不宜用于有抗碳化要求的工程。

我国现行国家标准《矿渣硅酸盐水泥、火山灰质硅酸盐水泥及粉煤灰硅酸盐水泥》（GB 1344—1999），对矿渣硅酸盐水泥、火山灰质硅酸盐水泥和粉煤灰硅酸盐水泥的技术性质要求见表2.15。这3种水泥分为32.5、32.5R、42.5、42.5R、52.5、52.5R 6个强度等级。其各龄期强度值见表2.16。

表2.15 矿渣硅酸盐水泥、火山灰质硅酸盐水泥及粉煤灰硅酸盐水泥的技术指标

| 技术性能 | 细度（80 μm方孔筛的筛余量）/% | 凝结时间 | | 安定性（沸煮法） | 强度/MPa | 水泥中MgO/% | 水泥中 $SO_3$/% | | 碱含量按$Na_2O$+0.658$K_2O$计/% |
|---|---|---|---|---|---|---|---|---|---|
| | | 初凝/min | 终凝/h | | | | 矿渣水泥 | 火山灰、粉煤灰水泥 | |
| 指标 | ≤10 | ≥45 | ≤10 | 必须合格 | 见表2.16 | ≤5.0 | ≤4.0 | ≤3.5 | 供需双方商定 |
| 试验方法 | GB/T 1345 | GB/T 1346 | GB/T 1346 GB/T 750 | | GB/T 17671 | GB/T 176 | | | |

注：① 如果水泥经压蒸安定性试验合格，则水泥中MgO含量允许放宽到6.0%；
② 若使用碱活性集料需要限制水泥中碱含量时，由供需双方商定。

表2.16 矿渣硅酸盐水泥、火山灰质硅酸盐水泥和粉煤灰硅酸盐水泥各龄期强度表

| 强度等级 | 抗压强度/MPa | | 抗折强度/MPa | |
|---|---|---|---|---|
| | 3 d | 28 d | 3 d | 28 d |
| 32.5 | 10.0 | 32.5 | 2.5 | 5.5 |
| 32.5R | 15.0 | 32.5 | 3.5 | 5.5 |
| 42.5 | 15.0 | 42.5 | 3.5 | 6.5 |
| 42.5R | 19.0 | 42.5 | 4.0 | 6.5 |
| 52.5 | 21.0 | 52.5 | 4.0 | 7.0 |
| 52.5R | 23.0 | 52.5 | 4.5 | 7.0 |

4. 5种水泥的特性及适用范围

硅酸盐水泥、普通硅酸盐水泥、矿渣硅酸盐水泥、火山灰质硅酸盐水泥、粉煤灰硅酸盐水泥等5种水泥是在土建工程中应用最广的品种。工程中使用这些水泥时，应根据环境条件和工程特点，合理选择水泥品种。此五种水泥的特性及适用范围列于表2.17。

表 2.17  5 种水泥的主要特性及适用范围

| 名 称 | 硅酸盐水泥 | | 普通硅酸盐水泥 | 矿渣硅酸盐水泥 | 火山灰质硅酸盐水泥 | 粉煤灰硅酸盐水泥 |
|---|---|---|---|---|---|---|
| 简 称 | 硅酸盐水泥 | | 普通水泥 | 矿渣水泥 | 火山灰水泥 | 粉煤灰水泥 |
|  | Ⅰ型 | Ⅱ型 | | | | |
| 代 号 | P·Ⅰ | P·Ⅱ | P·O | P·S | P·P | P·F |
| 密度/(g/cm³) | 3.00~3.15 | | 3.00~3.15 | 2.80~3.10 | 2.80~3.10 | 2.80~3.10 |
| 堆积密度/(kg/m³) | 1 000~1 600 | | 1 000~1 600 | 1 000~1 200 | 900~1 000 | 900~1 000 |
| 特性 1. 硬化 | 快 | | 较快 | 慢 | 慢 | 慢 |
| 2. 早期强度 | 高 | | 较高 | 低 | 低 | 低 |
| 3. 水化热 | 高 | | 高 | 低 | 低 | 低 |
| 4. 抗冻性 | 好 | | 好 | 差 | 差 | 差 |
| 5. 耐热性 | 差 | | 较差 | 好 | 较差 | 较差 |
| 6. 干缩性 | 较小 | | 较小 | 较大 | 较大 | 较小 |
| 7. 抗渗性 | 较好 | | 较好 | 差 | 较好 | 较好 |
| 8. 耐蚀性 | 较差 | | 较差 | 较强 | 除混合材料含 Al₂O₃ 较多者抗硫酸盐腐蚀性较弱外,一般均较强 | |
| 9. 泌水性 | 较小 | | 较小 | 明显 | 小 | 小 |
| 适用条件 | 1. 一般地上工程,无腐蚀、无压力水作用的工程 2. 要求早期强度较高和低温施工无蒸汽养护的工程 3. 有抗冻性要求的工程 | | | 1. 一般地上、地下和水中工程 2. 有硫酸盐侵蚀的工程 3. 大体积混凝土工程 4. 有耐热性要求的工程 5. 有蒸汽养护工程 | 除不适于有耐热性要求的工程外,其他与矿渣水泥相同 | 同火山灰水泥 |
| 不适用条件 | 1. 大体积混凝土工程 2. 有腐蚀作用和压力水作用的工程 | | | 1. 要求早期强度高的工程 2. 有耐冻性要求的工程 | 1. 与矿渣水泥各项相同 2. 干热地区和耐磨性要求较高的工程 | 1. 与矿渣水泥各项相同 2. 有抗碳化要求的工程 |

## 五、复合硅酸盐水泥

凡由硅酸盐水泥熟料、两种或两种以上规定的混合材料,以及适量石膏磨细制成的水硬性胶凝材料,称为复合硅酸盐水泥(简称复合水泥),代号 P·C。水泥中混合材料总掺加量按质量百分比计应大于 15%,但不超过 50%。水泥中允许用不超过 8% 的窑灰代替部分混合材料,掺矿渣时混合材料掺量不得与矿渣硅酸盐水泥重复。

按我国现行国标《复合硅酸盐水泥》(GB 12598—1999)规定,对复合水泥的技术要求:

氧化镁、三氧化硫、细度安定性等指标与《矿渣硅酸盐水泥、火山灰质硅酸盐水泥及粉煤灰硅酸盐水泥》（GB 1344—1999）相同。其强度等级分为 32.5、32.5R、42.5、42.5R、52.5、52.5R。其各龄期强度不得低于表 2.18 的规定。

表 2.18　复合硅酸盐水泥各龄期强度表

| 强度等级 | 抗压强度/MPa | | 抗折强度/MPa | |
| --- | --- | --- | --- | --- |
| | 3 d | 28 d | 3 d | 28 d |
| 32.5 | 11.0 | 32.5 | 2.5 | 5.5 |
| 32.5R | 16.0 | 32.5 | 3.5 | 5.5 |
| 42.5 | 16.0 | 42.5 | 3.5 | 6.5 |
| 42.5R | 21.0 | 42.5 | 4.0 | 6.5 |
| 52.5 | 22.0 | 52.5 | 4.0 | 7.0 |
| 52.5R | 26.0 | 52.5 | 5.0 | 7.0 |

# 第四节　其他品种水泥

## 一、道路硅酸盐水泥

以适当成分的生料烧至部分熔融，所得以硅酸钙为主要成分和较多量的铁铝酸钙的硅酸盐水泥熟料称为道路硅酸盐水泥熟料。由道路硅酸盐水泥熟料，0~10%活性混合材料和适量石膏磨细制成的水硬性胶凝材料，称为道路硅酸盐水泥（简称道路水泥）。

1. 技术要求

各交通等级路面所使用水泥的化学成分和物理性能等要求应符合表 2.19 的规定。

表 2.19　各交通等级路面用水泥的化学成分和物理指标

| 水泥成分、性能 | 特重、重交通路面 | 中、轻交通路面 |
| --- | --- | --- |
| 铝酸三钙 | 不宜>7.0% | 不宜>9.0% |
| 铁铝酸四钙 | 不宜<15.0% | 不宜<12.0% |
| 游离氧化钙 | 不得>1.0% | 不得>1.5% |
| 氧化镁 | 不得>5.0% | 不得>6.0% |
| 三氧化硫 | 不得>3.5% | 不得>4.0% |
| 碱含量 | $Na_2O + 0.658K_2O \leq 0.6\%$ | 怀疑有碱活性集料时，≤0.6%；无碱活性集料时，≤1.0% |
| 混合材种类 | 不得掺窑灰、煤矸石、火山灰和黏土，有抗盐冻要求时不得掺石灰、石粉 | 不得掺窑灰、煤矸石、火山灰和黏土，有抗盐冻要求时不得掺石灰、石粉 |

续表

| 水泥成分、性能 | 特重、重交通路面 | 中、轻交通路面 |
|---|---|---|
| 出磨时安定性 | 雷氏夹或蒸煮法检验必须合格 | 蒸煮法检验必须合格 |
| 标准稠度需水量 | 不宜>28% | 不宜>30% |
| 烧失量 | 不得>3.0% | 不得>5.0% |
| 比表面积 | 宜在 300~450 $m^2$/kg | 宜在 300~450 $m^2$/kg |
| 细度（80 μm） | 筛余量不得>10% | 筛余量不得>10% |
| 初凝时间 | 不早于 1.5 h | 不早于 1.5 h |
| 终凝时间 | 不迟于 10 h | 不迟于 10 h |
| 28 d 干缩率 | 不得>0.09% | 不得>0.10% |
| 耐磨性 | 不得>3.6kg/$m^2$ | 不得>3.6kg/$m^2$ |

2. 工程应用

道路水泥是一种强度高（特别是抗折强度高）、耐磨性好、干缩性小、抗冲击性好、抗冻性和抗硫酸性比较好的专用水泥。它适用于道路路面、机场跑道道面、城市广场等工程。由于道路水泥具有干缩性小、耐磨、抗冲击等特性，可减少水泥混凝土路面的裂缝和磨耗等病害，减少维修、延长路面使用年限，因而可获得显著的社会效益和经济效益。

## 二、快硬硅酸盐水泥

凡以硅酸盐水泥熟料和适量石膏磨细制成，以 3 d 抗压强度表示强度等级的水硬性胶凝材料称为快硬硅酸盐水泥（简称快硬水泥）。

快硬硅酸盐水泥中的主要矿物成分为硅酸三钙、铝酸三钙。通常 $C_3S$ 为 50%~60%，$C_3A$ 为 8%~14%，$C_3S$ 和 $C_3A$ 的总量应不少于 60%~65%。为加快硬化速度，可适量增加石膏的掺量和提高水泥的粉磨细度。

快硬水泥具有早期强度增进率高的特点，其 3 d 抗压强度可达到强度等级，后期强度仍有一定增长，因此适用于紧急抢修工程、冬季施工工程。用于制造预应力钢筋混凝土或混凝土预制构件，可提高早期强度，缩短养护期，加快周转。不宜用于大体积工程。快硬水泥的缺点是干缩率较大，容易吸湿降低强度，储存期超过一个月，须重新检验。

## 三、膨胀水泥

膨胀水泥是硬化过程中不产生收缩而具有一定膨胀性能的水泥。它通常由胶凝材料和膨胀剂混合而成。膨胀剂使水泥在水化过程中形成膨胀性物质（如水化硫铝酸钙），导致体积稍有膨胀。由于这一过程是在未硬化浆体中进行，所以不致引起破坏和有害的应力。

1. 按胶结材料不同分类

（1）硅酸盐型膨胀水泥。用硅酸盐熟料、铝酸盐水泥和二水石膏按适当比例共同粉磨或分别研磨再混合均匀，可制得硅酸盐型膨胀水泥。由于熟料水化后生成钙矾石、水化氢氧化钙等水化产物，这些水化生成物的体积均大于原熟料固相的体积，因而造成硬化水泥浆体的体积膨胀。

（2）铝酸盐型膨胀水泥。用高铝水泥熟料和二水石膏按适当比例混合，再加助磨剂磨细，制成铝酸盐型膨胀水泥。

（3）硫铝酸盐型膨胀水泥。用中、低品位的矾土、石灰和石膏为原料，适当配合磨细后经煅烧得到的硫铝酸钙、硅酸二钙为主要矿物的熟料，再配以二水石膏磨细制得的具有膨胀性的水硬性胶凝材料，称为硫铝酸盐型膨胀水泥。

2. 按膨胀值分类

（1）收缩补偿水泥。这种水泥膨胀性能较弱，膨胀时所产生的压应力大致能抵消干缩所引起的应力，表现为水泥在水化后膨胀的体积与干缩的体积大致相等，可防止混凝土产生干缩裂缝。

（2）自应力水泥。这种水泥具有较强的膨胀性能，当它用于钢筋混凝土中时，由于它的膨胀性能，使钢筋受到较大的拉应力，混凝土则受到相应的压应力。当外界因素使混凝土结构产生拉应力时，就可被预先具有的压应力抵消或降低。这种靠水泥自身水化产生膨胀来张拉钢筋达到的预应力称为自应力。混凝土中所产生的压应力数值即为自应力值。

## 四、抗硫酸盐硅酸盐水泥

以适当成分的生料，烧至部分熔融，所得以硅酸钙为主的特定矿物组成的熟料，加入适量石膏磨细制成的具有一定抗硫酸盐侵蚀性能的水硬性胶凝材料，称为抗硫酸盐硅酸盐水泥（简称抗硫酸盐水泥）。

抗硫酸盐水泥要求熟料中硅酸三钙小于 50%，铝酸三钙小于 5%，铝酸三钙和铁铝酸四钙的总含量小于 22%。抗硫酸盐水泥因具有抗硫酸盐侵蚀的特点，且水化热低，故适用于一般受硫酸盐侵蚀的海港、水利、地下、隧道、引水、道路和桥涵基础等工程。

# 小　　结

石灰是修筑半刚性路面基层、浆砌工程的重要材料。水泥是水泥混凝土路面、桥梁、涵洞和圬工砌体的主要胶结材料。

石灰是一种气硬性胶结材料，它的强度主要来源于 $Ca(OH)_2$ 的碳化形成 $CaCO_3$ 和 $Ca(OH)_2$ 自身的晶化。$Ca(OH)_2$ 是由石灰中有效氧化钙消化得到。

有效氧化钙和氧化镁含量为石灰最主要的技术指标。有效氧化钙的测定，是采用蔗糖与其形成蔗糖钙，然后用 HCl 滴定的方法求得活性氧化钙含量；氧化镁的测定，是采用 EDTA 络合滴定法确定氧化镁含量。

硅酸盐水泥是一种水硬性胶凝材料。它是由硅酸三钙、硅酸二钙、铝酸三钙和铁铝酸四钙等四种矿物组分所组成。这四种矿物组分水化产物主要有：水化硅酸钙（C-S-H）、氢氧化钙（CH）、钙矾石（AFt）、单硫盐（AFm）和水化铁铝酸钙 $[C_4(A,F)H_x]$ 等。水泥凝结、硬化是一个复杂的物理化学过程，水泥水化后经潜化期、凝结期和硬化期等交错进行的凝结硬化过程，由可塑性的水泥浆体逐步凝结硬化成具有一定强度的水泥石。

水泥的技术性质，主要是细度、凝结时间、安定性和强度。强度是评价水泥强度等级的依据。为提高水泥早期强度，水泥型号分为普通型和早强型。

为改善水泥的某些性能,调节水泥强度等级,同时达到增加产量和降低成本的目的,在硅酸盐熟料中掺加适量的各种混合料,并与石膏共同磨细制成各种掺混合料水泥。如矿渣水泥、火山灰水泥、粉煤灰水泥和复合水泥等。

目前通常使用的水泥是硅酸盐水泥、普通水泥、矿渣水泥、火山灰水泥和粉煤灰水泥5种,称为五大品种水泥。

此外,专供道路路面和机场道面用的道路水泥,它的特点是具有较高的抗折强度。在道路与桥梁工程中还经常用到的水泥有高铝水泥、膨胀水泥、抗硫酸盐水泥等。

## 思考题与习题

2-1 试述石灰的煅烧、消化和硬化的化学反应过程,并说明其强度形成原理。

2-2 何谓有效氧化钙?简述测定石灰有效氧化钙和氧化镁的意义和方法要点。

2-3 硅酸盐水泥熟料是由哪些矿物成分组成的?它们在水泥中的含量对水泥的强度、反应速度和释热量有何影响?

2-4 试述硅酸盐水泥的水化和硬化机理。

2-5 什么是水泥的初凝和终凝?凝结时间对道路与桥梁施工有何影响?

2-6 我国现行标准中水泥的强度等级是采用什么方法确定的?为什么相同强度等级的水泥要分为普通型和早强型(R型)两种型号?道路路面选用水泥时,在条件允许下,为什么要选用R型水泥?

2-7 如何按技术性质来判定水泥为合格品、不合格品和废品?

2-8 什么叫混合材料及掺混合材料的硅酸盐水泥?试比较六大通用硅酸盐水泥的性质及适用范围。

2-9 道路水泥在矿物组成上有什么特点?在技术性质方面有什么特殊要求?

2-10 何谓复合硅酸盐水泥?它的矿物组成和技术性质有什么特点?

2-11 试述铝酸盐水泥的技术性质及主要工程特性。

## 试验 2.1 石灰有效氧化钙及氧化镁的测定

### 一、有效氧化钙的测定
(JTJ 057—94)

(一)试验目的和适用范围

石灰的质量主要取决于有效氧化钙和氧化镁的含量,它们的含量越高,则石灰黏聚力越好。本方法适用于测定各种石灰的有效氧化钙含量,评价石灰的质量。

注:石灰中的有效氧化钙是指游离的氧化钙,它不同于总钙的含量,因为有效氧化钙不包括碳酸钙、硅酸钙以及其他钙盐中的钙。石灰中氧化钙的含量,以能溶解于蔗糖溶液,并能与盐酸作用生成蔗糖钙的钙含量占石灰原试样的质量百分率表示。

(二)仪器设备

(1)筛子:筛孔 0.15 mm,一个。

（2）烘箱：50℃～250℃，一台。

（3）干燥器：$\phi$25 cm，一个。

（4）称量瓶：$\phi$30 mm×50 mm，10个。

（5）瓷研钵：$\phi$12～13 cm，一个。

（6）分析天平：万分之一，一台。

（7）架盘天平：感量0.1 g，一台。

（8）电炉：1 500 W，一个。

（9）石棉网：20 cm×20 cm，一块。

（10）玻璃珠：$\phi$3 mm，一袋（0.25 kg）。

（11）具塞三角瓶：250 mL，20个。

（12）漏斗：短颈，3个。

（13）塑料洗瓶，1个。

（14）塑料桶：20 L，1个。

（15）下口蒸馏水瓶：5 000 mL，1个。

（16）三角瓶：300 mL，10个。

（17）容量瓶：250 mL、1 000 mL各1个。

（18）量筒：200 mL、100 mL、50 mL、5 mL各1个。

（19）试剂瓶：250 mL、1 000 mL各5个。

（20）塑料试剂瓶：1L，1个。

（21）烧杯：50 mL，5个；250 mL，10个。

（22）棕色广口瓶：60 mL，4个；250 mL，5个。

（23）滴瓶：60 mL，3个。

（24）酸滴定管：50 mL，2支。

（25）滴定台及滴定管夹各一套。

（26）大肚移液管：25 mL、50 mL各1只。

（27）表面皿：7 cm，10个。

（28）玻璃棒：8 mm×250 mm及4 mm×180 mm各10只。

（29）试剂勺：5个。

（30）吸水管：8 mm×150 mm，5只。

（31）洗耳球：大、小各1个。

（三）试　剂

（1）蔗糖（分析纯）。

（2）酚酞指示剂：称取0.5 g酚酞溶于50 mL 95%乙醇中。

（3）0.1%甲基橙水溶液：称取0.05 g甲基橙溶于50 mL蒸馏水中。

（4）0.5 mol/L盐酸标准溶液：将42 mL浓盐酸（相对密度1.19）稀释至1 L，按下述方法标定其当量浓度后备用。

称取0.800～1.000 g（准确至0.000 2 g）已在180℃烘干2 h的碳酸钠，置于250 mL三角瓶中，加100 mL水使其完全溶解，然后加入2～3滴0.1%甲基橙指示剂，用待标定的盐酸标准溶液滴定，至碳酸钠溶液由黄色变为橙红色，将溶液加热至沸腾，并保持微沸 3 min，然后放在冷水中冷却至室温，如此时橙红色变为黄色，则再用盐酸标准溶液滴定，至溶液出现稳定的橙红色时为止。

盐酸标准溶液的当量浓度按下式计算：

$$C = \frac{Q}{V \times 0.053}$$  （试 2-1）

式中：$C$ ——盐酸标准溶液的当量浓度，mol/L；

　　　$Q$ ——称取碳酸钠的质量，g；

　　　$V$ ——滴定时所消耗盐酸标准溶液的体积，mL；

　　　0.053 ——无水碳酸钠的毫克当量。

（四）准备试样

（1）生石灰试样。将生石灰样品打碎，使颗粒不大于 2 mm。拌和均匀后用四分法缩减至 200 g 左右，放入瓷研钵中研细，再经四分法缩减几次，剩下 20 g 左右。研磨所得石灰样品，使通过 0.10 mm 筛。从此细样中均匀挑取 10 余克，置于称量瓶中在 100℃ 烘干 1 h，储于干燥器中，供试验用。

（2）消石灰试样。将消石灰样品用四分法缩减至 10 余克左右，如有大颗粒存在，须在瓷研钵中磨细至无不均匀颗粒存在为止。置于称量瓶中，在 105℃～110℃ 烘干 1 h，储于干燥器中，供试验用。

（五）试验步骤

（1）用称量瓶按减量法称取试样约 0.5 g（准确至 0.000 5 g），置于干燥的 250 mL 具塞三角瓶中，取 5 g 蔗糖覆盖在试样表面，投入干玻璃珠 15 粒。迅速加入新煮沸并已冷却的蒸馏水 50 mL，立即加塞振荡 15 min（如有试样结块或黏于瓶壁现象，则应重新取样）。

（2）打开瓶塞，用水冲洗瓶塞及瓶壁，加入 2～3 滴酚酞指示剂，溶液即呈现粉红色，然后置于滴定架上，用 0.5 mol/L 盐酸标准溶液滴定。

（3）滴定时应先读出滴定管初读数，然后以 2～3 滴/s 的速度滴定，至溶液的粉红色显著消失并在 30 s 内不再呈现即为终点。

（4）读出中和后盐酸消耗的滴定管读数，减去初读数，即为实际消耗的盐酸数量（mL）。

（六）计算方法

有效氧化钙的百分含量 $X_{CaO}$ 按下式计算：

$$X_{CaO} = \frac{V \times C \times 0.028}{G} \times 100$$  （试 2-2）

式中：$V$ ——滴定时消耗盐酸标准溶液的体积，mL；

　　　$C$ ——盐酸标准溶液物质的当量浓度，mol/L；

　　　$G$ ——试样质量，g；

　　　0.028 ——氧化钙毫克当量。

对同一石灰样品应取两个试样分别进行测定，并取两次结果的平均值代表最终结果。

## 二、氧化镁的测定
（JTJ 057—94）

（一）目的与适用范围

本方法适用于测定各种石灰的总氧化镁含量，评价石灰的质量。

石灰中有效氧化钙和氧化镁含量越高，石灰的黏聚力越好，按氧化镁含量可将石灰划分为钙质石灰和镁质石灰。

（二）仪器设备

（1）电炉：1 500 W 1 个。

（2）石棉网：20 cm×20 cm。

（3）三角瓶：300 mL、250 mL 各 2 个。

（4）容量瓶：250 mL、1 000 mL 各 1 个。

（5）量筒：200 mL、100 mL、5 mL 各 1 个。

（6）试剂瓶：250 mL、1 000 mL 若干个。

（7）烧杯：250 mL 10 个。

（8）棕色广口瓶：60 mL 若干个。

（9）大肚移液管：25 mL、50 mL 各 2 支。

（10）表面皿：直径 7 cm 10 块。

（11）洗耳球：大、小各 1 个。

（12）玻璃棒、吸水管数支，试剂勺若干个。

（13）其余同有效氧化钙的测定所用仪器。

（三）试验准备

（1）1∶10 盐酸：将 1 体积盐酸（相对密度 1.19）以 10 体积蒸馏水稀释。

（2）氢氧化铵-氯化铵缓冲溶液（pH=10）：将 67.5 g 氯化铵溶于 300 mL 无二氧化碳蒸馏水中，加浓氨水（相对密度为 0.90）570 mL，然后用水稀释至 1 000 mL。

（3）酸性铬蓝 K-萘酚绿 B（1∶2.5）混合剂：称取 0.3 g 酸性铬蓝 K 和 0.75 g 萘酚绿 B 与 50 g 已在 105℃烘干的硝酸钾混合研细，保存于棕色广口瓶中。

（4）EDTA 二钠标准溶液：将 10 g EDTA 二钠溶于温热蒸馏水中，待全部溶解并冷却至室温后，用水稀释至 1 000 mL。

（5）氧化钙标准溶液：精确称取 1.784 8 g 在 105℃烘干（2 h）的碳酸钙（优级纯），置于 250 mL 烧杯中，盖上表面皿，从杯嘴缓慢滴入 1∶10 盐酸 100 mL，加热溶解，待溶液冷却后，移入 1 000 mL 的容量瓶中，用新煮沸冷却后的蒸馏水稀释至刻度摇匀。此溶液每毫升相当于 1 mg 氧化钙。

（6）20%氢氧化钠液：将 20 g 氢氧化钠溶于 80 mL 蒸馏水中。

（7）钙指示剂：将 0.2 g 钙试剂羧酸钠和 20 g 已在 105℃烘干的硫酸钾混合研细，保存于棕色广口瓶中。

（8）10%酒石酸钾钠溶液：将 10 g 酒石酸钾钠溶于 90 mL 蒸馏水稀释摇匀。

（9）三乙醇胺（1∶2）溶液：将 1 体积三乙醇胺以 2 体积蒸馏水稀释摇匀。

（四）EDTA 标准溶液与氧化钙和氧化镁关系的标定

（1）精确吸取 50 mL 氢氧化钙标准溶液放入 300 mL 三角瓶中，用水稀释至 100 mL 左右，然后加入钙指示剂约 0.1 g，以 20%氢氧化钠溶液调整溶液碱度至出现酒红色，再过量加 3~4 mL。

（2）以 EDTA 二钠标准液滴定，直至溶液由酒红色变为纯蓝色为止，记录 EDTA 二钠耗量。

EDTA 二钠标准溶液对氧化钙的滴定度 $T_{CaO}$，即 1 mL EDTA 二钠标准溶液相当于氧化钙的毫克数按下式计算：

$$T_{CaO} = CV_1/V_2 \tag{试2-3}$$

式中：$C$ —— 1 mL 氧化钙标准溶液含有氧化钙的毫克数，等于 1；

$V_1$ —— 吸取氧化钙标准溶液体积，mL；

$V_2$ —— 消耗 EDTA 标准溶液体积，mL。

EDTA 二钠标准溶液对氧化镁的滴定度 $T_{MgO}$，即 1 mL EDTA 二钠标准溶液相当于氧化镁的毫克数按下式计算：

$$T_{MgO} = T_{CaO} \times 40.31/56.08 = 0.72 T_{CaO} \tag{试2-4}$$

（五）试验步骤

（1）采用与有效氧化钙测定相同的方法，用称量瓶称取约 0.5 g（准确至 0.000 5 g）试样，放入 250 mL 烧杯中，用蒸馏水湿润，加 30 mL 1∶10 盐酸，用表面皿盖住烧杯，在电炉上加热近沸并保持微沸 8~10 min，用吸管吸取蒸馏水洗净表面皿，洗液冲入烧杯中，冷却后把烧杯内的沉淀及溶液移入 250 mL 容量瓶中，加水到刻度，仔细摇匀静置。

（2）待溶液沉淀后，用移液管吸取 25 mL 溶液，放入 250 mL 三角瓶中，加 50 mL 蒸馏水稀释，然后顺序加酒石酸钾钠溶液 1 mL、三乙醇胺溶液 5 mL，加入氨水-氯化铵缓冲溶液 10 mL、酸性铬蓝 K-萘酚绿 B 指示剂约 0.1 g，此时溶液呈酒红色。

（3）用 EDTA 二钠标准溶液滴定至溶液由酒红变为纯蓝色即为滴定终点，记录 EDTA 标准溶液耗用体积 $V_1$。

（4）再从前述同一容量瓶中，用移液管吸取 25 mL 溶液，置于 300 mL 三角瓶中，加 150 mL 蒸馏水稀释。然后依次加入三乙醇胺溶液 5 mL、20%氢氧化钠溶液 5 mL，放入约 0.1 g 钙指示剂。此时溶液呈酒红色。

（5）用 EDTA 二钠标准溶液滴定，直至溶液由酒红色变成纯蓝色即为滴定终点，记录耗用 EDTA 二钠标准溶液体积 $V_2$。

（六）计算方法

氧化镁的百分含量 $X_{MgO}$ 按下式计算：

$$X_{MgO} = \frac{T_{MgO}(V_1 - V_2) \times 10}{G \times 1\,000} \times 100 \tag{试2-5}$$

式中：$T_{MgO}$ ——EDTA 二钠标准溶液对氧化镁的滴定度；

$V_1$ ——滴定钙、镁含量消耗的 EDTA 二钠标准溶液体积，mL；

$V_2$ ——滴定钙消耗的 EDTA 二钠标准溶液体积，mL；

10 ——总溶液对分取溶液的体积倍数；

$G$ ——试样质量，g。

对同一石灰样品应取两个试样分别进行测定，并取两次结果的平均值代表最终结果。

## 试验2.2 水泥细度试验（80 μm 筛筛析法）
（JTG E30—2005）

### 一、负压筛法

**（一）目的与适用范围**

水泥的细度影响水泥的技术性质，相同矿物成分的熟料，水泥越细强度越高（特别是早期强度），凝结时间越快，安定性越好；但水泥过细，提高了生产成本，且储运过程易受潮。

适用于硅酸盐水泥、普通水泥、矿渣水泥、火山灰水泥、粉煤灰水泥以及指定采用本方法的其他品种水泥。

**（二）仪器设备**

1. 负压筛

（1）负压筛由圆形筛框和筛网组成，筛网为金属丝编织方孔筛，方孔边长 0.080 mm，负压筛应附有透明筛盖，筛盖与筛上口应有良好的密封性，如试图 2.1。

（2）筛网应紧绷在筛框上，筛网和筛框接触处，应用防水胶密封，防止水泥嵌入。

2. 负压筛析仪

（1）负压筛析仪由筛座、负压筛、负压源及收尘器组成，其中筛座由转速为（30±2）r/min 的喷气嘴、负压表、控制板、微电机及壳体等部分构成。

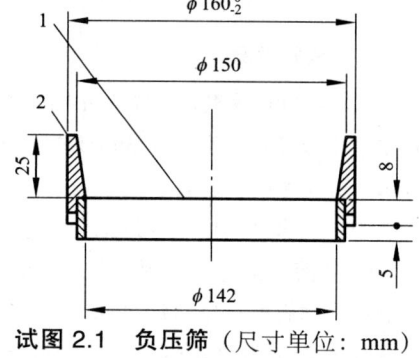

**试图 2.1　负压筛**（尺寸单位：mm）
1—筛网；2—筛筐

（2）筛析仪负压可调范围为 4 000 ~ 6 000 Pa。

（3）喷气嘴上口平面与筛网之间距离为 2 ~ 8 mm。

（4）负压源和收尘器，由功率 600 W 的工业吸尘器和小型旋风收尘筒或由其他具有相当功能的设备组成。

3. 天平

最大称量为 100 g，分度值不大于 0.05 g。

**（三）试验步骤**

（1）筛析试验前，应把负压筛放在筛座上，盖上筛盖，接通电源，检查控制系统，调节负压至 4 000 ~ 6 000 Pa。

（2）水泥样品应充分拌匀，通过 0.9 mm 方孔筛。称取试样 25g，置于洁净的负压筛中，盖上筛盖，放在筛座上，开动筛析仪连续筛析 2 min，在此期间如有试样附着在筛盖上，可轻轻地敲击，使试样落下。筛毕，用天平称取筛余物。

（3）当工作负压小于 4 000 Pa 时，应清理吸尘器内水泥，使负压恢复正常。

**（四）数据整理**

水泥试样筛余百分数 $F$ 按下式计算：

$$F = \frac{m_s}{m} \times 100 \qquad (试 2\text{-}6)$$

式中：$F$——水泥试样筛余百分数，%；

$m_s$——水泥筛余物的质量，g；

$m$ ——水泥试样的质量，g。

结果计算精确至 0.1%。

## 二、水筛法

**（一）仪器设备**

（1）标准筛：如试图 2.2 所示，采用方孔边长 0.080 mm 金属丝网筛布，筛框有效直径 125 mm；高 80 mm。筛布应紧绷在筛框上，接缝处应用防水胶密封。

（2）水筛架：用于支撑筛子，并带动筛子转动，转速约 50 r/min。

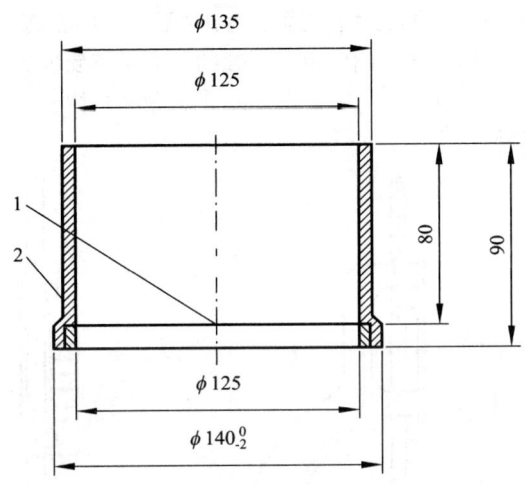

**试图 2.2 水筛**（尺寸单位：mm）

1—筛网；2—筛筐

（3）喷嘴：直径 55 mm，面上均匀分布 90 个孔，孔径为 0.5~0.7 mm，安装高度离筛布 50 mm 为宜。

（4）天平：最大称量 100 g，分度值不大于 0.05 g。

**（二）试验步骤**

（1）筛析试验前，应检查水中无泥、砂，调整好水压及水筛架的位置，使其能正常运转，喷嘴底面和筛网之间距离为 35~75 mm。

（2）水泥样品应充分拌匀，通过 0.9 mm 方孔筛。称取试样 50 g，置于洁净的水筛中，立即用淡水冲洗至大部分细粉通过后，放在水筛架上，用水压为（0.05±0.02）MPa 的喷头连续冲洗 3 min。筛毕，用少量水把筛余物冲至蒸发器中，等水泥颗粒全部沉淀后，小心倒出清水，烘干并用天平称量筛余物。

结果计算与负压筛法相同。

## 试验 2.3 水泥标准稠度用水量与凝结时间试验

**（一）试验目的和适用范围**

检验水泥的凝结时间与体积安定性时，水泥浆的稠度影响试验结果，为便于比较，规定用标准稠度的水泥净浆试验。所以，测凝结时间与安定性之前，先要测定水泥标准稠度用水量。

适用于硅酸盐水泥、普通水泥、矿渣水泥、火山灰水泥、粉煤灰水泥以及指定采用本方法的其他品种水泥。

## （二）仪器设备

（1）水泥净浆标准稠度与凝结时间测定仪：该仪器由铁座与可以自由滑动的金属圆棒构成，用松紧丝调整金属棒的高低。金属棒上附有指针，利用量程为 0～75 mm 的标尺指示金属棒下降距离。

测定标准稠度时，试锥法（代表法）金属棒下装一金属空心试锥，锥底直径 40 mm，高 50 mm，装净浆用的锥模，上口内径 60 mm，锥高 75 mm。

标准法维卡仪：如试图 2.3 所示，标准稠度测定用试杆有效长度为（50±1）mm，由直径为 $\phi(10±0.05)$ mm 的圆柱形耐腐蚀金属制成。测定凝结时间取下试杆，用试针代替试杆。试针由不锈钢制成，其有效长度初凝针为（50±1）mm、终凝针为（30±1）mm、直径为 $\phi(1.13±0.05)$ mm 的圆柱体。滑动部分的总质量为（300±1）g。与试杆、试针连接的滑动杆表面应光滑，能靠重力自由下落，不得有紧涩和旷动现象。

盛装水泥净浆的试模[见试图 2.3（a）]应由耐腐蚀的、有足够硬度的金属制成，试模为深（40±0.2）mm、顶内径 $\phi(65±0.5)$ mm、底内径 $\phi(75±0.5)$ mm 的截顶圆锥体，每只试模应配备一个大于试模、厚度≥2.5 mm 的平板玻璃底板。

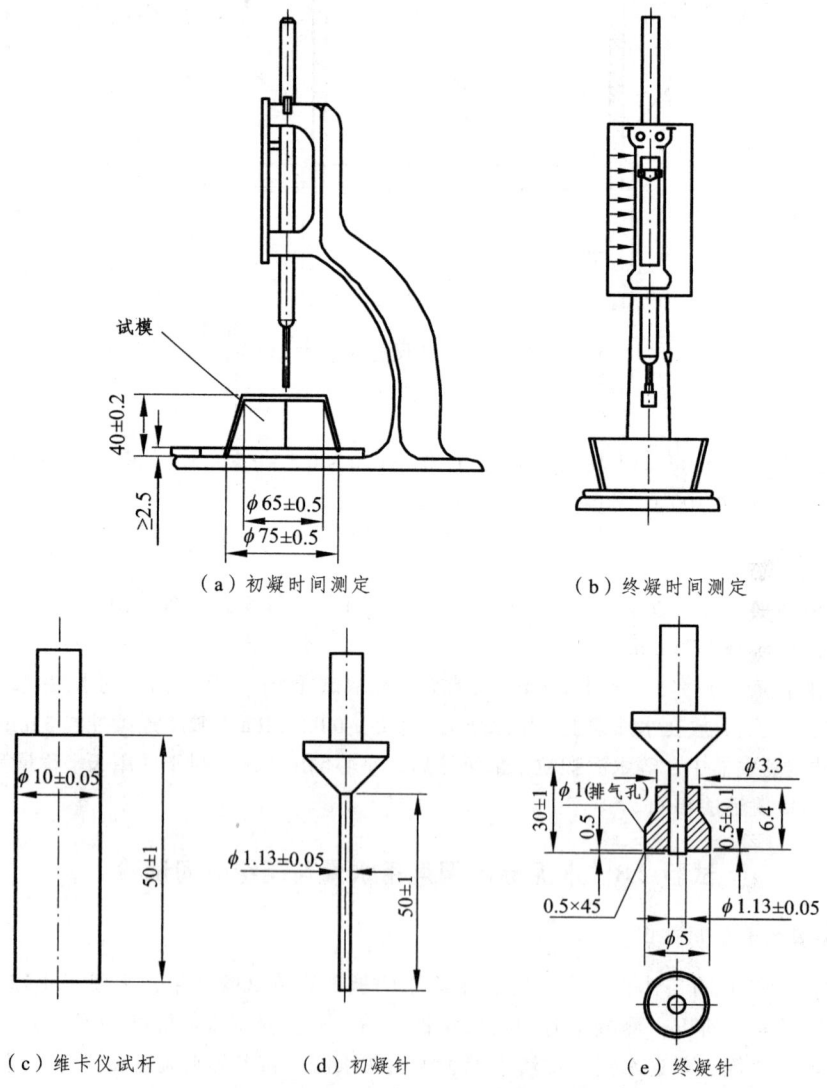

（a）初凝时间测定　　　　（b）终凝时间测定

（c）维卡仪试杆　　（d）初凝针　　（e）终凝针

试图 2.3　测定水泥标准稠度和凝结时间的维卡仪

(2) 净浆搅拌机：符合 GB 3350.8《水泥物理检验仪器水泥净浆搅拌机》的要求。

(3) 湿气养护箱：应使温度控制在（20±1）℃，相对湿度大于90%。

(4) 天平：称量精确至 1 g。

(5) 量水器：最小刻度为 0.1 mL，精度 1%。

(三) 试验步骤

1. 标准稠度用水量的测定（标准法）

(1) 测定前准备工作。检查维卡仪的金属棒能否自由滑动；调整至试杆接触玻璃板时指针对准零点；搅拌机运行正常。

(2) 水泥净浆的拌制。用水泥净浆搅拌机搅拌，搅拌锅和搅拌叶片先用湿布擦过，将拌和水倒入搅拌锅内，然后在 5~10 s 内小心将称好的 500 g 水泥加入水中，防止水和水泥溅出；拌和时，先将锅放在搅拌机的锅座上，升至搅拌位置，启动搅拌机，低速搅拌 120 s，停 15 s，同时将叶片和锅壁上的水泥浆刮入锅中间，接着高速搅拌 120 s 停机。

(3) 标准稠度用水量的测定。拌和结束后，立即将拌制好的水泥净浆装入已置于玻璃板上的试模中，用小刀插捣，轻轻振动数次，刮去多余的净浆；抹平后迅速将试模和底板移到维卡仪上，并将其中心定在试杆下，降低试杆直至与水泥净浆表面接触，拧紧螺丝 1~2 s 后，突然放松，使试杆垂直自由沉入水泥净浆中。在试杆停止沉入或释放试杆 30 s 时记录试杆距底板之间的距离，拔起试杆后，立即擦净。整个操作应在搅拌后 1.5 min 内完成。以试杆沉入净浆并距底板（6±1）mm 的水泥净浆为标准稠度净浆，其拌和水量为该水泥的标准稠度用水量（$P$），按水泥质量的百分比计。

2. 标准稠度用水量的测定（代用法）

(1) 试验前的准备工作。检查维卡仪的金属棒能否自由滑动；调整至试锥杆接触玻璃板时指针对准零点；搅拌机运行正常。

(2) 水泥净浆的拌制与标准法相同。

(3) 标准稠度的测定：

① 采用代用法测定水泥标准稠度用水量可用调整水量和不变水量两种方法的任一种测定。采用调整水量方法时，拌和水量按经验确定加水量；采用不变水量方法时，拌和水量为 142.5 mL。

② 拌和结束后，立即将拌制好的水泥净浆装入锥模中，用小刀插捣，轻轻振动数次，刮去多余的净浆；抹平后迅速放到试锥下面固定位置上，将试锥降至净浆表面，拧紧螺丝 1~2 s 后，突然放松，让试锥垂直自由沉入水泥净浆中。到试锥停止下沉或释放试锥 30 s 时记录试锥下沉深度，整个操作应在搅拌后 1.5 min 内完成。

③ 用调整水量方法测定时，以试锥下沉深度（28±2）mm 时的净浆为标准稠度净浆。其拌和水量为该水泥的标准稠度用水量（$P$），按水泥质量的百分比计。如下沉深度超出范围需另称试样，调整水量，重新试验，直至达到（28±2）mm 为止。

④ 用不变水量方法测定时，根据测得的试锥下沉深度 $S$（mm），按下式（或仪器上对应标尺）计算得到标准稠度用水量 $P$（%）。

$$P = 33.4 - 0.185 \times S \tag{试2-7}$$

代入下式，可计算出达到标准稠度所需要的拌和用水量：

$$P = \frac{m_w}{m_c} \times 100 \tag{试2-8}$$

式中：$m_w$——达到标准稠度所需要的拌和用水量，g；

$m_c$——水泥用量，500 g。

当试锥下沉深度小于 13 mm 时，应改用调整水量法测定。

3. 凝结时间的测定

（1）测定前准备工作。调整凝结时间测定仪的试针接触玻璃板时的指针对准零点。

（2）试件的制备。以标准稠度净浆一次装满试模，振动数次刮平，立即放入湿气养护箱中。记录水泥全部加入水中的时间作为凝结时间的起始时间。

（3）初凝结时间的测定：试件在湿气养护箱中养护至加水后 30 min 时进行第一次测定，测定时，从湿气养护箱中取出试模放到试针下，降低试针与水泥净浆表面接触。拧紧螺丝 1~2 s，突然放松，试针垂直自由地沉入水泥净浆。观察试针停止下沉或释放试针 30 s 时指计的读数。当试针沉至距底板（4±1）mm 时，为水泥达到初凝状态。由水泥全部加入水中至初凝状态的时间为水泥的初凝时间，用"min"表示。

（4）终凝时间的测定。为了准确观测试针沉入的状况，在终凝针上安装了一个环形附件[见试图 2.3(e)]，在完成初凝时间测定后，立即将试模连同浆体以平移的方式从玻璃板取下，翻转 180°，直径大端向上、小端向下放在玻璃板上，再放入湿气养护箱中继续养护，临近终凝时间每隔 15 min 测定一次。当试针沉入试体 0.5 mm 时，即环形附件开始不能在试体上留下痕迹时，为水泥达到终凝状态，由水泥全部加入水中至终凝状态的时间为水泥终凝时间，用"min"表示。

（5）测定时应注意，在最初测定的操作时应轻轻扶持金属柱，使其徐徐下降，以防试针撞弯，但结果以自由下落为准；在整个测试过程中试针沉入的位置至少要距试模内壁 10 mm，临近初凝时，每隔 5 min 测定一次，临近终凝时每隔 15 min 测定一次，到达初凝或终凝时立即重复测一次，当两次结论相同时才能定为到达初凝或终凝状态。每次测定不能让试针落入原针孔，每次测试完毕须将试针擦净并将试模放回湿气养护箱内，整个测试过程要防止试模受振。

注：可以使用能得出与标准中规定方法相同结果的凝结时间自动测定仪，使用时不必翻转试体。

## 试验 2.4　水泥安定性的测定

（一）试验目的和适用范围

由于水泥成分中含有游离氧化钙、氧化镁及三氧化硫等，这些成分在水泥硬化过程中熟化缓慢。当混凝土产生强度后，仍继续熟化，引起混凝土膨胀而使建筑物开裂。

安定性的测定方法可以用试饼法，也可以用雷氏法，有争议时以雷氏法为准。试饼法是观察水泥净浆试饼沸煮后的外形变化来检验水泥的体积安定性；雷氏法是测定水泥净浆在雷氏夹中沸煮后的膨胀值。

本方法适用于硅酸盐水泥、普通水泥、矿渣水泥、粉煤灰水泥、火山灰水泥以及指定采用本方法的其他品种水泥。

（二）仪器设备

（1）沸煮箱。有效容积约为 410 mm×240 mm×310 mm，篦板结构应不影响试验结果，篦板与加热器之间的距离大于 50 mm。箱的内层由不易锈蚀的金属材料制成，能在（30±5）min 内将箱内的试验用水由室温升至沸腾并可以保持沸腾状态 3 h 以上，整个试验过程中不需补充水量。

（2）雷氏夹。其尺寸如试图 2.4 所示，由铜质材料制成，当一根指针的根部先悬挂在一根金属丝或尼龙丝上，另一根针的根部再挂上 300 g 质量的砝码时，两根指针的针尖距离增加应在（17.5±2.5）mm 范围之内，当去掉砝码后针尖的距离能恢复至挂砝码前的状态，如试图 2.5 所示。

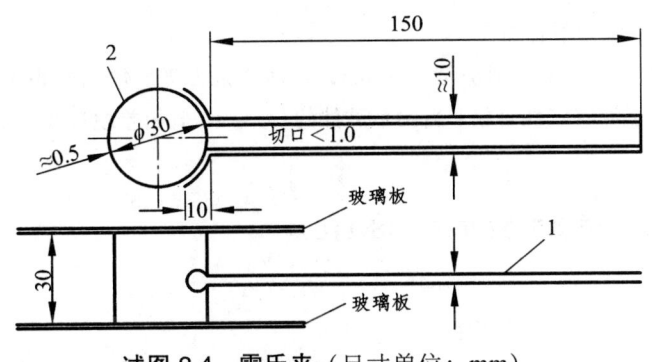

试图 2.4 雷氏夹（尺寸单位：mm）
1—指针；2—环模

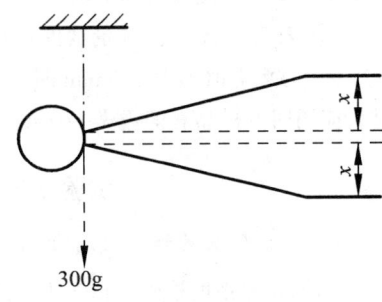

试图 2.5 雷氏夹受力示意图

(3) 雷氏夹膨胀值测定仪标尺最小刻度为 1 mm，如试图 2.6 所示。

(4) 玻璃板、镘刀、直尺。

(5) 其他仪器设备与标准稠度用水量的测定相同。

（三）试验步骤

(1) 采用雷氏夹测定时，每个雷氏夹需配备玻璃两块；若采用试饼法测定，需准备两块约 100 mm×100 mm 的玻璃板。每种方法每个试样需成型两个试件。与水泥净浆接触的玻璃板和雷氏夹表面都要稍涂上一层油。

(2) 按标准稠度用水量的测定所用方法加水，按水泥净浆的拌制方法制备标准稠度净浆。

试图 2.6 雷氏夹膨胀值测定仪
1—底座；2—模子座；3—测弹性标尺；4—立柱；5—测膨胀值标尺；6—悬臂；7—悬丝；8—弹簧

(3) 试饼的成型方法。将制好的净浆取出一部分，分成两等份，使之呈球形，放在预先准备好的玻璃板上，轻轻振动玻璃板并用湿布擦净的小刀由边缘向中央抹动，做成直径 70～80 mm、中心厚约 10 mm、边缘渐薄、表面光滑的试饼，接着将试饼放在湿气养护箱内养护 (24±2)h。

(4) 雷氏夹试件的制备方法。将预先准备好的雷氏夹放在已稍擦油的玻璃板上，并立刻将已制好的标准稠度净浆装满试模。装模时一只手轻轻扶持试模，另一只手用宽约 10 mm 的小刀插捣 15 次左右然后抹平，盖上稍涂油的玻璃板，接着立刻将试模移至湿气养护箱内养护 (24±2)h。

(5) 沸煮。

① 调整好沸煮箱内的水位，使之在整个沸煮过程中都能没过试件，不需中途添补试验用水，同时保证在 (30±5)min 内加热水至沸腾，并恒沸 3 h±5 min。

② 脱去玻璃板取下试件：当用试饼法测定时，先检查试饼是否完整（如已开裂、翘曲，要检查原因，确定无外因时，该试饼已属不合格品，不必沸煮），在试饼无缺陷的情况下将试饼放在沸煮箱的水中篦板上，然后在 (30±5)min 内加热至水沸腾，并恒沸 3 h±5 min。

当用雷氏法测定时，先测量试件指针尖端间的距离 $A$，精确到 0.5 mm，接着将试件放入水中篦板上，指针朝上，试件之间互不交叉，然后在 (30±5)min 内加热水至沸腾，并恒沸 3 h±5 min。

(6) 结果判别。沸煮结束后，放掉箱中的热水，打开箱盖，待箱体冷却至室温，取出试件进行判别：

① 若为试饼法，目测未发现裂缝，用直尺检查也没有弯曲的试饼为安定性合格；反之为不合格。

当两个试饼判别结果有矛盾时,该水泥的安定性为不合格。

② 若为雷氏夹,测量试件指针尖端间的距离 $C$,精确至 0.5 mm,当两个试件煮后增加的距离 $(C-A)$ 的平均值不大于 5 mm 时,即认为该水泥安定性合格;当两个试件的 $(C-A)$ 值相差超过 4 mm 时,应用同一样品立即重做一次试验。

## 试验 2.5　水泥胶砂强度检验方法（ISO 法）

（一）试验目的和适用范围

水泥胶砂强度检验（ISO 法）是为了确定水泥的强度等级。

本方法适用于硅酸盐水泥、普通水泥、矿渣水泥、火山灰水泥、粉煤灰水泥的抗折与抗压强度检验。凡指定采用本方法的其他品种水泥亦可适用。

（二）仪器设备

1. 行星式水泥胶砂搅拌机

行星式水泥胶砂搅拌机（见试图 2.7）由胶砂搅拌锅和搅拌叶片及相应的机构组成,搅拌锅可以随意挪动,但也可以很方便地固定在锅座上,而且搅拌时不会明显晃动和转动;搅拌叶片呈扇形,搅拌机除按顺时针自转外,也可沿锅周边逆时针公转,并且有高低两种速度。

2. 胶砂振实台

胶砂试体成型振实台（见试图 2.8）由可以跳动的台盘和使其跳动的轮等组成。台盘上有固定试模用的卡具,并连有两根起稳定作用的臂。轮由电机带动,通过控制器控制按一定的

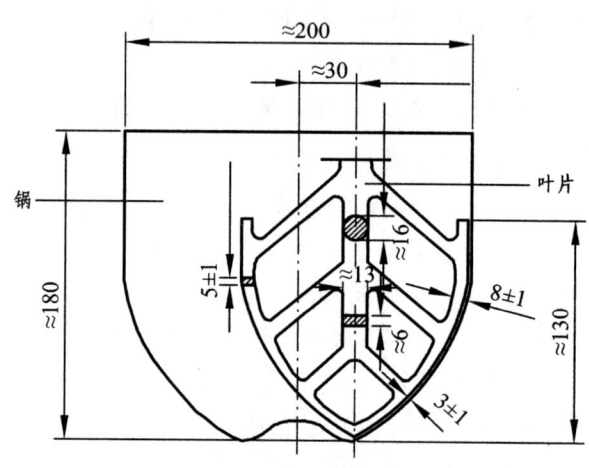

试图 2.7　搅拌机（尺寸单位：mm）

要求转动,并保证使台盘平衡上升至一定高度后自由下落,其中心恰好与止动器撞击。卡具与模套连成一体,可沿与臂杆垂直方向向上转动不大于 100°。

3. 试　模

试模由 3 个水平的模槽组成,可同时成型 3 条截面 40 mm × 40 mm × 160 mm 的试件。

4. 抗折试验机

通过 3 根圆柱轴的 3 个竖向平面平行,并在试验时继续保持平行和等距离垂直试体的方向,其中一根支撑圆柱和加荷圆柱能轻微倾斜,使圆柱与试体完全接触,以使荷载沿试体宽度方面均匀分布,同时不产生任何扭转应力。

5. 抗压强度试验机用夹具

抗压强度试验机在较大量程范围内使用时,荷载应保证 ±1% 精度要求,能按（2 400 ± 200）N/s 的速率加荷。人工操纵的试验机应配有一个速度动态装置,以便于控制荷载增加。

压力机的活塞竖向轴在加荷时与压力机的竖向轴重合,活塞作用的合力要通过试件中心。压力机的下压板表面应与压力机的轴线垂直,并在加荷过程中一直保持不变。

当需要使用夹具时,应把它放在压力机的上下压板之间并与压力机处于同一轴线,以便将压力机的荷载传递至胶砂试件表面,夹具应符合要求,受压面积 40 mm × 40 mm。夹具要保持清洁,球座应能

转动，上压板从一开始就能适应试件的形状并在试验中保持不变。

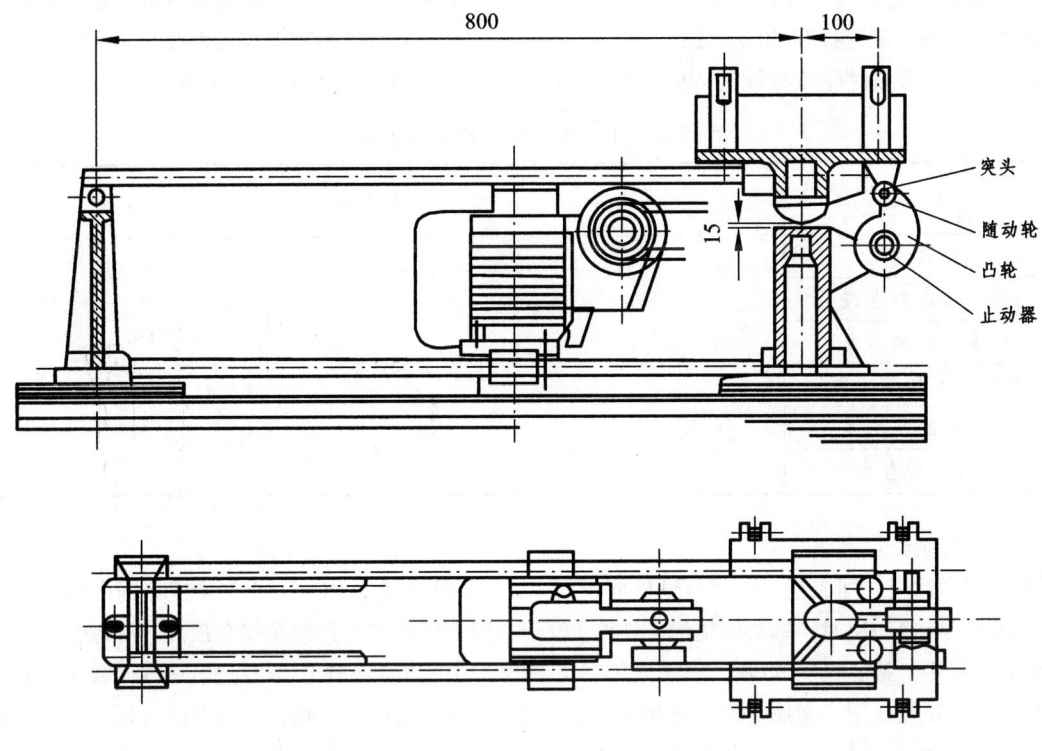

试图 2.8 典型的振实台（尺寸单位：mm）

6. 刮平直尺和播料器

控制料层厚度和锯割式刮平胶砂的专用工具。

7. 其 他

试验筛、天平、量筒等。

（三）试验步骤

1. 试件成型

（1）成型前将试模擦净，应用黄油等密封材料涂覆试模的外接缝，试模的内表面应涂上一薄层机油。

（2）胶砂组成。

① 标准砂。ISO 标准砂是由 $SiO_2$ 含量不低于 98% 的天然的圆形硅质砂组成，其颗粒分布应在规定的范围内。砂的含水量应小于 0.2%。

② 水泥。水泥从取样到试验要超过 2 h 以上时，应把它储存在密封的容器里。

③ 水。仲裁试验或重要试验用蒸馏水，其他试验可用饮用水。

（3）胶砂制备。

① 成型 3 个试件所需材料量见试表 2.1。

② 水泥、砂、水和试验用具的温度与试验室相同，称量用的天平精度为 ±1 g。

③ 每锅胶砂用搅拌机进行机械搅拌，先使搅拌机处于工作状态。水泥胶砂拌和的操作程序如下：

先把水倒入锅内,再加入水泥,然后把锅放在固定架上,上升至固定位置后立即开动机器,低速搅拌30 s后,在第二个30 s开始的同时均匀地将砂加入,当各级砂是分装时,从最粗粒级开始,依次将所需的砂倒入锅内,高速拌和30 s。停拌90 s后,在第1个15 s内用一胶皮刮具将叶片和锅壁上的胶砂刮入锅中间,再在高速下继续搅拌60 s。各个搅拌阶段,时间误差应在±1 s以内。

试表2.1 每锅胶砂的材料数量

| 水泥品种 \ 材料量 | 水泥/g | 标准砂/g | 水/g |
|---|---|---|---|
| 硅酸盐水泥 | | | |
| 普通硅酸盐水泥 | | | |
| 矿渣硅酸盐水泥 | 450±2 | 1 350±5 | 225±1 |
| 粉煤灰硅酸盐水泥 | | | |
| 复合硅酸盐水泥 | | | |
| 火山灰硅酸盐水泥 | | | |

(4)试件制备。

胶砂拌和后应立即成型。先把空试模同模套固定在振实台上,用一个小勺从搅拌锅内将胶砂分两层装入试模。装第一层时,每个模里约放300 g胶砂,用大播料器垂直架在模套顶部,沿每个模槽来回一次将料层播平,接着振实60次。再装入第二层胶砂,用小播料器播平,再振实60次,移走模套,从振实台上取下试模,用一金属直尺以近似90°的角度架在试模顶的一端,然后沿试模长度方向以横向锯割动作慢慢向另一端移动,一次将超过试模部分的胶砂刮去,并用同一直尺以近乎水平的情况下将试体表面抹平。在试模上作标记或加字条对试件编号。

2.试样养护

(1)去掉留在试模四周的胶砂,立即将做好标记的试模放入雾室或湿箱的水平架子上养护,湿空气应能与试模各边接触。养护时不应将试模放在其他试模上,一直养护到规定的脱模时间时取出脱模。脱模前,用防水墨汁或颜料笔对试件进行编号或做其他标记,对两个龄期以上的试件,在编号时应将同一试模中的3条试体分在两个以上龄期内。

(2)脱模应非常小心。对于24 h龄期的,应在破型试验前20 min内脱模,对于24 h以上龄期的,应在成型后20~24 h之间脱模。

注:如经24 h养护,会因脱模对强度造成损害时,可以延迟至24 h以后脱模,但在试验报告中应予说明。

(3)将做好标记的试件立即水平或竖直放在(20±1)℃水中养护,水平放置时刮平面应朝下,试件放在不易腐蚀的篦子上,彼此间保持一定间距,以让水与试件的六个面接触。养护期间试件之间间隔或试件上表面的水深不得小于5 mm。

注:不宜用木篦子。

每个养护池只养护同类型的水泥试件。最初用自来水装满养护池(或容器),随后随时加水保持适当的恒定水位。不允许在养护期间全部换水,除24 h龄期或延迟至48 h脱模的试件外,任何到龄期的试件在试验(破型)前15 min从水中取出。揩去试件表面沉积物,并用湿布覆盖到试验时为止。

(4)试件龄期是从水泥加水搅拌开始试验时算起,不同龄期强度试验在下列时间里进行:

24 h ± 15 min    48 h ± 30 min    72 h ± 45 min    7 d ± 2 h    28 d ± 8 h

3. 强度试验

1）抗折强度测定

将试件的一个侧面放在试验机支撑圆柱上，试件长轴垂直于支撑圆柱，通过加荷圆柱以（50±10）N/s 的速率均匀地将荷载垂直地加在棱柱体相对侧面上，直至折断。

保持两个半截棱柱体处于潮湿状态直至抗压试验。

抗折强度 $R_f$（MPa）按下式计算：

$$R_f = \frac{1.5FL}{B^3} \tag{试 2-9}$$

式中：$F$——破坏荷载，N；

$L$——支撑圆柱之间的距离，mm；

$B$——棱柱体正方形截面的边长，mm。

2）抗压强度测定

抗压强度测定在半截棱柱体的侧面上进行，半截棱柱中心与压力机压板中心差应在 ±0.5 mm 内，棱柱体露在压板外的部分约有 10 mm。抗压强度（MPa）按下式计算：

$$f_{ce.C} = F_C/A \tag{试 2-10}$$

式中：$f_{ce.C}$——试件的抗压强度，MPa；

$F_C$——试件破坏时的最大荷载，N；

$A$——试件受压部分面积，40 mm × 40 mm = 1 600 mm$^2$。

（四）水泥的合格检验

（1）以 1 组 3 个棱柱体抗折结果的平均值作为试验结果。当 3 个强度值中有 1 个棱柱体抗折结果超出平均值 ±10%时，应剔除后再取平均值作为抗折强度试验结果。

（2）以 1 组 3 个棱柱体上得到的 6 个抗压强度测定值的算术平均值为试验结果。如 6 个测定值中有 1 个超出 6 个平均值的 ±10%，就应剔除这个结果，而以余下 5 个的平均数为结果，如果 5 个测定值中再有超过它们平均数 ±10%的值，则此组结果作废。

（3）各试体的抗折强度记录至 0.1 MPa，按规定计算平均值，计算精确到 0.1 MPa。各个半棱柱体得到的单个抗压强度结果至 0.1 MPa，按规定计算平均值，计算精确至 0.1 MPa。

（4）报告应包括所有各单个强度结果和计算出的平均值。

# 第三章　路基填筑材料——土

### 知识目标

1. 掌握土的概念、土的三相组成；
2. 掌握土的粒度成分分析方法及表示方法；
3. 掌握土的物理性质指标、黏性土的稠度与稠度指标；
4 掌握黏性土的击实性与击实规律；
5. 掌握土工合成材料的组成、性质及应用。

### 能力目标

1. 能够进行土的界限含水率测定，并能对试验结果进行计算与结果分析；
2. 能进行土的三相组成及物理性质指标换算、土的粒组划分及工程分类；
3. 能判别路基填筑材料的适用性。

### 引　言

土在道路建筑中可作为建筑材料，如作为路基、路面的构筑物；可作为建筑物地基；土也可作为建筑物周围的介质或环境，如隧道、涵洞及地下建筑等。土和建筑是密不可分的，以至人们把建筑行业统称为土木工程。

## 第一节　土的三相组成

土是由固体颗粒、液体水和气体 3 个部分组成，称为土的三相组成，如图 3.1 所示。土中的固体矿物构成骨架，骨架之间贯穿着孔隙，孔隙中充填着水和空气，三相比例不同，土的状态和工程性质也不相同。

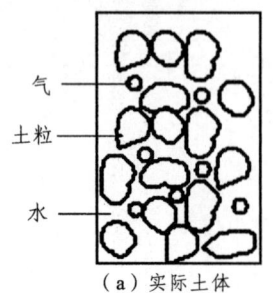
（a）实际土体

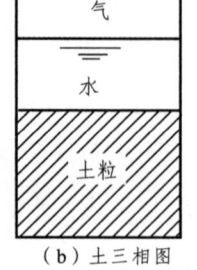
（b）土三相图

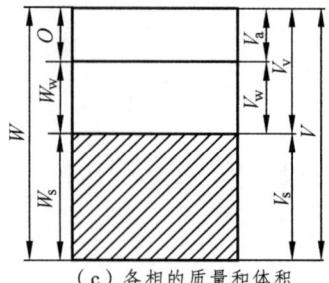
（c）各相的质量和体积

图 3.1　土的三相组成

固体+气体（液体=0）为干土，干黏土较硬，干砂松散；

固体+液体+气体为湿土，湿的黏土多为可塑状态；

固体+液体（气体=0）为饱和土，饱和粉细砂受振动可能产生液化；饱和黏土地基沉降需很长时间才能稳定。

由此可见，研究土的工程性质，应首先从最基本的、组成土的三相，即固相（土颗粒）、液相（水）和气相（气体）本身开始研究。

## 一、固 相

土的固体颗粒是土的三相组成中的主体，其粒度分布、矿物成分决定着土的工程性质。研究固体颗粒就要分析粒径的大小及其在土中所占的百分比，称为土的粒径级配（粒度成分）。此外，还要研究固体颗粒的矿物成分以及颗粒的形状。

1. 粒径级配（粒度成分）

随着颗粒大小不同，土可以具有很不相同的性质。颗粒的大小通常以粒径表示。工程上按粒径大小分组，称为粒组，即某一级粒径的变化范围。

划分粒组的两个原则：

（1）首先考虑到在一定的粒径变化范围内，其工程地质性质是相似的，若超越了这个变化幅度就要引起质的变化。

（2）要考虑与目前粒度成分的测定技术相适应。

《公路土工试验规程》（JTG E40—2007）中的粒组划分方案见表3.1。

表3.1 粒组划分表（单位 mm）

| 200 | 60 | 20 | 5 | 2 | 0.5 | 0.25 | 0.075 | 0.002 |
|---|---|---|---|---|---|---|---|---|
| 巨粒组 | | 粗粒组 | | | | | 细粒组 | |
| 漂石（块石） | 卵石（小块石） | 砾（角砾）粒 | | | 砂粒 | | 粉粒 | 黏粒 |
| | | 粗 | 中 | 细 | 粗 | 中 | 细 | | |

实际上，土常是各种大小不一颗粒的混合体，较笼统地说，以砾石和砂砾为主要组成的土为粗粒土，也称无黏性土。其特征为：孔隙大、透水性强，毛细上升，高度很小，既无可塑造性，也无胀缩性，压缩性极弱，强度较高。以粉粒、黏粒（或胶粒$\phi<0.002$ mm）为主的土称为细粒土，也称为黏性土。其特征为：主要由原生矿物、次生矿物组成，孔隙很小，透水性极弱，毛细上升高度较高，有可塑性、胀缩性，强度较低。

土粒形状对土体的密度及稳定性有显著影响。大部分粉砂粒及砂粒是浑圆的或棱角状的，而云母颗粒往往是片状的，黏土颗粒则往往是薄片状的。土粒的形状取决于矿物成分，它反映土料的来源和地质历史。

在描述土粒形状时，常利用两个指标：浑圆度及球度。

浑圆度为$\sum(r_i/R)/N$，$r_i$为颗粒突出角的半径，$R$为土粒内接圆的半径，$N$为颗粒尖角的数量。浑圆度可反映土粒尖角的尖锐程度。

球度为 $D_d/D_c$，$D_d$ 为在扁平面上与土粒投影面积相等的圆的半径，$D_C$ 为最小外接圆的半径。球度反映土粒接近圆球的程度，球度为 1，即为圆球体。

在有些文献资料中，还用体积系数和形状系数描述土粒形状。

体积系数 $V_c$：

$$V_c = \frac{6V}{\pi \cdot d_m^3} \quad (3\text{-}1)$$

式中：$V$——土粒体积；

$d_m$——土粒的最大直径。

$V_c$ 越小，土粒离圆体越远。圆球 $V_c = 1$；立方体 $V_c = 0.37$；棱角状土粒 $V_c$ 更小。

形状系数 $F$：

$$F = \frac{C/B}{B/A} = \frac{AC}{B^2} \quad (3\text{-}2)$$

式中：$A$、$B$、$C$——土粒的最大、中间、最小尺寸。

**2. 粒度成分及粒度成分分析方法**

土的粒度成分是指土中各种不同粒组的相对含量（以干土质量的百分比表示）。或者说土是由不同粒组以不同数量的配合，又称为"颗粒级配"。例如某砂黏土，经分析，其中含黏粒 25%，粉粒 35%，砂粒 40%，即为该土中各粒组干重占该土总干重的百分比含量。粒度成分用来描述土的各种不同粒径土粒的分布特征。

为准确测定土的粒度成分，所采用的各种手段统称为粒度成分分析或颗粒分析。其目的在于确定土中各粒组颗粒的相对含量。

目前，我国常用的粒度成分分析方法有：① 对于粗粒土，即粒径大于 0.075 mm 的土，用筛分法直接测定；② 对粒径小于 0.075 mm 的土，用密度计法或移液管法。当土中粗细粒兼有时，可联合使用上述 2 种方法。具体的试验操作详见课本试验部分。

**3. 粒度成分的表示方法**

常用的粒度成分表示方法有：表格法、累计曲线法、三角坐标法（略）。

（1）表格法：是以列表形式直接表达各粒组的相对含量。它用于粒度成分的分类是十分方便的。《公路土工试验规程》(JTG E40-2007) 中的成果表中均以该方法表示，即直接由试验求得，以累计含量百分比表示，如表 3.2 所示。

表 3.2 粒度成分的累计百分含量表示法

| 粒径 $d_i$ /mm | 粒径小于等于 $d_i$ 的累计百分含量/% | | | 粒径 $d_i$ /mm | 粒径小于等于 $d_i$ 的累计百分含量/% | | |
| --- | --- | --- | --- | --- | --- | --- | --- |
| | 土样 A | 土样 B | 土样 C | | 土样 A | 土样 B | 土样 C |
| 10 | — | 100.0 | — | 0.10 | 9.0 | 23.6 | 92.0 |
| 5 | 100.0 | 75.0 | — | 0.075 | — | 19.0 | 77.6 |
| 2 | 98.9 | 55.0 | — | 0.01 | — | 10.9 | 40.0 |
| 1 | 92.9 | 42.7 | — | 0.005 | — | 6.7 | 28.9 |
| 0.5 | 76.5 | 34.7 | — | 0.001 | — | 1.5 | 10.0 |
| 0.25 | 35.0 | 28.5 | 100.0 | | | | |

（2）累计曲线法：是一种图示的方法，通常用半对数坐标纸绘制，横坐标（按对数比例尺）表示粒径 $d_i$；纵坐标表示小于某一粒径的土粒的累计百分数 $p_i$（注意：不是某一粒径的百分含量）。采用半对数坐标，可以把细粒的含量更好地表达清楚，若采用普通坐标，则不可能做到这一点。

累计曲线的用途主要有以下两个方面：

（1）由累计曲线可以直观地判断土中各粒组的分布情况。以表 3.2 的数据为例，画出粒度成分累计曲线如图 3.2 所示。曲线 $a$ 表示该土绝大部分是由比较均匀的砂粒组成的；曲线 $b$ 表示该土是由各种粒组的土粒组成，土粒极不均匀；曲线 $c$ 表示该土中砂粒极少，主要是由细颗粒组成的黏性土。

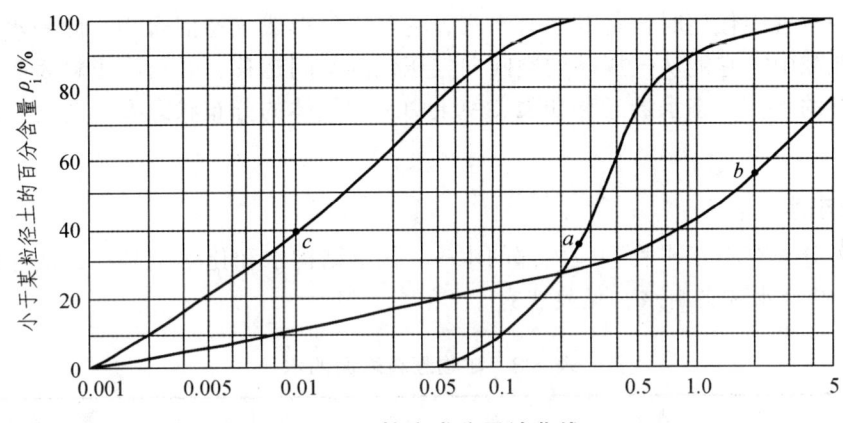

图 3.2　粒度成分累计曲线

（2）由累计曲线可确定土粒的级配指标。

不均匀系数 $C_u$：

$$C_u = \frac{d_{60}}{d_{10}} \tag{3-3}$$

曲率系数（或称级配系数）$C_c$：

$$C_c = \frac{d_{30}^2}{d_{10} \cdot d_{60}} \tag{3-4}$$

以上两式中：$d_{10}$、$d_{30}$ 和 $d_{60}$——分别相当于累计百分含量为 10%、30% 和 60% 的粒径；$d_{10}$ 称为有效粒径；$d_{60}$ 称为限制粒径。

以表 3.2 中的数据为例，绘制级配曲线，如图 3.2 所示。

不均匀系数 $C_u$，反映不同大小粒组的分布情况。$C_u$ 值越大，表明土粒大小分布范围越大，土的级配良好；$C_u$ 值越小，表明土粒大小相近似，土的级配不良。一般认为，不均匀系数 $C_u < 5$ 时，称为均粒土，其级配不良；$C_u \geqslant 5$ 的土为非均粒土，其级配良好。

实际上，仅单靠不均匀系数 $C_u$ 值一个指标来判定土的级配情况是不够的，还必须同时考察曲率系数 $C_c$ 值。曲率系数 $C_c$ 描述累计曲线的分布范围，反映累计曲线的整体形状。一般认为 $C_c = 1 \sim 3$ 之间，土的级配较好；$C_c < 1$ 或 $C_c > 3$ 时，累计曲线呈明显弯曲。当累计曲线呈阶梯状时，说明粒度不连续，即主要由大颗粒和小颗粒组成，缺少中间颗粒，表明土的级配不好，其工程地质性质也较差。

在工程上，常利用累计曲线确定的土粒的两个级配指标值来判定土的级配情况。当同时满足不均匀系数 $C_u \geqslant 5$ 和曲率系数 $C_c = 1 \sim 3$ 这两个条件时，土为级配良好的土；若不能同时满足，土为级配不良的土。

## 二、液 相

土的液相是指土孔隙中存在的水。水在图中以3种状态存在：气态、液态、固态。

### （一）气态水

土孔隙的空气中任何时候都存在有水汽，它与空气形成气态混合物。此种水是以水汽状态存在于土孔隙中。它能从气压高的空间向气压低的空间运移，并可在土粒表面凝聚转化为其他各种类型的水。气态水的迁移和聚集使土中水和气体的分布状态发生变化，可使土的性质改变。

### （二）液态水

液态水可分为存在于矿物颗粒内部的水——化学结构水和化学结晶水，及存在矿物颗粒表面的水——结合水和自由水，见表3.3。

表3.3 矿物颗粒表面的水

| 水的类型 | | 主要作用力 |
|---|---|---|
| 吸着水（结合水） | 强结合水 | 物理化学力 |
| | 弱结合水 | |
| 自由水 | 毛细水 | 表面张力及重力 |
| | 重力水 | 重力 |

1. 结合水

黏土颗粒与水相互作用，在土粒表面通常是带负电荷的，在土粒周围就产生一个电场。水溶液中的阳离子一方面受土粒表面的静电引力作用，一方面又受到布朗运动(热运动)的扩散力作用，这两个相反趋向作用的结果，使土粒周围的阳离子呈不均匀分布，其分布与地球周围的大气层分布相仿。在土粒表面所吸附的阳离子是水化阳离子，土粒表面除水化阳离子外，还有一些水分子也为土粒所吸附，吸附力极强。土粒表面被强烈吸附的水化阳离子和水分子构成了吸附水层(也称为强结合水或吸着水)。在土粒表面，阳离子浓度最大，随着离土粒表面距离的加大，阳离子浓度逐渐降低，直至达到孔隙中水溶液的正常浓度为止。从土粒表面直至阳离子浓度正常为止，这个范围称为扩散层。当然，在扩散层内阴离子则为土粒表面的负电荷所排斥，随着离土粒表面距离的加大，阴离子浓度逐渐增高，最后阴离子也达水溶液中的正常浓度。土粒表面的负电荷和扩散层合起来称为双电层。

土粒表面的负电荷为双电层的内层，扩散层为双电层的外层。扩散层是由水分子、水化阳离子和阴离子所组成，形成土粒表面的弱结合水（也称为薄膜水）。

强结合水紧靠土粒表面，厚度只有几个水分子厚，小于 0.003 μm（1 μm = 0.001 mm），受到约 1 000 MPa（1 万个大气压）的静电引力，使水分子紧密而整齐地排列在土粒表面不能自由移动。强结合水的性质与普通水不同，其性质接近固体，不传递静水压力，100 ℃ 不蒸发，–78 ℃ 低温才冻结成冰，密度 $\rho_w$ =（1.2 ~ 2.4）g/cm³，平均为 2.0 g/cm³，具有很大的黏滞性、弹性和抗剪强度。

当黏土只含强结合水时呈固体坚硬状态；砂土含强结合水时呈散粒状态。

弱结合水在强结合水外侧，呈薄膜状，也是由黏土表面的电分子力吸引的水分子，水分子排列也较紧密，密度 $\rho_w$ =（1.3 ~ 1.7）g/cm³，大于普通液态水。弱结合水也不传递静水压力，呈黏滞体状态，也具有较高的黏滞性和抗剪强度，冰点在 –20 ℃ ~ –30 ℃。其厚度变化较大，水分子有从厚膜处向较薄处缓慢移动的能力，在其最外围有成为普通液态水的趋势。此部分水对黏性土的影响最大。

2. 自由水

此种水离土粒较远，在土粒表面的电场作用以外，水分子自由散乱地排列，主要受重力作用的控制。自由水包括下列两种：

（1）毛细水：这种水位于地下水位以上土粒细小孔隙中，是介于结合水与重力水之间的一种过渡型水，受毛细作用而上升。粉土中孔隙小，毛细水上升高，在寒冷地区要注意由于毛细水而引起的路基冻胀问题，尤其要注意毛细水源源不断地提升地下水上升产生的严重冻胀。

毛细水水分子排列的紧密程度介于结合水和普通液态水之间，其冰点也在普通液态水之下。毛细水还具有极微弱的抗剪强度，在剪应力较小的情况下会立刻发生流动。

（2）重力水：这种水位于地下水位以下较粗颗粒的孔隙中，是只受重力控制，水分子不受土粒表面吸引力影响的普通液态水。受重力作用由高处向低处流动，具有浮力的作用。在重力水中能传递静水压力，并具有溶解土中可溶盐的能力。

（三）固态水

此种水是当气温降至 0 ℃ 以下时，由液态的自由水冻结而成。由于水的密度在 4 ℃ 时最大，低于 0 ℃ 的冰，不是冷缩，反而膨胀，使基础发生冻胀。

土中水以冰的形态呈季节性出现，称为季节性冻结，在我国北方地区冬季可见。除此，在我国东北及西北的部分地区，还存在多年冻土层及永久性冻土层。

# 三、气 相

土中气体指土的固体矿物之间的孔隙中，没有被水充填的部分。土的含气量与含水量有密切关系。土孔隙中占优势的是气体还是水，土的性质有很大的不同。

土中气体的成分与大气成分比较，主要区别在于 $CO_2$、$O_2$ 及 $N_2$ 的含量不同。一般土中气体含有更多的 $CO_2$，较少的 $O_2$，较多的 $N_2$。土中气体与大气的交换越困难，两者的差别就越大。

土中气体可分为自由气体和封闭气泡两类。自由气体与大气相连通，通常在土层受力压缩时即逸出，对土的工程性质影响不大；封闭气泡与大气隔绝，对土的工程性质影响较大，在受外力作用时，随着压力的增大，这种气泡可被压缩或溶解于水中，压力减小时，气泡会恢复原状或重新游离出来。若土中封闭气泡很多时，将使土的压缩性增高，渗透性降低。土质学与土力学中将这种含气体的土称为非饱和土。非饱和土的工程性质研究已形成土力学的一个新分支。

# 第二节 土的物理性质指标和物理状态指标

土的物理性质指标及物理状态指标，反映土的工程性质的特征，在路桥工程中具有重要的实用价值。这些指标在土力学中有着广泛的应用。例如，土的自重应力计算时，需用到土的容重、土的浮容重等物理状态指标；按规范方法确定地基容许承载力时，需同时用到土的物理性质指标中的孔隙比（$e$）和物理状态指标中的液性指数（$I_L$）。因此，有必要研究一下土的物理性质指标及物理状态指标。

## 一、土的物理性质指标

土是由固相(土粒)、液相(水)和气相(气体)组成的三相分散体系。前面章节已定性说明土中三相之间相互比例不同，土的工程性质也不同。现在需要定量研究三相之间的比例关系，即土的物理性质指标的物理意义和数值大小。利用物理性质指标可间接地评定土的工程性质。

为了导得三相比例指标，把土体中实际上是分散的 3 个相抽象地分别集合在一起：固相集中于下部，液相居中部，气相集中于上部，构成理想的三相图。在三相图的右边注明各相的体积，左边注明各相的质量，参见图 3.1。

土样的体积 $V$ 可由式（3-5）表示：

$$V = V_s + V_w + V_a \tag{3-5}$$

式中：$V_s$、$V_w$、$V_a$——分别为土粒、水、空气的体积。

土样的质量 $m$ 可由式（3-6）、式（3-7）表示：

$$m = m_s + m_w + m_a \tag{3-6}$$

或

$$m \approx m_s + m_w, \ m_a \approx 0 \tag{3-7}$$

式中：$m_s$、$m_w$、$m_a$——分别为土粒、水、空气的质量。

下面分别阐述土的物理性质指标的名称、符号、物理意义、表达式、单位、常见值及确定方法。

### （一）确定三相比例关系的基本物理性质指标

1. 土的密度（$\rho$）和土的容重（$\gamma$）

1）物理意义

$\rho$ 为单位体积土的质量。

$\gamma$ 为单位体积土的重力，即 $\gamma = \rho g \approx 10\rho$（$kN/m^3$）。

土的密度与土的结构、所含水分多少以及矿物成分有关，在测定土的天然密度时，必须用原状土样(即其结构未受扰动破坏,并且保持其天然结构状态下的天然含水量)。如果土的结构破坏了或水分变化了,则土的密度也就改变了,这样就不能正确测得真实的天然密度,用这种指标进行工程计算就会得出错误的结果。

2)表达式

$$\rho = \frac{土的总质量}{土的总体积} = \frac{m}{V} \quad (g/m^3) \tag{3-8}$$

3)常见值

$$\rho = (1.6 \sim 2.2) \text{ g/cm}^3, \quad \gamma = (16 \sim 22) \text{ kN/m}^3$$

4)常用测定方法

(1)环刀法:此法适用于细粒土。

用内径 6~8 cm,高 2~3 cm,壁厚 1.5~2 mm 的不锈钢环刀切土样,用天平称其质量,按密度表达式计算而得。

(2)灌水法:此法适用于粗粒土和巨粒土。

现场挖试坑,将挖出的试样装入容器,称其质量,再用塑料薄膜平铺于试坑内,然后将水缓慢注入塑料薄膜中,直至薄膜袋内水面与坑口齐平,注入水量的体积即为试坑的体积。

2. 土粒比重 $G_s$

1)物理意义

土在 105~110 °C 下烘至恒重时的质量与同体积 4 °C 蒸馏水质量的比值。土粒比重只与组成土粒的矿物成分有关,而与土的孔隙大小及其中所含水分多少无关。

2)表达式

$$G_s = \frac{固体颗粒的质量}{同体积4°C纯水质量} = \frac{m_s}{V_s\rho_w} = \frac{m_s}{V_s} = \rho_s \text{(数值上近似)} \tag{3-9}$$

$\rho_s$ 称为土粒密度,是干土粒的质量 $m_s$ 与其体积 $V_s$ 之比。

3)常见值

砂土　　　$G_s = 2.65 \sim 2.69$

粉土　　　$G_s = 2.70 \sim 2.71$

黏性土　　$G_s = 2.72 \sim 2.75$

4)常用测定方法

(1)比重瓶法:适用于粒径小于 5 mm 的土。

用容积为 100 mL 的比重瓶,将烘干土样 15 g 装入比重瓶,用感重为 0.001 g 的天平称瓶加干土质量。注入半瓶纯水后煮沸 1 h 左右以排除土中气体,冷却后将纯水注满比重瓶,再称总质量并测定瓶内水温后经计算而得。

(2)浮称法:适用于粒径大于等于 5 mm 的土,且其中粒径为 20 mm 的土质量应小于总土质量的 10%。

(3)虹吸筒法:适用于粒径大于等于 5 mm 的土,且其中粒径为 20 mm 的土质量应大于等于总土质量的 10%。

（4）经验法：因各种土的比重值相差不大，仅小数点后第二位不同。若当地已进行大量土粒比重试验，则常采用经验值。但新到一地区则必须通过试验测定。

3. 土的含水量 $w$

1）物理意义

土的含水量表示土中含水的数量，为土体中水的质量与固体矿物质量的比值，用百分数表示。土的含水量只能表明土中固相与液相之间的数量关系，不能描述有关土中水的性质；只能反映孔隙中水的绝对值，不能说明其充满程度。

2）表达式

$$w = \frac{水的质量}{固体颗粒质量} = \frac{m_w}{m_s} \times 100\% \qquad (3\text{-}10)$$

3）常见值

砂土　　$w = (0 \sim 40)\%$

黏性土　$w = (20 \sim 60)\%$

当 $w \approx 0$ 时，砂土呈松散状态，黏土呈坚硬状态。黏性土的含水量很大时，其压缩性高，强度低。

4）常用测定方法

（1）烘干法：适用于黏质土、粉质土、砂类土和有机质土类，是含水量测定的标准方法。

取代表性试样，细粒土（15~30）g，砂类土、有机土 50 g，装入称量盒内称其质量后，放入烘箱内，在 105 ℃~110 ℃ 的恒温下烘干（细粒土不少于 8 h，砂类土不少于 6 h），取出烘干后土样冷却后再称量，计算而得。

（2）酒精燃烧法：适用于快速简易测定细粒土(含有机质的除外)的含水量。

将称完质量的试样盒放在耐热桌面上，倒入工业酒精至与试样表面齐平，点燃酒精，熄灭后用针仔细搅拌试样，重复倒入酒精燃烧 3 次，冷却后称质量，计算而得。

以上 3 项土的基本物理性质指标：土的天然密度 $\rho$、土粒比重 $G_s$、土的含水量 $w$ 均可直接通过试验方法测定其数值，是实测指标。

**（二）确定三相比例关系的其他常用指标**

1. 反映土的松密程度的指标

1）土的孔隙比 $e$

（1）物理意义：土的孔隙比为土中孔隙体积与固体颗粒的体积之比值。土的孔隙比可直接反映土的密实程度，孔隙比越大，土越疏松；孔隙比越小，土越密实。它是确定地基承载力的指标。

（2）表达式：

$$e = \frac{孔隙体积}{固体颗粒体积} = \frac{V_v}{V_s} \qquad (3\text{-}11)$$

（3）常见值：

砂土 $e = 0.5 \sim 1.0$。当砂土 $e < 0.6$ 时，呈密实状态，为良好地基。

黏性土 $e = 0.5 \sim 1.2$。当黏性土 $e>1.0$ 时，为软弱地基。

（4）确定方法：根据 $\rho$、$G_s$ 和 $w$ 实测值计算而得，公路工程应用很广。

2）土的孔隙度（孔隙率）$n$

（1）物理意义：土的孔隙度表示土中孔隙大小的程度，为土中孔隙体积占总体积的百分比。

（2）表达式：

$$n = \frac{孔隙体积}{土体总体积} = \frac{V_v}{V} \tag{3-12}$$

（3）常见值：$n = (30 \sim 50)\%$

（4）确定方法：根据 $\rho$、$G_s$ 和 $w$ 实测值计算而得。孔隙度 $n$ 与孔隙比 $e$ 相比，工程应用很少。

2. 反映土中含水程度的指标

1）土的含水量 $w$

（略）

2）土的饱和度 $S_r$

（1）物理意义：土的饱和度指土中水的体积与土的全部孔隙体积的比值，表示孔隙被水充满的程度。

（2）表达式：

$$S_r = \frac{水的体积}{孔隙体积} = \frac{V_w}{V_v} \tag{3-13}$$

（3）常见值：$S_r = 0 \sim 1$

（4）确定方法：根据 $\rho$、$G_s$ 和 $w$ 实测值计算而得。

（5）工程应用：饱和度对砂土和粉土有一定的实际意义，砂土以饱和度作为湿度划分的标准，分为稍湿的（$0<S_r \leq 0.5$）、很湿的（$0.5<S_r \leq 0.8$）和饱和的（$0.8<S_r \leq 1.0$）3种湿度状态。

颗粒较粗的砂土和粉土，对含水量的变化不敏感，当 $w$ 发生某种改变时，它的物理力学性质变化不大，所以对砂土和粉土的物理状态可用 $S_r$ 来表示。但对黏性土而言，它对 $w$ 的变化十分敏感，随着含水量增加，体积膨胀，结构也发生改变。当黏土处于饱和状态时，其力学性质可能降低为 0；同时，还因黏粒间多为结合水，而不是普通液态水，这种水的密度大于 1，则 $S_r$ 值也偏大，故对黏性土一般不用 $S_r$ 这一指标。

3. 特定条件下土的密度及容重

1）土的干密度 $\rho_d$ 和土的干容重 $\gamma_d$

（1）物理意义：土的干密度指干燥状态下单位体积土的质量。土的干容重指干燥状态下单位体积土的重量（重力），即 $\gamma_d = \rho_d g \approx 10\rho_d$（$kN/m^3$）。土的干密度值的大小，主要取决于土的结构。因为它在这一状态下与含水量无关，加之土粒部分的矿物成分又是固定的，因此，土的结构，即孔隙度的大小，影响着干密度值。一般规律是：土的孔隙度越小，土越密实，其干密度值越大。

（2）表达式：

$$\rho_{d} = \frac{\text{固体颗粒质量}}{\text{土的总体积}} = \frac{m_s}{V} \quad (\text{g/m}^3) \tag{3-14}$$

（3）常见值：$\rho_d = (1.3 \sim 2.0)$ g/m³；$\gamma_d = (13 \sim 20)$ kN/m³。

（4）确定方法：根据 $\rho$ 和 $w$ 实测值计算而得。

（5）工程应用：土的干密度通常用作人工填土压实质量控制的指标。土的干密度 $\rho_d$（或干容重 $\gamma_d$）越大，表明土体压得越密实，亦即工程质量越好，但花费的压实费用也越高。一般认为 $\rho_d = 1.6$ g/m³ 以上，土就比较密实了。

2）土的饱和密度 $\rho_{sat}$ 和土的饱和容重 $\gamma_{sat}$

（1）物理意义：土的饱和密度为孔隙中全部充满水时，单位体积土的质量。土的饱和容重为孔隙中全部充满水时，单位体积土的重量(重力)，即 $\gamma_{sat} = \rho_{sat} g \approx 10\rho_{sat}$（kN/m³）。

（2）表达式：

$$\rho_{sat} = \frac{\text{饱和土的总质量}}{\text{总体积}} = \frac{m_s + m_w}{V} \quad (\text{g/cm}^3) \tag{3-15}$$

（3）常见值：$\rho_{sat} = (1.8 \sim 2.3)$ g/cm³；$\gamma_{sat} = (18 \sim 23)$ kN/m³。

3）土的有效密度（净密度）$\rho'$ 和有效容重（浮容重）$\gamma'$

（1）物理意义：土的有效密度指地下水位以下，土体受水的浮力作用时，单位体积土的质量。土的有效容重指地下水位以下，土体受水的浮力作用时，单位体积土的重量（重力），即 $\gamma' = \rho' \cdot g \approx 10\rho'$（kN/m³）。

（2）表达式：

$$\rho' = \rho_{sat} - \rho_w \quad (\text{g/cm}^3) \tag{3-16}$$

（3）常见值：

$$\rho' = (0.8 \sim 1.3) \text{ g/cm}^3;\ \gamma' = (8 \sim 13) \text{ kN/m}^3。$$

综上所述，土的 9 个物理性质指标：土的密度 $\rho$、土粒比重 $G_s$、土的含水量 $w$、土的孔隙比 $e$、土的孔隙度 $n$、土的饱和度 $S_r$、土的干密度 $\rho_d$、土的饱和密度 $\rho_{sat}$ 和土的有效密度 $\rho'$，并非各自独立，互不相关的。$\rho$、$G_s$、$w$ 为基本物理性质指标，必须由试验测定，其余的指标均可由 3 个试验指标计算得到，其中以天然密度和含水率的测试尤其重要，其换算关系见表 3.4。

表 3.4　三相指标的换算关系

| 指标名称 | 换算公式 | 指标名称 | 换算公式 |
| --- | --- | --- | --- |
| 干密度 $\rho_d$ | $\rho_d = \dfrac{\rho}{1+w}$ | 饱和密度 $\rho_{sat}$ | $\rho_{sat} = \dfrac{\rho(\rho_s - 1)}{\rho_s(1+w)} + 1$ |
| 孔隙比 $e$ | $e = \dfrac{\rho_s(1+w)}{\rho} - 1$ | 饱和度 $S_r$ | $S_r = \dfrac{\rho_s \cdot \rho \cdot w}{\rho_s(1+w) - \rho}$ |
| 孔隙度 $n$ | $n = 1 - \dfrac{\rho}{\rho_s(1+w)}$ | 浮容重 $\gamma'$ | $\gamma' = \dfrac{\gamma(\gamma_s - \gamma_w)}{\gamma_s(1+w)}$ |

作为工程技术人员，不必死记这些换算公式，只要掌握每个指标的物理意义，运用三相图就能推导出这些公式。下面介绍这种换算的基本思路。

先绘制三相草图，然后根据 3 个已知指标数值和各物理性质指标的意义进行计算。利用三相草图计算有一个技巧，如令 $V=1$ 或 $V_s=1$，因为三相量的指标都是相对的比例关系，不是量的绝对值，因此取三相图中任一个量等于任何数值进行计算都应得到相同的结果。假定的已知量选取合适，可以减少计算的工作量。

【例题 3.1】某原状土样，经试验测得土的密度 $\rho=1.80$ g/cm³，土粒密度 $\rho_s=2.70$ g/cm³，土的含水量 $w=18.0\%$，求其余 6 个物理性质指标。

**解：** ① 绘制三相计算图，如图 3.3 所示。

② 令 $V=1$ cm³

③ 已知 $\rho=\dfrac{m}{V}=1.80$ g/cm³，故 $m=1.80$ g

④ 已知 $w=\dfrac{m_w}{m_s}=0.18$，所以 $m_w=0.18\ m_s$。

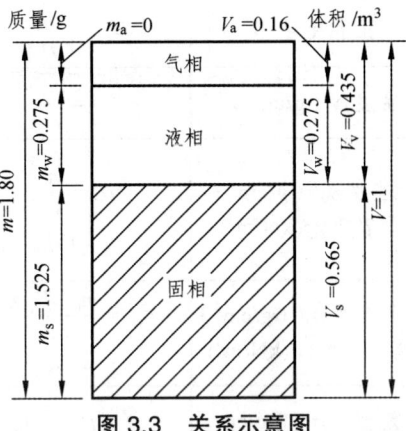

图 3.3 关系示意图

又知 $m_w+m_s=1.80$ g，所以 $m_s=\dfrac{1.80}{1.18}=1.525$ g，故 $m_w=m-m_s=1.80-1.525=0.275$ g。

⑤ $V_w=0.275$ cm³

⑥ 已知 $\rho_s=\dfrac{m_s}{V_s}=2.70$ g/cm³，所以 $V_s=\dfrac{m_s}{2.70}=\dfrac{1.525\text{g}}{2.70\text{ g/cm}^3}=0.565$ cm³

⑦ 孔隙体积 $V_v=V-V_s=1-0.565=0.435$ cm³

⑧ 气相体积 $V_a=V_v-V_w=0.435-0.275=0.16$ cm³，至此，三相图中 8 个未知量全部计算出来。

⑨ 根据所求物理性质指标的表达式可得：

孔隙比 $\quad e=\dfrac{V_v}{V_s}=\dfrac{0.435\text{ cm}^3}{0.565\text{ cm}^3}=0.77$

孔隙度 $\quad n=\dfrac{V_v}{V}=0.435=43.5\%$

饱和度 $\quad S_r=\dfrac{V_w}{V_v}=\dfrac{0.275\text{ cm}^3}{0.435\text{ cm}^3}=0.632$

干密度 $\quad \rho_d=\dfrac{m_s}{V}\approx 1.53$ g/cm³，干容重 $\gamma_d=15.3$ kN/m³

饱和密度 $\quad \rho_{sat}=\dfrac{m_w+m_s+V_a\rho_w}{V}=1.80+0.16=1.96$ g/cm³

饱和容重 $\quad \gamma_{sat}=19.6$ kN/m³

有效密度 $\quad \rho'=\rho_{sat}-\rho_w=1.96-1.0=0.96$ g/cm³

有效容重 $\quad \gamma'=\gamma_{sat}-\gamma_w=19.6-10=9.6$ kN/m³

上述三相计算中，若设 $V_s=1$ cm³，与 $V=1$ cm³ 计算结果相同。

应当指出，三相计算是工程技术人员的一个基本功，要求大家熟练地掌握。在阅读使用工程地质勘察报告、设计地基基础等各种场合，根据各物理性质指标的定义，利用三相草图，可以很方便地计算所需的各物理性质指标。为了了解各物理性质指标的内容及其相互关系，现将上述各项指标的定义、指标来源和对指标的实际应用等方面内容，归纳为"土的物理性质主要指标一览表"，供对照参考（见表3.5）。

表 3.5　土的物理性质主要指标一览表

| 指标名称 | 表达式 | 常见值 | 指标来源 | 实际应用 |
| --- | --- | --- | --- | --- |
| 土粒比重 $G_s$ | $G_s = \dfrac{m_s}{V_s \rho_w}$ | 2.6~2.75 | 由试验测定 | 1. 换算 $n$、$e$、$\rho_d$<br>2. 工程计算 |
| 密度 $\rho$/（g/cm³） | $\rho = \dfrac{m}{V}$ | 1.6~2.20 | 由试验测定 | 1. 换算 $n$、$e$<br>2. 说明土的密度 |
| 干密度 $\rho_d$/（g/cm³）<br>干容重 $\gamma_d$/(kN/m³) | $\rho_d = \dfrac{m_s}{V}$<br>$\gamma_d = 10\rho_d$ | 1.3~2.00<br>13~20 | $\rho_d = \dfrac{\rho}{1+w}$ | 1. 土体压实质量控制标准<br>2. 粒度分析、压缩试验资料整理 |
| 饱和密度 $\rho_{sat}$/（g/cm³）<br>饱和容重 $\gamma_d$/(kN/m³) | $\rho_{sat} = \dfrac{m_s + V_n \rho_w}{V}$<br>$\gamma_{sat} = 10\rho_{sat}$ | 1.8~2.30<br>18~23 | $\rho_{sat} = \dfrac{\rho(\rho_s - 1)}{\rho_s(1+w)} + 1$ | — |
| 有效密度 $\rho'$/（g/cm³）<br>有效容重 $\gamma'$/(kN/m³) | $\rho' = \rho_{sat} - \rho_w$<br>$\gamma' = \gamma_{sat} - \gamma_w$ | 0.8~1.30<br>8~13 | $\rho' = \dfrac{\rho(\rho_s - 1)}{\rho_s(1+w)}$ | 1. 计算潜水面以下地基土自重应力<br>2. 分析人工边坡稳定 |
| 天然含水量 $w$ | $w = \dfrac{m_w}{m_s}$ | 0<$w$<1 | 由试验测定 | 1. 换算 $S_r$、$e$、$\rho_d$<br>2. 计算土的稠度指标 |
| 饱和度 $S_r$ | $S_r = \dfrac{V_w}{V_n}$ | 0~1 | $S_r = \dfrac{\rho_s \cdot \rho \cdot w}{\rho_s(1+w) - \rho}$ | 1. 说明土的饱水状态<br>2. 划分砂土、粉土的湿度标准 |
| 孔隙度 $n$ | $n = \dfrac{V_n}{V}$ | — | $n = 1 - \dfrac{\rho}{\rho_s(1+w)}$ | — |
| 孔隙比 $e$ | $e = \dfrac{V_n}{V_s}$ | — | $e = \dfrac{\rho_s(1+w)}{\rho} - 1$ | 1. 计算地基承载力<br>2. 砂土估计密度和渗透系数<br>3. 压缩试验整理资料 |

## 二、土的物理状态指标

所谓土的物理状态，对于粗粒土，是指土的密实程度；对于细粒土，指土的软硬程度或称为黏性土的稠度。

### （一）粗粒土(无黏性土)的密实度

无黏性土如砂、卵石均为单粒结构，它们最主要的物理状态指标为密实度。工程上常用孔隙比 $e$、相对密度 $D_r$ 和标准贯入试验锤击数 $N$ 作为划分其密实度的标准。

（1）现行的《公路桥涵地基与基础设计规范》（JTG D60—2007）以此指标判别粉土的密实程度，见表3.6所示。

**表 3.6 粉土密实度分类**

| $e<0.75$，密实 | $0.75\leq e\leq 0.90$，中密 | $e>0.90$，稍密 |
|---|---|---|

用一个指标 $e$ 来划分砂土的密实度，无法反映影响土的颗粒级配的因素。例如，两种级配不同的砂，一种颗粒均匀的密砂，其孔隙比为 $e_1$，另一种级配良好的松砂，孔隙比为 $e_2$ 结果 $e_1>e_2$，即密砂孔隙比反而大于松砂的孔隙比。为了克服用一个指标 $e$ 对级配不同的砂土难以准确判断其密实程度的缺陷，工程上引用相对密度 $D_r$ 这一指标。

**2. 以相对密度 $D_r$ 为标准**

用天然孔隙比 $e$ 与同一种砂的最疏松状态孔隙比 $e_{max}$ 和最密实状态孔隙比 $e_{min}$ 进行对比，看 $e$ 靠近 $e_{max}$ 还是靠近 $e_{min}$，以此来判别它的密实度，即相对密度法。

相对密度：

$$D_r = \frac{e_{max} - e}{e_{max} - e_{min}} \tag{3-17}$$

当 $D_r = 0$，即 $e = e_{max}$ 时，表示砂土处于最疏松状态；当 $D_r = 1$，即 $e = e_{min}$ 时，表示砂土处于最紧密状态。

砂土按相对密度分类：

$0 < D_r \leq 0.33$　　疏松的
$0.33 < D_r \leq 0.66$　　中密的
$0.66 < D_r \leq 1$　　密实的

通常砂土的相对密度的实用表达式为：

$$D_r = \frac{(\rho_d - \rho_{d\,min})\rho_{d\,max}}{(\rho_{d\,max} - \rho_{d\,min})\rho_d} \tag{3-18}$$

因为最大或最小干密度可直接求得。

$D_r$ 在工程上常应用于：① 评价砂土地基的允许承载力；② 评价地震区砂体液化；③ 评价砂土的强度稳定性。

**【例 3.2】** 某天然砂层，密度为 1.47 g/cm³，含水量 13%，由试验求得该砂土的最小干密度为 1.20 g/cm³；最大干密度为 1.66 g/cm³；问该砂层处于哪种状态？

**解：** 已知 $\rho=1.47$，$w=13\%$，$\rho_{d\,min}=1.20$ g/cm³，$\rho_{d\,max}=1.66$ g/cm³

由公式 $\rho_d = \dfrac{\rho}{1+w}$ 得 $\rho_d = 1.30$ g/cm³

$$D_r = \frac{(\rho_d - \rho_{d\,min})\rho_{d\,max}}{(\rho_{d\,max} - \rho_{d\,min})\rho_d} = \frac{(1.30-1.20)\times 1.66}{(1.66-1.20)\times 1.30} = 0.28$$

$$D_r = 0.28 < 0.33$$

该砂层处于疏松状态。

**（3）标准贯入试验。**

标准贯入试验是在现场进行的一种原位测试。这项试验的方法是：用卷扬机将质量为

63.5 kg 的钢锤提升 76 cm 高度,让钢锤自由下落,打击贯入器,使贯入器贯入土中深为 30 cm 所需的锤击数记为 $N_{63.5}$(简化为 $N$),现行的《公路桥涵地基与基础设计规范》(JTG D60—2007)以此指标判别砂土和碎石土的密实程度,见表 3.7 所示。

表 3.7  碎石土的密实度

| 锤击数 $N_{63.5}$ | 密实度 | 锤击数 $N_{63.5}$ | 密实度 |
| --- | --- | --- | --- |
| $N_{63.5}<5$ | 松散 | $10<N_{63.5}\leqslant 20$ | 中密 |
| $5<N_{63.5}\leqslant 10$ | 稍密 | $N_{63.5}>20$ | 密实 |

表 3.8  砂土的密实度

| 标准贯入锤击数 $N$ | 密实度 | 标准贯入锤击数 $N$ | 密实度 |
| --- | --- | --- | --- |
| $N\leqslant 10$ | 松散 | $15<N\leqslant 30$ | 中密 |
| $10<N\leqslant 15$ | 稍密 | $N>30$ | 密实 |

## (二)黏性土的稠度

黏性土的颗粒很细,黏粒粒径 $d<0.002$ mm,细土粒周围形成电场,电分子吸引水分子定向排列,形成黏结水膜。土粒与土中水相互作用很显著,关系极密切。例如,同一种黏性土,当它的含水量小时,土呈半固体坚硬状态;当含水量适当增加,土粒间距离加大,土呈现可塑状态。如含水量再增加,土中出现较多的自由水时,黏性土变成液体流动状态,界限含水量与土状态的关系如图 3.4 所示:

图 3.4  界限含水量与土状态的关系

黏性土随着含水量不断增加,土的状态变化为固态→半固态→塑性→液态,相应的地基土的承载力基本值 $f_0>450$ kPa,逐渐下降为 $f_0<45$ kPa,亦即承载力基本值相差 10 倍以上。由此可见,黏性土最主要的物理特性是土粒与土中水相互作用产生的稠度,即土的软硬程度或土对外力引起变形或破坏的抵抗能力。

黏性土的稠度,反映土粒之间的联结强度随着含水量高低而变化的性质。其中,各不同状态之间的界限含水量具有重要的意义。

1. 液限 $w_L(\%)$

(1)定义:土从液体状态向塑性状态过渡的界限含水量。

(2)测定方法:液塑限联合测定,具体内容见《公路土工试验规程》(JTG E40—2007)中 T 0118—2007 有关内容。

2. 塑限 $w_P(\%)$

(1)定义:土从塑性状态向脆性固体状态过渡的界限含水量。

（2）测定方法：液塑限联合测定，具体内容见《公路土工试验规程》（JTG E40—2007）中 T 0118—2007 有关内容。

液限和塑限，在国际上称为阿太堡界限（Atterberg Limit），它们是黏性土的重要物理性质指标。

3. 缩限 $w_S(\%)$

（1）定义：黏性土呈半固态与固态之间的界限含水量。这是因为土样含水量减少至缩限后，土体体积发生收缩而得名。

（2）测定方法：用收缩皿法。

4. 塑性指数 $I_P$

（1）定义：黏性土的液限与塑限的差值，记为 $I_P$。

$$I_P = (w_L - w_P) \times 100 \tag{3-19}$$

例如，某一土样，$w_L = 32.6\%$，$w_P = 15.4\%$，则 $I_P = 17.2$（非 17.2%）。

（2）物理意义：细颗粒土体处于可塑状态下，含水量变化的最大区间。一种土的 $w_L$ 与 $w_P$ 之间的范围大，即 $I_P$ 大，表明该土能吸附结合水多，但仍处于可塑状态，亦即该土黏粒含量高或矿物成分吸水能力强。

（3）工程应用：用塑性指数 $I_P$ 对细粒土进行分类和命名，现行的《公路桥涵地基与基础设计规范》（JTG D60—2007）以此指标对黏性土分类。

表 3.9 黏性土的分类

| 塑性指数 $I_P$ | $I_P > 17$，黏土 | $10 < I_P \leq 17$，粉质黏土 |
|---|---|---|

5. 液性指数 $I_L$

（1）定义：黏性土的液性指数为天然含水量与塑限的差值和液限与塑限差值之比。即

$$I_L = \frac{w - w_P}{w_L - w_P} \tag{3-20}$$

（2）物理意义：液性指数又称相对稠度，是将土的天然含水量 $w$ 与 $w_L$ 及 $w_P$ 相比较，以表明 $w$ 是靠近 $w_L$ 还是 $w_P$，反映土的软硬不同。

（3）工程应用：用液性指数 $I_L$ 来划分黏性土的稠度状态，如表 3.10 所示。

表 3.10 液性指数 $I_L$ 划分黏性土的稠度状态

| 《公路桥涵地基与基础设计规范》（JTG D60—2007）、《岩土工程勘察规范》（GB 50021—2001）中黏性土状态的规定 | | |
|---|---|---|
| $I_L \leq 0$，坚硬；$0.75 < I_L \leq 1$，软塑；$I_L > 1$，流塑 | $0 < I_L \leq 0.25$，硬塑 | $0.25 < I_L \leq 0.75$，可塑 |

另外，液性指数在公路工程中是确定黏性土承载力的重要指标。应当指出，根据液性指数所判定的稠度状态的标准值，是以室内扰动土样测定的，未考虑其土的结构影响，故只能作参考。

# 第三节　土的动力特性与击实试验

## 一、击实的工程意义

在工程建设中，经常遇到填土或松软地基，为了改善这些土的工程性质，常采用压实的方法使土变得密实，这往往是一种经济合理的改善土的工程性质的方法。这里所说的使土变密实是指采用人工或机械的手段对土体施加机械能量，使土颗粒重新排列变密实，使土在短时间内得到新的结构强度，包括增强粗粒土之间的摩擦和咬合，以及增加细粒土之间的分子引力。

实践表明，由于土的基本性质复杂多变，同一压实功能对于不同种类、不同状态的土的压实效果可以完全不同。因此，为了技术上可靠和经济上的合理，需要了解土的压实特性与变化规律，以利工程实践。

在工程建设中经常会遇到需要将土按一定要求进行堆填和密实的情况，例如路堤、土坝、桥台、挡土墙、管道埋设、基础垫层以及基坑回填等。填土不同于天然土层，因为经过挖掘、搬运之后，原状结构已被破坏，含水量亦已发生变化，堆填时必然在土团之间留下许多孔隙。未经压实的填土强度低，压缩性大而且不均匀，遇到水易发生塌陷、崩解等。为使其满足稳定性和变形方面的工程要求，必须按一定标准加以压实。特别是像道路路堤这样的构筑物，在车辆频繁运行引起的反复荷载作用下，可能出现不均匀的或过大的沉陷、塌落甚至失稳滑动，从而恶化运营条件并增加维修工作量。所以路堤填土必须具有足够的压实度以确保行车平顺和安全。

土的压实也用在地基处理方面，如用重锤夯实处理松软土地基使之提高承载力。早先的重锤夯实多用于地基表层松软或地基的设计荷载较小时，目前对于松软土层较厚或设计荷载较大的情况，也可以用高功能的夯压法即所谓强夯法进行处理。

## 二、击实试验原理

击实是指采用人工或机械对土施加夯压能量（如打夯、碾压、振动碾压等方式），使土颗粒重新排列紧密。对于粗粒土的紧密排列，增强颗粒表面摩擦力和颗粒之间嵌挤形成的咬合力。对于细粒土则因为颗粒间的靠紧而增强粒间的分子引力，从而使土在短时间内得到新结构强度。

## 三、土的击实特性

1. 压实曲线性状

击实试验所得到的击实曲线是研究土的压实特性的基本关系图。从图中可见，击实曲线（$\gamma_d - w$）上有一峰值，此处的干密度为最大，称为最大干密度$\gamma_{dmax}$，与之对应的制备土样含水量则称为最佳含水量$w_{OP}$（或称最优含水量）。峰点表明，在一定的击实功作用下，只有当压实土粒为最佳含水量时，土才能被击实至最大干密度，才能达到最大压实效果。

最佳含水量 $w_{OP}$ 和最大干密度 $\gamma_{dmzx}$，这两个指标十分重要，对于路基设计、施工都很有用处。最佳含水量与塑限含水量 $w_P$ 相接近，在击实试验时可取 $w_{OP}=w_P$（或 $w_{OP}=w_P+2$、$w_{OP}=(0.65\sim 0.75)w_L$，其中 $w_L$ 为土的液限含水量）作为选择合适的制备土样含水量范围的参考。表 3.11 给出了塑性指数小于 22 的土的最佳含水量和最大干密度的经验数值。

表 3.11　最佳含水量和最大干密度的经验数值

| 塑性指数 $I_P$ | 最大干密度 /（g/cm³） | 最佳含水量 $w_{OP}$/% |
|---|---|---|
| <10 | >1.85 | <13 |
| 10~14 | 1.75~1.85 | 13~15 |
| 14~17 | 1.70~1.75 | 15~17 |
| 17~20 | 1.65~1.70 | 17~19 |
| 20~22 | 1.60~1.65 | 19~21 |

从图 3.5 所示的曲线形态还可以看到，曲线左段比右段的坡度陡。这表明含水量变化对于干密度影响在偏干（指含水量低于最佳含水量）时比偏湿（指含水量高于最佳含水量）时更为明显。

在 $\gamma_d$-$w$ 曲线中还给出了饱和曲线（图中 $V_a=0$ 的线），它表示当土处于饱和状态时的 $\gamma_d$-$w$ 关系。饱和曲线与击实曲线的位置说明，土是不可能被击实到完全饱和状态的。试验证明，黏性土在最佳击实情况下（即击实曲线峰点），其饱和度通常为 80% 左右，整个击实曲线始终在饱和曲线左下侧。这一点可以这样理解：当土的含水量接近和大于最佳值时，土孔隙中的气体处于与大气不连通的状态，击实作用已不能将其排出土外。

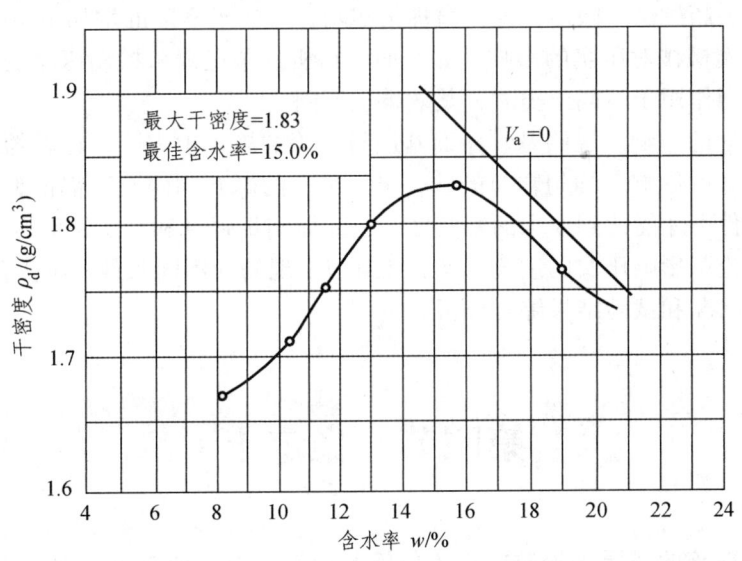

图 3.5　含水率与干密度的关系曲线

## 2. 土的压实特性的机理解释

一般认为土的压实特性同土的组成与结构、土粒表面现象、毛细管压力、孔隙水和孔隙气压力等均有关系，所以因素是复杂的。但可以这样简要地理解：压实的作用是使土块变形和结构调整以致密实,在松散湿土的含水量处于偏干状态时,由于粒间引力使土保持比较疏松的凝聚结构,土中孔隙大都相互连通,水少而气多,在一定的外部压实功能作用下,虽然土孔隙气体易被排出,密度可以增大,但由于较薄的强结合水水膜润滑作用不明显以及外部功能不足以克服粒间引力,土粒相对移动便不显著,因此压实效果比较差。含水量逐渐加大时,水膜变厚,土块变软,粒间引力减弱,施以外部压实功能则土粒移动,加以水膜的润滑作用,压实效果渐佳。

在最佳含水量附近时,土中所含的水量最有利于土粒受击时发生相对移动,以致能达到最大干密度。当含水量再增加到偏湿状态时,孔隙中出现了自由水,击实时不可能使土中多余的水和气体排出,从而孔隙压力升高更为显著,抵消了部分击实功,击实功效反而下降,这便出现了如图3.5中击实段曲线右段所示的干密度下降的趋势。在排水不畅的情况下,过多次数的反复击实,甚至会导致土体密度不加大而土体结构被破坏的后果,出现工程上所谓的"橡皮土"现象,应注意加以避免。

### 四、影响压实的因素

(1)含水量对整个压实过程的影响。由击实曲线可知,严格地控制最佳含水量是关键。但是,不同的土类其最佳含水量和最大干密度是不同的。一般粉粒和黏粒含量多,土的塑性指数越大,土的最佳含水量也越大,同时其最大干密度越小。因此,一般砂性土的最佳含水量小于黏性土,而砂性土的最大干密度也大于黏性土。

(2)击实功对最佳含水量和最大干密度的影响。对同一种土用不同的击实功进行击实试验后表明:击实功越大,土的最大干密度越大,而土的最佳含水量则越小。但是增大击实功是有一定限制的,超过这一限度,即使增加击实功,土的干密度的增加也不明显。

(3)不同压实机械对压实的影响。如光面压路机、羊足碾和振动压路机等,它们的压实效果各不相同,当作用于不同土类时,其效果也不同。

(4)土粒级配的影响。在路基、路面基层材料等的施工中表明,粒料的级配对所能达到的密实度有明显的影响。均匀颗粒的砂,单一尺寸的砾石和碎石,都很难碾压密实。只有在良好级配的条件下才能达到要求的密实度,也才能满足强度和稳定性的要求。

以上仅仅讨论了影响压实的主要因素,针对施工现场的不同条件,还会有其他影响因素,应结合具体工程状况和试验结果综合分析。

# 第四节 稳定土

稳定土是在粉碎的或原来松散的土(包括各种粗、中、细粒土)中,掺入足量的石灰、水泥、工业废渣、沥青及其他材料,经拌和、压实及养生后,得到的具有较高后期强度、整体性和水稳定性均较好的一种材料。这类材料的耐磨性差,不适宜作为路面的面层,常用作路面的基层和底基层。由于稳定土材料具有较大的抗变形能力,故称为半刚性基层稳定土材料。它包括石灰稳定土、水泥稳定土、沥青稳定土、石灰稳定工业废渣和综合稳定土。

## 一、稳定土材料的组成

### (一) 稳定土的基本材料

土的矿物成分对稳定土性质具有重要影响。试验表明，除有机质或硫酸盐含量高的土以外，各类砂砾土、砂土、粉土和黏土均可用无机结合料稳定。一般规定土的液限不大于40%，塑性指数不大于20%。级配良好的土用无机结合料稳定时，既可节约无机结合料用量，又可取得满意的效果。重黏土中黏土颗粒含量多，不易粉碎和拌和，用石灰稳定时，容易造成路面缩裂。粉质黏土的稳定效果最佳。用水泥稳定重黏土时，不易粉碎和拌和，会造成水泥用量过高而不经济。级配良好的砾石-砂-黏土稳定效果最佳。

### (二) 稳定土的外掺材料

1. 石灰

各种化学组成的石灰均可用于稳定土。在剂量不大的情况下，钙质石灰比镁质石灰稳定土的初期强度高。镁质石灰稳定土在剂量较大时后期强度优于钙质石灰稳定土。石灰的最佳剂量，对黏性土和粉性土为干土重的8%~16%，对砂性土为干土重的10%~18%。

石灰可使土粒胶结成整体，密实性提高，水稳定性提高，强度提高。

2. 水泥

各种类型的水泥都可用于稳定土，硅酸盐水泥比铝酸盐水泥稳定效果好。通常在保证土的性质能起根本变化，且能保证稳定土达到所规定的强度和稳定性的前提下，取尽可能低的水泥用量。

水泥的作用是在水泥加入塑性土中后能大大降低土的塑性，增加土的强度和稳定性。

3. 粉煤灰

粉煤灰是火力发电厂排出的废渣，属硅质或硅铝质材料，其本身不具有或有很小的黏结性，但它以细分散状态与水和消石灰或水泥混合，可以发生反应，形成具有黏结性的化合物。所以，石灰粉煤灰可用来稳定各种粒料和土，又称二灰土。

粉煤灰加入土中既能起填充作用，与石灰反应的产物也能起胶结作用。由此可达到改善稳定土的水稳定性、提高强度与密实度的目的。

4. 沥青

土粉碎后，与沥青(液体石油沥青、煤沥青、乳化沥青、沥青膏浆等)拌和压实形成的稳定材料称为沥青稳定类材料。

沥青加入集料或土中，根据其与集料或土表面距离远近，可分为结构沥青(接近表面)和自由沥青(远离表面)。结构沥青有利于提高沥青稳定土的水稳定性和强度，自由沥青在压实时起润滑和填充作用。液体沥青习惯用于稳定各种土，但在潮湿地区不宜采用，较黏稠的沥青宜用于稳定低黏性的土。

## 二、稳定土的性质

稳定土应用广泛，在路面工程中主要作为路面基层材料。由于其耐磨性差，一般不用于路面面层。为了满足行车、气候和水文地质的要求,稳定土必须具备一定的强度、抗变形能力和水稳定性。

## (一) 强 度

### 1. 强度形成原理

某一种稳定土的强度形成可能是下列一种作用或多种综合作用的结果。

1) 离子交换作用

所谓离子交换作用是指稳定剂中高价阳离子在一定的条件下替换土中某些低价金属离子($K^+$,$Na^+$等)。通过离子交换,使土粒凝聚而增强了黏聚力,并使其水稳定性提高。能发生离子交换作用的稳定剂有石灰、水泥等。如石灰、水泥稳定土加水拌和后,所形成的$Ca^{2+}$能与土粒表面的$K^+$和$Na^+$等离子进行当量吸附交换:

$$\boxed{土}\begin{matrix}Na^+\\ \\K^+\end{matrix} + Ca^{2+} \longrightarrow \boxed{土} + Ca^{2+} + Na^+(或K^+)$$

2) 碳酸化作用

碳酸化指消解石灰或水泥水化产物$Ca(OH)_2$吸附空气中的$CO_2$气体,生成碳酸钙的过程,其化学反应式如下:

$$Ca(OH)_2 + CO_2 + nH_2O \longrightarrow CaCO_3 + (n+1)H_2O$$

3) 结晶作用

当土中$Ca(OH)_2$浓度达到一定值时,$Ca(OH)_2$即会由饱和溶液转变成过饱和溶液,形成晶体,其化学反应式如下:

$$Ca(OH)_2 + nH_2O \longrightarrow Ca(OH)_2 \cdot nH_2O$$

由此,土的密实性得以改善,强度提高,水稳定性也因晶体$Ca(OH)_2$溶解质比非晶体$Ca(OH)_2$小而改善。

4) 火山灰反应

火山灰反应指活性$SiO_2$和$Al_2O_3$在$Ca(OH)_2$激发下产生的化学反应,生成类似硅酸盐水泥的水化产物——水化硅酸钙和水化铝酸钙的过程。其化学反应式为:

$$mCa(OH)_2 + SiO_2 + (n-1)H_2O \longrightarrow mCaO \cdot SiO_2 \cdot nH_2O$$
$$mCa(OH)_2 + Al_2O_3 + (n-1)H_2O \longrightarrow mCaO \cdot Al_2O_3 \cdot nH_2O$$

式中$m$表示1或2。

火山灰作用的水化产物$mCaO \cdot SiO_2 \cdot nH_2O$、$mCaO \cdot Al_2O_3 \cdot nH_2O$和结晶$Ca(OH)_2$在土的团粒外围形成一层稳定的保护膜,具有很强的黏聚力,同时保护膜的隔离作用阻止水分进入,使土的水稳定性提高。

5) 硬凝反应

此作用主要是水泥水化生成胶结性很强的各种物质,如水化硅酸钙、水化铝酸钙等,这些物质能将松散的颗粒胶结成整体材料。这种作用对于水泥稳定粗粒土和中粒土作用显著。

6) 吸附作用

某些稳定剂加入土中后能吸附于土颗粒表面，使土颗粒表面具有憎水性或使土颗粒表面黏结性增加，如沥青稳定剂。

2. 影响稳定土强度的因素

1) 土 质

对于石灰稳定土和石灰粉煤灰稳定土，可用亚砂土、亚黏土、粉土类和黏土类土。石灰土或二灰土的强度有随土的塑性指数增大而增大的趋势，但塑性指数过大的重黏土不易粉碎，且易产生收缩裂缝。故规范规定：用于石灰稳定土的土，其塑性指数为 10%～20% 的黏性土较适宜，而不适宜使用稳定塑性指数 10% 以下的低塑性土。

对于水泥稳定土，可用各种砂砾、粉土和黏土，但含级配良好的粗、中颗粒的土比单纯细粒土的稳定效果要好。有机质和硫酸盐含量高的土，均不宜用于石灰稳定土和水泥稳定土。黏稠沥青不宜用于稳定黏性较大的土，液体沥青不宜稳定砂土。

2) 稳定剂品种及用量

当采用石灰作稳定剂时，必须测定石灰中有效氧化钙和氧化镁的含量，宜用技术等级Ⅲ级以上的石灰，以提高石灰稳定土的强度。

用水泥稳定土时，硅酸盐水泥要比铝酸盐水泥效果好一些，且不宜采用快硬或早强水泥。

水泥稳定土的强度随水泥剂量增加而增加；石灰稳定土的强度则不是这种规律，一般存在一最佳石灰剂量值，超过或低于此值，石灰稳定土强度则降低。

在二灰土中，粉煤灰的品质、用量将决定其强度。当粉煤灰中小于 0.045 mm 颗粒含量、$SiO_2$ 及 $SiO_2 + RO$（R 指 $Ca^{2+}$ 或 $Mg^{2+}$）和 $SiO_2 + Al_2O_3$ 含量、碱含量较多，烧失量又较低时，火山灰作用较强。另外，若二灰土中石灰与粉煤灰比例大致为 1∶2～1∶4 时，二灰土的强度较高。对于同样含量的粉煤灰，被稳定材料中细料含量增加和塑性指数增大，石灰用量也随之增加。

沥青稳定剂也因沥青种类及用量对稳定效果产生明显影响。

3) 含水量

在一般情况下，在最佳含水量下压实的干密度较大的试件强度也高，因此实际施工中尽可能达到最佳含水量，并注意控制养护中水分的蒸发，以保证某些稳定剂的水化。

4) 密实度

密实度越大，材料有效受荷面积越大，强度越高，受水影响的可能性减少。密实度应通过选材和合适的施工工艺综合控制。

5) 施工时间长短的影响

施工时间长短的影响主要针对水泥稳定土而言，水泥稳定土从开始加水拌和到完全压实的时间要尽可能短，一般不要超过 6h，若碾压或湿拌的时间拖长，水泥就会产生部分结硬，影响水泥稳定土的压实度，导致水泥稳定土强度损失。

6) 养生条件

稳定土的强度发展需要适当的温度、湿度。必须在潮湿的条件下养护，否则其强度将显著下降。同时，养生温度越高，强度增长越快。

## (二)稳定土材料的变形性能

### 1. 缩裂特性

#### 1)干 缩

随着无机结合料稳定土强度的不断形成,水分逐渐消耗以及蒸发,体积发生收缩,收缩变形受到约束时,逐渐产生裂缝,称为干缩裂缝。试验表明,以最佳含水量状态下各种无机结合料稳定土的干缩系数的大小排序为:石灰土>石灰砂砾>二灰土>二灰砂砾>水泥砂砾。稳定土干缩裂缝的产生与结合料的种类与用量、含细粒土的多少及养护条件有关。石灰稳定土比水泥稳定土容易产生干缩裂缝。对于含细粒土较多的无机结合料稳定土,常以干缩为主,故应加强初期养护,保证稳定土表面潮湿,减轻其干缩裂缝。

#### 2)温 缩

无机结合料稳定土具有热胀冷缩性质。随着气温的降低,稳定土会产生冷却收缩变形,收缩变形受到约束时,逐渐形成裂缝,称为温缩裂缝。试验表明,以最佳含水量状态下各种无机结合料稳定土的温缩系数大小排序为:石灰土>石灰砂砾>二灰土水泥砂砾>二灰砂砾。其温缩裂缝产生与结合料的种类与用量、土的粗细程度与成分以及养护条件有关。石灰稳定土比水泥稳定土的温缩大,细粒土比粗粒土的温缩大。掺入一定数量的粉煤灰可以降低温缩系数。早期养生良好的无机结合料稳定土易于成型,早期强度高,可以减少裂缝的产生。

### 2. 裂缝防治措施

(1)改善土质。稳定土用土越黏,则缩裂越严重。所以采用黏性较小的土,或在黏性土中掺入砂土、粉煤灰等,以降低土的塑性指数。

(2)控制含水量及压实度。稳定土因含水量过多产生的干缩裂缝显著,压实度小时产生的干缩比压实度大时严重。因此,稳定土压实时含水量比最佳含水量略小为好,并尽可能达到最佳压实效果。

(3)掺加粗粒料。掺入一定数量(掺入量60%~70%)的粗粒料,如砂、碎石、砾石等,使混合料满足最佳组成要求,可以提高其强度和稳定性,减少裂缝产生,同时可以节约结合料和改善碾压时的拥挤现象。

## (三)稳定土材料的疲劳特性

在重复荷载作用下,材料的强度与其静力极限强度相比有所下降。荷载重复作用的次数越多,这种强度下降越大,即疲劳强度越小。材料从开始至出现疲劳破坏的荷载作用次数称为材料的疲劳寿命,通过试验表明,石灰粉煤灰稳定材料的抗疲劳性能优于水泥砂砾。

由于在一定的应力条件下,疲劳寿命取决于材料的强度,故在多数情况下凡有利于水泥(石灰)类材料强度的因素对提高疲劳寿命也有利。

## (四)稳定土材料水稳定性和冰冻稳定性

稳定类基层材料除具有适当的强度,能承受设计荷载以外,还应具备一定的水稳定性和冰冻稳定性,否则,稳定类基层由于面层开裂、渗水或者两侧路肩渗水,将使稳定土含水量增加,强度降低,从而使路面过早破坏。在冰冻地区,冰将加剧这种破坏。评价水稳定性和冰冻稳定性可用浸水强度试验和冻融循环试验。影响水稳定性及冰冻稳定性的主要因素如下:

(1)土类。细土含量多,塑性指数大的土,水稳定性、抗冰冻能力差。

(2)稳定剂种类及剂量。石灰粉煤灰粒料和水泥粒料的水稳性最好,由液体沥青稳定的土(包括砂土),水稳性较差。

当稳定剂剂量不足时,胶结作用弱,透水性大,强度达不到要求,其稳定性也差。

(3)密实度。密实度大时,透水能力降低,水稳定性增强。

(4)龄期。由于某些稳定剂如水泥、石灰或二灰的强度形成需要一定的时间,因此,这类稳定土其水稳定性随龄期的增长而增大。

## 三、稳定类材料组成设计

稳定类材料组成设计,也称混合料设计,即根据对某种材料规定的技术要求,选择合适的原材料、掺配用料(需要时),确定结合料的种类和数量及混合料的最佳含水量。材料组成设计是路面设计的重要组成部分。

### (一)设计标准

目前,稳定土混合料组成设计依据的标准有强度和耐久性。

各种无机结合料稳定土的强度标准(按 7 d 龄期)建议值见表 3.12。

表 3.12　无机结合料稳定类材料的抗压强度(MPa)[①]

| 公路等级 | | 二级和二级以下公路 | 高速公路和一级公路 |
|---|---|---|---|
| 水泥稳定类材料 | 基层 | 2.5~3 | 3~5 |
| | 底基层 | 1.5~2.0 | 1.5~2.5 |
| 石灰稳定类材料 | 基层 | ≥0.8[②] | — |
| | 底基层 | 0.5~0.7[③] | ≥0.8 |
| 二灰稳定类材料 | 基层 | 0.6~0.8 | 0.8~1.1 |
| | 底基层 | ≥0.5 | ≥0.6 |

注:① 摘自《公路路面基层施工技术规范》(JTJ 034—2000)。
② 在低塑性土(塑性指数小于 7)地区,石灰稳定砂砾土和碎石土的 7 d 浸水抗压强度应大于 0.5 MPa(100 g 平衡锥测液限)。
③ 低限用于塑性指数小于 7 的黏性土,高限用于塑性指数大于 7 的黏性土。

关于耐久性标准,鉴于现行冻融试验方法所建立的条件与稳定层在路面结构中所能遇到的环境条件相比,更为恶劣,因此我国《公路路面基层施工技术规范》(JTJ 034—2000)规定:对石灰粉煤灰集料(或土)混合料进行组成设计时,仅采用一个设计标准,即无侧限抗压强度。

### (二)材料组成设计步骤

1. 原材料试验

原材料试验主要包括基础材料(各种土)和稳定剂性质试验。对于粗粒土和中粒土应做筛分或压碎值试验,以检验材料的颗粒组成和颗粒强度。对于稳定剂,主要测定石灰的钙、镁含量和水泥的胶砂强度及凝结时间。

2. 拟定混合料配合比

初步拟定混合料配合比,按如下要求进行:

（1）选定不同的石灰（或水泥）剂量，制备同一种土样的混合料试件若干个，规范建议的剂量见表 3.13、表 3.14 所示。

表 3.13　初拟配合比时规范建议的水泥剂量（%）

| 层　位 | 土　类 | 水泥稳定土 | | | | |
|---|---|---|---|---|---|---|
| 基　层 | 中、粗粒土 | 3 | 4 | 5 | 6 | 7 |
| | 塑性指数小于 12 的细粒土 | 5 | 7 | 8 | 9 | 11 |
| | 其他细粒土 | 8 | 10 | 12 | 14 | 16 |
| 底基层 | 中、粗粒土 | 3 | 4 | 5 | 6 | 7 |
| | 塑性指数小于 12 的细粒土 | 4 | 5 | 6 | 7 | 9 |
| | 其他细粒土 | 6 | 8 | 9 | 10 | 12 |

表 3.14　初拟配合比时规范建议的石灰剂量（%）

| 层　位 | 土　类 | 石灰稳定土 | | | | |
|---|---|---|---|---|---|---|
| 基　层 | 砂砾土和碎石土 | 3 | 4 | 5 | 6 | 7 |
| | 塑性指数小于 12 的黏性土 | 10 | 12 | 13 | 14 | 16 |
| | 塑性指数大于 12 的黏性土 | 5 | 7 | 9 | 11 | 13 |
| 底基层 | 塑性指数小于 12 的黏性土 | 8 | 10 | 11 | 12 | 14 |
| | 塑性指数大于 12 的黏性土 | 5 | 7 | 8 | 9 | 11 |

对于石灰粉煤灰稳定土，采用石灰粉煤灰土做基层或底基层时，石灰与粉煤灰的比例常用 1∶2～1∶4（对于粉土，以 1∶2 为合适），石灰粉煤灰与细粒土的比例可以是 30∶70～10∶90；采用石灰粉煤灰集料作基层时，石灰与粉煤灰的比例常用 1∶2～1∶4，石灰粉煤灰与级配集料（中粒土和粗粒土）的比例应是 20∶80～18∶85。

（2）通过击实试验确定混合料的最佳含水量和最大干密度。至少要做 3 组不同石灰（或水泥）剂量混合料的击实试验（即最小、中间和最大剂量）。按工地预定达到的压实度，分别计算不同石灰（或水泥）剂量时试件应有的干密度。

（3）按最佳含水量和计算得的干密度制备试件。进行强度试验时，作为平行试验的试件数应符合表 3.15 中的规定。如试验结果的偏差系数大于表中规定的值，则应重做试验，并找出原因，加以解决。如不能降低偏差系数，则应增加试验数量。

表 3.15　最少的试验数量

| 稳定土类型 | 下列偏差系数时的实验数量 | | |
|---|---|---|---|
| | 小于 10% | 10%～15% | 15%～20% |
| 细粒土 | 6 | | |
| 中粒土 | 6 | 9 | |
| 粗粒土 | 9 | | 13 |

### 3. 试件的强度试验

试件在规定温度下保温养生 6 d，浸水 1 d 后，进行无侧限抗压强度试验，计算试验结果的平均值和偏差系数。

### 4. 选定石灰或水泥剂量

根据试验结果和各种硅酸盐水泥技术标准的强度标准，选定合适的水泥或石灰剂量。此剂量试件的室内试验结果的平均抗压强度 $R$ 应符合下式的要求：

$$R \geqslant \frac{R_\mathrm{d}}{1-Z_\mathrm{a}C_\mathrm{v}}$$

式中：$R_\mathrm{d}$——设计抗压强度，MPa；

$C_\mathrm{v}$——试验结果的偏差系数（以小数计）；

$Z_\mathrm{a}$——保证率系数，高速公路和一级公路应取保证率95%，此时，$Z_\mathrm{a} = 1.645$；一般公路应取得保证率90%，即 $Z_\mathrm{a} = 1.282$。

工地实际采用的石灰（或水泥）剂量应比室内确定的剂量多 0.5%～1.0%，二灰土多 2%～3%。

## 小　结

土可作为路基、路面、桥梁锥坡的填筑材料，另外，隧道、桥梁桩基等结构物的分析计算也与土质情况联系紧密，因此有必要研究土的相关工程性质。

土的物理性质主要有：含水率、密度、比重、颗粒分析、液限和塑限等，这几项指标是实际路桥工程中最常见的土质测试项目，对判别土的分类、决定工程施工机械和方法有至关重要的意义。所以，掌握这些常规土质的试验方法就很有必要。

土的动力特性主要包括土的击实试验，该试验确定的最佳含水率、最大干密度等指标，在路基施工中有决定性意义，直接决定施工方案可行与否、施工机械选择是否正确。

土的分类主要是根据：①土颗粒的组成特征；②土的塑性指标：液限($w_\mathrm{L}$)、塑限($w_\mathrm{P}$)和塑性指数($I_\mathrm{P}$)；③土中有机质存在情况。这 3 项分别可按照《公路土工试验规程》(JTG E40—2007)中相关试验方法得到，如按筛分法（T0115—1993）确定各粒组的含量；按液限塑限联合测定法（T0118—2007）确定液限和塑限；按有机质含量试验（T0151—1993）确定有机质含量，有机质土根据塑性图判别其分类。

在工地现场，常常需要快速判别出土的类别，以决定其后续相关工作。因此，在《公路土工试验规程》(JTG E40—2007)中提供了土的简易鉴别、分类和描述方法，该部分内容对从事土工试验的人员也是必须掌握的内容。稳定土材料又称半刚性基层材料，其整体性强、承载力高、刚度大，而且较为经济，故广泛应用于各种道路路面的基层、底基层或垫层。

稳定土材料按照结合料类型可分为：水泥稳定土、石灰稳定土、石灰工业废渣稳定土；按稳定土中单颗粒的粒径大小和颗粒组成可分为：稳定细粒土、稳定集料（砂砾或碎石等）类。

稳定土材料的主要技术要求为：强度、水稳定性及抗裂性。这些性质取决于结合料质量与计量、稳定土种类、含水率、养生条件及龄期等。各种稳定细粒土及悬浮式粒料有较大的收缩性，不宜用作高

## 思考题与习题

3-1 什么是土的三相体系？土的相组成对土的状态和性质有何影响？

3-2 什么叫粗组？

3-3 什么叫粒度成分和粒度分析？简述筛分法和沉降分析法的基本原理。

3-4 累计曲线法在工程上有何用途？

3-5 何谓土的颗粒级配？土的粒度成分累计曲线的纵坐标表示什么？不均匀系数 $C_u > 10$ 反映土的什么性质？

3-6 何谓孔隙比？何谓饱和度？用三相草图计算时，为什么要设总体积 $V=1$？什么情况下设 $V_s=1$ 计算简便？

3-7 黏性土最主要的物理特征是什么？何谓塑限？如何测定？何谓液限？如何测定？

3-8 何谓液性指数？如何应用液性指数来评价土的工程性质？何谓硬塑、软塑状态？

3-9 某碎屑土，取风干土样 300 g，经筛分计算后得土样筛分成果表（见下表资料），用累计曲线法画出该土样的级配曲线，并分别求出 $C_u$、$C_c$ 值，分析该土样的级配情况。

**土样筛分分析成果表**

| 粒径/mm | 质量/g | 百分含量/% |
|---|---|---|
| >2 | 3 | 1 |
| 2~1 | 36 | 12 |
| 1~0.5 | 96 | 32 |
| 0.5~0.25 | 120 | 40 |
| 0.25~0.1 | 30 | 10 |
| <0.1 | 15 | 5 |
| 总计 | 300 | 100 |

3-10 饱和土孔隙比为 0.70，土粒比重为 2.72，用三相草图计算干容重 $\gamma_d$、饱和容重 $\gamma_{sat}$ 和浮容重 $\gamma'$，并求饱和度为 75% 时的容重和含水量。（分别设 $V_s=1$ 和 $V=1$，比较哪种方法更简便些）

3-11 取得某湿土样 1 955 g，测知其含水量为 15%。若在土样中再加入 85 g 水后，试问此时该土样的含水量为多少？

3-12 某地基土样，用体积为 100 cm³ 的环刀取样试验，用天平测得环刀加湿土的质量为 241.00 g，环刀质量为 55.00 g，烘干后土样质量为 162.00 g，土粒比重为 2.70。计算该土样的 $w$、$e$、$S_r$、$\rho$、$\rho_{sat}$、$\rho_d$，并比较各种密度的大小。

3-13 为什么要对土进行工程分类？工程分类的原则是什么？有哪些分类方案？

3-14 说出下面分类符号的具体名称：GM、ML、MHO、CLO。

3-15 简述塑性图的基本原理，它有何功能？根据"液、塑限联合测定试验"中，对某土样所得

的 $w_L$ 和 $w_P$ 值,在塑性图中定出该土样的土类名称。

3-16  有一砂土试样。经筛分后各颗粒粒组含量如下:

| 粒组/mm | <0.075 | 0.075～0.1 | 0.1～0.25 | 0.25～0.5 | 0.5～1.0 | >1.0 |
|---|---|---|---|---|---|---|
| 含量/% | 8.0 | 15.0 | 42.0 | 24.0 | 9.0 | 2.0 |

试确定砂土的名称。

3-17  试述影响稳定土强度的因素有哪些?

3-18  试述稳定土的类型有哪些?

3-19  什么叫稳定土?它具有什么特点?

3-20  对组成稳定土的材料有什么要求

## 试验 3.1  T 0115—1993 颗粒分析试验(筛分法)

(一)目的和适用范围

本试验法适用于分析粒径大于 0.075 mm 的土颗粒组成。对于粒径大于 60 mm 的土样,本试验方法不适用。

(二)仪器设备

(1)标准筛:粗筛(圆孔)孔径为 60 mm、40 mm、20 mm、10 mm、5 mm、2 mm;细筛孔径为 2.0 mm、1.0 mm、0.5 mm、0.25 mm、0.075 mm。

(2)天平:称量 5 000 g,感量 5 g;称量 1 000 g,感量 1 g;称量 200 g,感量 0.2 g。

(3)摇筛机。

(4)其他:烘箱、筛刷、烧杯、木碾、研钵及杵等。

(三)试  样

从风干、松散的土样中,用四分法按照下列规定取出具有代表性的试样:

(1)小于 2 mm 颗粒的土 100～300 g。

(2)最大粒径小于 10 mm 的土 300～900 g。

(3)最大粒径小于 20 mm 的土 1 000～2 000 g。

(4)最大粒径小于 40 mm 的土 2 000～4 000 g。

(5)最大粒径大于 40 mm 的土 4 000 g 以上。

(四)试验步骤

1. 对于无凝聚性的土

(1)按规定称取试样,将试样分批过 2 mm 筛。

(2)将大于 2 mm 的试样按从大到小的次序,通过大于 2 mm 的各级粗筛。将留在筛上的土分别称量。

(3)2 mm 筛下的土如数量过多,可用四分法缩分至 100～800 g。将试样按从大到小的次序通过小于 2 mm 的各级细筛。可用摇筛机进行振摇。振摇时间一般为 10～15 min。

(4)由最大孔径的筛开始,顺序将各筛取下,在白纸上用手轻叩摇晃,至每分钟筛下数量不大于该级筛余质量的 1% 为止。漏下的土粒应全部放入下一级筛内,并将留在各筛上的土样用软毛刷刷净,分别称量。

(5) 筛后各级筛上和筛底土总质量与筛前试样质量之差，不应大于 1%。

(6) 如 2 mm 筛下的土不超过试样总质量的 10%，可省略细筛分析；如 2 mm 筛上的土不超过试样总质量的 10%，可省略粗筛分析。

2. 对于含有黏土粒的砂砾土

(1) 将土样放在橡皮板上，用木碾将黏结的土团充分碾散；拌匀、烘干、称量。如土样过多时，用四分法称取代表性土样。

(2) 将试样置于盛有清水的瓷盆中，浸泡并搅拌，使粗细颗粒分散。

(3) 将浸润后的混合液过 2 mm 筛，边冲边洗过筛，直至筛上仅留大于 2 mm 以上的土粒为止。然后，将筛上洗净的砂砾风干称量。按以上方法进行粗筛分析。

(4) 通过 2 mm 筛下的混合液存放在盆中，待稍沉淀，将上部悬液过 0.075 mm 洗筛，用带橡皮头的玻璃棒研磨盆内浆液，再加清水、搅拌、研磨、静置、过筛，反复进行，直至盆内悬液澄清。最后，将全部土粒倒在 0.075 mm 筛上，用水冲洗，直到筛上仅留大于 0.075 mm 净砂为止。

(5) 将大于 0.075 mm 的净砂烘干称量，并进行细筛分析。

(6) 将大于 2 mm 颗粒及 2~0.075 mm 的颗粒质量从原称量的总质量中减去，即为小于 0.075 mm 颗粒质量。

(7) 如果小于 0.075 mm 颗粒质量超过总土质量的 10%，有必要时，将这部分土烘干、取样，另做密度计或移液管分析。

(五) 结果整理

(1) 按下式计算小于某粒径颗粒质量百分数：

$$X = \frac{A}{B} \times 100 \tag{试 3-1}$$

式中：$X$——小于某粒径颗粒的质量百分数，%，计算至 0.01；

$A$——小于某粒径的颗粒质量，g；

$B$——试样的总质量，g。

(2) 当小于 2 mm 的颗粒如用四分法缩分取样时，按下式计算试样中小于某粒径的颗粒质量占总土质量的百分数：

$$X = \frac{a}{b} \times p \times 100 \tag{试 3-2}$$

式中：$X$——小于某粒径颗粒的质量百分数，%，计算至 0.01；

$a$——通过 2 mm 筛的试样中小于某粒径的颗粒质量，g；

$b$——通过 2 mm 筛的土样中所取试样的质量，g；

$p$——粒径小于 2 mm 的颗粒质量百分数，%。

(3) 在半对数坐标纸上，以小于某粒径的颗粒质量百分数为纵坐标，以粒径(mm)为横坐标，绘制颗粒大小级配曲线，求出各粒组的颗粒质量百分数，以整数(%)表示。

(4) 必要时按下式计算不均匀系数：

$$C_u = \frac{d_{60}}{d_{10}} \tag{试 3-3}$$

式中：$C_u$——不均匀系数，计算至 0.1 且含两位以上有效数字；

$d_{60}$——限制粒径，即土中小于该粒径的颗粒质量为 60% 的粒径，mm；

$d_{10}$——有效粒径，即土中小于该粒径的颗粒质量为10%的粒径，mm。

（5）本试验记录格式如试表3.1。

（6）精密度和允许差。

筛后各级筛上和筛底土总质量与筛前试样质量之差，不应大于1%。

（六）报　告

（1）土的鉴别分类和代号。

（2）颗粒级配曲线。

（3）不均匀系数 $c$。

**试表 3.1　颗粒分析试验记录（筛分法）**

工程名称_____　　　　　　　　　　　　试验者_____

土样编号_____　　　　　　　　　　　　计算者_____

土样说明_____　　　试验日期_____　校核者_____

筛前总土质量 = 3 000 g　　　　　　　　　　小于 2 mm 取试样质量 = 810 g

小于 2 mm 土质量 = 810 g

小于 2 mm 土占总土质量 = 27%

| 粗筛分析 | | | | 细筛分析 | | | | |
|---|---|---|---|---|---|---|---|---|
| 孔径/mm | 累积留筛土质量/g | 小于该孔径的土质量/g | 小于该孔径土质量百分比/% | 孔径/mm | 累积留筛土质量/g | 小于该孔径的土质量/g | 小于该孔径土质量百分比/% | 占总土质量百分比/% |
| | | | | 2.0 | 2190 | 810 | 100 | 27.0 |
| 60 | | | | 1.0 | 2410 | 590 | 72.8 | 19.7 |
| 40 | 0 | 3000 | 100 | 0.5 | 2740 | 260 | 32.1 | 8.7 |
| 20 | 350 | 2650 | 88.3 | 0.25 | 2920 | 80 | 9.9 | 2.7 |
| 10 | 920 | 2080 | 69.3 | 0.075 | 2980 | 20 | 2.5 | 0.7 |
| 5 | 1600 | 1400 | 46.7 | | | | | |
| 2 | 2190 | 810 | 27.0 | | | | | |

条文说明：

① 当大于 0.075 mm 的颗粒超过试样总质量的 15%时，应先进行筛分试验，然后经过洗筛，再用密度计法或移液管法进行试验。

② 在选用分析筛的孔径时，可根据试样颗粒的粗、细情况灵活选用。

③ 对于砾类土等颗粒较大的土样，按其最大颗粒决定试样数量，这样比较直观，易于掌握，又可得到比较有代表性的数据。

用风干土样进行筛分试验，按四分法取代表性试样，数量随粒径大小而异，粒径越大，数量越多。

④ 对于无凝聚性的土样，可采用干筛法；对于含有部分黏土的砾类土，必须用水筛法，以保证颗粒充分分散。

## 试验 3.2　T 0103—1993 土的含水率试验（烘干法）

（一）目的和适用范围

本试验方法适用于测定黏质土、粉质土、砂类土、砂砾石、有机质土和冻土土类的含水率。

## （二）仪器设备

（1）烘箱：可采用电热烘箱或温度能保持 105～110 ℃ 的其他能源烘箱。

（2）天平：称量 200 g，感量 0.01 g；称量 1 000 g，感量 0.1 g。

（3）其他：干燥器、称量盒[为简化计算手续，可将盒质量定期（3～6 个月）调整为恒质量值]等。

## （三）试验步骤

（1）取具有代表性试样，细粒土 15～30 g，砂类土、有机质土为 50 g，砂砾石为 1～2 kg，放入称量盒内，立即盖好盒盖，称质量。称量时，可在天平一端放上与该称量盒等质量的砝码，移动天平游码，平衡后称量结果减去称量盒质量即为湿土质量。

（2）揭开盒盖，将试样和盒放入烘箱内，在温度 105～110 ℃ 恒温下烘干[①]。烘干时间对细粒土不得少于 8 h，对砂类土不得少于 6 h。对含有机质超过 5% 的土或含石膏的土，应将温度控制在 60 ℃～70 ℃ 的恒温下，干燥 12～15 h 为好。

（3）将烘干后的试样和盒取出，放入干燥器内冷却（一般只需 0.5～1 h 即可）[②]。冷却后盖好盒盖，称质量，准确至 0.01 g。

注①：对于大多数土，通常烘干 16～24 h 就足够。但是，某些土或试样数量过多或试样很潮湿，可能需要烘更长的时间。烘干的时间也与烘箱内试样的总质量、烘箱的尺寸及其通风系统的效率有关。

注②：如铝盒的盖密闭，而且试样在称量前放置时间较短，可以不需要放在干燥器中冷却。

## （四）结果整理

（1）按下式计算含水率：

$$w = \frac{m - m_s}{m_s} \times 100 \tag{试3-4}$$

式中：$w$——含水率，%，计算至 0.1；

$m$——湿土质量，g；

$m_s$——干土质量，g。

（2）本试验记录格式如试表 3.2。

**试表 3.2　含水率试验记录（烘干法）**

工程编号——　　　　　　　　　　　　试验者——

土样说明——　　　　　　　　　　　　计算者——

试验日期——　　　　　　　　　　　　校核者——

| 盒　号 | | 1 | 2 | 3 | 4 |
|---|---|---|---|---|---|
| 盒质量/g | (1) | 20 | 20 | 20 | 20 |
| 盒+湿土质量/g | (2) | 38.87 | 40.54 | 40.65 | 40.45 |
| 盒+干土质量/g | (3) | 35.45 | 36.76 | 36.16 | 35.94 |
| 水分质量/g | (4)=(2)-(3) | 3.42 | 3.78 | 4.49 | 4.51 |
| 干土质量/g | (5)=(3)-(1) | 15.45 | 16.76 | 16.16 | 15.94 |
| 含水率/% | (6)=(4)/(5) | 22.1 | 22.6 | 27.8 | 28.3 |
| 平均含水率/% | (7) | 22.4 | | 28.1 | |

（3）精密度和允许差。

本试验须进行二次平行测定，取其算术平均值，允许平行差值应符合试表3.3规定。

试表3.3 含水率测定的允许平行差值

| 含水率/% | 允许平行差值/% | 含水率/% | 允许平行差值/% |
| --- | --- | --- | --- |
| 5以下 | 0.3 | 40以上 | ≤2 |
| 40以下 | ≤1 | 对层状和网状构造的冻土 | <3 |

（五）报 告

（1）土的鉴别分类和代号。

（2）土的含水率 $w$ 值。

## 试验3.3　T 0104—1993 土的含水率试验（酒精燃烧法）

（一）目的和适用范围

本试验方法适用于快速简易测定细粒土（含有机质的土除外）的含水率。

（二）仪器设备

（1）称量盒（定期调整为恒质量）。

（2）天平：感量0.01 g。

（3）酒精：纯度95%。

（4）滴管、火柴、调土刀等。

（三）试验步骤

（1）取代表性试样（黏质土5～10 g，砂类土20～30 g），放入称量盒内，称湿土质量 $m$，准确至0.01 g。

（2）用滴管将酒精注入放有试样的称量盒中，直至盒中出现自由液面为止。为使酒精在试样中充分混合均匀，可将盒底在桌面上轻轻敲击。

（3）点燃盒中酒精，燃至火焰熄灭。

（4）将试样冷却数分钟，按本试验（3）、（4）方法再重新燃烧两次。

（5）待第三次火焰熄灭后，盖好盒盖，立即称干土质量 $m_s$，准确至0.01 g。

（四）结果整理

（1）按下式计算含水率：

$$w = \frac{m - m_s}{m_s} \times 100 \quad \text{（试3-5）}$$

式中：$w$——含水率，%，计算至0.1；

$m$——湿土质量，g；

$m_s$——干土质量，g。

（2）本试验记录格式如试表3.4。

**试表3.4　含水率试验记录(酒精燃烧法)**

工程编号——　　　　　　　　　　　　　试验者——
土样说明——　　　　　　　　　　　　　计算者——
试验日期——　　　　　　　　　　　　　校核者——

| 盒号 | | 1 | 2 | 3 | 4 |
|---|---|---|---|---|---|
| 盒质量/g | (1) | 20 | 20 | 20 | 20 |
| 盒+湿土质量/g | (2) | 38.87 | 40.54 | 40.65 | 40.45 |
| 盒+干土质量/g | (3) | 35.45 | 36.76 | 36.16 | 35.94 |
| 水分质量/g | (4)=(2)-(3) | 3.42 | 3.78 | 4.49 | 4.51 |
| 干土质量/g | (5)=(3)-(1) | 15.45 | 16.76 | 16.16 | 15.94 |
| 含水率/% | (6)=(4)/(5) | 22.1 | 22.6 | 27.8 | 28.3 |
| 平均含水率/% | (7) | 22.4 | | 28.1 | |

（3）精密度和允许差。
本试验须进行二次平行测定，取其算术平均值，允许平行差值应符合试表3.5规定。

**试表3.5　含水率测定的允许平行差值**

| 含水率/% | 允许平行差值/% | 含水率/% | 允许平行差值/% |
|---|---|---|---|
| 5以下 | 0.3 | 40以上 | ≤2 |
| 40以下 | ≤1 | 对层状和网状构造的冻土 | <3 |

（五）报　告
（1）土的鉴别分类和代号。
（2）土的含水率 $w$ 值。

## 试验3.4　T 0107—1993 土的密度试验（环刀法）

（一）目的和适用范围
本试验方法适用于细粒土。

（二）仪器设备
（1）环刀：内径6~8 cm，高2~5.4 cm，壁厚1.5~2.2 mm。
（2）天平：感量0.1 g。
（3）其他：修土刀、钢丝锯、凡士林等。

（三）试验步骤
（1）按工程需要取原状土或制备所需状态的扰动土样，整平两端，环刀内壁涂一薄层凡士林，刀口向下放在土样上。

（2）用修土刀或钢丝锯将土样上部削成略大于环刀直径的土柱，然后将环刀垂直下压，边压边削，至土样伸出环刀上部为止。削去两端余土，使土样与环刀口面齐平，并用剩余土样测定含水率。

（3）擦净环刀外壁，称环刀与土样合计质量 $m_1$，准确至 0.1 g。

（四）结果整理

（1）按下列公式计算湿密度及干密度：

$$\rho = \frac{m_1 - m_2}{V} \qquad \text{（试 3-6）}$$

$$\rho_d = \frac{\rho}{1 + 0.01w} \qquad \text{（试 3-7）}$$

式中：$\rho$——湿密度，$g/cm^3$，计算至 0.01；

$m_1$——环刀与土合质量，g；

$m_2$——环刀质量，g；

$V$——环刀体积，$cm^3$；

$\rho_d$——干密度，$g/cm^3$，计算至 0.01；

$w$——含水率，%。

（2）本试验记录格式如试表 3.6。

**试表 3.6　密度试验记录（环刀法）**

| 土样编号 | | 1 | | 2 | | 3 | |
|---|---|---|---|---|---|---|---|
| 环刀号 | | 1 | 2 | 3 | 4 | 5 | 6 |
| 环刀容积/$cm^3$ | (1) | 100 | 100 | 100 | 100 | 100 | 100 |
| 环刀质量/g | (2) | | | | | | |
| 土 + 环刀质量/g | (3) | | | | | | |
| 土样质量/g | (4) | (3)-(2) | 178.6 | 181.4 | 193.6 | 194.8 | 205.8 | 207.2 |
| 湿密度/($g/cm^3$) | (5) | (4)/(1) | 1.79 | 1.81 | 1.94 | 1.95 | 2.06 | 2.07 |
| 含水率/% | (6) | | 13.5 | 14.2 | 18.2 | 19.4 | 20.5 | 21.2 |
| 干密度/($g/cm^3$) | (7) | $\frac{(5)}{1+0.01(6)}$ | 1.58 | 1.58 | 1.64 | 1.63 | 1.71 | 1.71 |
| 平均干密度/($g/cm^3$) | (8) | | 1.58 | | 1.64 | | 1.71 | |

（3）精密度和允许差。

本试验须进行二次平行测定，取其算术平均值，其平行差值不得大于 0.03 $g/cm^3$。

（五）报　告

（1）土的鉴别分类和状态描述。

（2）土的含水率 $w(\%)$。

（3）土的湿密度 $\rho$ ($g/cm^3$)。

（4）土的干密度 $\rho_d$ ($g/cm^3$)。

## 试验 3.5  T 0112—1993 土的比重试验（比重瓶法）

（一）目的和适用范围

本试验法适用于粒径小于 5 mm 的土。

（二）仪器设备

（1）比重瓶：容量 100（或 50）mL。

（2）天平：称量 200 g，感量 0.001 g。

（3）恒温水槽：灵敏度 ±1 °C。

（4）砂浴。

（5）真空抽气设备。

（6）温度计：刻度为 0～50 °C，分度值为 0.5 °C。

（7）其他：如烘箱、蒸馏水、中性液体（如煤油）、孔径 2 mm 及 5 mm 筛、漏斗、滴管等。

（8）比重瓶校正。

① 将比重瓶洗净、烘干，称比重瓶质量，准确至 0.001 g。

② 将煮沸后冷却的纯水注入比重瓶。对长颈比重瓶注水至刻度处，对短颈比重瓶应注满纯水，塞紧瓶塞，多余水分自瓶塞毛细管中溢出。调节恒温水槽至 5 °C 或 10 °C，然后将比重瓶放入恒温水槽内，直至瓶内水温稳定。取出比重瓶，擦干外壁，称瓶、水总质量，准确至 0.001 g。

③ 以 5 °C 级差，调节恒温水槽的水温，逐级测定不同温度下的比重瓶、水总质量，至达到本地区最高自然气温为止。每级温度均应进行两次平行测定，两次测定的差值不得大于 0.002 g，取两次测值的平均值。绘制温度与瓶、水总质量的关系曲线。

（三）试验步骤

（1）将比重瓶烘干，将 15 g 烘干土装入 100 mL 比重瓶内（若用 50 mL 比重瓶，装烘干土约 12 g），称量。

（2）为排除土中空气，将已装有干土的比重瓶，注蒸馏水至瓶的一半处，摇动比重瓶，土样浸泡 20 h 以上，再将瓶在砂浴中煮沸，煮沸时间自悬液沸腾时算起，砂及低液限黏土应不少于 30 min，高液限黏土应不少于 1h，使土粒分散。注意沸腾后调节砂浴温度，不使土液溢出瓶外。

（3）如系长颈比重瓶，用滴管调整液面恰至刻度处（以弯月面下缘为准），擦干瓶外及瓶内壁刻度以上部分的水，称瓶、水、土总质量。如系短颈比重瓶，将纯水注满，使多余水分自瓶塞毛细管中溢出，将瓶外水分擦干后，称瓶、水、土总质量，称量后立即测出瓶内水的温度，准确至 0.5 °C。

（4）根据测得的温度，从已绘制的温度与瓶、水总质量关系曲线中查得瓶、水总质量。

如比重瓶体积事先未经温度校正，则立即倾去悬液，洗净比重瓶，注入事先煮沸过且与试验时同温度的蒸馏水至同一体积刻度处，短颈比重瓶则注至满，按本试验 3 3 步骤调整液面后，将瓶外水分擦干，称瓶、水总质量。

（5）如系砂土，煮沸时砂粒易跳出，允许用真空抽气法代替煮沸法排除土中空气，其余步骤与本试验（3）、（4）相同。

（6）对含有某一定量的可溶盐、不亲性胶体或有机质的土，必须用中性液体(如煤油)测定，并用真空抽气法排除土中气体。真空压力表读数宜为 100 kPa，抽气时间 1～2 h（直至悬液内无气泡为止），其余步骤同本试验（3）、（4）。

（7）本试验称量应准确至 0.001 g。

## （四）结果整理

（1）用蒸馏水测定时，按下式计算比重：

$$G_s = \frac{m_s}{m_1 + m_s - m_2} \times G_{wt} \qquad （试 3\text{-}8）$$

式中：$G_s$——土的比重，计算至 0.001；

$m_s$——干土质量，g；

$m_1$——瓶、水总质量，g；

$m_2$——瓶、水、土总质量，g；

$G_{wt}$—— $t$ ℃时蒸馏水的比重（水的比重可查物理手册），准确至 0.001。

（2）用中性液体测定时，按下式计算比重：

$$G_s = \frac{m_s}{m_1' + m_s - m_2'} \times G_{kt} \qquad （试 3\text{-}9）$$

式中 $G_s$——土的比重，计算至 0.001；

$m_1'$——瓶、中性液体总质量，g；

$m_2'$——瓶、土、中性液体总质量，g；

$G_{kt}$—— $t$ ℃时中性液体比重（应实测），准确至 0.001。

（3）本试验记录格式如试表 3.7。

**试表 3.7  比重试验记录（比重瓶法）**

工程名称——　　　　　试验方法——　　　　　试验日期——
试验者——　　　　　　计算者——　　　　　　校核者——

| 比重瓶号 | 温度/℃ | 液体比重 | 比重瓶质量/g | 瓶、干土总质量/g | 干土质量/g | 瓶、液总质量/g | 瓶、液、土总质量/g | 与干土同体积的液体质量/g | 比重 | 平均比重值 |
|---|---|---|---|---|---|---|---|---|---|---|
| | (1) | (2) | (3) | (4) | (5) | (6) | (7) | (8) | (9) | |
| | | | | | (4)−(3) | | | (5)+(6)−(7) | (5)/(8)×(2) | |
| 1 | 15.2 | 0.999 | 34.886 | 49.831 | 14.945 | 134.714 | 144.225 | 5.434 | 2.746 | 2.75 |
| 2 | 15.2 | 0.999 | 34.287 | 49.227 | 14.940 | 134.696 | 144.191 | 5.445 | 2.741 | |

## （五）报　告

（1）土的鉴别分类和代号。

（2）土的比重 $G_s$ 值。

## 试验 3.6  T 0118—2007 液限和塑限联合测定法（界限含水率试验）

### （一）目的和适用范围

（1）本试验的目的是联合测定土的液限和塑限，用于划分土类、计算天然稠度和塑性指数，供公路工程设计和施工使用。

（2）本试验适用于粒径不大于 0.5 mm、有机质含量不大于试样总质量 5% 的土。

## （二）仪器设备

（1）圆锥仪：锥质量为 100 g 或 76 g，锥角为 30°，读数显示形式宜采用光电式、数码式、游标式、百分表式。

（2）盛土杯：直径 50 mm，深度 40~50 mm。

（3）天平：称量 200 g，感量 0.01 g。

（4）其他：筛（孔径 0.5 mm）、调土刀、调土皿、称量盒、研钵（附带橡皮头的研杵或橡皮板、木棒）、干燥器、吸管、凡士林等。

## （三）试验步骤

（1）取有代表性的天然含水率或风干土样进行试验。如土中含大于 0.5 mm 的土粒或杂物时，应将风干土样用带橡皮头的研杵研碎或用木棒在橡皮板上压碎，过 0.5 mm 的筛。

取 0.5 mm 筛下的代表性土样 200 g，分开放入 3 个盛土皿中，加不同数量的蒸馏水，土样的含水率分别控制在液限（$a$ 点）、略大于塑限（$c$ 点）和二者的中间状态（$b$ 点）。用调土刀调匀，盖上湿布，放置 18 h 以上。测定 $a$ 点的锥入深度，对于 100 g 锥应为 20 mm ± 0.2 mm，对于 76 g 锥应为 17 mm。测定 $c$ 点的锥入深度，对于 100 g 锥应控制在 5 mm 以下，对于 76 g 锥应控制在 2 mm 以下。对于砂类土，用 100 g 锥测定 $c$ 点的锥入深度可大于 5 mm，用 76 g 锥测定 $c$ 点的锥入深度可大于 2 mm。

（2）将制备的土样充分搅拌均匀，分层装入盛土杯，用力压密，使空气溢出。对于较干的土样，应先充分搓揉，用调土刀反复压实。试杯装满后，刮成与杯边齐平。

（3）当用游标式或百分表式液限塑限联合测定仪试验时，调平仪器，提起锥杆（此时游标或百分表读数为零）、锥头上涂少许凡士林。

（4）将装好土样的试杯放在联合测定仪的升降座上，转动升降旋钮，待锥尖与土样表面刚好接触时停止升降，扭动锥下降旋钮，同时开动秒表，经 5 s 时，松开旋钮，锥体停止下落，此时游标读数即为锥入深度 $h_1$。

（5）改变锥尖与土接触位置（锥尖两次锥入位置距离不小于 1 cm），重复本试验（3）和（4）步骤，得锥入深度 $h_2$。$h_1$、$h_2$ 允许平行误差为 0.5 mm，否则，应重做。取 $h_1$、$h_2$ 平均值作为该点的锥入深度 $h$。

（6）去掉锥尖入土处的凡士林，取 10 g 以上的土样两个，分别装入称量盒内，称质量（准确至 0.01 g），测定其含水率 $w_1$、$w_2$（计算到 0.1%）。计算含水率平均值 $w$。

（7）重复本试验（2）~（6）步骤，对其他两个含水率土样进行试验，测其锥入深度和含水率。

（8）用光电式或数码式液限塑限联合测定仪测定时，接通电源，调平机身，打开开关，提上锥体（此时刻度或数码显示应为零）。将装好土样的试杯放在升降座上，转动升降旋钮，试杯徐徐上升，土样表面和锥尖刚好接触，指示灯亮，停止转动旋钮，锥体立刻自行下沉，5 s 时，自动停止下落，读数窗上或数码管上显示锥入深度。试验完毕，按动复位按钮，锥体复位，读数显示为零。

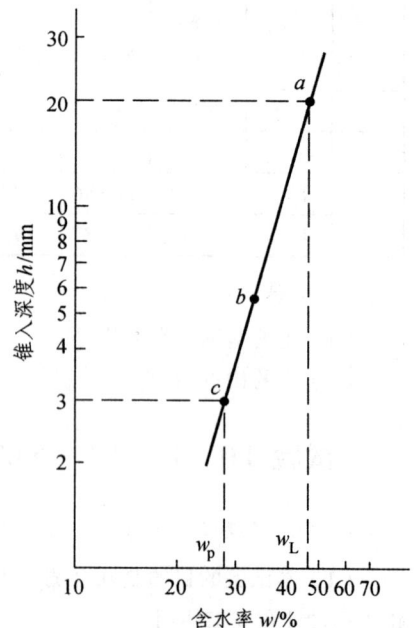

试图 3.1 锥入深度与含水率（$h\text{-}\omega$）关系

(四)结果整理

(1)在双对数坐标上,以含水率 $w$ 为横坐标,锥入深度 $h$ 为纵坐标,点绘 $a$、$b$、$c$ 3 点含水率的 $h$-$w$ 图(见试图 3.1)。连此 3 点,应呈一条直线。

如 3 点不在同一直线上,要通过 $a$ 点与 $b$、$c$ 两点连成两条直线,根据液限($a$ 点含水率)在 $h_p$-$w_L$ 图上查得 $h_p$,以此 $h_p$ 再在 $h$-$w$ 的 $ab$ 及 $ac$ 两直线上求出相应的两个含水率。当两个含水率的差值小于 2% 时,以该两点含水率的平均值与 $a$ 点连成一直线。当两个含水率的差值不小于 2% 时,应重做试验。

(2)液限的确定方法。

① 若采用 76 g 锥做液限试验,则在 $h$-$w$ 图上,查得纵坐标入土深度 $h$ = 17 mm 所对应的横坐标的含水率 $w$,即为该土样的液限 $w_L$。

② 若采用 100 g 锥做液限试验,则在 $h$-$w$ 图上,查得纵坐标入土深度 $h$ = 20 mm 所对应的横坐标的含水率 $w$,即为该土样的液限 $w_L$。

(3)塑限的确定方法

① 根据液限的确定方法求出的液限,通过 76 g 锥入土深度 $h$ 与含水率 $w$ 的关系曲线(试图 3.1),查得锥入土深度为 2 mm 所对应的含水率即为该土样的塑限 $w_p$。

② 根据液限的确定方法②求出的液限,通过液限 $w_L$ 与塑限时入土深度 $h_p$ 的关系曲线(试图 3.2),查得 $h_p$,再由试图 3.1 求出入土深度为 $h_p$ 时所对应的含水率,即为该土样的塑限 $w_p$。查 $h_p$-$w_L$ 关系图时,须先通过简易鉴别法及筛分法(见土的工程分类及 T 0115—1993)把砂类土与细粒土区别开来,再按这两种土分别采用相应的 $h_p$-$w_L$ 关系曲线;对于细粒土,用双曲线确定 $h_p$ 值;对于砂类土,则用多项式曲线确定 $h_p$ 值。

若根据液限的确定方法②求出的液限,当 $a$ 点的锥入深度在(20±0.2)mm 范围内时,应在 $ad$ 线上查得入土深度为 20 mm 处相对应的含水率,此为液限 $w_L$。再用此液限在"见图 3.2 $h_p$-$w_L$ 关系曲线"上找出与之相对应的塑限入土深度 $h'_p$,然后到 $h$-$w$ 图 $ad$ 直线上查得 $h'_p$ 相对应的含水率,此为塑限 $w_p$。

(4)本试验记录格式如试表 3.8。

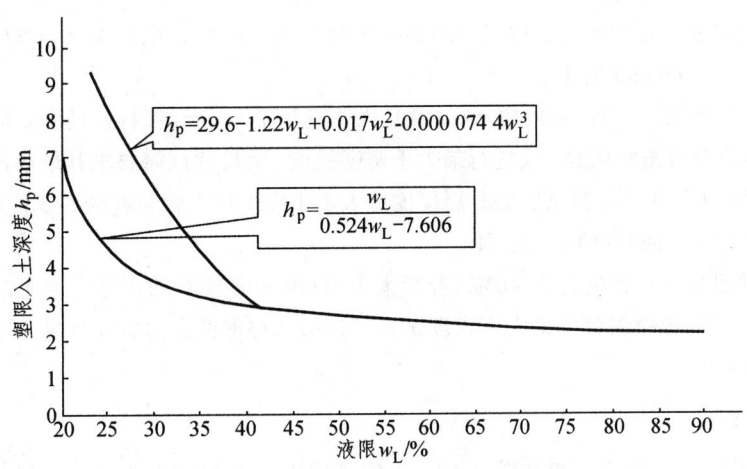

试图 3.2 $h_p$-$w_L$ 关系曲线

**试表 3.8　液限塑限联合试验记录**

工程名称_____　　　　　　　　试验者_____
土样编号_____　　　　　　　　计算者_____
取土深度_____　　　　　　　　校核者_____
土样设备_____　　　　　　　　试验日期_____

| 试验项目 | 试验次数 | 1 | 2 | 3 | | | |
|---|---|---|---|---|---|---|---|
| 入土深度 | $h_1$ | 4.68 | 9.81 | 19.88 | | | |
| | $h_2$ | 4.73 | 9.79 | 20.12 | | | |
| | $1/2(h_1+h_2)$ | 4.71 | 9.80 | 20 | | $w_p$ | $I_p$ |
| 含水率 | 盒号 | | | | 双曲线法 | 27.2 | 14.0 |
| | 盒质量/g | 20 | | | 搓条法 | 26.2 | 15.0 |
| | 盒+湿土质量/g | 25.86 | 27.49 | 30.62 | | | |
| | 盒+干土质量/g | 24.51 | 25.52 | 27.53 | | | |
| | 水分质量/g | 1.35 | 1.97 | 3.09 | 液限 | $w_L=41.2$ | |
| | 干土质量/g | 4.51 | 5.52 | 7.53 | | | |
| | 含水率/% | 29.9 | 35.7 | 41.04 | | | |

（5）精密度和允许差。

本试验须进行两次平行测定，取其算术平均值，以整数(%)表示。其允许差值为：高液限土小于或等于 2%，低液限土小于或等于 1%。

（五）报　告

（1）土的鉴别分类和代号。

（2）土的液限 $w_L$、塑限 $w_p$ 和塑性指数 $I_p$。

## 试验 3.7　T 0131—2007 击实试验（土的击实试验）

（一）目的和适用范围

本试验方法适用于细粒土。

本试验分轻型击实和重型击实。内径 100 mm 试筒适用于粒径不大于 20 mm 的土。内径 152 mm 试筒适用于粒径不大于 40 mm 的土。

当土中最大颗粒粒径大于或等于 40 mm，并且大于或等于 40 mm 颗粒粒径的质量含量大于 5%时，则应使用大尺寸试筒进行击实试验，或进行最大干密度校正。大尺寸试筒要求其最小尺寸大于土样中最大颗粒粒径的 5 倍以上，并且击实试验的分层厚度应大于土样中最大颗粒粒径的 3 倍以上。单位体积击实功能控制在 2 677.2~2 687.0 kJ/m³ 范围内。

当细粒土中的粗粒土总含量大于 40%或粒径大于 0.005 mm 颗粒的含量大于土总质量的 70%（即 $d_{30} \leq 0.005$ mm）时，还应做粗粒土最大干密度试验，其结果与重型击实试验结果比较，最大干密度取两种试验结果的最大值。

（二）仪器设备

（1）标准击实仪（试图 3.3 和试图 3.4）。击实试验方法和相应设备的主要参数应符合试表 3.9 的规定。

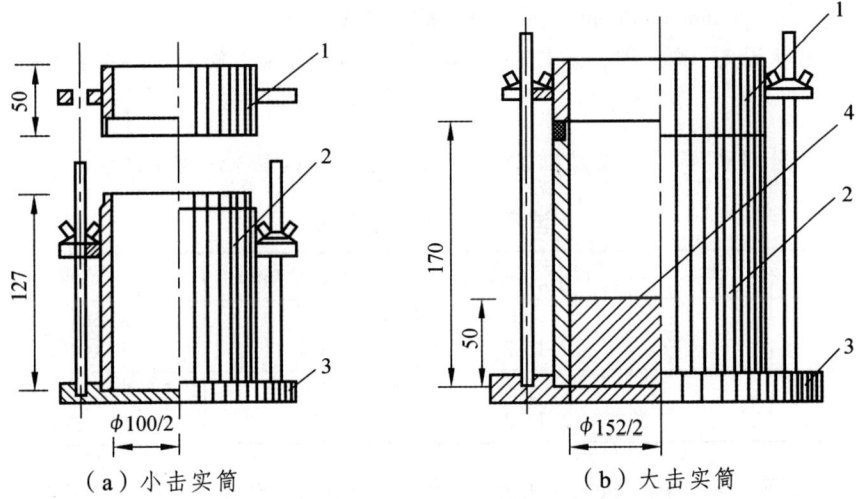

（a）小击实筒　　　　（b）大击实筒

**试图 3.3　击实筒(单位：mm)**

1—套筒；2—击实筒；3—底板；4—垫板

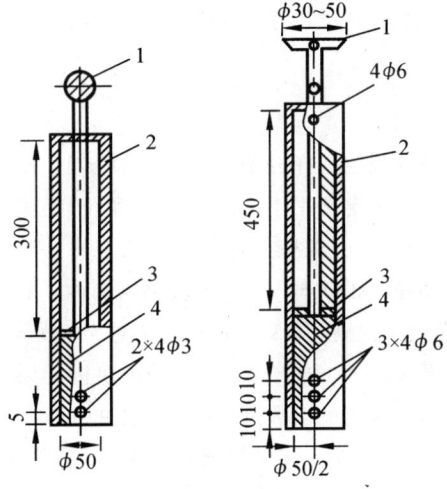

**试图 3.4**

**试表 3.9　击实试验方法种类**

| 试验方法 | 类别 | 锤底直径/cm | 锤质量/kg | 落高/cm | 试筒尺寸 内径/cm | 试筒尺寸 高/cm | 试样尺寸 高度/cm | 试样尺寸 体积/cm³ | 层数 | 每层击数 | 击实功/(kJ/m³) | 最大粒径/mm |
|---|---|---|---|---|---|---|---|---|---|---|---|---|
| 轻型 | Ⅰ-1 | 5 | 2.5 | 30 | 10 | 12.7 | 12.7 | 997 | 3 | 27 | 598.2 | 20 |
| 轻型 | Ⅰ-2 | 5 | 2.5 | 30 | 15.2 | 17 | 12 | 2 177 | 3 | 59 | 598.2 | 40 |
| 重型 | Ⅱ-1 | 5 | 4.5 | 45 | 10 | 12.7 | 12.7 | 997 | 5 | 27 | 2687.0 | 20 |
| 重型 | Ⅱ-2 | 5 | 4.5 | 45 | 15.2 | 17 | 12 | 2 177 | 3 | 98 | 2677.2 | 40 |

（2）烘箱及干燥器。

（3）天平：感量 0.01 g。2.4 台秤：称量 10 kg，感量 5 g。

（4）圆孔筛：孔径 40 mm、20 mm 和 5 mm 各 1 个。

（5）拌和工具：400 mm×600 mm、深70 mm的金属盘，土铲。

（6）其他：喷水设备、碾土器、盛土盘、量筒、推土器、铝盒、修土刀、平直尺等。

（三）试　样

（1）本试验可分别采用不同的方法准备试样。各方法可按试表3.10准备试料。

**试表3.10　试料用量**

| 使用方法 | 类别 | 试筒内径/cm | 最大粒径/mm | 试料用量/kg |
|---|---|---|---|---|
| 干土法，试样不重复使用 | b | 10<br>15.2 | 20<br>40 | 至少5个试样，每个3<br>至少5个试样，每个6 |
| 湿土法，试样不重复使用 | c | 10<br>15.2 | 20<br>40 | 至少5个试样，每个3<br>至少5个试样，每个6 |

（2）干土法(土不重复使用)。按四分法至少准备5个试样，分别加入不同水分(按2%～3%含水率递增)，拌匀后闷料一夜备用。

（3）湿土法(土不重复使用)。对于高含水率土，可省略过筛步骤，用手拣除大于40 mm的粗石子即可。保持天然含水率的第一个土样，可立即用于击实试验。其余几个试样，将土分成小土块，分别风干，使含水率按2%～3%递减。

（四）试验步骤

（1）根据工程要求，按试表3.9规定选择轻型或重型试验方法。根据土的性质（含易击碎风化石数量多少、含水率高低），按试表3.10规定选用干土法(土不重复使用)或湿土法。

（2）将击实筒放在坚硬的地面上，在筒壁上抹一薄层凡士林，并在筒底（小试筒）或垫块（大试筒）上放置蜡纸或塑料薄膜。取制备好的土样分3～5次倒入筒内。小筒按三层法时，每次800～900 g（其量应使击实后的试样等于或略高于筒高的1/3）；按五层法时，每次400～500 g（其量应使击实后的土样等于或略高于筒高的1/5）。对于大试筒，先将垫块放入筒内底板上，按三层法，每层需试样1 700 g左右。整平表面，并稍加压紧，然后按规定的击数进行第一层土的击实，击实时击锤应自由垂直落下，锤迹必须均匀分布于土样面，第一层击实完后，将试样层面"拉毛"然后再装入套筒，重复上述方法进行其余各层土的击实。小试筒击实后，试样不应高出筒顶面5 mm；大试筒击实后，试样不应高出筒顶面6 mm。

（3）用修土刀沿套筒内壁削刮，使试样与套筒脱离后，扭动并取下套筒，齐筒顶细心削平试样，拆除底板，擦净筒外壁，称量，准确至1 g。

（4）用推土器推出筒内试样，从试样中心处取样测其含水率，计算至0.1%。测定含水率用试样的数量按试表3.11规定取样（取出有代表性的土样）。两个试样含水率的精度应符合本试验第（五）之（6）条的规定。

**试表3.11　测定含水率用试样的数量**

| 最大粒径/mm | 试样质量/g | 个数 |
|---|---|---|
| <5 | 15～20 | 2 |
| 约5 | 约50 | 1 |
| 约20 | 约250 | 1 |
| 约40 | 约500 | 1 |

(5) 对于干土法 (土不重复使用) 和湿土法 (土不重复使用), 将试样搓散, 然后按本试验第 3 条方法进行洒水、拌和, 每次增加 2%～3% 的含水率, 其中有两个大于和两个小于最佳含水率, 所需加水量按下式计算:

$$m_w = \frac{m_i}{1+0.01w_i} \times 0.01(w-w_i)$$
(试 3-10)

式中: $m_w$ ——所需的加水量, g;
$m_i$ ——含水率 $w_i$ 时土样的质量, g;
$w_i$ ——土样原有含水率, %;
$w$ ——要求达到的含水率, %。

按上述步骤进行其他含水率试样的击实试验。

(五) 结果整理

(1) 按下式计算击实后各点的干密度:

$$\rho_d = \frac{\rho}{1+0.01w}$$
(试 3-11)

式中: $\rho_d$ ——干密度, g/cm³, 计算至 0.01;
$\rho$ ——湿密度, g/cm³;
$w$ ——含水率, %。

(2) 以干密度为纵坐标, 含水率为横坐标, 绘制干密度与含水率的关系曲线 (参见图 3.5), 曲线上峰值点的纵、横坐标分别为最大干密度和最佳含水率。如曲线不能绘出明显的峰值点, 应进行补点或重做。

(3) 按下式计算饱和曲线的饱和含水率 $w_{max}$, 并绘制饱和含水率与干密度的关系曲线图。

$$w_{max} = \left[\frac{G_s\rho_w(1+w)-\rho}{G_s\rho}\right] \times 100$$
(试 3-12)

或

$$w_{max} = \left(\frac{\rho_w}{\rho_d} - \frac{1}{G_s}\right) \times 100$$
(试 3-13)

式中: $w_{max}$ ——饱和含水率, %, 计算至 0.01;
$\rho$ ——试样的湿密度, g/cm³;
$\rho_w$ ——水在 4℃ 时的密度, g/cm³;
$\rho_d$ ——试样的干密度, g/cm³;
$G_s$ ——试样土粒比重, 对于粗粒土, 则为土中粗细颗粒的混合比重;
$w$ ——试样的含水率, %。

(4) 当试样中有大于 40 mm 的颗粒时, 应先取出大于 40 mm 的颗粒, 并求得其百分率 $p$, 把小于 40 mm 部分做击实试验, 按下面公式分别对试验所得的最大干密度和最佳含水率进行校正 (适用于大于 40 mm 颗粒的含量小于 30% 时)。

最大干密度按下式校正:

$$\rho'_{dm} = \cfrac{1}{\cfrac{1-0.01p}{\rho_{dm}} + \cfrac{0.01p}{\rho_w G'_s}}$$ （试 3-14）

式中：$\rho'_{dm}$ ——校正后的最大干密度，g/cm³，计算至 0.01；

$\rho_{dm}$ ——用粒径小于 40 mm 的土样试验所得的最大干密度，g/cm³；

$p$ ——试料中粒径大于 40 mm 颗粒的百分率，%；

$G'_s$ ——粒径大于 40 mm 颗粒的毛体积比重，计算至 0.01。

最佳含水率按下式校正：

$$w'_0 = w_0(1-0.01p) + 0.01pw_2$$ （试 3-15）

式中：$w'_0$ ——校正后的最佳含水率，%，计算至 0.01；

$w_0$ ——用粒径小于 40 mm 的土样试验所得的最佳含水率，%；

$p$ ——同前；

$w_2$ ——粒径大于 40 mm 颗粒的吸水量，%。

（5）本试验记录格式如试表 3.12。

**试表 3.12　击实试验记录**

校核者_____　　　计算者_____　　　试验者_____

| 土样编号 | | 筒号 | | | 落距 | | 45cm | |
|---|---|---|---|---|---|---|---|---|
| 土样来源 | | 筒容积 | 997 cm³ | | 每层击数 | | 27 | |
| 试验日期 | | 击锤质量 | 4.5 kg | | 大于 5 mm 颗粒含量 | | | |

| | 试验次数 | 1 | | 2 | | 3 | | 4 | 5 |
|---|---|---|---|---|---|---|---|---|---|
| 干密度 | 筒+土质量/g | 2981.8 | | 3057.1 | | 3130.9 | | 3215.8 | 3191.1 |
| | 筒质量/g | 1103 | | 1103 | | 1103 | | 1103 | 1103 |
| | 湿土质量/g | 1878.8 | | 1954.1 | | 2027.9 | | 2112.8 | 2088.1 |
| | 湿密度/(g/cm³) | 1.88 | | 1.96 | | 2.03 | | 2.12 | 2.09 |
| | 干密度/(g/cm³) | 1.71 | | 1.75 | | 1.80 | | 1.83 | 1.76 |
| 含水率 | 盒号 | | | | | | | | |
| | 盒+湿土质量/g | 35.60 | 35.44 | 33.93 | 33.69 | 32.88 | 33.16 | 33.13 | 34.09 | 36.96 | 38.31 |
| | 盒+干土质量/g | 34.16 | 34.02 | 32.45 | 32.26 | 31.40 | 31.64 | 31.36 | 32.15 | 34.28 | 35.36 |
| | 盒质量/g | 20 | 20 | 20 | 20 | 20 | 20 | 20 | 20 | 20 | 20 |
| | 水质量/g | 1.44 | 1.42 | 1.48 | 1.43 | 1.48 | 1.52 | 1.77 | 1.94 | 2.68 | 2.95 |
| | 干土质量/g | 14.16 | 14.02 | 12.45 | 12.26 | 11.40 | 11.64 | 11.36 | 12.15 | 14.28 | 15.36 |
| | 含水率/% | 10.3 | 10.1 | 11.9 | 11.7 | 13.0 | 13.0 | 15.6 | 16.0 | 18.8 | 19.2 |
| | 平均含水率/% | 10.2 | | 11.8 | | 13.0 | | 15.8 | | 19.0 | |
| | 最佳含水率 = 15.0% | | | | | 最大干密度 = 1.83 g/cm³ | | | | |

（6）精密度和允许差。

本试验含水率须进行两次平行测定，取其算术平均值，允许平行差值应符合试表 3.13 规定。

**试表 3.13　含水率测定的允许平行差值**

| 含水率/% | 允许平行差值/% | 含水率/% | 允许平行差值/% | 含水率/% | 允许平行差值/% |
|---|---|---|---|---|---|
| 5 以下 | 0.3 | 40 以下 | ≤1 | 40 以上 | ≤2 |

（六）报　告

（1）土的鉴别分类和代号。

（2）土的最佳含水率 $w_0$(%)。

（3）土的最大干密度 $\rho_{dm}$ (g/m³)。

## 试验 3.8　T 0805—2007 无机结合料稳定土的无侧限抗压强度试验

（一）目的与适用范围

为路面施工中无机结合料细粒土、中粒土和粗粒土配合比设计提供数据，同时也可用此方法检验路面结构强度是否满足要求。

（二）仪器设备

（1）圆孔筛：孔径 40 mm、25 mm（或 20 mm）及 5 mm 的筛各一个。

（2）试模：适用于下列不同土的试模尺寸为：

细粒土（最大粒径不超过 10 mm）：试模的直径×高 = 50 mm×50 mm

中粒土（最大粒径不超过 25 mm）：试模的直径×高 = 100 mm×100 mm

粗粒土（最大粒径不超过 40 mm）：试模的直径×高 = 150 mm×150 mm

（3）脱模器。

（4）反力框架：规格为 400 kN 以上。

（5）液压千斤顶：200～1 000 kN。

（6）夯锤与导管：夯锤底面直径 50 mm，总质量 4.5 kg。夯锤在导管内的总行程为 450 mm。

（7）密封湿气箱或湿气池应设在能保持恒温的小房间内（6～8 m²，高 2 m；热天用空调保持恒温，冷天用温度控制器或电炉保持恒温）。

（8）水槽：深度应大于试件高度 50 mm。

（9）路面材料强度试验仪或其他合适的压力机（不大于 200 kN）。

（10）天平：感量 0.01 g。

（11）台秤：称量 10 kg，感量 5 g。

（12）量筒、拌和工具、漏斗、大小铝盒、烘箱等。

（三）试验准备

将有代表性的风干试样（必要时也可以在 50℃ 烘箱内烘干），用木槌或木碾捣碎，但应避免破碎粒料的原粒径。将土过筛并进行分类。如试样为粗粒土，则除去大于 40 mm 的颗粒备用；如试样为中粒土，则除去大于 25 mm 或 20 mm 的颗粒备用；如试样为细粒土，则除去大于 10 mm 的颗粒备用。

在预定做试验的前一天，取有代表性的试样测定其风干含水量。对细粒土，试样应不少于 100 g；对粒径小于 25 mm 的中粒土，试样应不少于 1 000 g；对于粒径小于 40 mm 的粗粒土，试样的质量应不少于 2 000 g。

用击实试验法确定无机结合料混合料的最佳含水率和最大干密度。

（四）试验步骤

1. 试件制作

（1）同一无机结合料剂量的混合料，应在相同试验状态下做规定数量的试件；无机结合料稳定细粒土至少制作 6 个试件；无机结合料稳定中粒土和粗粒土分别制作 9 个和 13 个试件。

（2）制作步骤。

① 称取一定数量的风干土并计算土的干质量，按试件尺寸的大小称取不同的数量；对于 50 mm × 50 mm 的试件，1 个试件需干土 180 ~ 210 g；对于 100 mm × 100 mm 的试件，1 个试件需干土 1 700 ~ 1 900 g；对于 150 mm × 150 mm 的试件，1 个试件需干土 5 700 ~ 6 000 g。

细粒土一次可称取 6 个试件的土，中粒土一次可称取 3 个试件的土，粗粒土一次只称取 1 个试件的土。

② 将称好的土放在长方盘（约 400 mm × 600 mm × 70 mm）内。向土中加水，对于细粒土（特别是黏性土）使其含水量较最佳含水量小 3%，对于中粒土和粗粒土可按最佳含水量加水。将土和水拌和均匀后放在密闭容器内浸润备用。如为石灰稳定土和水泥、石灰综合稳定土，可将石灰与土一起拌匀后进行浸润。

浸润时间：12 ~ 24 h，粉性土 6 ~ 8 h，砂性土、沙砾土、红土沙砾、级配沙砾等可缩短到 4 h 左右，含土很少的未筛分碎石、沙砾及砂可以缩短到 2 h。

③ 在浸润过的试样中，加入预定数量的水泥或石灰并拌和均匀。拌和过程中，应将预留的 3% 的水（对于细粒土）加入土中，使混合料的含水量达到最佳含水量。拌和均匀的加水泥的混合料应在 1 h 内按下述方法制成试件，超过 1 h 的混合料应该作废。其他结合料稳定土，混合料虽不受限制，但也应尽快制成试件。

④ 按预定的干密度制件：用反力框架和液压千斤顶制作。制备一个预定干密度的试件，需要的稳定土混合料数量 $m_1$（g）随试模的尺寸而变。

$$m_1 = \rho_d V(1 + w)$$

式中：$V$——试模的体积；

$w$——稳定土混合料的含水量，%；

$\rho_d$——稳定土试件的干密度，g/cm³。

事先在试模的内壁及上下压柱的底面涂一薄层机油。将试模的下压柱放入试模的下部，外露 2 cm 左右。将称量的规定数量 $m_1$（g）的稳定土混合料分 2 ~ 3 次灌入试模中（利用漏斗），每次灌入后用夯棒轻轻均匀插实。如制的是 50 mm × 50 mm 的小试件，则可将混合料一次倒入试模中。然后将上压柱放入试模内，应使其也外露 2 cm 左右（即上下压柱露出试模外的部分应该相等）。

将整个试模（连同上下压柱）放到反力框架内的液压千斤顶上（液压千斤顶下应放一扁球座），加压直到上下压柱都压入试模为止。维持压力 1 min。解除压力后，拿去上压柱，并放到脱模器上将试件顶出（利用千斤顶和下压柱）。称出试件的质量 $m_2$，小试件准确到 1 g，中试件准确到 2 g，大试件准确到 5 g。然后用游标卡尺量出试件的高度，准确到 0.1 mm。

用锤击试件，步骤同前。只是用击锤（可以利用作击实试验的锤，但压柱顶面需要垫一块牛皮或胶皮，以保护锤面和压柱顶面不受损伤）将上下压柱打入试模内。

⑤ 养生：试件从试模内脱出并称量后，应立即放到密封湿气箱和恒温室内进行保温保湿养生。但中试件和大试件应先用塑料薄膜包裹。有条件时，可采用蜡封保湿养生。养生时间根据需要而定，作为工地控制 7 d。整个养生期间的温度，在北方地区应保持（20±2）℃，在南方地区应保持（25±2）℃。

养生期的最后一天，应将试件浸泡在水中，水深应使水面在试件顶上约 2.5 cm。在浸泡水中之前，应再次称试件的质量 $m_3$。在养生期间，试件的质量损失应该符合下列规定：小试件不超过 1 g；中试件不超过 4 g；大试件不超过 10 g。质量损失超过此规定的试件，应该作废。

2. 无侧限抗压强度试验

（1）将浸水一昼夜的试件从水中取出，用软的旧布吸去试件表面的可见自由水，并称试件的质量 $m_4$。

（2）用游标卡尺量试件的高度，准确到 0.1 mm。

（3）将试件放在路面材料强度试验仪的升降台上（台上先放一扁球座），进行抗压试验。

试验过程中，应使试件的形变等速增加，并保持形变速率约为 1 mm/min。记录试件破坏时的最大压力 $P$（N）。

（4）从试件内部取有代表性的样品（经过打破），测定其含水量 $w_1$。

（5）试件的无侧限抗压强度 $R_c$，用下列相应的公式计算：

对小试件 $\qquad R_c = P/A = 0.000\,51P$ MPa

对于中试件 $\qquad R_c = P/A = 0.000\,127P$ MPa

对于大试件 $\qquad R_c = P/A = 0.000\,057P$ MPa

式中：$P$——试件破坏时的最大压力，MPa

$A$——试件的截面面积（$A = \pi/4 \times D^2$，$D$ 为试件直径，单位 mm）。

（6）精密度或允许差：若干次平行试验的偏差系数 $C_v$（%）应符合下列规定：

小试件　　　　　不大于 10%

中试件　　　　　不大于 15%

大试件　　　　　不大于 20%

（五）结果整理

试验报告应包括以下内容：

（1）材料的颗粒组成。

（2）水泥的种类同强度等级或石灰的等级。

（3）确定最佳含水量时的结合料用量以及最佳含水量（%）和最大干密度（g/cm³）。

（4）石灰或水泥剂量（%）或石灰（或水泥）、粉煤灰和集料的比例。

（5）试件的干密度（准确到 0.01 g/cm³）或压实度。

（6）吸水量以及测抗压强度时的含水量（%）。

（7）抗压强度：小于 2.0 MPa 时，采用两位小数，并用偶数表示；大于 2.0 MPa 时，采用一位小数。

（8）若干个试验结果的最大值和最小值、平均值 $R_c$、标准差 $S$、偏差系数 $C_v$ 和 95% 的概率值 $R_{c,0.95} = (R_c - 1.645S)$。

（六）试验记录（试表 3.14）

### 试表 3.14　无侧限抗压强度试验

工程名称_____　　　　　　　　试件尺寸/cm_____

路段范围_____　　　　　　　　养生龄期/d_____

混合料名称_____　　　　　　加载速度 mm/min_____

结合料剂量/%_____　　　　　试验者_____

最大干密度/(g/cm³)_____　　校核者_____

试件压实度/%_____　　　　　试验日期_____

| 试验号 | | | | | |
|---|---|---|---|---|---|
| 试件制备方法 | | | | | |
| 制作日期 | | | | | |
| 试验日期 | | | | | |
| 养生前试件质量（$m_2$）/g | | | | | |
| 浸水前试件质量（$m_3$）/g | | | | | |
| 浸水后试件质量（$m_4$）/g | | | | | |
| 养生期间的质量损失①（$m_2-m_3$）/g | | | | | |
| 吸水量（$m_4-m_3$）/g | | | | | |
| 养生前试件的高度（$h$）/cm | | | | | |
| 浸水后试件的高度（$h$）/cm | | | | | |
| 试验的最大压力（$P$）/N | | | | | |
| 无侧限抗压强度（$R_c$）/MPa | | | | | |

注：① 指水分损失。如养生后试件掉粒或掉块，不作为水分损失。

# 第四章　水泥混凝土和砂浆

### 知识目标

1. 掌握新拌混凝土的工作性质和硬化后混凝土的力学性质；
2. 掌握砂浆组成材料的技术性质；
3. 掌握普通混凝土及砂浆配合比设计步骤。

### 能力目标

1. 能掌握混凝土配合比设计及质量评定方法；
2. 能合理选用混凝土常用的外加剂；
3. 能按规范要求进行水泥普通混凝土配合比设计和砂浆配合比设计。

### 引　言

水泥混凝土是道路与桥梁工程建设中，应用最广泛、用量最大的建筑材料之一。随着现代高等级公路的发展，水泥混凝土与沥青混凝土一样，成为高等级路面的主要建筑材料。在现代公路桥梁中，钢筋混凝土桥是最主要的一种桥型，广泛应用于高等级公路和立交工程。

## 第一节　水泥混凝土的分类

水泥混凝土是由水泥、水和粗、细集料按适当比例配合、拌制成拌和物，经一定时间硬化而成的人造石材。这种材料具有许多优点：具有较高的抗压强度，施工简单，可以浇筑成任意形状、不同强度、不同性能的建筑物；能适应各种环境，具有耐久、防渗、耐火、耐蚀、减少环境污染等特点；原材料来源广泛，价格低廉。因此，水泥混凝土已成为路桥工程的主要建筑材料。但水泥混凝土也存在着抗拉强度低、受拉时变形能力小、容易受温度湿度变化而开裂、自重大、拆除不易等缺点。

### 一、按表观密度分类

（1）普通混凝土。由天然砂、卵石或碎石为集料的混凝土，一般干表观密度约为 2 400 kg/m³（通常波动在 2 350 ~ 2 500 kg/m³ 范围），是道路路面和桥梁结构中最常用的混凝土。

（2）轻混凝土。现代大跨度钢筋混凝土桥梁为减轻结构自重，往往采用各种轻集料配制成轻集料结构混凝土，达到轻质高强，以增大桥梁的跨度。这种混凝土通常干表观密度可以小至 1 900 kg/m³。

（3）重混凝土。为了屏蔽各种射线的辐射，采用各种高密度集料配制的混凝土，这种混凝土的干表观密度可达 3 200 kg/m³。

## 二、按强度分类

（1）低强度混凝土。抗压强度小于 20 MPa。

（2）中强度混凝土。抗压强度 20~50 MPa；中小桥涵工程一般都采用中强度混凝土。

（3）高强度混凝土。抗压强度 50~80 MPa 的混凝土称为高强混凝土。为了减轻自重、增大跨径，现代高架公路、立体交叉和大型桥梁等混凝土结构均采用高强混凝土。

1. 组成材料技术要求

（1）优质高强水泥。高强混凝土用水泥的矿物成分中 $C_3S$ 和 $C_3A$ 含量应较高，特别是 $C_3S$ 含量要高。水泥经两次振动磨细后，细度（比表面积）应达到 4 000~6 000 cm²/g 以上。

（2）拌和水。采用磁化水拌和。磁化水是普通的水以一定速度流经磁场，由于磁化作用提高水的活性。用磁化水拌制混凝土，使水泥水化更完全、充分，因而可提高混凝土强度 30%~50%。

（3）硬质高强的集料。粗集料应使用质地坚硬、级配良好的碎石。骨料的抗压强度应比所配制的混凝土强度高 50%以上。含泥量应小于 1%，针片状颗粒含量应小于 5%，骨料的最大粒径宜小于 26.5 mm。

（4）外加剂。高强混凝土均采用减水剂及其他外加剂。应选用优质高效的减水剂。

2. 技术性能

（1）高强度混凝土可有效地减轻自重。

（2）可大幅度地提高混凝土的耐久性。

（3）在大跨度的结构物中采用高强度混凝土可大大减少材料用量及成本，获得显著的经济效益。

## 三、按掺加的材料类型分类

### （一）钢纤维混凝土

钢纤维混凝土是以水泥混凝土为基材，与不连续而分散的纤维为增强材料所组成的一种复合材料。掺入的钢纤维可以改善混凝土的脆性，从而提高混凝土的抗拉强度和韧性。

1. 钢纤维混凝土的力学性能

（1）弯拉强度同抗拉强度较高。

（2）抵抗动载振动冲击能力很强。

（3）具有极高的耐疲劳性能。

（4）是有柔韧性的复合材料。

（5）有抗冻胀和抗盐冻脱皮性能，但不耐锈蚀，价格高，热传导系数大，不适用于有隔热要求的混凝土路面。

**2. 钢纤维混凝土的组成设计**

（1）水灰比的确定和计算：根据混凝土配制弯拉强度计算水灰比且确定满足耐久性要求的水灰比。

（2）确定钢纤维掺量体积率：由钢纤维混凝土板厚设计折减系数（0.65~0.70）、钢纤维长径比（30~100）、端锚外形等，由试验初选钢纤维掺量体积率，或由经验确定。

（3）根据路面不同摊铺方式所要求的坍落度确定单位用水量。

（4）计算单位水泥用量：桥面与路面钢纤维混凝土，单位水泥用量为 360~450 kg/m³。但不宜大于 500 kg/m³。

（5）确定砂率：一般采用 38%~50%，也可计算或试配调整后得到。

（6）按体积法或质量法确定粗、细集料用量。具体见普通水泥混凝土配合比设计。

（7）应根据工程要求进行抗压强度、弯拉强度及施工和易性等试验。

**3. 工程应用**

钢纤维与混凝土组成复合材料后，可使混凝土的抗弯拉强度、抗裂强度、韧性和冲击强度等性能得到改善，所以钢纤维混凝土广泛应用于道路与桥隧工程中，如机场道面、高等级路面、桥梁桥面铺装和隧道衬砌等工程。

### （二）粉煤灰泵送混凝土

泵送混凝土中掺加粉煤灰，可扩大泵送适应范围，改善混凝土拌和物的和易性，降低泵送压力，减少机械磨损，减少水泥用量，充分发挥混凝土的后期强度。

### （三）无砂大孔混凝土

无砂大孔混凝土由水泥、粗集料和水拌和而成。由于没有细集料，所以其中存在着大量较大的孔洞。与普通混凝土相比，无砂大孔混凝土具有以下优点：表观密度小，通常为 1 400~1 900 kg/m³；热传导系数小，水的毛细现象不显著；水泥用量少，混凝土侧压力小，可使用各种轻型模板，如钢丝网模板、胶合板模板等；表面存在蜂窝状孔洞，抹面施工方便；由于少用了一种材料（砂），简化了运输及现场管理，施工简便，靠自重落料即可成型，不需插捣，对工人技术水平要求不高。

## 四、按混凝土的性能分类

### （一）流态混凝土

流态混凝土是在预拌的坍落度为 80~120 mm 的基体混凝土拌和物中，加入外加剂——流化剂，经过二次搅拌，使基体混凝土拌和物的坍落度等于或大于 160 mm，能自流填满模型或钢筋间隙的混凝土，又称超塑性混凝土。

**1. 流态混凝土的组成材料**

流态混凝土是由基体混凝土和流化剂组成的新型混凝土。

（1）基体混凝土组成。水泥用量一般不低于 300 kg/m³，粗集料最大粒径不大于 19 mm，细集料含有一定数量小于 0.3 mm 的粉料，砂率通常可达 45%左右。基体混凝土拌和物的坍落度值应与流化后拌和物的坍落度值相匹配，通常两值之差约 10 cm 左右。

（2）流化剂。属高效减水剂。流化剂的用量一般为水泥用量的 0.5% ~ 0.7%，如超过 0.7% 坍落度并无明显增加，但易产生离析现象。

（3）掺和料。在流态混凝土中常掺加优质粉煤灰，可改善流动性、提高强度、节约水泥。

2. 流态混凝土的技术性能

（1）抗压强度。一般情况下，流态混凝土与基体混凝土相比较，同龄期的强度无甚差别。但是由于有些流化剂可起到一定早强作用，因而使流态混凝土的强度有所提高。

（2）弹性模量。掺加流化剂后，混凝土的弹性模量与抗压强度一样，未见有明显差别。

（3）与钢筋的黏结强度。由于流化剂使混凝土拌和物的流动性增加，所以流态混凝土较普通混凝土与钢筋的黏结强度有所提高。

（4）徐变和收缩。流态混凝土的徐变较基体混凝土稍大，而与普通大流动性混凝土接近。流态混凝土收缩与流化剂的品种和掺加量有关。掺加缓凝型流化剂时，其收缩比基体混凝土大。

（5）抗冻性。流态混凝土的抗冻性比基体混凝土稍差，与大流动性混凝土接近。

（6）耐磨性。试验表明，流态混凝土的耐磨性较基体混凝土稍差，作为路面混凝土应考虑提高耐磨性措施。

3. 工程应用

流态混凝土的流动性好，能自流填满模型或钢筋间隙，适于泵送，施工方便。由于使用流化剂，可大幅度降低水灰比而不需多用水泥，避免了水泥浆多带来的缺点，可制得高强、耐久、不渗水的优质混凝土，一般有早强和高强效果；流态混凝土流动度大，但无离析和泌水现象。

流态混凝土在道路与桥梁工程中的应用日益广泛。例如，越江隧道的水泥混凝土路面，斜拉桥的混凝土主塔，以及地铁的衬砌封顶等均须采用流态混凝土。

### （二）干硬性混凝土

具有用水量小、水灰比小、含砂率小、快硬、高强、密实性好，抗冻性、抗渗性强，收缩小等特点，对节约水泥、提高质量、降低成本、提高模板周转率、保证工期等有十分重要的意义。

### （三）贫混凝土

主要供道路路面结构的基层、底基层以及一些机场道面结构中使用。这种混凝土的集料的品质是经过配制和控制的，其主要特点是"贫"，也就是其水泥含量很低（典型值为 100 ~ 140 kg/m³）。

贫混凝土分两类：一是干贫混凝土；二是湿贫混凝土。前者是干硬性的，一般情况下不能用，只适于用振动式路碾或振动板使其密实。如用滑模摊铺机进行混凝土底基层铺筑，则需要很高的稠度。所以，一般用的较湿的、同样其水泥量也很低的混凝土是湿贫混凝土。

彩色水泥混合料系由普通硅酸盐水泥或白色硅酸盐水泥、砂、碎石以及颜料、外加剂拌和而成的新型混合料。通过一定的生产加工工艺，可制成色泽鲜明的彩色水泥净浆砂浆、混凝土预制成品供现场浇灌、修筑应用。

1. 原材料组成

彩色水泥混合料是以水泥（胶凝材料）、砂、碎石或白云石（集料）为主要成分，掺以颜料和其他外加剂配制而成，应用原材料性状分述如下：

（1）水泥。水泥作为胶凝材料，是保证强度、耐久性和胶结颜料、集料的主要原料。应用的水泥品种有白色硅酸盐水泥、矿渣硅酸盐水泥、普通硅酸盐水泥。上述水泥经测试，各项品质指标均应符合国家规定。

（2）集料。采用的集料有常规砂和碎石。在镶嵌式砌块中，还以白云石子作面层集料。集料在彩色混合料中仍起骨料作用，但集料本身色泽深浅及表面粗糙程度还将直接影响彩色混合料中颜料的用量、效果和着色程度。

（3）颜料。颜料是彩色水泥混合料区分于普通水泥混合料的特征材料。要求有优异的染色、遮盖性能和分散性，而且在碱性条件下不得褪色变色，对用于长年经受风吹、日晒、雨淋的部位，还要求颜料有较好的耐水、耐候性。

2. 工程应用

彩色水泥混合料及其制品应用于城镇道路，建筑物面墙和室内地坪装饰，住宅区道路，名胜古迹、园林等游览区道路，停车场，游泳场休息地坪，或作为安全设施标志使用，也可用作桥面铺装、隧道路面或码头、港口、机场地坪，并可采用多种色彩拼成图案，用以美化城市和周围环境。

### （四）超塑早强混凝土

是指水泥、黄砂、碎石和水等在适当配合比下用搅拌机搅拌一定时间，再掺入适量早强剂、高效减水剂，经规定时间搅拌均匀而成的混凝土。

1. 组成材料

（1）水泥。对于超塑早强路面混凝土，要求选择具有早强及后期强度发展保持稳定的水泥。如普通硅酸盐水泥、硅酸盐水泥、早强型硅酸盐水泥、早强型硫铝酸盐水泥，并且水泥的各项指标不低于国家的有关规定。

（2）细集料。混凝土用砂应具有高的密度和小的比表面积，以保证混凝土混合料有适宜的工作性，硬化后有足够的强度和耐久性，同时又能达到节约水泥的目的。超塑早强路面混凝土宜采用中砂。砂的质量必须符合《建筑用砂》（GB/T 14684—2001）的各项指标。

（3）粗集料。粗集料的粒状以接近正立方体为佳。表面粗糙且多棱角的碎石集料，与水泥的黏结性能好。粗集料的级配可采用连续级配或间断级配。选用集料时应避免含有活性二氧化硅的岩石，防止产生"碱-集料反应"。

粗集料的质量必须符合《建筑用卵石、碎石》（GB/T 14685—2001）的质量指标。

（4）外加剂。在超塑早强路面混凝土中，外加剂也是提高混凝土早期强度的一种有力措施。可以掺入各种外加剂，如早强减水剂、早强剂、缓凝剂、引气剂等。

（5）水。用于拌制和养护混凝土的水，不应含有影响水泥正常凝结硬化的有害物质。工业废水、污水、沼泽水、pH值小于4的酸性水等不宜使用。凡能饮用的自来水和清洁的天然水，一般都可使用。混凝土拌和用水应符合《混凝土拌和用水标准》。

2. 技术性能

超塑早强混凝土具有早期强度高、路面致密性好、施工和易性好等特点，有利于改善施工操作，并在节能、降低劳动强度和机械损耗等方面均有良好效果。对要求早强的混凝土路面修补工程，可达到缩短工期，提前开放交通的目的。一般 3~6 d 就能开放交通。

3. 工程应用

超塑早强水泥混凝土广泛应用于道路新建工程、市区道路改造工程以及桥梁抢修工程的桥面铺装等。它具有显著的技术经济效益。

### （五）特快硬混凝土

特快硬混凝土是由硫铝酸盐超早强水泥、砂、石及掺加一定量 SN-Ⅱ 减水剂和其他外加剂复合配制而成的，具有快硬、凝结时间短、4 h 强度达 20 MPa 左右的特性。可以作为一种紧急抢修工程的理想材料。

1. 组成材料

1）硫铝酸盐超早强水泥

硫铝酸盐超早强水泥具有速凝、快硬、早强、微膨胀、宽水灰比、低温性能好、抗硫铝酸盐侵蚀等性能。超早强水泥凝结时间，初凝一般为 3~9 min，终凝约为 20 min 左右。

2）SN-II 高效低泡减水剂

SN-II 系一种 β 萘磺酸钠甲醛缩合物为主要成分的阴离子表面活性剂，对水泥具有强烈的分散作用，在掺入混凝土后，可以大幅度降低用水量。同时，由于不会引入过量空气，可以配制密实性、和易性、耐久性以及早强性能均较好的混凝土。

2. 技术性能

（1）强度。特快硬混凝土强度具有较高的抗压、抗弯拉强度，特别是早期强度较高，有利于混凝土抢修后即能投入使用。其中 4 h 抗压强度一般可达 10 MPa 以上，抗弯拉强度可达 2.0 MPa，28 d 抗压强度可达 20 MPa 以上。

（2）耐久性和耐磨性。对特快硬混凝土进行抗冻性、抗渗性、抗硫铝酸盐侵蚀性、耐锈蚀性及抗磨性能测试，由试验结果知，混凝土试件在水中养护 4 h 后，在 0.8 MPa 下不透水，养护 28 d 的试件承受 2 MPa 下不透水，这说明其耐久性良好。

由于超早强水泥水化热高，而且放热集中，抗负温性能良好，在 -10℃ 气温环境中强度仍能继续增长，适宜于严寒季节和冷冻地区施工，具有良好的抗冻性和耐磨性。

3. 工程应用

特快硬混凝土作为一种可供选择的路面修补材料，特别适应于应急抢修工程和快速施工工程。

## 五、按施工方法分类

### （一）水下浇筑混凝土

在干地拌制而在水环境中（淡水、海水、泥浆水）浇筑和硬化的混凝土叫作水下浇筑混凝土。为满足浇筑要求，水下浇筑混凝土的方法分为两类，一是在水上拌制混凝土拌和物，进行水下浇筑，如导管法等；二是水上拌制胶凝材料，进行水下预填集料的压力灌浆。从施工条件看，水下浇筑混凝土比陆上干地浇筑混凝土困难得多，有些工作要克服水环境带来的水压、流速、黑暗、缺氧、涌浪等一系列的困难。

### （二）泵送混凝土

是以混凝土泵为动力，通过管道将搅拌好的混凝土混合料输送到建筑物的模板中去的混凝土。泵送混凝土除了根据工程设计所需的强度外，还需要根据泵送工艺所需的流动性、不离析、少泌水的要求配制可泵性的混凝土混合料。其中石子除了作为骨架外，它的粒径大小和级配比非泵送混凝土要求严格。如果在混凝土中石子的最大粒径对于泵送管道来说过大，就会影响到泵送，所以泵送混凝土的石子粒径要适宜。此外，要求混凝土混合料必须具有可泵性，这是保证混凝土泵能否正常工作的关键。

### （三）喷射混凝土

利用压缩空气把按一定配比的混凝土由喷射机的喷口以高速高压喷出，从而在被喷面形成混凝土层。混凝土喷射法施工有干、湿法两种工艺。湿法喷射工艺是预先在搅拌机里将所有材料搅拌好再喷射；干法喷射工艺则是水泥和集料搅拌混合后从一个喷嘴喷射出，同时从另一个喷嘴喷射水，在喷嘴口处开始和干料混合成混凝土。一般湿法喷射多用于喷射砂浆。喷射混凝土一般不用模板，有加快施工速度、强度增长快、密实性好、施工准备简单、适应性强等特点。但也有施工厚度不易掌握、回弹量较大、表面粗糙、劳动条件较差等缺点。喷射混凝土一般大量用于矿山、竖井平巷、交通隧道、水工隧道、地面电站等工程的岩壁衬砌以及坡面护面。

### （四）碾压混凝土

碾压混凝土是在20世纪70年代末作为一种新型筑坝技术在水电工程中首先发展起来的。与常态混凝土相比，碾压混凝土的优点是：水泥用量少，用水量小，而且掺用有大量粉煤灰，拌和物不具有流动性，黏聚性小，呈干松状态，需用振动碾碾压密实。由于节省水泥，施工效率高，混凝土质量好，特别是可以大量利用粉煤灰，因此近年来很快被推广应用于公路、机场、工业地面等混凝土路面工程中。

1. 材料组成

（1）水泥。在路面碾压混凝土中应选用弯拉强度高、凝结时间稍长、强度发展快、干缩性小及耐磨性好的水泥。矿渣水泥和含火山灰质材料的普通水泥不宜用于高等级公路碾压混凝土路面。

（2）粗、细集料。粗、细集料的技术性能应符合路面普通混凝土对粗、细集料的有关要求。粗集料的最大粒径一般不宜大于19.0 mm。砂率宜为35%~40%，级配符合表4.1的要求。

表4.1 路面碾压混凝土粗细集料合成级配适宜范围

| 筛孔尺寸/mm | 19.0 | 9.50 | 4.75 | 2.36 | 1.18 | 0.60 | 0.30 | 0.15 |
|---|---|---|---|---|---|---|---|---|
| 通过百分率范围/% | 90~100 | 50~70 | 35~47 | 25~38 | 18~30 | 10~23 | 5~15 | 3~10 |

（3）掺和料。粉煤灰作为掺和料。当碾压混凝土用作道路基层或做复合式路面底层时，可使用Ⅲ级以上的粉煤灰，不宜使用等外灰。当碾压混凝土用作路面时，应使用Ⅰ、Ⅱ级粉煤灰，不得使用Ⅲ级粉煤灰。

（4）外加剂。为改善混凝土的和易性及有足够的碾压时间，可掺加缓凝型减水剂。

2．技术性能

（1）强度高。碾压混凝土的矿质混合料组成为连续密级配，经过振动压路机和轮胎压路机等的碾压，使各种集料排列为骨架密实结构，因而具有较高的强度，特别是早期强度提高明显。

（2）干缩率小。碾压混凝土由于其组成材料配合比的改进，使拌和物具有优良的级配和很低的含水率，这种拌和物在碾压机械的作用下，才有可能使矿质集料形成包裹一层很薄水泥浆而又互相靠拢的骨架。因为水泥浆的干缩率比集料大得多，所以碾压混凝土的干缩率也大大减小。

（3）耐久性好。由于在形成这种密实结构的过程中，拌和物中的空气被碾压机械所排出，所以在碾压式混凝土中的孔隙率大为降低，这样抗水性、抗渗性和抗冻性等耐久性指标都有了提高。

3．工程应用

碾压式混凝土主要用于大坝、道路及机场路面混凝土等工程中，若应用于水泥混凝土路面，可以做成一层式或两层式；亦可作为底层，面层采用沥青混凝土为抗滑、磨耗层。

### （五）滑模混凝土

滑模混凝土是采用滑模摊铺机摊铺的，满足摊铺工作性、强度及耐久性等要求的较低塑性水泥混凝土材料。

1．原材料技术要求

（1）水泥。特重、重交通水泥混凝土路面采用旋窑生产的道路硅酸盐水泥、硅酸盐水泥或普通硅酸盐水泥。中、轻交通的路面，可采用旋窑生产的矿渣硅酸盐水泥。冬季施工、有快速通车要求的路段可采用快硬早强R型水泥，一般情况宜采用普通型水泥。

在高速公路、一级公路水泥混凝土路面使用掺有10%以内活性混合材料的道路硅酸盐水泥和掺6%~15%活性混合材料或10%非活性混合材料的普通硅酸盐水泥时，不得再掺火山灰、煤矸石、窑灰和黏土4种混合材料。路面有抗盐冻要求时，不宜使用掺5%石灰石粉的Ⅱ型硅酸盐水泥和普通水泥。

滑模混凝土使用的水泥宜采用散装水泥，其水泥的各项品质必须合格。

（2）粉煤灰。滑模混凝土可掺入规定的Ⅰ、Ⅱ级干排或磨细粉煤灰，但宜采用散装干粉煤灰。

（3）粗集料。粗集料可使用碎石、破碎砾石和砾石。砾石最大粒径不得大于19 mm，破碎砾石和碎石最大粒径不得大于31.5 mm，超径和逊径含量均不得大于5%，粒径小于0.15 mm的石粉含量不得大于1%。

粗集料的级配应符合规范的要求，质地坚硬、耐久、洁净。

（4）细集料。细集料采用质地坚硬、耐久、洁净的河砂、机制砂、沉积砂和山砂，宜控制通过0.15 mm筛的石粉含量不大于1%。滑模混凝土用砂宜为细度模数在2.3~3.2范围内的中砂或偏细粗砂。

（5）水。所用水的硫酸盐含量（按 $SO_4^{2-}$ 计）小于 2.7 mg/cm³，含盐量不得超过 5 mg/cm³，pH 值不得小于 4，不得含有油污，不得使用海水。

（6）外加剂。可使用引气剂、减水剂等，其他外加剂品种可视现场气温、运距和混凝土拌和物振动黏度系数、坍落度及其损失、抗滑性、弯拉强度、耐磨性等需要选用。

（7）养生剂。养生剂的品种主要有水玻璃型、石蜡型和聚合物型三大类。

（8）钢筋。使用的钢筋应符合《钢筋混凝土用热轧带肋钢筋》（GB 1499—1998）和《钢筋混凝土用热轧光圆钢筋》（BG 13013—91）的技术要求。钢筋应顺直，不得有裂纹、断伤、刻痕、表面油污和锈蚀。

（9）填缝材料。常用填缝材料有：常温施工式填缝料、加热施工式填缝料、预制多孔橡胶条制品等。高速公路、一级公路宜使用树脂类、橡胶类的填缝材料及其制品，二级及其以下公路可采用各种性能符合要求的填缝材料。

2. 滑模混凝土的技术性能

（1）优良的工作性。新拌滑模混凝土具有较低坍落度（坍落度损失小），以及与摊铺机械振捣能力和速度相匹配的最优振动黏度系数、匀质性和稳定性。

（2）高抗弯拉强度。用滑模摊铺机铺筑路面混凝土，可以提高其抗弯拉强度，使其具有足够的抗断裂破坏能力。

（3）高耐疲劳极限。原来的抗弯拉疲劳循环周次由 500 万次提高到 1 000 万次或更大，保障滑模摊铺水泥混凝土路面的使用寿命延长一倍以上。

（4）小变形性能。包括较低抗折弹性模量，较小的温度变形系数和较低的干缩变形量，保证接缝具有较小的温、湿度变形伸缩量和完好的使用状态。

（5）高耐久性。具有良好的抗磨性、抗滑性、抗冻性和抗渗性，以及耐盐碱腐蚀、耐海水侵蚀的能力。

3. 工程应用

滑模混凝土广泛使用在水泥混凝土路面、大型桥面以及机场跑道、城市快车道、停车场、大面积地坪和广场混凝土道面上，具有良好的使用效果。

此外，为改善水泥混凝土的性能，适应现代道路与桥梁工程的需要，还发展了不同功能的混凝土，如各种高聚物改性混凝土、纤维增强混凝土、补偿收缩混凝土、流态混凝土，等等。

# 第二节  水泥混凝土对组成材料的技术要求

本节主要介绍桥涵用普通水泥混凝土和路面用普通水泥混凝土对组成材料的技术要求，其他水泥混凝土都是由上述混凝土发展而来的，在此不作介绍，可在实践过程中查阅相关的施工技术规范。

## 一、桥涵用水泥混凝土对组成材料的技术要求

水泥混凝土是由水泥、水、砂、石集料配制而成。其中水泥和水起胶结作用,集料起骨架填充作用,水泥与水发生反应后形成坚固的水泥石,将集料颗粒牢固地黏结成整体,使混凝土具有一定强度。混凝土的组成及各材料的大致比例见表4.2。

表 4.2 混凝土组成及各组成材料绝对体积比

| 组成成分 | 水泥 | 水 | 砂 | 石 | 空气 |
| --- | --- | --- | --- | --- | --- |
| 占混凝土总体积的百分率/% | 10~15 | 15~20 | 20~33 | 35~48 | 1~3 |
| | 22~35 | | 66~78 | | 1~3 |

此外,常在混凝土中加入各种外加剂以改善混凝土的各种性能。目前,外加剂已成为混凝土中普遍使用的第五种材料,但用量一般只占水泥质量的1%~2%,最多不超过5%。

### (一) 水 泥

水泥是混凝土的胶结材料,混凝土的性能很大程度上取决于水泥的质量和数量,在保证混凝土性能的前提下,应尽量节约水泥,降低工程造价。

(1) 首先应根据工程特点、气候与环境条件,正确选择水泥品种。配制普通水泥混凝土用水泥,一般可采用硅酸盐水泥、普通水泥、矿渣水泥、火山灰水泥或粉煤灰水泥,有特殊需要时可采用快硬水泥、抗硫酸盐水泥、大坝水泥或其他水泥。选用水泥时,应注意其特性对混凝土结构强度和使用条件是否有不利影响。

(2) 选用水泥强度等级应与要求配制的混凝土强度等级相适应。如水泥强度等级选用过高,则混凝土中水泥用量过低,影响混凝土的和易性和耐久性。反之,如水泥强度等级选用过低,则混凝土中水泥用量太多,非但不经济,而且降低混凝土的某些技术品质(如收缩率增大等)。应以能使所配制的混凝土强度达到要求、收缩小、和易性好和节约水泥为原则。通常,配制一般混凝土时,水泥强度为混凝土抗压强度的1.5~2.0倍;配制高强度混凝土时,为混凝土抗压强度的1.1~1.5倍。但是,随着混凝土的强度等级不断提高,当代高强度混凝土并不受此比例的约束。

### (二) 细集料

桥涵混凝土的细集料,应采用级配良好、质地坚硬、颗粒洁净、粒径小于 4.75 mm 的河砂,河砂不易得到时,也可用山砂或用硬质岩石加工的机制砂。

细集料不宜采用海砂,不得不采用海砂时,其氯离子的含量应符合有关规定。

配制时,对细集料的品质有以下几方面的要求:

#### 1. 有害杂质含量

集料中含有妨碍水泥水化,或能降低集料与水泥石的黏附性,以及能与水泥水化产物产生不良化学反应的各种物质,称为有害杂质。砂中常含有的有害杂质,主要有泥土和泥块、云母、轻物质、硫酸盐和硫化物以及有机质等。

(1) 含泥量、石粉含量和泥块含量。含泥量是指天然砂中粒径小于 0.075 mm 的颗粒含量;石粉含量是指人工砂中粒径小于 0.075 mm 的颗粒含量;泥块含量是指原颗粒粒径大于

1.18 mm，经水洗、手捏后可破碎成小于 0.6 mm 的颗粒含量。这些颗粒的存在影响混凝土的强度和耐久性。

（2）云母含量。云母呈薄片状，表面光滑，且极易沿节理裂开，因此它与水泥石的黏附性极差，对混凝土拌和物的和易性和硬化后混凝土的抗冻性和抗渗性都有不利的影响。

（3）轻物质含量。砂中的轻物质是指相对密度小于 2.0 的颗粒（如煤和褐煤等）。

（4）有机质含量。天然砂中有时混杂有有机物质（如动植物的腐殖质、腐殖土等），这类有机物质将延缓水泥的硬化过程，并降低混凝土的强度，特别是早期强度。

（5）硫化物和硫酸盐含量。在天然砂中，常掺杂有硫铁矿（$FeS_2$）或石膏（$CaSO_4 \cdot 2H_2O$）的碎屑，如含量过多，将在已硬化的混凝土中与水化铝酸钙发生反应，生成水化硫铝酸钙晶体，体积膨胀，在混凝土内产生破坏作用。

2. 压碎值和坚固性

混凝土中所用细集料也应具备一定的强度和坚固性。人工砂应进行压碎值测定，天然砂采用硫酸钠溶液进行坚固性试验，经 5 次循环后测其质量损失。具体规定参见表 1.9。

3. 砂的粗细程度和颗粒级配

砂的粗细程度和颗粒级配应使所配制混凝土达到设计强度等级和节约水泥的目的。

混凝土用砂的级配按 0.6 mm 筛上的累计筛余百分率划分为 3 个级配区，砂的级配应符合表 4.3 或图 4.1 中任何一个级配区所规定的级配范围。

表 4.3 砂的分区及级配范围

| 标准筛筛孔尺寸/mm | 级配区 | | | 标准筛筛孔尺寸/mm | 级配区 | | |
|---|---|---|---|---|---|---|---|
| | Ⅰ区 | Ⅱ区 | Ⅲ区 | | Ⅰ区 | Ⅱ区 | Ⅲ区 |
| | 累计筛余/% | | | | 累计筛余/% | | |
| 9.5 | 0 | 0 | 0 | 0.6 | 85~71 | 70~41 | 40~16 |
| 4.75 | 10~0 | 10~0 | 10~0 | 0.3 | 95~80 | 92~70 | 85~55 |
| 2.36 | 35~5 | 25~0 | 15~0 | 0.15 | 100~90 | 100~90 | 100~90 |
| 1.18 | 65~35 | 50~10 | 25~0 | — | — | — | — |

注：表中除 4.75 mm 和 0.6 mm 筛孔外，其余各筛孔累计筛余允许超出分界线，但其总量不得大于 5%。

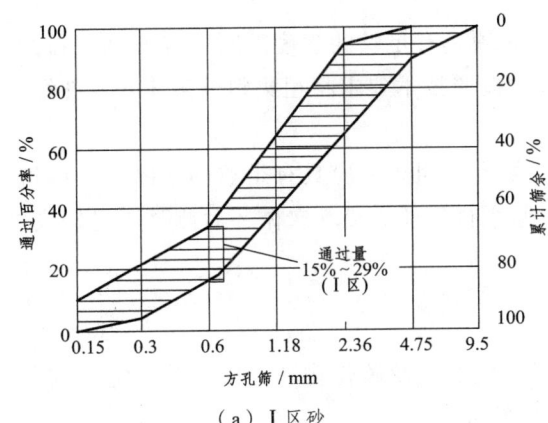

(a) Ⅰ区砂

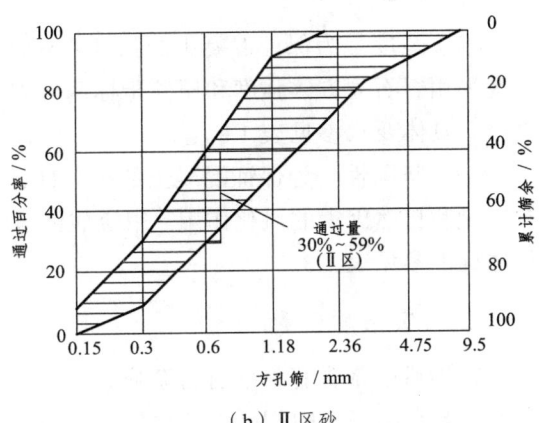

(b) Ⅱ区砂

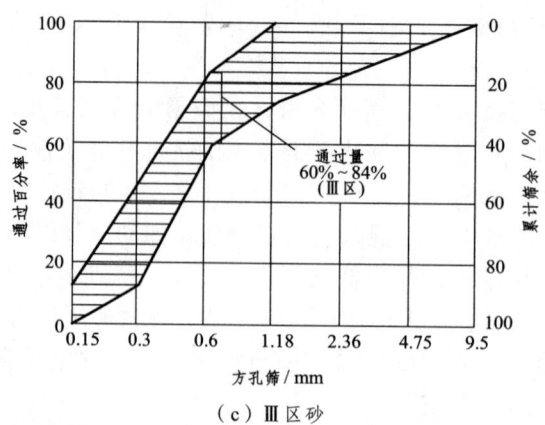

（c）Ⅲ区砂

图 4.1　水泥混凝土用砂级配范围曲线

Ⅰ区砂属于粗砂范畴，用Ⅰ区砂配制混凝土时，应较Ⅱ区砂采用较大的砂率。否则，新拌混凝土的内摩擦阻力较大，保水性差，不易捣实成型。Ⅱ区砂是由中砂和一部分偏粗的细砂组成，Ⅲ区砂系由细砂和一部分偏细的中砂组成。当用Ⅲ区砂配制混凝土时，应较Ⅱ区砂采用较小的砂率，因为Ⅲ区砂所配制成的新拌混凝土黏性略大，比较细软，易振捣成型，而且由于Ⅲ区砂的级配细、比表面积大，所以对新拌混凝土的工作性影响比较敏感。

对于高强泵送混凝土用砂宜选用中砂，细度模数为 2.9 ~ 2.6，2.36 mm 筛孔的累计筛余量不得大于 15%，0.3 mm 筛孔的累计筛余量宜在 85% ~ 92% 范围内。

### （三）粗集料

普通混凝土常用的粗集料是指粒径大于 4.75 mm 的卵石（砾石）和碎石。卵石是由自然条件的作用而形成的，根据产源可分为河卵石、海卵石及山卵石。碎石是将天然岩石或大卵石破碎、筛分而得的，表面粗糙且带棱角，与水泥石黏结比较牢固。

桥涵用普通混凝土粗集料的主要技术要求如下：

**1. 强度和坚固性**

（1）强度。为保证混凝土的强度要求，粗集料必须具有足够的强度。对于碎石和卵石的强度采用岩石立方体强度和压碎指标两种方式表示。按照技术要求将粗集料分为Ⅰ级、Ⅱ级、Ⅲ级，具体要求参见表 1.8。

（2）坚固性。为保证混凝土的耐久性，用作混凝土的粗集料应具有足够的坚固性，以抵抗冻融和自然因素的风化作用。用硫酸钠溶液进行坚固性试验，经 5 次循环后测其质量损失。具体标准参见表 1.8。

**2. 有害杂质含量**

粗集料中常含有一些有害杂质，如黏土、淤泥、硫酸盐及硫化物和有机物等，它们的危害作用与在细集料中相同。其含量不应超过表 1.8 的规定。

## 3. 最大粒径及颗粒级配

（1）最大粒径。粗集料中公称粒径的上限称为该粒级的最大粒径。集料的粒径越大，其表面积相应减小，因此所需的水泥浆量相应减少，在一定的和易性和水泥用量条件下，则能减少用水量而提高混凝土强度。所以，粗集料的最大粒径在条件允许的情况下，尽量选择大些为好。但受到工程结构及施工条件限制，规范规定：粗集料的最大粒径不得超过结构物最小尺寸的 1/4 和钢筋最小净距的 3/4；对于混凝土实心板，允许采用最大粒径为 1/2 板厚的颗粒级配，但最大粒径不得超过 40 mm。

（2）颗粒级配。粗集料应具有良好的颗粒级配，以减少空隙率，增强密实性，从而可以节约水泥，保证混凝土拌和物的和易性及混凝土的强度。

粗集料的颗粒级配，可采用连续粒级或连续粒级与单粒级配合使用。在特殊情况下，通过试验证明混凝土无离析现象时，也可采用单粒级。粗集料的级配范围应符合表 4.4 的要求。

表 4.4　碎石或卵石的颗粒级配规格

| 级配情况 | 公称粒级 /mm | 筛孔尺寸/mm | | | | | | | | | | |
|---|---|---|---|---|---|---|---|---|---|---|---|---|
| | | 2.36 | 4.75 | 9.5 | 16 | 19 | 26.5 | 31.5 | 37.5 | 53 | 63 | 75 | 90 |
| | | 累计筛余（按质量百分率计）/% | | | | | | | | | | | |
| 连续级配 | 5~10 | 95~100 | 80~100 | 0~15 | 0 | — | — | — | — | — | — | — | — |
| | 5~16 | 95~100 | 90~100 | 30~60 | 0~10 | 0 | — | — | — | — | — | — | — |
| | 5~20 | 95~100 | 90~100 | 40~70 | — | 0~10 | 0 | — | — | — | — | — | — |
| | 5~25 | 95~100 | 90~100 | — | 30~70 | — | 0~5 | 0 | — | — | — | — | — |
| | 5~31.5 | 95~100 | 90~100 | 70~90 | — | 15~45 | — | 0~5 | 0 | — | — | — | — |
| | 5~40 | — | 95~100 | 75~90 | — | 30~65 | — | — | 0~5 | — | — | — | — |
| 单粒级 | 10~20 | — | 95~100 | 85~100 | — | 0~15 | 0 | — | — | — | — | — | — |
| | 16~31.5 | — | 95~100 | — | 85~100 | — | — | 0~10 | 0 | — | — | — | — |
| | 20~40 | — | — | 95~100 | — | 80~100 | — | — | 0~10 | 0 | — | — | — |
| | 31.5~63 | — | — | — | 95~100 | — | — | 75~100 | 45~75 | — | 0~10 | 0 | — |
| | 40~80 | — | — | — | — | 95~100 | — | — | 70~100 | — | 30~60 | 0~10 | 0 |

## 4. 颗粒形状及表面特征

粗集料的颗粒形状大致可以分为蛋圆形、棱角形、针状及片状。一般来说，比较理想的颗粒形状是接近正立方体，而针状、片状颗粒不宜较多。针状颗粒是指长度大于其平均粒径 2.4 倍的颗粒；片状颗粒是指其厚度小于其平均粒径 0.4 倍的颗粒。当针、片状颗粒含量超过一定界限时，使集料空隙增加，不仅使混凝土拌和物和易性变差，而且会使混凝土的强度降低。所以混凝土粗集料中针、片状颗粒含量应当限制。

集料表面特征主要指集料表面的粗糙程度及孔隙特征等。一般情况下，碎石表面粗糙并且具有吸收水泥浆的孔隙特征，所以它与水泥石的黏结能力较强；卵石表面圆润光滑，因此与水泥石的黏结能力较差，但混凝土拌和物的和易性较好。当混凝土的水泥用量与用水量相同的情况下，一般来说碎石混凝土比卵石混凝土的强度高10%左右。

5. 碱活性检验

对于重要的水泥混凝土工程用粗集料，应进行集料碱活性检验。

### （四）混凝土拌和用水

饮用水、地下水、海水以及经适当处理后的工业废水、符合国家标准的生活用水，都可以用来拌制混凝土；在拌制混凝土用水中，不得含有影响水泥正常凝结与硬化的有害杂质，如油脂、糖类等。地表水或地下水，首次使用，必须进行检验合格后才能使用。海水只允许用来拌制素混凝土，但不得用于拌制钢筋混凝土和预应力混凝土。

在对水质有疑问时，可用待检验水配制水泥砂浆或混凝土，测定其28 d抗压强度（若有早期强度要求时，需增做7 d抗压强度），若其强度值不低于蒸馏水（或符合国家标准的生活用水）拌制的相应砂浆或混凝土抗压强度的90%，则该水可用于拌制混凝土。对混凝土拌和用水的要求见表4.5。

表4.5 混凝土拌和用水水质要求

| 项　　目 | 素混凝土 | 钢筋混凝土 | 预应力混凝土 |
|---|---|---|---|
| pH值不小于 | 4 | 4 | 4 |
| 不溶物（mg/L）不大于 | 5 000 | 2 000 | 2 000 |
| 可溶物（mg/L）不大于 | 10 000 | 5 000 | 2 000 |
| 氯化物（以$Cl^-$计）（mg/L）不大于 | 3 500 | 1 200 | 500 |
| 硫酸盐（以$SO_4^{2-}$计）（mg/L）不大于 | 2 700 | 2 700 | 600 |
| 硫化物（以$S^{2-}$计）（mg/L）不大于 | — | — | 100 |

注：使用钢丝或热处理的预应力混凝土中氯化物含量不得超过350 mg/L。

## 二、路面用水泥混凝土对组成材料的技术要求

1. 水泥的技术要求

（1）特重、重交通路面宜采用旋窑道路硅酸盐水泥，也可采用旋窑硅酸盐水泥或普通硅酸盐水泥；中、轻交通的路面可采用矿渣硅酸盐水泥；低温天气施工或有快通要求的路段可采用早强型水泥，此外宜采用普通型水泥。各交通等级路面水泥抗折强度、抗压强度应符合表4.6的规定。

表4.6 各交通等级路面水泥各龄期的抗折强度、抗压强度

| 交通等级 | 特重交通 | | 重交通 | | 中、轻交通 | |
|---|---|---|---|---|---|---|
| 龄期/d | 3 | 28 | 3 | 28 | 3 | 28 |
| 抗压强度/MPa，≥ | 25.5 | 57.5 | 22.0 | 52.5 | 16.0 | 42.5 |
| 抗折强度/MPa，≥ | 4.5 | 7.5 | 4.0 | 7.0 | 3.5 | 6.5 |

（2）水泥的化学成分、物理、力学性能都应合格。各交通等级路面所使用水泥的化学成

分、物理性能等路用品质要求应符合表 2.19 的规定。

2. 细集料的技术要求

（1）细集料应采用质地坚硬、耐久、洁净的天然砂、机制砂或混合砂，并应符合表 1.9 的规定。高速公路、一级公路、二级公路及有抗（盐）冻要求的三、四级公路混凝土路面使用的砂应不低于Ⅱ级，无抗（盐）冻要求的三、四级公路混凝土路面、碾压混凝土及贫混凝土基层可使用Ⅲ级砂。特重、重交通混凝土路面宜使用河砂，砂的硅质含量不应低于25%。

（2）细集料的级配要求应符合表 4.7 的规定，路面和桥面用天然砂宜为中砂，也可使用

表 4.7 细集料级配范围

| 砂分级 | 方筛孔尺寸/mm | | | | | |
| --- | --- | --- | --- | --- | --- | --- |
| | 0.15 | 0.30 | 0.60 | 1.18 | 2.36 | 4.75 |
| | 累计筛余（以质量计）/% | | | | | |
| 粗砂 | 90~100 | 80~95 | 71~85 | 35~65 | 5~35 | 0~10 |
| 中砂 | 90~100 | 70~92 | 41~70 | 10~50 | 0~25 | 0~10 |
| 细砂 | 90~100 | 55~85 | 16~40 | 0~25 | 0~15 | 0~10 |

细度模数在 2.0~3.5 之间的砂。同一配合比用砂的细度模数变化范围不应超过 0.3，否则，应分别堆放，并调整配合比中的砂率后使用。

（3）路面和桥面混凝土所使用的机制砂除应符合表 1.9 和表 4.7 的规定外，还应检验砂浆磨光值，其值宜大于 35，不宜使用抗磨性较差的泥岩、页岩、板岩等水成岩类母岩品种生产机制砂。配制机制砂混凝土应同时掺引气型高效减水剂。

（4）在河砂资源紧缺的沿海地区，二级及二级以下公路混凝土路面和基层可使用淡化海砂，缩缝设传力杆混凝土路面不宜使用淡化海砂；钢筋混凝土及钢纤维混凝土路面和桥面不得使用淡化海砂。淡化海砂除应符合表 1.9 和表 4.7 的要求外，尚应符合下述规定：

① 淡化海砂带入每立方米混凝土中的含盐量不应大于 1.0 kg。

② 淡化海砂中碎贝壳等甲壳类动物残留物含量不应大于 1.0%。

③ 与河砂对比试验，淡化海砂应对砂浆磨光值、混凝土凝结时间、耐磨性、弯拉强度等无不利影响。

3. 粗集料的技术要求

（1）粗集料应使用质地坚硬、耐久、洁净的碎石、碎卵石和卵石，并应符合表 1.8 的规定。高速公路、一级公路、二级公路及有抗（盐）冻要求的三、四级公路混凝土路面使用的粗集料级别应不低于Ⅱ级，无抗（盐）冻要求的三、四级公路混凝土路面、碾压混凝土及贫混凝土基层可使用Ⅲ级粗集料。有抗（盐）冻要求时，Ⅰ级集料吸水率不应大于 1.0%；Ⅱ级集料吸水率不应大于 2.0%。

（2）用做路面和桥面混凝土的粗集料不得使用不分级的统料，应按最大公称粒径的不同采用 2~4 个粒级的集料进行掺配，并应符合表 4.8 合成级配的要求。卵石最大公称粒径不宜大于 19.0 mm；碎卵石最大公称粒径不宜大于 26.5 mm；碎石最大公称粒径不应大于 31.5 mm。贫混凝土基层粗集料最大公称粒径不应大于 31.5 mm；钢纤维混凝土与碾压混凝土粗集料最大公称粒径不宜大于 19.0 mm。碎卵石或碎石中粒径小于 75 μm 的石粉含量不宜大于1%。

表 4.8　粗集料级配范围

| 类型 | 粒径/mm | 方筛孔尺寸/mm | | | | | | | |
|---|---|---|---|---|---|---|---|---|---|
| | | 2.36 | 4.75 | 9.50 | 16.0 | 19.0 | 26.5 | 31.5 | 37.5 |
| | | 累计筛余（以质量计）/% | | | | | | | |
| 合成级配 | 4.75~16 | 95~100 | 85~100 | 40~60 | 0~10 | — | — | — | — |
| | 4.75~19 | 95~100 | 85~95 | 60~75 | 30~45 | 0~5 | 0 | — | — |
| | 4.75~26.5 | 95~100 | 90~100 | 70~90 | 50~70 | 25~40 | 0~5 | 0 | — |
| | 4.75~31.5 | 95~100 | 90~100 | 75~90 | 60~75 | 40~60 | 20~35 | 0~5 | 0 |
| 粒级 | 4.75~9.5 | 95~100 | 80~100 | 0~15 | 0 | — | — | — | — |
| | 9.5~16 | — | 95~100 | 80~100 | 0~15 | 0 | — | — | — |
| | 9.5~19 | — | 95~100 | 85~100 | 40~60 | 0~15 | 0 | — | — |
| | 16~26.5 | — | — | 95~100 | 55~70 | 25~40 | 0~10 | 0 | — |
| | 16~31.5 | — | — | 95~100 | 85~100 | 55~70 | 25~40 | 0~10 | 0 |

4. 拌和用水

（1）饮用水可直接作为混凝土拌和养护用水。对水质有疑问时，应检验下列指标，合格者方可使用。

（2）硫酸盐含量（以 $SO_4^{2-}$ 计）小于 0.002 7 $mg/mm^3$。

（3）含盐量不得超过 0.005 $mg/mm^3$。

（4）pH 值不得小于 4。

（5）不得含有油污、泥和其他有害杂质。

5. 粉煤灰

混凝土路面在掺用粉煤灰时，应掺用质量指标符合表 4.9 规定的Ⅰ、Ⅱ级干排或磨细粉煤灰，不得使用Ⅲ级粉煤灰。贫混凝土、碾压混凝土基层或复合式路面下面层应掺用符合表 4.9 规定的Ⅲ级或Ⅲ级以上粉煤灰，不得使用等外粉煤灰。

表 4.9　粉煤灰分级和质量指标

| 粉煤灰等级 | 细度[①]（45 μm 气流筛筛余量）/% | 烧失量/% | 需水量比/% | 含水量/% | $Cl^-$/% | $SO_3$/% | 混合砂浆活性指数[②] | |
|---|---|---|---|---|---|---|---|---|
| | | | | | | | 7 d | 28 d |
| Ⅰ | ≤12 | ≤5 | ≤95 | ≤1.0 | <0.02 | ≤3 | ≥75 | ≥85（75） |
| Ⅱ | ≤20 | ≤8 | ≤105 | ≤1.0 | <0.02 | ≤3 | ≥70 | ≥80（62） |
| Ⅲ | ≤45 | ≤15 | ≤115 | ≤1.5 | — | ≤3 | | |

注：① 45 μm 气流筛的筛余量换算为 80 μm 水泥筛的筛余量时换算系数约为 2.4；
② 混合砂浆的活性指数为掺粉煤灰的砂浆与水泥砂浆的抗压强度比的百分数，适用于所配制混凝土强度等级大于等于 C40 的混凝土；当配制的混凝土强度等级小于 C40 时，混凝土砂浆的活性指数要求应满足 28 d 括号中的数值。

6. 外加剂

外加剂可以改善混凝土的性能，通常掺入的外加剂有减水剂、引气剂、缓凝剂、抗冻剂等,其主要功能为:减少用水量、适当引气、提高抗折强度、延长凝结时间、提高早期强度、防冻等。不管选用何种外加剂,都应根据设计要求和现场具备的材料品质及施工条件等具体情况,选用适当的外加剂品种及合适的掺量。在路面混凝土中所使用的高效减水剂,其减水率应达到 15%,引气减水剂的减水率应达到 12%。

## 第三节 水泥混凝土的技术性质

### 一、桥涵和路面水泥混凝土的一般技术性质

桥涵和路面水泥混凝土的一般技术性质相同,故合并讲述。

水泥混凝土的技术性质主要包括:新拌混凝土的工作性、硬化水泥混凝土的力学性质和耐久性。

#### (一)新拌水泥混凝土的工作性(和易性)

水泥混凝土在尚未凝结硬化以前,称为水泥混凝土拌和物。新拌混凝土的工艺性质,称之为工作性(或称和易性)。

1. 新拌混凝土工作性的概念

新拌混凝土的工作性,也称和易性,是指混凝土拌和物易于施工操作(拌和、运输、浇筑、振捣)且成型后质量均匀、密实的性能。实际上,混凝土拌和物的和易性是一项综合技术性质,包括流动性、黏聚性和保水性三方面含义。流动性是指混凝土拌和物在自重或机械振捣作用下,能产生流动,并填满模板的性能。黏聚性是指混凝土拌和物在施工过程中其组成材料之间有一定的黏聚力,不致产生分层和离析的现象。保水性是指混凝土拌和物在施工过程中,具有一定的保水能力,不致产生严重的泌水现象。

2. 新拌混凝土工作性的测定方法

目前,国际上还没有一种能够全面表征新拌混凝土工作性的测定方法,通常是测定混凝土拌和物的流动性,辅以其他方法或直观经验综合评定混凝土拌和物的工作性。按我国行业标准《公路工程水泥及水泥混凝土试验规程》(JTG E30—2005)规定,测定流动性的方法有坍落度试验和维勃稠度试验两种方法。

(1)坍落度试验。适用于集料公称最大粒径不大于 31.5 mm,坍落度值大于 10 mm 的新拌混凝土。方法是将新拌混凝土按规定方法分 3 层装入标准坍落度筒内,每层装料高度为筒高的 1/3,每层用弹头棒均匀地插捣 25 次,装满刮平后,立即将筒垂直提起。新拌水泥混凝土拌和物在自重作用下的下沉量(mm)即为坍落度,以此作为流动性指标,如图 4.2 所示。

做坍落度试验时,还需测定棍度、含砂情况、黏聚性、保水性以评定新拌混凝土的工作性。

(2)维勃稠度试验。当坍落度值小于 10 mm 时,用坍落度法测定的流动性与实际情况相差甚大,必须采用维勃稠度法,维勃稠度仪如图 4.3 所示。测定方法是将坍落度筒放在直径

240 mm、高 200 mm 的圆筒中,圆筒安装在专用的振动台上,按坍落度试验的方法将新拌混凝土装于坍落度筒中,小心垂直提起坍落度筒,在新拌混凝土顶上置一透明圆盘,开动振动台并记录时间,从开始振动至透明圆盘底面被水泥浆布满的瞬间止,所经历的时间(以 s 计)即为新拌混凝土的维勃稠度值。该法适用于集料公称最大粒径不超过 31.5 mm,维勃稠度为 5~30 s 之间的干硬性混凝土的稠度测定。

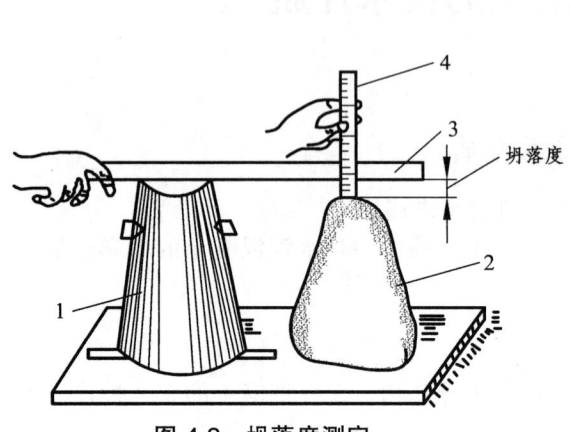

图 4.2 坍落度测定
1—坍落度筒;2—拌和物试体;3—木尺;4—钢尺

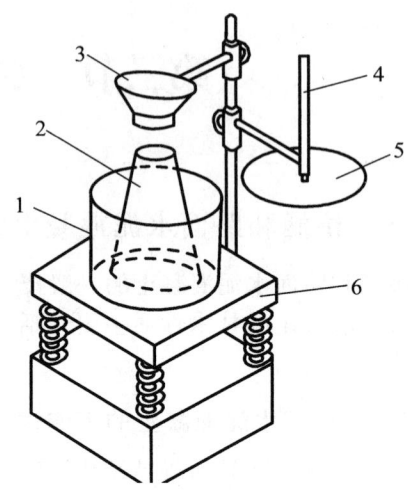

图 4.3 维勃稠度仪
1—圆柱形容器;2—坍落度筒;3—漏斗;
4—测杆;5—透明圆盘;6—振动台

### 3. 影响新拌混凝土工作性的主要因素

(1)水泥浆的数量。混凝土拌和物中的水泥浆,除了填充集料间的空隙外,包裹在集料表面并略有富余,使拌和物有一定的流动性。在水灰比一定的条件下,水泥浆越多,流动性越大,但如水泥浆过多,集料则相对减少,将出现流浆现象,拌和物的稳定性变差,不仅浪费水泥,而且会使拌和物的强度和耐久性降低;若水泥浆用量过少,则无法很好包裹集料表面及填充其空隙,拌和物易产生崩坍现象,失去稳定性。因此,拌和物中水泥浆的数量应以满足流动性为宜。

(2)水灰比的影响。在固定用水量的条件下,水灰比小(水泥用量多)时,会使水泥浆变稠,拌和物流动性小;若加大水灰比(减少水泥用量),可使水泥浆变稀,流动性增大,但会使拌和物流浆、离析,影响混凝土的强度。因此,应合理地选择水灰比。

(3)单位用水量。实践证明,对坍落度影响最大的因素还是单位用水量。增加用水量,流动性增大,但硬化后混凝土会产生较大的孔隙,从而降低了混凝土的强度和耐久性。另外,用水量过多,会使新拌混凝土产生分层、泌水现象,反而降低工作性。因此,在保证混凝土强度和耐久性的条件下,应根据流动性要求来确定单位用水量。

(4)砂率。砂率是指混凝土中砂(或细集料)用量占砂石(或粗细集料)总用量的百分率。砂率反映了粗细集料的相对比例,它影响混凝土骨料的空隙和总表面积。当水泥浆用量一定时,砂率过大,则集料的总表面积增大,包裹砂子的水泥浆层变薄,砂粒间的摩擦阻力加大,拌和物的流动性减小;砂率过小,虽然表面积减小,但由于砂浆量不足,水泥砂浆除填充石子空隙外,包裹在石子表面的水泥砂浆层薄,拌和物的流动性变小,同时由于砂量不足,也易导致离析、泌水现象，影响工作性。因此，砂率应有一个合理值。在水泥浆用量一定时，能使新拌混凝土获得最大流动性，又不离析、不泌水时的砂率，即合理砂率。

（5）水泥的品种和集料的性质。水泥品种不同，达到标准稠度时的用水量不同，在其他条件相同的情况下，标准稠度用水量小的水泥，其混凝土拌和物流动性较大。通常普通水泥的混凝土拌和物比矿渣水泥和火山灰水泥的工作性好。矿渣水泥拌和物的流动性虽大，但黏聚性差，易泌水、离析。火山灰水泥流动性小，但黏聚性最好。

在相同用水量的条件下，集料表面光滑、形状较圆、少棱角的卵石，所拌制的混合料流动性大，但强度较表面粗糙、有棱角的碎石低。

（6）外加剂。在混凝土拌和物中加入某些外加剂，可在不增加用水量和水泥用量的情况下，有效地改善混凝土拌和物的工作性。

（7）温度与搅拌时间。温度越高，混凝土拌和物的水分蒸发越快，流动性越小，温度升高 10℃，坍落度减小 20~40 mm，夏季施工必须注意这一点。另外，搅拌时间长短，也会影响混凝土拌和物的工作性，若搅拌时间不足，拌和物的工作性就差，质量也不均匀。所以规范规定最小搅拌时间为 1~3 min。

4. 改善新拌混凝土工作性的主要措施

改善新拌混凝土工作性可从下列途径采取必要的技术措施：

（1）调节混凝土的材料组成。在保证混凝土强度、耐久性和经济性的前提下，适当调整混凝土配合比以提高工作性。

（2）掺加各种外加剂，使混凝土拌和物的工作性符合不同的使用要求。

（3）提高振捣机械的效能。由于振捣效能的提高，可降低施工条件对混凝土拌和物工作性的要求。

### （二）硬化后混凝土的力学性质

1. 强　度

硬化后的水泥混凝土在路面结构、桥梁构件以及建筑结构中，将受到复杂的应力作用，因此，要求水泥混凝土材料必须具备各种力学强度，如立方体抗压强度、棱柱体抗压强度、劈裂抗拉强度、抗剪强度、抗弯拉强度等。

1）立方体抗压强度

（1）立方体抗压强度（$f_{cu}$）。按照标准制作方法制成 150 mm×150 mm×150 mm 的立方体试件，在标准养护条件[温度（20±3）℃，相对湿度 90%以上]下，养护至 28 d 龄期，按照标准的测定方法测定其抗压强度值，即为混凝土立方体试件抗压强度（简称立方体抗压强度），以 $f_{cu}$ 表示，按式（4-1）计算：

$$f_{cu} = \frac{F}{A} \tag{4-1}$$

式中：$F$ —— 试件破坏荷载，N；

$A$ —— 试件承压面积，mm²。

以三个试件为一组，取三个试件强度的算术平均值作为每组试件的强度代表值，如有一个测值与中间值的差值超过中间值的 15%时，则取中间值为测定值；如有两个测值与中间值的差值均超过 15%时，则该组试件无效。

若按非标准尺寸试件测得的立方体抗压强度，应乘以换算系数（见表 4.10），折算为标准试件的立方体抗压强度。

表 4.10 试件尺寸换算系数

| 试件尺寸/mm | 100×100×100 | 150×150×150 | 200×200×200 |
|---|---|---|---|
| 换算系数 | 0.95 | 1.00 | 1.05 |

（2）立方体抗压强度标准值（$f_{cu,k}$）。混凝土立方体抗压强度标准值的定义是按照标准的方法制作和养护的棱长为 150 mm 的立方体试件，在 28 d 龄期，用标准试验方法测得的具有 95%保证率的抗压强度（单位：MPa），立方体抗压强度标准值以 $f_{cu,k}$ 表示。

（3）强度等级。混凝土强度等级是根据立方体抗压强度标准值来确定的。强度等级的表示方法，是用符号 C 和立方体抗压强度标准值表示。例如"C30"即表示混凝土立方体抗压强度标准值 $f_{cu,k}$ = 30 MPa。

普通混凝土按立方体抗压强度标准值划分为：C7.5、C10、C15、C20、C25、C30、C35、C40、C45、C50、C55、C60 共 12 个强度等级。

2）轴心抗压强度（$f_{cp}$）

确定混凝土强度等级是采用立方体试件，但实际上钢筋混凝土结构形式极少是立方体的，大部分是棱柱体或圆柱体。为使测得的混凝土强度接近混凝土结构的实际情况，在钢筋混凝土结构计算中，计算轴心受压构件时，都是采用混凝土的轴心抗压强度（$f_{cp}$）作为依据。

我国现行标准《公路工程水泥及水泥混凝土试验规程》（JTG E30—2005）规定，采用 150 mm×150 mm×300 mm 的棱柱体作为测定轴心抗压强度的标准试件，棱柱体轴心抗压强度（$f_{cp}$）按式（4-2）计算：

$$f_{cp} = \frac{F}{A} \tag{4-2}$$

式中：$F$——试件破坏荷载，N；

$A$——试件承压面积，$mm^2$。

3）抗弯拉强度（$f_{cf}$）

道路路面或机场跑道道面用水泥混凝土，以抗弯拉强度为主要强度指标，抗压强度为参考强度指标。

水泥混凝土抗弯拉强度是以标准操作方法制备成 150 mm×150 mm×550 mm 的小梁试件，在标准条件下，经养护 28 d 后，按三分点加荷方式，测定其抗弯拉强度（$f_{cf}$），按式（4-3）计算：

$$f_{cf} = \frac{FL}{bh^2} \tag{4-3}$$

式中：$F$——试件破坏荷载，N；

$L$——支座间距，mm；

$b$——试件宽度，mm；

$h$ —— 试件高度，mm。

4）立方体劈裂抗拉强度（$f_{ts}$）

混凝土在直接受拉时，很小的变形就会开裂，是一种脆性破坏。混凝土的抗拉强度只有抗压强度的 1/10～1/20，且随着混凝土强度等级的提高，比值有所降低。因此，混凝土在工作时一般不依靠其抗拉强度，但抗拉强度对于开裂现象有重要意义，是确定混凝土抗裂度的重要指标。

我国现行标准《公路工程水泥及水泥混凝土试验规程》（JTG E30—2005）采用 150 mm×150 mm×150 mm 的立方体作为标准试件，在立方体试件中心面内用圆弧为垫条，施加两个方向相反、均匀分布的压力。当压力增大至一定程度时，试件就沿此平面劈裂破坏，这样测得的强度称为立方体劈裂抗拉强度，简称劈拉强度（$f_{ts}$），按式（4-4）计算：

$$f_{ts} = \frac{2F}{\pi A} \tag{4-4}$$

式中：$F$ —— 试件破坏荷载，N；

$A$ —— 试件劈裂面面积，$mm^2$。

2. 影响混凝土强度的因素

1）材料组成对水泥混凝土强度的影响

（1）水泥强度等级和水灰比。水泥石是混凝土强度的主要来源，在配合比相同的条件下，水泥强度等级越高，制成的混凝土强度也越高。当采用同一种水泥（品种及强度等级相同）时，混凝土强度主要取决于水灰比的大小。在拌制混凝土拌和物时，为了获得必要的流动性，通常加入较多的水，即采用较大的水灰比，当用水量过大时，即使是充分捣实的混凝土，当混凝土硬化后，多余的水分就残留在混凝土中，蒸发后形成气孔，使混凝土的密实度和强度降低。因此，在水泥强度等级相同的情况下，水灰比越小，水泥混凝土强度越高。

根据混凝土研究和工程实践经验，混凝土抗压强度与水灰比、水泥实际强度三者之间的关系，可用式（4-5）表示：

$$f_{cu,28} = \alpha_a f_{ce}(C/W - \alpha_b) \tag{4-5}$$

式中：$f_{cu,28}$ —— 混凝土 28 d 龄期的立方体抗压强度，MPa；

$f_{ce}$ —— 水泥实际强度，MPa；

$C/W$ —— 灰水比；

$\alpha_a$、$\alpha_b$ —— 回归系数，与集料的品种有关，按《普通混凝土配合比设计规程》（JGJ 55—2000）规定，混凝土强度回归系数见表 4.11。

表 4.11 回归系数 $\alpha_a$、$\alpha_b$ 选用表

| 集料类别 | 回归系数 | | 集料类别 | 回归系数 | |
| --- | --- | --- | --- | --- | --- |
| | $\alpha_a$ | $\alpha_b$ | | $\alpha_a$ | $\alpha_b$ |
| 碎石 | 0.46 | 0.07 | 卵石 | 0.48 | 0.33 |

一般水泥厂为了保证水泥的出厂强度等级，其实际抗压强度往往比其强度等级要高一些，当无法取得水泥 28 d 实际抗压强度数值时，用式（4-6）计算：

$$f_{ce} = \gamma_c \cdot f_{ce,k} \tag{4-6}$$

式中：$f_{ce,k}$——水泥强度等级的标准值，MPa；

$\gamma_c$——水泥强度等级的富余系数。

该值按各地区实际统计资料确定，通常取 $\gamma_c = 1 \sim 1.13$，混凝土用于重要结构物时取较小值，次要结构物时取较大值。

（2）集料特征。集料对混凝土的强度有明显的影响，特别是粗集料的形状与表面性质对强度有着直接的关系，碎石混凝土的强度高于卵石混凝土。在我国现行混凝土强度计算公式中，对表面粗糙、有棱角的碎石以及表面光滑浑圆的卵石，它们的回归系数 $\alpha_a$、$\alpha_b$ 均不同。

（3）浆集比。混凝土中水泥浆的体积和集料体积之比值，对混凝土的强度也有一定的影响。特别是高强度的混凝土更为明显，在水灰比相同的条件下，在达到最优浆集比后，混凝土的强度随着浆集比的增加而降低。

2）养护温度和湿度

混凝土拌和物浇捣完毕后，必须保持适当的温度和湿度，使水泥充分水化，以保证混凝土强度不断提高。

一般情况下，水泥的水化和混凝土强度发展的速度是随环境温度的高低而增减，如图4.4所示。当温度降至零度时，混凝土中的水分大部分结冰，水泥几乎不再发生水化反应，混凝土强度不仅停止增长，严重时由于孔隙内水分结冰而引起膨胀，特别当水化初期，混凝土强度较低时，遭遇严寒会引起混凝土的崩溃。

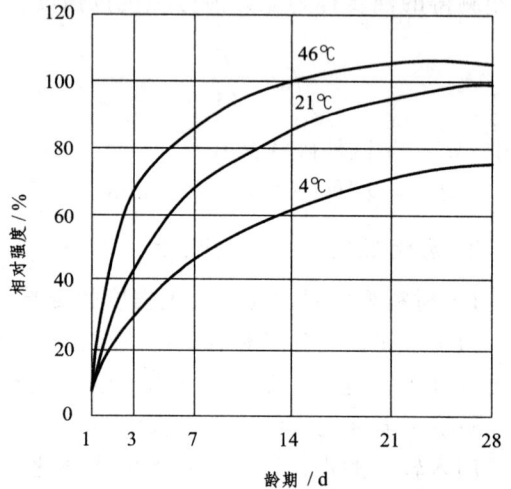

图 4.4 养护温度条件对混凝土强度的影响

混凝土浇筑后，必须有较长时间在潮湿环境中养护。当湿度适当，水泥水化得以顺利进行，使混凝土强度得到充分发展；如果湿度不够，混凝土会失水干燥，影响水泥水化的正常进行，甚至停止水化。这不仅严重降低混凝土的强度，而且因水泥水化作用未能完成，使混凝土结构疏松，渗水性增大，或形成干缩裂缝，从而影响混凝土的耐久性。

3）龄 期

混凝土在正常养护条件下（保证一定温度和湿度），强度随龄期的增长而提高，初期增长较快，后期增长较缓慢，但在空气中养护时，其强度后期有所下降。

在标准养护条件下，混凝土强度与其龄期的对数大致成正比。工程中常常利用这一关系，根据混凝土早期强度，估算其后期强度，用式（4-7）表达：

$$\frac{f_{cu,n}}{f_{cu,a}} = \frac{\lg n}{\lg a} \tag{4-7}$$

式中：$f_{cu,n}$——$n$ 天龄期的混凝土抗压强度，MPa；

$f_{cu,a}$——$a$ 天龄期的混凝土抗压强度，MPa。

4）试验条件对混凝土强度的影响

相同材料组成、制备条件和养护条件制成的混凝土试件，其力学强度取决于试验条件。影响混凝土力学强度的试验条件主要有：试件形状与尺寸、试件湿度、试件温度、支承条件和加载方式等。

3. 提高混凝土强度的措施

（1）采用高强度的水泥和早强型水泥。为了提高混凝土强度可采用强度等级高的水泥。对于紧急抢修工程、桥梁拼装接头、严寒下的冬季施工以及其他要求早期强度高的结构物，则可优先选用早强型水泥配制混凝土，但早强型水泥对混凝土后期强度的作用与普通型水泥一样。

（2）增加混凝土的密实度。降低水灰比，增加混凝土的密实度，则混凝土的强度明显提高。可采用加压（0.07 MPa）脱水成型法或超声波振动法，以排除混凝土中的气泡，使混凝土更加密实。

（3）蒸汽养护和蒸压养护。蒸汽养护是将混凝土放在温度低于100°C的常压蒸汽中养护，一般混凝土经过 16～20 h 蒸汽养护后，其强度可达正常养护条件下养护 28 d 强度的 70%～80%。蒸汽养护最适宜的温度随水泥的品种而不同，用普通水泥时，最适宜的养护温度为 80°C 左右，而用矿渣水泥和火山灰水泥时，则为 90°C 左右。

蒸压养护是将浇灌完的混凝土构件静置 8～10 h 后，放入蒸压釜内，通入高压、高温（如大于或等于 0.8 MPa，温度为 175°C 以上）饱和蒸汽养护使水泥水化加速、硬化加快，提高混凝土的强度。

（4）掺加外加剂。在混凝土中掺加某些外加剂，可提高混凝土的强度。掺加早强剂，可提高混凝土的早期强度；掺加减水剂，在不改变流动性的条件下，可减小水灰比，从而提高混凝土的强度。

## （三）变　形

硬化后水泥混凝土的变形，包括非荷载作用下的化学变形，干湿变形和温度变形以及荷载作用下的弹-塑性变形和徐变。

1. 非荷载作用变形

（1）化学收缩。混凝土拌和物由于水泥水化产物的体积比反应前物质的总体积要小，因而产生收缩，称为化学收缩。这种收缩随龄期增长而增加，40 d 以后渐趋稳定，化学收缩是不能恢复的，一般对结构没有什么影响。

（2）干湿变形。这种变形主要表现为湿胀干缩。混凝土在干燥空气中硬化时，随着水分的逐渐蒸发，体积也将逐渐发生收缩。如在水中或潮湿条件下养护时，则混凝土的干缩将随之减少或略产生膨胀。混凝土的干缩往往是表面较大，常在表面产生细微裂缝。当干缩变形受到约束时，常会引起构件的翘曲或开裂，影响混凝土构件的耐久性。因此，应通过调节集料级配，增大粗集料的粒径，减少水泥浆用量，合理选择水泥品种，以及采用振动捣实，早期养护等措施来减小混凝土的干缩。

（3）温度变形。混凝土具有热胀冷缩的性质，温度变化引起的热胀冷缩对大体积及大面积混凝土工程极为不利。因为混凝土是热的不良导体，水泥水化初期放出大量热量难于散发，浇筑后大体积混凝土内部温度远较外部为高，温差有时可达 50℃~70℃，这将使内部混凝土产生显著的体积膨胀，而外部混凝土却随气温降低而冷却收缩。内部膨胀和外部收缩互相制约，将产生很大的应力，当外部混凝土所受拉应力一旦超过混凝土当时的极限抗拉强度，就将产生裂缝。因此，对大体积混凝土工程，应设法降低混凝土的发热量，如采用低热水泥，减少水泥用量，采用人工降温等措施。

对于纵长的钢筋混凝土结构物，应每隔一段长度设置伸缩缝，在结构物内配置温度钢筋，减少裂缝。

2. 荷载作用变形

（1）弹-塑性变形与弹性模量。混凝土是一种弹-塑性体，在持续荷载作用下会产生可以恢复的弹性变形和不可恢复的塑性变形。

在桥梁工程中，以应力为棱柱体极限抗压强度的 40%时的割线弹性模量，作为混凝土的弹性模量；在道路路面及机场跑道工程中，水泥混凝土测定其抗折强度时的平均弹性模量作为设计参数，取抗折强度 50%时的割线模量；在路面工程中混凝土要求有高的抗折强度，而且要有较低的抗折弹性模量，以适应混凝土路面受荷载后具有较大的变形能力。

（2）徐变。混凝土在持续荷载作用下，随时间增加的变形称为徐变，也称蠕变。徐变是在恒定荷载作用下随着时间的增长而产生的变形，是不可恢复的。徐变初期增长较快，以后逐渐变慢，到一定时期后，一般为 2~3 年，可以稳定下来。

混凝土的徐变与许多因素有关，混凝土水灰比大、龄期短，徐变量大；荷载作用时大气湿度大，徐变大；荷载应力大，徐变大；混凝土水泥用量多时，徐变量大。另外，混凝土弹性模量小，徐变大。混凝土无论是受压、受拉或受弯时，均有徐变现象。在预应力钢筋混凝土桥梁构件中，混凝土的徐变可使钢筋的预加应力受到损失，但是，徐变也能消除钢筋混凝土的部分应力集中，使应力较均匀地分布，对于大体积混凝土，能消除一部分由于温度变形所产生的破坏应力。

### （四）耐久性

道路与桥梁用水泥混凝土的耐久性要求首要为抗冻性，其次，路面混凝土还要求具有一定的耐磨性；桥梁墩台混凝土要求具有对海水、污水的耐蚀性；隧道混凝土要求具有对气体的耐蚀性。

1. 抗冻性

混凝土抗冻性是指混凝土在饱水状态下，能经受多次冻融循环作用而不破坏的性能。一般以抗冻标号表示。混凝土的抗冻标号是以 100 mm×100 mm×400 mm 棱柱体混凝土试件，经标准养护 28 d，在吸水饱和后，于 -17℃ 和 5℃ 条件下快速冻结和融化循环。每 25 次冻融循环，对试件进行一次横向基频的测试并称重。当冻融至 300 次，或相对动弹性模量下降至 60% 以下，或试件的质量损失率达 5%，即可停止试验，此时的循环次数即为混凝土的抗冻标号。

2. 耐磨性

耐磨性是路面和桥梁用混凝土的重要性能之一。作为高级路面的水泥混凝土，必须具有抵抗车辆轮胎磨耗的性能。作为大型桥梁的墩台用水泥混凝土也需要具有抵抗湍流侵蚀的能力。混凝土耐磨性评价，按现行试验法是以 150 mm×150 mm×150 mm 立方体试件，养生至 27 d 龄期，在室内空气中自然干燥 12 h，再放入 60°C 烘箱中烘 12 h 至恒重，然后在带有花轮磨头的混凝土磨耗试验机上，在 200 N 负荷下磨削 50 转，然后计算单位面积磨损量。

3. 碱-集料反应

水泥混凝土中水泥的碱与某些碱活性集料发生化学反应，可引起混凝土产生膨胀、开裂，甚至破坏，这种化学反应称为碱-集料反应。严重的碱-集料反应会导致路面或桥梁墩台的开裂和破坏，并且这种破坏会继续发展下去，维修困难。

碱-集料反应必须具备 3 个条件：① 混凝土中的集料具有活性；② 混凝土中含有一定量可溶性碱；③ 有一定湿度。为防止碱-集料反应的危害，现行规范规定：① 应使用含碱量小于 0.6%的水泥或采用抑制碱-集料反应的掺和料；② 当使用钾、钠离子的混凝土外加剂时，必须专门试验。

影响混凝土耐久性的因素很多，主要是材料本身的性质以及混凝土的密实度、强度等。提高混凝土的耐久性应注意合理选择水泥品种，选用良好的砂石材料，改善集料的级配，采用减水剂或加气剂，改善混凝土的施工操作方法，提高混凝土的密实度。

我国《公路桥涵施工技术规范》和《公路水泥混凝土路面施工技术规范》规定对水泥混凝土耐久性的控制，主要用"最大水灰比"和"最小水泥用量"两项指标来进行限制。

## 二、桥涵水泥混凝土的技术要求

### （一）工作性

混凝土拌和物在施工拌和、运输浇筑、捣实和抹平等过程中不分层、不离析、不泌水，能均匀密实填充在结构物模板内，即具有良好的工作性，符合施工要求。

公路桥涵用水泥混凝土拌和物的工作性根据公路桥涵技术规范的有关规定、当地的气候条件和工程结构物特点合理选择，表 4.12 列出的坍落度值可供参考。

表 4.12  公路桥涵用混凝土拌和物的坍落度

| 项次 | 结 构 种 类 | 坍落度/mm |
|---|---|---|
| 1 | 桥涵基础、墩台、仰拱、挡土墙及大型制块等便于灌筑捣实的结构 | 0~20 |
| 2 | 上列桥涵墩台等工程中较不便施工处 | 10~30 |
| 3 | 普通配筋的钢筋混凝土结构如钢筋混凝土板、梁、柱等 | 30~50 |
| 4 | 钢筋较密、断面较小的钢筋混凝土结构（梁、柱、墙等） | 50~70 |
| 5 | 钢筋配制特密、断面高而狭小，极不便灌注捣实的特殊结构部位 | 70~90 |

注：① 使用高频振捣器时，其混凝土坍落度可适当减小。
② 本表系指采用机械振捣的坍落度，采用人工振捣时可适当放大。
③ 需要配置大坍落度混凝土时，应掺用外加剂。

### （二）抗压强度

（1）工程实践中，混凝土抗压强度等级一般由结构物设计文件中提出。

（2）在进行混凝土强度试配和质量评定时，混凝土的抗压强度应以棱长为 150 mm 的立方体尺寸标准试件测定。试件以同龄期的三块为一组，并以同等条件制作和养护。

（3）混凝土抗压强度应为标准尺寸试件在温度为（20±3）℃及相对湿度不低于90%的环境中养护 28 d 做抗压试验时所测得的抗压强度值（单位 MPa），在进行混凝土强度试配和质量评定时，取其保证率为95%。

### （三）耐久性

混凝土耐久性控制，主要从最大水灰比、最小水泥用量和外加剂种类等方面考虑。

（1）混凝土的最大水灰比和最小水泥用量应符合表 4.13 的规定。

表 4.13 混凝土的最大水灰比和最小水泥用量

| 混凝土结构所处环境 | 无筋混凝土 | | 钢筋混凝土 | |
|---|---|---|---|---|
| | 最大水灰比 | 最小水泥用量 /（kg/m³） | 最大水灰比 | 最小水泥用量 /（kg/m³） |
| 温暖地区或寒冷地区，无侵蚀物质影响，与土直接接触 | 0.60 | 250 | 0.55 | 275 |
| 严寒地区或使用除冰盐的桥涵 | 0.55 | 275 | 0.50 | 300 |
| 受侵蚀性物质影响 | 0.45 | 300 | 0.40 | 325 |

注：① 本表中的水灰比，系指水与水泥（包括外掺混合材料）用量的比值。

② 本表中的最小水泥用量，包括外掺混合材料。当采用人工捣实混凝土时，水泥用量应增加 25 kg/m³。当掺用外加剂且能有效地改善混凝土的和易性时，水泥用量可减少 25 kg/m³。

③ 严寒地区系指最冷月份平均气温小于等于 -10℃ 且日平均温度在小于等于 5℃ 的天数大于等于 145 d 的地区。

（2）混凝土的最大水泥用量（包括代替部分水泥的混合材料）不宜超过 500 kg/m³，大体积混凝土不宜超过 350 kg/m³。

（3）在混凝土中掺入外加剂时，还应符合下列规定：

① 在钢筋混凝土中不得掺用氯化钙、氯化钠等氯盐。

② 位于温暖或严寒地区、无侵蚀性物质影响及与土直接接触的钢筋混凝土构件，混凝土中的氯离子含量不宜超过水泥用量的 0.30%；位于严寒和海水区域、受侵蚀环境和使用除冰盐的桥涵，氯离子含量不宜超过水泥用量的 0.15%。从各种组成材料引入的氯离子含量（折合氯盐含量）如大于上述数值时，应采取有效的防锈措施（如掺入阻锈剂、增加保护层厚度、提高混凝土密实性等）。当采用洁净水和无氯骨料时，氯离子含量可主要以外加剂或混合材料的氯离子含量控制。

③ 无筋混凝土的氯化钙或氯化钠掺量，以干质量计，不得超过水泥用量的 3%。

④ 掺入加气剂的混凝土的含气量宜为 3.5% ~ 5.5%。

⑤ 对由外加剂带入混凝土的碱含量应进行控制。每立方米混凝土的总含碱量，对一般桥涵不宜大于 3.0 kg/m³，对特殊大桥、大桥和重要桥梁不宜大于 1.8 kg/m³；当处于受严重侵蚀的环境，不得使用有碱活性反应的骨料。

（4）粉煤灰、火山灰及粒化高炉矿渣等混合材料作为水泥代替材料或混凝土拌和物的填充材料掺入硅酸盐水泥、普通水泥或其他水泥配制的混凝土拌和物中时，其掺量应通过试验确定，用于代替部分水泥时的掺量不应大于现行国家标准《矿渣硅酸盐水泥、火山灰质硅酸盐水泥及粉煤灰硅酸盐水泥》(GB 1344)的规定。

### 三、路面水泥混凝土的技术要求

路面混凝土既要受到车辆荷载的反复作用,又要受到大自然、气候的直接影响,因而需要具备优良的技术性质。

1. 工作性(和易性)

(1) 混凝土路面滑模摊铺最佳工作性及允许范围应符合表4.14的规定。

表4.14 混凝土路面滑模摊铺最佳工作性及允许范围

| 指标<br>界限 | 坍落度 $S_L$/mm | | 振动黏度系数<br>$\eta/(N \cdot s/m^2)$ |
|---|---|---|---|
| | 卵石混凝土 | 碎石混凝土 | |
| 最佳工作性 | 20~40 | 25~50 | 200~500 |
| 允许波动范围 | 5~55 | 10~65 | 100~600 |

注:① 滑模摊铺机适宜的摊铺速度应控制在0.5~2.0 m/min之间。
② 本表适用于设超铺角的滑模摊铺机;对不设超铺角的滑模摊铺机,最佳振动黏度系数为250~600 N·s/m²;最佳坍落度卵石为10~40 mm;碎石为10~30 mm。
③ 滑模摊铺时的最大单位用水量卵石混凝土不宜大于155 kg/m³;碎石混凝土不宜大于160 kg/m³。

(2) 轨道摊铺机、三辊轴机组、小型机具摊铺的路面混凝土坍落度及最大单位用水量,应满足表4.15的规定。

表4.15 不同路面施工方式混凝土坍落度及最大单位用水量

| 摊铺方式 | 轨道摊铺机摊铺 | | 三辊轴机组摊铺 | | 小型机具摊铺 | |
|---|---|---|---|---|---|---|
| 出机坍落度/mm | 40~60 | | 30~50 | | 10~40 | |
| 摊铺坍落度/mm | 20~40 | | 10~30 | | 0~20 | |
| 最大单位用水量/(kg/m³) | 碎石 156 | 卵石 153 | 碎石 153 | 卵石 148 | 碎石 150 | 卵石 145 |

注:① 表中的最大单位用水量系采用中砂、粗细集料为风干状态的取值,采用细砂时,应使用减水率较大的(高效)减水剂。
② 使用碎卵石时,最大单位用水量可取碎石与卵石中值。

2. 抗折强度

各种交通等级,对混凝土抗折强度要求不低于表4.16的标准,条件许可时尽量采用较高的设计强度,特别是特重交通的道路。

表4.16 路面水泥混凝土抗折强度标准值

| 交通等级 | 特重 | 重 | 中等 | 轻 |
|---|---|---|---|---|
| 混凝土设计抗折强度/MPa | 5.0 | 5.0 | 4.5 | 4.0 |

注:① 在特重交通的特殊路段,通过论证,可以使用设计抗折强度5.5MPa。
② 对于钢纤维混凝土,其抗折强度标准值可参考《公路水泥混凝土路面设计规范》。

3. 耐久性

(1) 根据当地路面无抗冻性、有抗冻性或有抗盐冻性要求及混凝土最大公称粒径,路面混凝土含气量宜符合表 4.17 的规定。

表 4.17 路面混凝土含气量及允许偏差（%）

| 最大公称粒径/mm | 无抗冻性要求 | 有抗冻性要求 | 有抗盐冻要求 |
| --- | --- | --- | --- |
| 19.0 | 4.0±1.0 | 5.0±0.5 | 6.0±0.5 |
| 26.5 | 3.5±1.0 | 4.5±0.5 | 5.5±0.5 |
| 31.5 | 3.5±1.0 | 4.0±0.5 | 5.0±0.5 |

（2）各交通等级路面混凝土满足耐久性要求的最大水灰（胶）比和最小单位水泥用量应符合表 4.18 的规定。最大单位水泥用量不宜大于 400 kg/m³；掺粉煤灰时，最大单位胶材总量不宜大于 420 kg/m³。

表 4.18 混凝土满足耐久性要求的最大水灰（胶）比和最小单位水泥用量

| 公路技术等级 | | 高速公路、一级公路 | 二级公路 | 三、四级公路 |
| --- | --- | --- | --- | --- |
| 最大水灰（胶）比 | | 0.44 | 0.46 | 0.48 |
| 抗冰冻要求最大水灰（胶）比 | | 0.42 | 0.44 | 0.46 |
| 抗盐冻要求最大水灰（胶）比 | | 0.40 | 0.42 | 0.44 |
| 最小单位水泥用量 /（kg/m³） | 42.5 级 | 300 | 300 | 290 |
| | 32.5 级 | 310 | 310 | 305 |
| 抗冰（盐）冻时最小单位 水泥用量/（kg/m³） | 42.5 级 | 320 | 320 | 315 |
| | 32.5 级 | 330 | 330 | 325 |
| 掺粉煤灰时最小单位 水泥用量/（kg/m³） | 42.5 级 | 260 | 260 | 255 |
| | 32.5 级 | 280 | 270 | 265 |
| 抗冰（盐）冻掺粉煤灰最小单位水泥用量 （42.5 级水泥）/（kg/m³） | | 280 | 270 | 265 |

注：① 掺粉煤灰，并有抗冰（盐）冻性要求时，不得使用 32.5 级水泥。
② 水灰（胶）比计算以砂石料的自然风干状态计（砂含水量≤1.0%；石子含水量≤0.5%）。
③ 处在除冰盐、海风、酸雨或硫酸盐等腐蚀性环境中，或在大纵坡等加减速车道上的混凝土，最大水灰（胶）比可比表中数值降低 0.01～0.02。

（3）严寒地区路面混凝土抗冻标号不宜小于 F250，寒冷地区不宜小于 F200。
（4）在海风、酸雨、除冰盐或硫酸盐等腐蚀环境影响范围内的混凝土路面和桥面，在使用硅酸盐水泥时，应掺加粉煤灰、磨细矿渣或硅灰掺和料，不宜单独使用硅酸盐水泥，可使用矿渣水泥或普通水泥。

4. 外加剂的使用

（1）高温施工时，混凝土拌和物的初凝时间不得小于 3 h，否则应采取缓凝或保塑措施；低温施工时，终凝时间不得大于 10 h，否则应采取必要的促凝或早强措施。
（2）外加剂的掺量应由混凝土试配试验确定。引气剂的适宜掺量可由搅拌机口的拌和物含气量进行控制。实际路面和桥面引气混凝土的抗冰冻、抗盐冻耐久性，宜采用钻芯法测定，测定位置：路面为表面和表面下 50 mm；桥面为表面和表面下 30 mm。测得的上下两个表面的最大平均气泡间距系数不宜超过表 4.19 的规定。

表 4.19　混凝土路面和桥面最大平均气泡间距系数（μm）

| 环境 | 公路技术等级 | 高速公路、一级公路 | 其他公路 |
|---|---|---|---|
| 严寒地区 | 冰冻 | 275 | 300 |
|  | 盐冻 | 225 | 250 |
| 寒冷地区 | 冰冻 | 325 | 350 |
|  | 盐冻 | 275 | 300 |

（3）引气剂与减水剂或高效减水剂等其他外加剂复配在同一水溶液中时，应保证其共溶性，防止外加剂溶液发生絮凝现象。如产生絮凝现象，应分别稀释、分别加入。

# 第四节　普通水泥混凝土的组成设计

## 一、概　述

混凝土中各组成材料用量之比即为混凝土的配合比。混凝土配合比设计就是根据原材料的性能和对混凝土的技术要求，通过计算和试配调整，确定出满足工程技术经济指标的混凝土各组成材料的用量。本节阐述水泥、水、细集料和粗集料四组分的组成设计。

### （一）混凝土配合比表示方法

以每 1 m³ 混凝土中各种材料的用量表示，然后换算为水泥用量为 1，并按"水泥：细集料：粗集料：水"的顺序排列表示。例如：

$$水泥：细集料：粗集料：水 = 350 \text{ kg} : 706 \text{ kg} : 1\,264 \text{ kg} : 190 \text{ kg}$$
$$= 1 : 2.17 : 3.56 : 0.54$$

### （二）配合比设计的基本要求

混凝土配合比设计，应满足下列四项基本要求：

1. 满足结构物设计强度的要求

不论混凝土路面或桥梁，在设计时都会对不同的结构部位提出不同的"设计强度"要求。

为了保证结构物的可靠性，采用一个比设计强度高的"配制强度"，才能满足设计强度的要求。

**2. 满足施工工作性的要求**

按照结构物断面尺寸和形状、配筋的疏密以及施工方法和设备来确定工作性（坍落度或维勃稠度）。

**3. 满足环境耐久性的要求**

根据结构物所处环境条件，如严寒地区的路面或桥梁、桥梁墩台在水位升降范围等，为保证结构的抗冻性，在设计混凝土配合比时用"最大水灰比"和"最小水泥用量"两个指标控制。

**4. 满足经济性的要求**

在保证工程质量的前提下，尽量节约水泥，合理地使用材料，以降低成本。

## 二、桥涵用普通混凝土配合比设计方法（以抗压强度为指标的计算方法）

### （一）初步配合比的计算

1. 确定混凝土的配制强度 $f_{cu,o}$

为了使所配制的混凝土具有必要的强度保证率（即 $P=95\%$），要求混凝土配制强度必须大于其标准值。按式（4-8）确定：

$$f_{cu,o} = f_{cu,k} + 1.645\sigma \tag{4-8}$$

式中：$f_{cu,o}$——混凝土的施工配制强度，MPa；

$f_{cu,k}$——混凝土立方体抗压强度标准值（即设计要求的混凝土强度等级），MPa；

$\sigma$——由施工单位质量管理水平确定的混凝土强度标准差（MPa），可按下列两种方式确定：

（1）若有历史统计资料时，混凝土标准差（$\sigma$）值按式（4-9）计算：

$$\sigma = \sqrt{\frac{\sum_{i=1}^{n} f_{cu,i}^2 - n\mu_{fcu}^2}{n-1}} \tag{4-9}$$

式中：$f_{cu,i}$——第 $i$ 组混凝土试件立方体抗压强度值，MPa；

$\mu_{fcu}$——$n$ 组混凝土试件立方体抗压强度平均值，MPa；

$n$——统计周期内相同等级的试件组数，$n \geq 25$ 组。

混凝土强度标准差（$\sigma$）可根据近期同类混凝土强度资料求得，其试件组数不应少于25组。当混凝土强度等级为C20和C25级，其强度标准差计算值小于2.5 MPa时，标准差应取2.5 MPa，计算值大于2.5 MPa时，标准差取计算值；当混凝土强度等级等于或大于C30级，其强度标准差计算值小于3.0 MPa时，标准差应取3.0 MPa，计算值大于3.0 MPa时，标准差应取计算值。

（2）若无历史统计资料时，强度标准差可根据要求的强度等级按表4.20规定取用。

表 4.20　标准差 $\sigma$ 值

| 强度等级/MPa | <C20 | C20～C35 | >C35 |
|---|---|---|---|
| 标准差 $\sigma$/MPa | 4.0 | 5.0 | 6.0 |

## 2. 计算水灰比（W/C）

1）按混凝土要求强度等级计算水灰比

根据已确定的混凝土配制强度 $f_{cu,0}$，由式（4-5）计算水灰比。

水泥实际强度，可按下列两种方法确定：

（1）水泥胶砂试件标准养护条件下，28 d 的实测抗压强度值。

（2）当无法取得水泥 28 d 实测抗压强度数值时，用式（4-6）计算。

2）按耐久性校核水灰比

按式（4-5）计算所得的水灰比，系按强度要求计算得到的结果。在确定采用的水灰比时，还应根据混凝土所处环境条件，耐久性要求的允许最大水灰比（见表 4.21）进行校核。如按强度计算的水灰比大于耐久性允许的最大水灰比，应选择强度等级低的水泥，重新计算；如按强度计算的水灰比小于耐久性允许的最大水灰比，应采用计算值，但不能太小。

表 4.21 普通混凝土满足耐久性要求的最大水灰比和最小水泥用量

| 环境条件 | | 结构物类别 | 最大水灰比 | | | 最小水泥用量/kg | | |
|---|---|---|---|---|---|---|---|---|
| | | | 素混凝土 | 钢筋混凝土 | 预应力混凝土 | 素混凝土 | 钢筋混凝土 | 预应力混凝土 |
| 1.干燥环境 | | 正常的居住或办公用房屋内部件 | 不作规定 | 0.65 | 0.60 | 200 | 260 | 300 |
| 2.潮湿环境 | 无冻害 | 1）高湿度的室内部件<br>2）室外部件<br>3）在非侵蚀性土（或水）中的部件 | 0.70 | 0.60 | 0.60 | 225 | 280 | 300 |
| | 有冻害 | 1）经受冻害的室外部件<br>2）在非侵蚀性土（或水）中且经受冻害的部件<br>3）高湿度且经受冻害的室内部件 | 0.55 | 0.55 | 0.55 | 250 | 280 | 300 |
| 3.有冻害和除冰剂的潮湿环境 | | 经受冻害和除冰剂作用的室内和室外部件 | 0.50 | 0.50 | 0.50 | 300 | 300 | 300 |

注：① 当用活性掺和料取代部分水泥时，表中的最大水灰比及最小水泥用量即为替代前的水灰比和水泥用量。
② 配制 C15 及其以下等级的混凝土，可不受本表限制。

## 3. 选定单位用水量（$m_{w0}$）

（1）水灰比在 0.40~0.80 范围时，根据粗集料的品种、粒径及施工要求的混凝土拌和物稠度，其用水量可按表 4.22、表 4.23 选取。

表 4.22 干硬性混凝土的用水量（kg/m³）

| 拌和物维勃稠度/s | 卵石最大粒径/mm | | | 碎石最大粒径/mm | | |
|---|---|---|---|---|---|---|
| | 10 | 20 | 40 | 16 | 20 | 40 |
| 16~20 | 175 | 160 | 145 | 180 | 170 | 155 |
| 11~15 | 180 | 165 | 150 | 185 | 175 | 160 |
| 5~10 | 185 | 170 | 155 | 190 | 180 | 165 |

表 4.23　塑性混凝土的用水量（kg/m³）

| 拌和物坍落度/mm | 卵石最大粒径/mm | | | | 碎石最大粒径/mm | | | |
|---|---|---|---|---|---|---|---|---|
| | 10 | 20 | 31.5 | 40 | 16 | 20 | 31.5 | 40 |
| 10～30 | 190 | 170 | 160 | 150 | 200 | 185 | 175 | 165 |
| 35～50 | 200 | 180 | 170 | 160 | 210 | 195 | 185 | 175 |
| 55～70 | 210 | 190 | 180 | 170 | 220 | 205 | 195 | 185 |
| 75～90 | 215 | 195 | 185 | 175 | 230 | 215 | 205 | 195 |

注：① 摘自《普通水泥混凝土配合比设计规程》（JGJ 55—2000）。
② 本表用水量采用中砂时的平均值。采用细砂时，每立方米混凝土用水量可增加 5～10 kg；采用粗砂时，则可减少 5～10 kg。
③ 掺用各种外加剂或掺和料时，用水量应相应调整。

（2）水灰比小于 0.40 的混凝土以及采用特殊成型工艺的混凝土用水量应通过试验确定。

（3）流动性和大流动性混凝土的用水量则以表 4.23 中坍落度 90 mm 的用水量为基础，按坍落度每增大 20 mm 用水量增加 5 kg，计算出未掺外加剂时的混凝土的用水量。

当掺外加剂时，混凝土用水量可按式（4-10）计算。

$$m_{w.ad} = m_{wo}(1 - \beta_{ab}) \quad (4\text{-}10)$$

式中：$m_{w.ad}$——掺外加剂混凝土的单位用水量，kg/m³；
　　　$m_{wo}$——未掺外加剂混凝土的单位用水量，kg/m³；
　　　$\beta_{ab}$——外加剂的减水率（%），经试验确定。

4. 计算单位水泥用量（$m_{co}$）

（1）按强度要求计算单位水泥用量。每立方米混凝土拌和物的用水量（$m_{wo}$）选定后，即可根据已求得的水灰比（$W/C$）值计算单位水泥用量：

$$m_{co} = \frac{m_{wo}}{W/C} \quad (4\text{-}11)$$

（2）按耐久性要求校核单位水泥用量。根据耐久性要求，普通水泥混凝土的最小水泥用量，依结构物所处环境条件确定，参见表 4.21。按强度要求由式（4-11）计算得的单位水泥用量，应不低于表 4.21 规定的最小水泥用量。

5. 选定砂率（$\beta_s$）

（1）坍落度为 10～60 mm 的混凝土砂率，可根据粗骨料品种、最大粒径和混凝土拌和物的水灰比，按表 4.24 确定。

表 4.24　混凝土的砂率（%）

| 水灰比（$W/C$） | 卵石最大粒径/mm | | | | 碎石最大粒径/mm | | | |
|---|---|---|---|---|---|---|---|---|
| | 10 | 20 | 31.5 | 40 | 16 | 20 | 31.5 | 40 |
| 0.40 | 26～32 | 25～31 | 24～30 | 24～30 | 30～35 | 29～34 | 28～33 | 27～32 |
| 0.50 | 30～35 | 29～34 | 28～33 | 28～33 | 33～38 | 32～37 | 31～36 | 30～35 |
| 0.60 | 33～38 | 32～37 | 31～36 | 31～36 | 36～41 | 35～40 | 34～39 | 33～38 |
| 0.70 | 36～41 | 35～40 | 35～39 | 34～39 | 39～44 | 38～43 | 37～42 | 36～41 |

注：① 本表数值系中砂的选用砂率，对细砂或粗砂，可相应地减小或增大砂率。
② 只用一个单粒级粗骨料配制混凝土时，砂率应适当增大。
③ 对薄壁构件，砂率取偏大值。
④ 本表中的砂率系指砂与集料总量的质量比。

（2）坍落度大于 60 mm 的混凝土砂率，可按经验确定，也可在表 4.24 的基础上，按坍落度每增大 20 mm，砂率增大 1%的幅度予以调整。

（3）坍落度小于 10 mm 的混凝土，其砂率应经试验确定。

6. 计算粗、细集料单位用量（$m_{go}$、$m_{so}$）

粗、细集料的单位用量，可用质量法或体积法求得。

1）质量法

质量法又称假定表观密度法，该法是假定混凝土拌和物的表观密度为一固定值，混凝土拌和物各组成材料的单位用量之和即为其表观密度。在砂率值为已知的条件下，粗、细骨料的单位用量可由式（4-12）得到：

$$\left. \begin{array}{l} m_{co} + m_{wo} + m_{so} + m_{go} = \rho_{cp} \\ \dfrac{m_{so}}{m_{so} + m_{go}} \times 100 = \beta_s \end{array} \right\} \qquad (4\text{-}12)$$

式中：$m_{co}$、$m_{wo}$、$m_{so}$、$m_{go}$——每立方米混凝土的水泥、水、细骨料和粗骨料的用量，kg；

$\beta_s$——砂率，%；

$\rho_{cp}$——每立方米混凝土拌和物的假定表观密度，kg/m³。其值可根据施工单位积累的试验资料确定。如缺乏资料时，可根据集料的表观密度、粒径以及混凝土强度等级，在 2 350~2 450 kg/m³ 范围内选定。表 4.25 可供参考。

表 4.25　混凝土假定湿表观密度参考值

| 混凝土强度等级 | C7.5~C15 | C20~C30 | >C40 |
|---|---|---|---|
| 假定湿表观密度 $\rho_{cp}$/（kg/m³） | 2 300~2 350 | 2 350~2 400 | 2 450 |

2）体积法

又称绝对体积法，该法是假定混凝土拌和物的体积等于各组成材料绝对体积与拌和物中所含空气体积的总和。在砂率值为已知的条件下，粗、细集料的单位用量可由式（4-13）的关系求得：

$$\left. \begin{array}{l} \dfrac{m_{co}}{\rho_c} + \dfrac{m_{wo}}{\rho_w} + \dfrac{m_{so}}{\rho_s'} + \dfrac{m_{go}}{\rho_g'} + 0.01\alpha = 1 \\ \dfrac{m_{so}}{m_{so} + m_{go}} \times 100 = \beta_s \end{array} \right\} \qquad (4\text{-}13)$$

式中：$m_{co}$、$m_{wo}$、$m_{so}$、$m_{go}$——意义同式（4-12）；

$\rho_c$——水泥密度，kg/m³，可取 2 900~3 100，kg/m³；

$\rho_s'$——细集料的表观密度，kg/m³；

$\rho_g'$——粗集料的表观密度，kg/m³；

$\rho_w$——水的密度，kg/m³，可取 1 000 kg/m³。

$\alpha$——混凝土的含气量百分率（%），在不使用引气型外加剂时，可取为 1。

粗集料和细集料的表观密度应按行业标准《公路工程集料试验规程》（JTG E42—2005）测定。

以上两种确定粗、细集料单位用量的方法，一般认为，质量法比较简便，不需要各种组成材料的密度资料，如施工单位已积累有当地常用材料所组成的混凝土假定表观密度资料，也可得到准确的结果。体积法由于是根据各组成材料实测的密度来进行计算的，所以可获得较为精确的结果。

### （二）试配、调整，提出基准配合比

#### 1. 试 配

（1）试配材料要求。试配混凝土所用各种原材料，要与实际工程使用的材料相同，粗、细集料的称量均以干燥状态为准。

（2）搅拌方法和拌和物数量。混凝土搅拌方法，应尽量与生产时使用方法相同。试配时，每盘混凝土的数量一般应不少于表 4.26 的建议值。如需进行抗折强度试验，则应根据实际需要计算用量。采用机械搅拌时，其搅拌量应不小于搅拌机额定搅拌量的 1/4。

**表 4.26　混凝土试配的最小搅拌量**

| 集料最大粒径/mm | 拌和物数量/L | 集料最大粒径/mm | 拌和物数量/L |
| --- | --- | --- | --- |
| 31.5 及以下 | 15 | 40 以上 | 25 |

#### 2. 校核工作性，确定基准配合比

按计算出的初步配合比进行试配拌和，检验调整混凝土拌和物的工作性。如试拌得出的拌和物的坍落度（或维勃稠度）不能满足要求，或黏聚性和保水性能不好时，应在保证水灰比不变的条件下相应调整用水量或砂率，直到符合要求为止。然后提出供混凝土强度校核用的"基准配合比"，即 $m_{ca} : m_{sa} : m_{ga} : m_{wa}$。

### （三）检验强度、确定试验室配合比

#### 1. 制作试件、检验强度

为检验混凝土的强度，至少拟订 3 个不同的配合比。当采用 3 个不同的配合比时，其中 1 个为基准配合比，另外两个配合比的水灰比值，应较基准配合比分别增加及减少 0.05（或 0.10），其用水量应该与基准配合比相同，砂率可分别增加及减少 1%。

制作检验混凝土强度试验的试件时，应检验混凝土拌和物的坍落度（或维勃稠度）、黏聚性、保水性及拌和物的表观密度，并以此结果表征该配合比的混凝土拌和物的性能。

为检验混凝土强度，每种配合比至少制作 1 组（3 块）试件，在标准养护 28 d 条件下进行抗压强度测试。有条件的可同时制作几组试件，供快速检验或较早龄期（3 d、7 d 等）抗压强度测试，以便尽早提出混凝土配合比供施工使用。但必须以标准养护 28 d 强度的检验结果为依据调整配合比。

#### 2. 确定试验室配合比

根据"强度"检验结果和"湿表观密度"测定结果，进一步修正配合比，即可得到"试验室配合比设计值"。

1）根据强度检验结果修正配合比

（1）确定用水量（$m_{wb}$）。取基准配合比的用水量（$m_{wa}$），并根据制作强度检验试件时所

测坍落度（或维勃稠度）值加以适当调整确定。

（2）确定水泥用量（$m_{cb}$）。取用水量乘以由"强度-灰水比"关系定出的达到配制强度（$f_{cu,o}$）所必需的灰水比值。

（3）确定粗、细集料用量（$m_{sb}$和$m_{gb}$）。取基准配合比中的砂、石用量，并按定出的水灰比作适当调整。

2）根据实测拌和物湿表观密度校正配合比

（1）根据强度检验结果校正后定出的混凝土配合比，计算出混凝土的"计算湿表观密度"（$\rho_{c,c}$），即

$$\rho_{c,c} = m_{cb} + m_{wb} + m_{sb} + m_{gb} \tag{4-14}$$

（2）将混凝土的实测表观密度值（$\rho_{c,t}$）除以计算湿表观密度值（$\rho_{c,c}$），得出"校正系数"$\delta$，即

$$\delta = \frac{\rho_{c,t}}{\rho_{c,c}} \tag{4-15}$$

（3）当混凝土表观密度实测值与计算值之差的绝对值不超过计算值的2%时，则$m_{cb}:m_{sb}:m_{gb}:m_{wb}$的比值即为确定的试验室配合比；当二者之差超过2%时，应将配合比中每项材料用量均乘以校正系数$\delta$，即得最终确定的试验室配合比设计值，即

$$\left.\begin{aligned} m'_{cb} &= m_{cb} \cdot \delta \\ m'_{sb} &= m_{sb} \cdot \delta \\ m'_{gb} &= m_{gb} \cdot \delta \\ m'_{wb} &= m_{wb} \cdot \delta \end{aligned}\right\} \tag{4-16}$$

最终试验室配合比为$m'_{cb}:m'_{sb}:m'_{gb}:m'_{wb}$。

### （四）施工配合比换算

试验室最后确定的配合比，是按集料为烘干状态计算的。而施工现场的砂、石材料露天堆放，都有一定的含水率。因此，施工现场应根据现场砂、石的实际含水率的变化，将试验室配合比换算为施工配合比。

假设施工现场实测砂、石含水率分别为$a\%$、$b\%$，则施工配合比的各种材料单位用量：

$$\left.\begin{aligned} m_c &= m'_{cb} \\ m_s &= m'_{sb}(1+a\%) \\ m_g &= m'_{gb}(1+b\%) \\ m_w &= m'_{wb} - (m'_{sb} \cdot a\% + m'_{gb} \cdot b\%) \end{aligned}\right\} \tag{4-17}$$

施工配合比为$m_c:m_s:m_g:m_w$。

**[例4.1]** 水泥混凝土配合比设计例题——以抗压强度为指标的设计方法。

[题目]试设计钢筋混凝土桥T形梁用混凝土配合比。

[原始资料]

（1）已知混凝土设计强度等级为C30。无强度历史统计资料，要求混凝土拌和物坍落度为30~50 mm。桥梁所在地区属寒冷地区。

（2）组成材料：可供应硅酸盐水泥，强度等级为 42.5；密度 $\rho_c = 3\,100\ \text{kg/m}^3$；富余系数 $\gamma_c = 1.1$。中砂表观密度 $\rho'_c = 2\,650\ \text{kg/m}^3$；碎石公称最大粒径 $d_{\max} = 31.5\ \text{mm}$；表观密度 $\rho'_g = 2\,700\ \text{kg/m}^3$。

[设计要求]

（1）按所给资料计算出初步配合比。

（2）按初步配合比在试验室进行试配，调整得出试验室配合比。

[设计步骤]

**1. 计算初步配合比**

1）确定混凝土配制强度（$f_{\text{cu,o}}$）

按题意知：设计要求混凝土强度 $f_{\text{cu,k}} = 30\ \text{MPa}$，无历史统计资料，查表 4.20 得标准差 $\sigma = 5.0\ \text{MPa}$。

按式（4-8），混凝土配制强度

$$f_{\text{cu,o}} = f_{\text{cu,k}} + 1.645\sigma = 30 + 1.645 \times 5 = 38.2\ \text{MPa}$$

2）计算水灰比（$W/C$）

（1）按强度要求计算水灰比。

① 计算水泥实际强度。由题意知采用强度等级为 42.5 级的硅酸盐水泥 $f_{\text{ce,k}} = 42.5\ \text{MPa}$，水泥富余系数 $\gamma_c = 1.1$。水泥实际强度

$$f_{\text{ce}} = \gamma_c \cdot f_{\text{ce,k}} = 1.1 \times 42.5 = 46.8\ \text{MPa}$$

② 计算混凝土水灰比。已知混凝土配制强度 $f_{\text{cu,o}} = 38.2\ \text{MPa}$，水泥实际强度 $f_{\text{ce}} = 46.8\ \text{MPa}$。本单位无混凝土强度回归系数统计资料，由表 4.11 知：碎石 $\alpha_a = 0.46$，$\alpha_b = 0.07$。

按式（4-10）计算水灰比：

$$\frac{W}{C} = \frac{\alpha_a \cdot f_{\text{ce}}}{f_{\text{cu,o}} + \alpha_a \cdot \alpha_b \cdot f_{\text{ce}}} = \frac{0.46 \times 46.8}{38.2 + 0.46 \times 0.07 \times 46.8} = 0.54$$

（2）按耐久性校核水灰比。根据混凝土所处环境条件属于寒冷地区，查表 4.21，允许最大水灰比为 0.55。按强度计算水灰比 0.54，符合耐久性要求。故采用计算水灰比为 0.54。

3）确定单位用水量（$m_{\text{wo}}$）

由题意已知，要求混凝土拌和物坍落度 30~50 mm，碎石公称最大粒径为 31.5 mm。查表 4.23，选用混凝土用水量：$m_{\text{wo}} = 185\ \text{kg/m}^3$。

4）计算单位水泥用量（$m_{\text{co}}$）

（1）按强度计算单位水泥用量。已知混凝土单位用水量 $m_{\text{wo}} = 185\ \text{kg/m}^3$，水灰比 $W/C = 0.54$，按式（4-11）计算出混凝土单位水泥用量为：

$$m_{\text{co}} = \frac{m_{\text{wo}}}{W/C} = 185/0.54 = 343\ \text{kg/m}^3$$

（2）按耐久性校核单位水泥用量。根据混凝土所处环境条件属寒冷地区配筋混凝土，查表 4.21，最小水泥用量不低于 280 kg/m³。按强度计算单位水泥用量 343 kg/m³，符合耐久性要求。采用单位水泥用量为 343 kg/m³。

5）选定砂率（$\beta_s$）

按已知集料采用碎石，最大粒径 31.5 mm，水灰比 $W/C = 0.54$。查表 4.24，选定混凝土砂率 $\beta_s = 33\%$。

6）计算砂石用量

（1）采用质量法。已知：单位水泥用量 $m_{co} = 343\ kg/m^3$，单位用水量 $m_{wo} = 185\ kg/m^3$，混凝土拌和物假定表观密度按表 4.25 取 $\rho_{cp} = 2\ 400\ kg/m^3$，砂率 $\beta_s = 33\%$。由式（4-12）

$$\begin{cases} m_{co} + m_{wo} + m_{so} + m_{go} = \rho_{cp} \\ \dfrac{m_{so}}{m_{so} + m_{go}} \times 100 = \beta_s \end{cases} \quad 得：\begin{cases} 343 + 185 + m_{so} + m_{go} = 2\ 400 \\ \dfrac{m_{so}}{m_{so} + m_{go}} \times 100 = 33 \end{cases}$$

解出砂用量 $m_{so} = 616\ kg/m^3$，碎石用量 $m_{go} = 1\ 256\ kg/m^3$。

按质量法计算得初步配合比：

$$m_{co} : m_{so} : m_{go} : m_{wo} = 343 : 616 : 1\ 256 : 185$$
$$= 1 : 1.80 : 3.66 : 0.54$$

（2）采用体积法。已知：水泥密度 $\rho_c = 3\ 100\ kg/m^3$，砂表观密度 $\rho'_c = 2\ 650\ kg/m^3$，碎石表观密度 $\rho'_c = 2\ 700\ kg/m^3$，非引气混凝土，$\alpha = 1$，由式（4-13）得：

$$\begin{cases} \dfrac{343}{3\ 100} + \dfrac{185}{1\ 000} + \dfrac{m_{so}}{2\ 650} + \dfrac{m_{go}}{2\ 700} + 0.01 \times 1 = 1 \\ \dfrac{m_{so}}{m_{so} + m_{go}} \times 100 = 33 \end{cases}$$

解得：砂用量 $m_{so} = 613\ kg/m^3$，碎石用量 $m_{go} = 1\ 251\ kg/m^3$。

按体积法计算得初步配合比：

$$m_{co} : m_{so} : m_{go} : m_{wo} = 343 : 613 : 1\ 251 : 185$$
$$= 1 : 1.79 : 3.65 : 0.54$$

2. 调整工作性、提出基准配合比

1）计算试拌材料用量

按计算的初步配合比（以绝对体积法计算结果为例）试拌 15 L 混凝土拌和物，各种材料用量：

| | |
|---|---|
| 水泥 | $343 \times 0.015 = 5.15\ kg$ |
| 水 | $185 \times 0.015 = 2.78\ kg$ |
| 砂 | $613 \times 0.015 = 9.20\ kg$ |
| 碎石 | $1\ 251 \times 0.015 = 18.77\ kg$ |

2）调整工作性

按计算材料用量拌制混凝土拌和物，测定其坍落度为 10 mm，未满足题给的施工和易性要求。为此，保持水灰比不变，增加 5%水泥浆。再经拌和测坍落度为 40 mm，黏聚性和保水性也良好，满足施工和易性要求。此时混凝土拌和物各组成材料实际用量为：

| | |
|---|---|
| 水泥 | $5.15 \times (1 + 5\%) = 5.41\ kg$ |
| 水 | $2.78 \times (1 + 5\%) = 2.92\ kg$ |
| 砂 | $9.20\ kg$ |
| 碎石 | $18.77\ kg$ |

3）提出基准配合比

调整工作性后，混凝土拌和物的基准配合比为：

$$m_{ca} : m_{sa} : m_{ga} : m_{wa} = 5.41 : 9.20 : 18.77 : 2.92$$
$$= 1 : 1.70 : 3.47 : 0.54$$

**3. 检验强度、测定试验室配合比**

1）检验强度

采用水灰比分别为 $(W/C)_A = 0.49$、$(W/C)_B = 0.54$ 和 $(W/C)_C = 0.59$ 拌制 3 组混凝土拌和物，砂、碎石用量不变，用水量也保持不变，则 3 组水泥分别为 A 组 5.96 kg，B 组 5.41 kg，C 组 4.95 kg。除基准配合比一组外，其他两组也经测定坍落度并观察其黏聚性和保水性均属合格。

按 3 组配合比经拌制成型，在标准条件养护 28 d 后，按规定方法测定其立方体抗压强度值，列于表 4.27。

**表 4.27　不同水灰比的混凝土强度值**

| 组　别 | 水灰比（$W/C$） | 灰水比（$C/W$） | 28 d 立方体抗压强度值 $f_{cu,28}$/MPa |
|---|---|---|---|
| A | 0.49 | 2.04 | 45.3 |
| B | 0.54 | 1.85 | 39.5 |
| C | 0.59 | 1.69 | 34.2 |

根据表 4.27 试验结果，绘制混凝土 28 d 立方体抗压强度（$f_{cu,28}$）与灰水比（$C/W$）关系图，如图 4.5 所示。

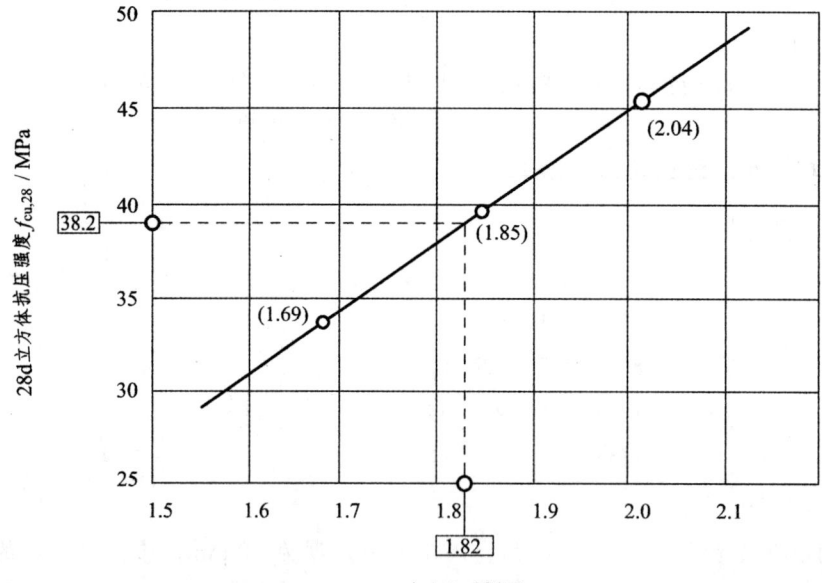

**图 4.5　混凝土 28 d 抗压强度与灰水比关系曲线**

由图 4.5 可知，对应混凝土配制强度 $f_{cu,0} = 38.2$ MPa 时的灰水比 $C/W = 1.82$，即水灰比为 0.55。

2）确定试验室配合比

（1）按强度试验结果修正配合比，各材料用量为：

用水量　　　　　　　　$m_{wb} = 185(1 + 5\%) = 194$ kg

水泥用量　　　　　　　$m_{cb} = 194/0.55 = 353$ kg

砂、石用量按体积法：

$$\begin{cases} \dfrac{353}{3\,100} + \dfrac{194}{1\,000} + \dfrac{m_{sb}}{2\,650} + \dfrac{m_{gb}}{2\,700} + 0.01 \times 1 = 1 \\ \dfrac{m_{sb}}{m_{sb} + m_{gb}} \times 100 = 33 \end{cases}$$

解得：砂用量 $m_{sb} = 603 \text{ kg/m}^3$，碎石用量 $m_{cb} = 1\,230 \text{ kg/m}^3$。

调整后配合比 $m_{cb} : m_{sb} : m_{gb} : m_{wb} = 353 : 603 : 1\,230 : 194$

（2）计算湿表观密度　　$\rho_{c,c} = 353 + 603 + 1\,230 + 194 = 2\,380 \text{ kg/m}^3$

实测湿表观密度　　　　$\rho_{c,t} = 2\,450 \text{ kg/m}^3$

修正系数　　　　　　　$\delta = 2\,450/2\,380 = 1.02$

因为混凝土表观密度实测值与计算值之差的绝对值超过计算值的2%（为2.9%），则按实测湿表观密度校正后各种材料用量为：

水泥用量　　　　　　　$m'_{cb} = 353 \times 1.02 = 360 \text{ kg/m}^3$

水用量　　　　　　　　$m'_{wb} = 194 \times 1.02 = 198 \text{ kg/m}^3$

砂用量　　　　　　　　$m'_{sb} = 603 \times 1.02 = 615 \text{ kg/m}^3$

碎石用量　　　　　　　$m'_{gb} = 1\,230 \times 1.02 = 1\,255 \text{ kg/m}^3$

因此，试验室配合比为

$$m'_{cb} : m'_{sb} : m'_{gb} : m'_{wb} = 360 : 615 : 1\,255 : 198$$
$$= 1 : 1.70 : 3.48 : 0.55$$

4. 换算施工配合比

根据工地实测，砂的含水率 $\omega_s = 5\%$；碎石的含水率 $\omega_g = 1\%$。各种材料的用量为：

水泥用量　　　　$m_c = 360 \text{ kg/m}^3$

砂用量　　　　　$m_s = 615 \times (1 + 5\%) = 646 \text{ kg/m}^3$

碎石用量　　　　$m_g = 1255 \times (1 + 1\%) = 1268 \text{ kg/m}^3$

水用量　　　　　$m_w = 198 - (615 \times 5\% + 1255 \times 1\%) = 154 \text{ kg/m}^3$

施工配合比为　　$m_c : m_s : m_g : m_w = 1 : 1.79 : 3.52 : 0.43$

## 三、普通路面混凝土配合比设计

普通混凝土配合比设计适用于滑模摊铺机、轨道摊铺机、三辊轴机组及小型机具四种施工方式。

1. 弯拉强度

（1）各交通等级路面板的28 d设计弯拉强度标准值 $f_r$ 应符合《公路水泥混凝土路面设计规范》（JTG D40）的规定。

（2）应按式（4-18）计算配制28 d弯拉强度的均值。

$$f_c = \dfrac{f_r}{1 - 1.04 C_v} + ts \tag{4-18}$$

式中：$f_c$——配制28 d弯拉强度的平均值，MPa；

$f_r$——设计弯拉强度标准值，MPa；

$s$——弯拉强度试验样本的标准差,MPa;

$t$——保证率系数,应按表 4.28 确定;

$C_v$——弯拉强度变异系数,应按统计数据在表 4.29 的规定范围内取值;在无统计数据时,弯拉强度变异系数应按设计取值;如果施工配制弯拉强度超出设计给定的弯拉强度变异系数上限,则必须改进机械装备和提高施工控制水平。

表 4.28 保证率系数 $t$

| 公路技术等级 | 判别概率 $P$ | 样 本 数 $n$(组) | | | | |
|---|---|---|---|---|---|---|
| | | 3 | 6 | 9 | 15 | 20 |
| 高速公路 | 0.05 | 1.36 | 0.79 | 0.61 | 0.45 | 0.39 |
| 一级公路 | 0.10 | 0.95 | 0.59 | 0.46 | 0.35 | 0.30 |
| 二级公路 | 0.15 | 0.72 | 0.46 | 0.37 | 0.28 | 0.24 |
| 三、四级公路 | 0.20 | 0.56 | 0.37 | 0.29 | 0.22 | 0.19 |

表 4.29 各级公路混凝土路面弯拉强度变异系数 $C_v$

| 公路技术等级 | 高速公路 | 一级公路 | 二级公路 | | 三、四级公路 | |
|---|---|---|---|---|---|---|
| 混凝土弯拉强度变异水平等级 | 低 | 低 | 中 | 中 | 中 | 高 |
| 弯拉强度变异系数 $C_v$ 允许变化范围 | 0.05~0.10 | 0.05~0.10 | 0.10~0.15 | 0.10~0.15 | 0.10~0.15 | 0.15~0.20 |

2. 水灰(胶)比的计算和确定

(1)根据粗集料的类型,水灰比可分别按下列统计公式计算:

碎石或碎卵石混凝土

$$\frac{W}{C} = \frac{1.5648}{f_c + 1.0097 - 0.3595 f_s} \qquad (4\text{-}19)$$

卵石混凝土

$$\frac{W}{C} = \frac{1.2618}{f_c + 1.5492 - 0.4709 f_s} \qquad (4\text{-}20)$$

式中:$W/C$——水灰比;

$f_c$——配制 28 d 弯拉强度的平均值,MPa;

$f_s$——水泥实测 28 d 抗折强度,MPa。

(2)掺用粉煤灰时,应计入超量取代法中代替水泥的那一部分粉煤灰用量(代替砂的超量部分不计入),用水胶比 $\dfrac{W}{(C+F)}$ 代替水灰比 $\dfrac{W}{C}$。

(3)应在满足弯拉强度计算值和耐久性(见表 4.28)两者要求的水灰(胶)比中取小值。

### 3. 选取砂率

砂率应根据砂的细度模数和粗集料种类，查表4.30取值。

表 4.30 砂的细度模数与最优砂率关系

| 砂细度模数 | | 2.2~2.5 | 2.5~2.8 | 2.8~3.1 | 3.1~3.4 | 3.4~3.7 |
|---|---|---|---|---|---|---|
| 砂率 $\beta_s$/% | 碎石 | 30~34 | 32~36 | 34~38 | 36~40 | 38~42 |
| | 卵石 | 28~32 | 30~34 | 32~36 | 34~38 | 36~40 |

注：碎卵石可在碎石和卵石混凝土之间内插取值。

### 4. 计算单位用水量

根据粗集料种类和表4.14、表4.15中适宜的坍落度，分别按下列经验式计算单位用水量（砂石料以自然风干状态计）：

碎石 
$$m_{wo} = 104.97 + 0.309 S_L + 11.27 \frac{C}{W} + 0.61 \beta_s \tag{4-21}$$

卵石 
$$m_{wo} = 86.89 + 0.370 S_L + 11.24 \frac{C}{W} + 1.00 \beta_s \tag{4-22}$$

式中：$m_{wo}$——不掺外加剂与掺和料混凝土的单位用水量，kg/m³；

$S_L$——坍落度，mm；

$\beta_s$——砂率，%；

$\frac{C}{W}$——灰水比，水灰比之倒数。

掺外加剂的混凝土单位用水量应按式（4-23）计算：

$$m_{w,ad} = m_{wo}\left(1 - \frac{\beta}{100}\right) \tag{4-23}$$

式中：$m_{w,ad}$——掺外加剂混凝土的单位用水量，kg/m³；

$\beta$——所用外加剂剂量的实测减水率，%。

单位用水量应取计算值和表4.15的规定值两者中的小值。若实际单位用水量仅掺引气剂不满足所取数值，则应掺用引气（高效）减水剂，三、四级公路也可采用真空脱水工艺。

### 5. 计算单位水泥用量

单位水泥用量应由式（4-24）计算，并取计算值与表4.18规定值两者中的大值。

$$m_{co} = \left(\frac{C}{W}\right) m_{wo} \tag{4-24}$$

式中：$m_{co}$——单位水泥用量，kg/m³。

### 6. 确定砂石料用量

砂石料用量可按密度法或体积法计算。按密度法计算时，混凝土单位质量可取 2 400~

2 450 kg/m³；按体积法计算时，应计入设计含气量。采用超量取代法掺用粉煤灰时，超量部分应代替砂，并折减用砂量。

**[例 4.2]** 水泥混凝土配合比设计例题——以弯拉强度为设计指标的设计方法。

[题目]试设计某高速公路路面用水泥混凝土配合比。

[原始资料]

（1）某高速公路路面工程用混凝土（无抗冰冻性要求），要求设计弯拉强度标准值 $f_r$ = 5.0 MPa，施工单位混凝土弯拉强度样本的标准差 $s$ = 0.4 MPa（$n$ = 9）。混凝土由机械搅拌并振捣，采用滑模摊铺机摊铺，施工要求坍落度 30～50 mm。

（2）组成材料。硅酸盐水泥 P·Ⅱ型 52.5 级，实测水泥 28 d 抗折强度为 8.2 MPa，水泥密度 $\rho_c$ = 3 100 kg/m³；中砂：表观密度 $\rho'_s$ = 2 630 kg/m³，细度模数 2.6；碎石公称粒径 5～40 mm，表观密度 $\rho'_g$ = 2 700 kg/m³；水：自来水。

[设计步骤]

1. 确定初步配合比

1）计算配制弯拉强度（$f_c$）

由表 4.28，当高速公路路面混凝土样本数为 9 时，保证率系数 $t$ 为 0.61。

按照表 4.29，高速公路路面混凝土变异水平等级为"低"，混凝土弯拉强度变异系数 $C_v$ = 0.05～0.10，取中值 0.075。

根据设计要求 $f_r$ = 5.0 MPa，将以上参数带入式（4-18），混凝土配制弯拉强度为：

$$f_c = \frac{f_r}{1-1.04C_v} + ts = \frac{5.0}{1-1.04\times0.075} + 0.61\times0.4 = 5.67 \text{ MPa}$$

2）确定水灰比（$W/C$）

按弯拉强度计算水灰比。由所给资料：水泥实测抗折强度 $f_s$ = 8.2 MPa，计算得到的混凝土配制弯拉强度 $f_c$ = 5.67 MPa，粗集料为碎石，代入式（4-19）计算混凝土的水灰比 $W/C$：

$$\frac{W}{C} = \frac{1.564\ 8}{f_c + 1.009\ 7 - 0.359\ 5 f_s} = \frac{1.564\ 8}{5.67 + 1.009\ 7 - 0.359\ 5 \times 8.2} = 0.42$$

耐久性校核。混凝土为高速公路路面所用，无抗冰冻性要求，查表 4.18，得最大水灰比为 0.44，故按照强度计算的水灰比结果符合耐久性要求，取水灰比 $W/C$ = 0.42，灰水比 $C/W$ = 2.38。

3）确定砂率（$\beta_s$）

由砂的细度模数 2.6，碎石，查表 4.30，取混凝土砂率 $\beta_s$ = 34%。

4）确定单位用水量（$m_{wo}$）

由坍落度要求 30～50 mm，取 40 mm，灰水比 $C/W$ = 2.38，砂率 34%代入式（4-21），计算单位用水量：

$$m_{wo} = 104.97 + 0.309\times40 + 11.27\times2.38 + 0.61\times34 = 143 \text{ kg/m}^3$$

查表 4.15，得最大单位用水量为 156 kg/m³，故取计算单位用水量 143 kg/m³。

5）确定单位水泥用量（$m_{co}$）

将单位用水量 143 kg/m³，灰水比 $C/W=2.38$ 代入式（4-25）计算单位水泥用量：

$$m_{co} = (C/W) \times m_{wo} = 2.38 \times 143 = 340 \text{ kg/m}^3$$

查表 4.18 得满足耐久性要求的最小水泥用量为 300 kg/m³，由此取计算水泥用量 340 kg/m³。

6）计算粗、细集料用量 $m_{go}$、$m_{so}$

将上面的计算结果带入方程组（4-13）：

$$\begin{cases} \dfrac{m_{co}}{\rho_c} + \dfrac{m_{wo}}{\rho_w} + \dfrac{m_{so}}{\rho'_s} + \dfrac{m_{go}}{\rho'_g} + 0.01\alpha = 1 \\ \dfrac{m_{so}}{m_{so} + m_{go}} \times 100 = \beta_s \end{cases} \text{得：} \begin{cases} \dfrac{340}{3\,100} + \dfrac{143}{1\,000} + \dfrac{m_{so}}{2\,630} + \dfrac{m_{go}}{2\,700} + 0.01 \times 1 = 1 \\ \dfrac{m_{so}}{m_{so} + m_{go}} \times 100 = 34 \end{cases}$$

解得：砂用量 $m_{so} = 671$ kg/m³；碎石用量 $m_{go} = 1\,302$ kg/m³。

## 2. 确定基准配合比、实验室配合比与施工配合比

路面混凝土的基准配合比、实验室配合比与施工配合比设计内容与普通混凝土相同，此处不再赘述。

# 第五节　普通水泥混凝土的质量控制

公路工程中重要的结构物很多都是水泥混凝土建造的，其质量的好坏在一定程度上决定了整个工程质量，同时也决定了施工企业的施工水平。所以正确评定水泥混凝土质量等级，显得尤为重要。

## 一、混凝土质量的波动

混凝土是由水泥、水、细集料和粗集料组成的一种非匀质材料，其质量受到下列因素的影响而发生波动。

### 1. 原材料的质量和配合比

混凝土组成材料中水泥的质量对混凝土的影响极为显著，例如水泥实际强度的波动，将直接影响混凝土强度的波动。另外，施工现场集料含水率的变化，以及现场集料的混杂或泥土的混入均会引起混凝土质量的波动。

### 2. 施工工艺

混凝土施工的各个环节如拌和方式（人工或机械）、运输时间、浇灌或振捣情况以及养护时间、湿度等，均对混凝土的质量有明显影响。

### 3. 养护方法

混凝土浇筑完毕应在 12 h 内用塑料薄膜等物覆盖，保持水分，防止出现早期干缩裂缝，养护时间一般不少于 7～14 d。在低温环境下，施工应采取保温加热措施，在炎热气候条件下，可将施工时间调整至夜晚，并注意原材料堆放的散热、降温，以保证水泥正常水化。

### 4. 试验条件

混凝土质量好坏必须通过试验来直观反映。在进行试验时往往存在取样方法、试件成型及养护条件的差异。要做到准确地反映混凝土的质量，就必须严格按照有关规范规定的试验方法进行各项试验。同时应按规范要求定期标定仪器，以减少仪器因精度不够造成的误差。

## 二、混凝土质量的评价方法

### （一）以抗压强度为指标的混凝土强度的评价方法

混凝土抗压强度应以标准条件下养护 28 d 龄期试件的抗压强度进行评定，其合格条件如下：

（1）应以强度等级相同、龄期相同以及生产工艺条件和配合比相同的混凝土组成同一验收批，同一验收批的混凝土强度应以同批内所有各组标准尺寸试件的强度测定值（当为非标准尺寸试件时应进行强度换算）为代表值。

（2）大桥等重要工程及中小桥、涵洞工程的试件大于或等于10组时，应以数理统计方法按下述条件评定：

$$m_{fcu} - K_1 S_n \geq 0.9 f_{cu,k} \tag{4-25}$$

$$f_{cu,min} \geq K_2 f_{cu,k} \tag{4-26}$$

式中：$m_{fcu}$——同批 $n$ 组试件强度的平均值，MPa；

$n$——同批混凝土试件组数；

$f_{cu,k}$——设计的混凝土强度等级，MPa；

$f_{cu,min}$——$n$ 组试件中强度最低一组的值，MPa；

$S_n$——同批 $n$ 组试件强度的标准差，MPa，当 $S_n < 0.06 f_{cu,k}$ 时，取 $S_n = 0.06 f_{cu,k}$；

$K_1$、$K_2$——合格判定系数，见表 4.31。

表 4.31 $K_1$、$K_2$ 的值

| $n$ | 10～14 | 15～24 | ≥25 |
|---|---|---|---|
| $K_1$ | 1.70 | 1.65 | 1.60 |
| $K_2$ | 0.9 | 0.85 | |

（3）中小桥及涵洞等工程，同批混凝土试件少于10组时，可用非统计方法按下述条件进行评定：

$$m_{fcu} \geq 1.15 f_{cu,k} \tag{4-27}$$

$$f_{cu,min} \geq 0.95 f_{cu,k} \tag{4-28}$$

当混凝土强度按试件强度进行评定达不到合格条件时，可采用钻取试样或以无损检测法查明结构实际混凝土的抗压强度和浇筑质量，如仍有不合格，应由有关单位共同研究处理。

### (二) 以弯拉强度为指标的混凝土强度的评价方法

混凝土弯拉强度试验方法应使用标准小梁法或钻芯劈裂法，试件使用标准方法制作，标准养生时间 28 d，路面钻芯劈裂时间宜控制在 28～56 d 以内，不掺粉煤灰宜用前者，掺粉煤灰宜用后者。每组 3 个试件的平均值作为一个统计数据。

试件组数大于 10 组时，平均弯拉强度合格判断式为：

$$f_{cs} = f_r + K\sigma \tag{4-29}$$

式中：$f_{cs}$——合格判定平均弯拉强度，MPa；
$f_r$——设计弯拉强度标准值，MPa；
$K$——合格判定系数，按试件组数查表 4.32；
$\sigma$——弯拉强度统计均方差，可按式（4-30）计算：

$$\sigma = C_v f_c \tag{4-30}$$

式中：$C_v$——实测弯拉强度统计变异系数；
$f_c$——实测弯拉强度统计平均值，MPa。

表 4.32 合格评定系数 K

| 试件组数 n | 11～14 | 15～19 | ≥20 |
|---|---|---|---|
| K | 0.75 | 0.70 | 0.65 |

当试件组数为 11～19 组时，允许有 1 组最小弯拉强度小于 $0.85 f_r$，但不得小于 $0.75 f_r$。

当试件组数大于 20 组时，高速公路和一级公路最小弯拉强度 $f_{min}$ 不得小于 $0.85 f_r$，其他公路允许有一组最小弯拉强度 $f_{min}$ 小于 $0.85 f_r$，但不得小于 $0.75 f_r$。

实测弯拉强度统计变异系数 $C_v$ 值应符合设计要求。

当标准小梁合格判定平均弯拉强度 $f_{cs}$、最小弯拉强度 $f_{min}$ 和统计变异系数 $C_v$ 中有一个数据不符合上述要求时，应在不合格路段每车道每公里钻取 3 个以上 $\phi 150$ mm 的芯样，实测劈裂强度，通过各自工程的经验统计公式换算弯拉强度，其合格判定平均弯拉强度 $f_{cs}$ 和最小值 $f_{min}$ 必须合格，否则，应返工重铺。

## 第六节 混凝土外加剂

在拌制混凝土过程中掺入量不大于水泥质量 5%（特殊情况除外），用以改善混凝土性能的材料，称为混凝土外加剂。

混凝土外加剂的种类繁多，按其主要功能归纳有如下几种（见表 4.33）。

表 4.33 混凝土外加剂分类

| 类别 | | 使用效果 |
| --- | --- | --- |
| 减水剂 | 普通减水剂 | 减水、提高强度或改善和易性 |
| | 高效减水剂（流化剂或称超塑剂） | 配制流动混凝土或早强高强混凝土 |
| | 引气剂 | 增加含气量，改善和易性，提高抗冻性 |
| 调凝剂 | 缓凝剂 | 延缓凝结时间，降低水化热 |
| | 早强剂（促凝剂） | 提高混凝土早期强度 |
| | 速凝剂 | 速凝、提高早期强度 |
| | 防冻剂 | 使混凝土在负温下水化，达到预期强度 |
| | 防水剂 | 提高混凝土抗渗性，防止潮气渗透 |
| | 膨胀剂 | 减少干缩 |

## 一、减水剂

减水剂是在混凝土坍落度基本相同的条件下，能减少拌和用水量的外加剂。目前，减水剂品种主要有木质素系、萘磺酸盐系、树脂系、糖蜜系和腐殖酸等几类。使用减水剂有下面3种效果：

（1）当混凝土配合比不变时，可不同程度地增大坍落度，且不影响混凝土的强度。

由于减水剂的作用，吸附在水泥颗粒表面的吸附水被释放出来形成自由水，增大了混凝土混合料的流动性。

（2）如果保持流动性和水泥用量不变时，则可减少拌和用水量10%～20%，使水灰比降低，混凝土强度提高15%～20%，同时也提高了耐久性。

在保持流动性不变的条件下，可以将加入减水剂后释放出来的那部分自由水节省下来，这样，就降低了混凝土的水灰比，提高了强度。同时，混凝土在硬化过程中由于水分蒸发形成的毛细孔减少，提高了耐久性。

（3）如果保持混凝土强度和流动性不变，则可节约水泥用量10%～15%。

加入减水剂后释放出来的那部分自由水节省下来后，要保持水灰比不变，必须按比例减小水泥用量。

## 二、引气剂

掺入混凝土中经搅拌能引入大量分布均匀的微小气泡，以改善混凝土拌和物的和易性，并在硬化后仍能保留微小气泡以改善混凝土抗冻性的外加剂为引气剂。常用的引气剂有松香热聚物、松香皂等。

对于新拌混凝土，掺入引气剂可改善工作性，减少泌水和离析。对硬化后的混凝土，由于气泡存在使水分不易渗入，又可缓冲其水分结冰膨胀的作用，因而提高混凝土的抗冻性、抗渗性和抗蚀性。但是混凝土强度会有所降低。

引气剂的掺量极微,为 0.005%~0.01%,引气量为 3%~6%。

## 三、缓凝剂

缓凝剂的作用是延缓水泥的凝结时间。常用的缓凝剂有:酒石酸钠、柠檬酸、糖蜜、含氧有机酸、多元醇等,其掺量一般为水泥质量的 0.01%~0.20%。

## 四、早强剂

能提高混凝土早期强度,并对后期强度无显著影响的外加剂,称为早强剂。常用的早强剂有:氯化物系早强剂、硫酸盐系早强剂、三乙醇胺系早强剂。

混凝土中掺入早强剂,可缩短混凝土的凝结时间,提高早期强度,常用于混凝土的快速低温施工。但掺加了氯化钙早强剂,会加速钢筋的锈蚀,为此对氯化钙的掺加量应加以限制,通常对于配筋混凝土不得超过 1%,无筋混凝土掺量也不宜超过 3%。为了防止氯化钙对钢筋的锈蚀,氯化钙早强剂一般与阻锈剂复合使用。

## 五、速凝剂

速凝剂是促使水泥迅速凝结的外加剂。
速凝剂可用于路桥隧道的修补、抢修等工程。

## 六、防水剂

混凝土防水剂是一种能减少孔隙和堵塞毛细通道,用以降低混凝土在静水压力下透水性的外加剂。防水剂分为无机防水剂,如三氯化铁、水玻璃等,以及有机防水剂,如有机硅、沥青、橡胶液和树脂乳液等。

掺入防水剂后,混凝土的抗渗性大大增强。但有些防水剂含有氯离子,使用时应适当控制。对于水工结构、地下室、隧道等混凝工程,由于抗渗和防水要求均较高,因此,可选用适宜的防水剂或防水复合外加剂。

# 第七节 建筑砂浆

砂浆是由胶结料、细集料、掺和料和水配制而成的建筑工程材料,在工程中起黏结、衬垫和传递应力的作用。常用的胶结材料为水泥、石灰等,细集料则多采用天然砂。

在道路和桥隧工程中,砂浆主要用于砌筑挡土墙、桥涵或隧道等圬工砌体及砌体表面的抹面或勾缝。因此按其用途可分为砌筑砂浆和抹面砂浆。

根据目前工程使用情况,本节主要讲述水泥砂浆和水泥混合砂浆。

## 一、砌筑砂浆

砌筑砂浆是将砖、石或砌块等黏结成为整体的砂浆，它又分为水泥砂浆和水泥混合砂浆。水泥砂浆是由水泥、细集料和水配制而成的砂浆；水泥混合砂浆是由水泥、细集料、掺加料和水配制成的砂浆。现就其组成材料的要求、技术性质以及配合组成简述如下。

### （一）材料要求

1. 水　泥

砌筑砂浆用水泥的强度等级应根据设计要求进行选择。水泥砂浆采用的水泥，其强度等级不宜大于32.5级；水泥混合砂浆采用的水泥，其强度等级不宜大于42.5级。

2. 砂

砌筑砂浆用砂宜选用中砂，其中毛石砌体宜选用粗砂。砂的含泥量不应超过5%。强度等级为M2.5的水泥混合砂浆，砂的含泥量不应超过10%。

3. 掺加料

（1）生石灰熟化成石灰膏时，应用孔径不大于3 mm×3 mm的网过滤，熟化时间不得少于7 d；磨细生石灰粉的熟化时间不得小于2 d。沉淀池中储存的石灰膏，应采取防止干燥、冻结和污染的措施。严禁使用脱水硬化的石灰膏。

（2）采用黏土或亚黏土制备黏土膏时，宜用搅拌机加水搅拌，通过孔径不大于3 mm×3 mm的网过筛。用比色法鉴定黏土中的有机物含量时应浅于标准色。

（3）制作电石膏的电石渣应用孔径不大于3 mm×3 mm的网过滤，检验时应加热至70°C并保持20 min，没有乙炔气味后，方可使用。

（4）消石灰粉不得直接用于砌筑砂浆中。

（5）石灰膏、黏土膏和电石膏试配时的稠度，应为（120±5）mm。

4. 粉煤灰

粉煤灰的品质指标和磨细生石灰的品质指标应符合国家标准《用于水泥和混凝土中的粉煤灰》（GB 1596—91）及行业标准《建筑生石灰粉》（JC/T 480—92）的要求。

5. 水

配制砂浆用水应符合现行行业标准《混凝土拌和用水标准》（JCJ 63）的规定。

6. 外加剂

砌筑砂浆中掺入的砂浆外加剂，应具有法定检测机构出具的该产品砌体强度的型式检验报告，并经砂浆性能试验合格后，方可使用。

### （二）技术条件

1. 砂浆强度

砌筑砂浆的强度等级宜采用M20, M15, M10, M7.5, M5, M2.5。

2. 砂浆的密度

水泥砂浆拌和物的密度不宜小于 1 900 kg/m³；水泥混合砂浆拌和物的密度不宜小于 1 800 kg/m³。

3. 新拌砂浆的和易性

砂浆的组成中没有粗集料，因此和易性包括流动性及保水性两方面要求。

（1）流动性。是指新拌砂浆在自重或外力作用下，易于产生流动的性质。砂浆的流动性是用稠度表示的。

砂浆的流动性与用水量、胶结材料的品种和用量、细集料的级配和表面特征、掺和料及外加剂的特性和用量、拌和时间等因素有关。

砂浆的流动性是用"稠度"来表示。稠度是采用稠度仪（见图 4.6）测定。测定方法是将砂浆拌和物一次装入稠度仪的容器中，使砂浆表面低于容器口 10 mm 左右，用捣棒插捣 25 次，然后轻轻将容器摇动或敲击 5～6 下，使砂浆表面平整，将容器置于稠度仪上，使试锥与砂浆表面接触，旋紧制动螺丝，使指针对准零。拧开制动螺丝，同时计时间，待 10 s 后立即固定螺丝，从刻度盘读出试锥下沉深度（精确至 1 mm）即为砂浆的稠度。其稠度应按表 4.34 的规定选用。

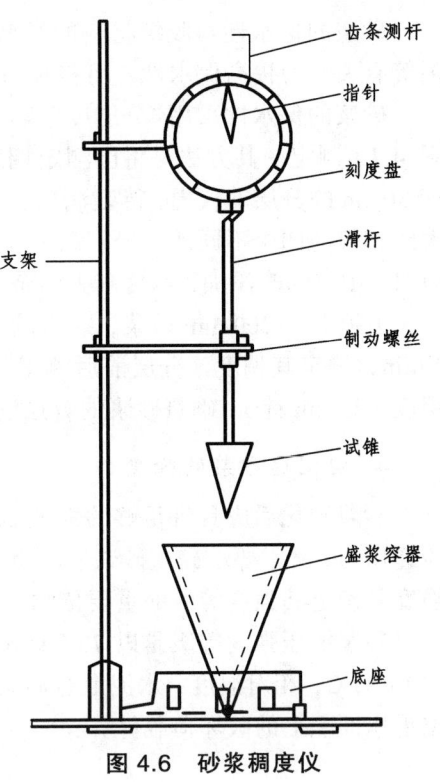

**图 4.6 砂浆稠度仪**

表 4.34 砌筑砂浆的稠度

| 砌 体 种 类 | 砂浆稠度/mm |
| --- | --- |
| 烧结普通砖砌体 | 70～90 |
| 轻骨料混凝土小型空心砌块砌体 | 60～90 |
| 烧结多孔砖，空心砖砌体 | 60～80 |
| 烧结普通砖平拱式过梁<br>空斗墙，筒拱<br>普通混凝土小型空心砌块砌体<br>加气混凝土砌块砌体 | 50～70 |
| 石砌体 | 30～50 |

砂浆的流动性主要取决于用水量以及胶结材料的种类和用量、细集料的种类、颗粒形状及粗糙程度和级配等。

（2）保水性。砂浆保水性是指砂浆能保持水分的性能。砂浆在运输、静置或砌筑过程中，水分不应从砂浆中离析，并使砂浆保持必要的稠度，便于操作；同时使水泥正常水化，保证砌体强度。

保水性差的砂浆不仅易引起泌水、流浆现象，而且会影响砂浆和砌筑材料的黏结和砂浆的硬化，降低砌体的强度。

砂浆的保水性与胶结材料的类型和用量、细集料的级配、用水量以及有无掺和料和外加剂等有关。为提高保水性,可掺加石灰膏、粉煤灰和微沫剂等。

砂浆的保水性采用"分层度"表示。分层度是用分层度仪(见图 4.7)测定。其方法是将已测定稠度的砂浆装入内径 15 cm、高 30 cm 的分层度仪内,待装满后,用木槌在分层度仪周围距离大致相等的四个不同地方轻轻敲击 1~2 下,如砂浆沉落到低于筒口,则应随时添加,然后刮去多余的砂浆并抹平。静置 30 min 后,去掉上节 200 mm 砂浆,剩余的砂浆,倒出放在拌和锅中拌 2 min,测定其稠度。分层前后测得的稠度之差即为该砂浆的分层度(以 cm 计)。砌筑砂浆的分层度不应大于 30 mm。

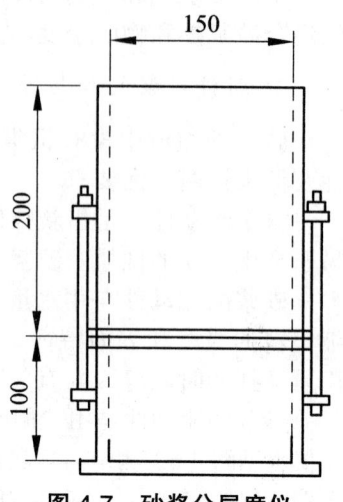

图 4.7 砂浆分层度仪

4. 硬化后砂浆的强度

砂浆硬化后应具有足够的强度。砂浆在圬工砌体中,主要是传递压力,所以要求砌筑砂浆应具有一定的抗压强度。砂浆抗压强度是确定其强度等级的重要依据。

砂浆抗压强度等级是以 70.7 mm × 70.7 mm × 70.7 mm 的正立方体试件,在标准条件[温度(20 ± 3)℃,相对湿度:水泥混合砂浆 60%~80%,水泥砂浆 90%以上]下,养护 28 d 龄期的单位承压面积上的破坏荷载计算:

$$f_{m,cu} = \frac{F_u}{A} \tag{4-31}$$

式中:$f_{m,cu}$——砂浆立方体抗压强度,MPa;
$F_u$——破坏荷载,N;
$A$——承压面积,$mm^2$。

5. 黏聚力

砂浆应具有较强的黏聚力,以便将砌体材料牢固黏结成为一个整体。砂浆的黏聚力与其强度密切相关,通常砂浆强度越高则黏聚力越大。此外,砖石表面状态,清洁程度,湿润情况及施工养护条件也对黏聚力有一定的影响。

6. 耐久性

圬工砂浆经常受环境水的作用,故除强度外,还应考虑抗渗、抗冻、抗侵蚀等性能。提高砂浆的耐久性,主要是提高其密实度。具有冻融循环次数要求的砌筑砂浆,经冻融试验后,质量损失率不得大于 5%,抗压强度损失率不得大于 25%。

砂浆试配时应采用机械搅拌。搅拌时间应自投料结束算起,并应符合下列规定:
(1)对水泥砂浆和水泥混合砂浆,不得小于 120 s。
(2)对掺用粉煤灰和外加剂的砂浆,不得小于 180 s。

(三)砌筑砂浆的配合比计算

1. 水泥混合砂浆配合比计算

砂浆配合比的确定,应按下列步骤进行:

1）计算砂浆试配强度 $f_{m,0}$（MPa）

$$f_{m,o} = f_2 + 0.645\sigma \tag{4-32}$$

式中：$f_{m,0}$——砂浆的试配强度，精确至 0.1 MPa；
   $f_2$——砂浆强度等级，精确至 0.1 MPa；
   $\sigma$——砂浆现场强度标准差，精确至 0.01 MPa。

砌筑砂浆现场强度标准差的确定应符合下列规定：
（1）当有统计资料时，应按下式计算：

$$\sigma = \sqrt{\frac{\sum_{i=1}^{n} f_{m,i}^2 - n\mu_{fm}^2}{n-1}} \tag{4-33}$$

式中：$f_{m,i}$——统计周期内同一品种砂浆第 $i$ 组试件的强度，MPa；
   $\mu_{fm}$——统计周期内同一品种砂浆 $n$ 组试件强度的平均值，MPa；
   $n$——统计周期内同一品种砂浆试件的总组数，$n \geq 25$。

（2）当不具有近期统计资料时，砂浆现场强度标准差 $\sigma$ 可按表 4.35 取用。

表 4.35 砂浆强度标准差 $\sigma$ 选用值（MPa）

| 施工水平 \ 砂浆强度等级 | M2.5 | M5 | M7.5 | M10 | M15 | M20 |
|---|---|---|---|---|---|---|
| 优 良 | 0.50 | 1.00 | 1.50 | 2.00 | 3.00 | 4.00 |
| 一 般 | 0.62 | 1.25 | 1.88 | 2.50 | 3.75 | 5.00 |
| 较 差 | 0.75 | 1.50 | 2.25 | 3.00 | 4.50 | 6.00 |

2）计算每立方米砂浆中的水泥用量 $Q_c$（kg）

每立方米砂浆中的水泥用量，应按下式计算：

$$Q_c = \frac{1\,000(f_{m,o} - \beta)}{\alpha \cdot f_{ce}} \tag{4-34}$$

式中：$Q_c$——每立方米砂浆的水泥用量，精确至 1 kg；
   $\alpha$、$\beta$——砂浆的特征系数，其中 $\alpha = 3.03$，$\beta = -15.09$；
   $f_{ce}$——水泥的实测强度，精确至 0.1 MPa。

注：各地区也可用本地区试验资料确定 $\alpha$、$\beta$ 值，统计用的试验组数不得少于 30 组。

3）计算每立方米砂浆掺加料用量 $Q_D$（kg）

水泥混合砂浆的掺加料用量应按下式计算：

$$Q_D = Q_A - Q_c \tag{4-35}$$

式中：$Q_D$——每立方米砂浆的掺加料用量，精确至 1 kg，石灰膏、黏土膏使用时的稠度为（120 ± 5）mm；
   $Q_c$——每立方米砂浆的水泥用量，精确至 1 kg；
   $Q_A$——每立方米砂浆中水泥和掺加料的总量，精确至 1 kg，为保证和易性，水泥混合砂浆中水泥和掺加料总量宜为 300～350 kg/m³。

4）确定每立方米砂浆砂用量 $Q_s$(kg)

每立方米砂浆中的砂用量 $Q_s$(kg)，应按干燥状态（含水率小于 0.5%）的堆积密度值作为计算值。

5）按砂浆稠度选用每立方米砂浆用水量 $Q_w$(kg)

每立方米砂浆中的用水量，根据砂浆稠度等要求可选用 240～310 kg。

注：① 混合砂浆中的用水量，不包括石灰膏或黏土膏中的水；
② 当采用细砂或粗砂时，用水量分别取上限或下限；
③ 稠度小于 70 mm 时，用水量可小于下限；
④ 施工现场气候炎热或干燥季节，可酌量增加用水量。

6）进行砂浆试配，确定砂浆配合比

按计算所得配合比进行试拌时，应测定其拌和物的稠度和分层度，当不能满足要求时，应调整材料用量，直到符合要求为止。然后确定为试配时的砂浆基准配合比。

试配时至少应采用三个不同的配合比，其中一个为按以上计算得出的基准配合比，其他配合比的水泥用量应按基准配合比分别增加及减少 10%。在保证稠度、分层度合格的条件下，可将用水量或掺加料用量作相应调整。

对三个不同的配合比进行调整后，应按现行行业标准《建筑砂浆基本性能试验方法》（JGJ 70）的规定成型试件，测定砂浆强度，并选定符合试配强度要求的且水泥用量最低的配合比作为砂浆配合比。

2. 水泥砂浆配合比选用

（1）因为水泥强度太高，砂浆强度太低，造成通过计算得出的水泥用量偏少，所以直接查表确定，避免由于计算带来的不合理情况。水泥砂浆材料用量可按表 4.36 选用。

表 4.36 每立方米水泥砂浆材料用量（kg）

| 强度等级 | 每立方米砂浆水泥用量 | 每立方米砂浆砂子用量 | 每立方米砂浆用水量 |
|---|---|---|---|
| M2.5～M5 | 200～230 | | |
| M7.5～M10 | 220～280 | 1 m³ 砂子的堆积密度值 | 270～330 |
| M15 | 280～340 | | |
| M20 | 340～400 | | |

注：① 此表水泥强度等级为 32.5 级，大于 32.5 级水泥用量宜取下限，为保证和易性，水泥砂浆中水泥用量不应小于 200 kg/m³。
② 根据施工水平合理选择水泥用量。
③ 当采用细砂或粗砂时，用水量分别取上限或下限。
④ 稠度小于 70 mm 时，用水量可小于下限。
⑤ 施工现场气候炎热或干燥季节，可酌量增加用水量。
⑥ 试配强度应按式（4-32）计算。

（2）砂浆配合比试配、调整与确定。试配时应采用工程中实际使用的材料。砂浆配合比试配、调整与确定过程与水泥混合砂浆相同。

## 二、抹面砂浆

涂抹于建筑物或建筑构件表面的砂浆称为抹面砂浆。

由于抹面砂浆常用于桥涵圬工砌体和地下物的表面，一般对抹面砂浆的强度要求不高，但要求保水性好，与基底的黏附性好。

按使用要求不同，抹面砂浆又分为普通抹面砂浆和防水抹面砂浆等。

普通抹面砂浆可对砌体起保护作用，通常分两层或3层施工。要求砂浆具有较高的流动性和保水性。其组成可参考有关施工手册。

防水砂浆主要用于隧道和地下工程。可用普通水泥砂浆制作，也可在水泥砂浆中掺入防水剂。常用的防水剂有：氯化物金属盐类防水剂，水玻璃防水剂和金属皂类防水剂等。近年来还掺加高聚物涂料，使之尽快形成密实的刚性砂浆防水层。

## 小　　结

水泥混凝土是高等级公路路面和现代公路桥梁最主要的建筑材料之一。

普通水泥混凝土的有关理论是混凝土科学的基础，各种功能的新型混凝土都是由普通混凝土发展起来的。

新拌混凝土的工作性和硬化后混凝土的力学强度和耐久性是普通水泥混凝土最主要的技术性质。

新拌水泥混凝土的工作性，我国现行规范是采用坍落度和维勃稠度两类指标。水泥混凝土的强度等级，是桥梁混凝土结构设计的最主要材料强度指标。各种强度（轴心抗压、抗拉、抗剪等强度）的强度标准值和强度设计值均由其推算得出。道路水泥混凝土路面的强度指标为抗弯拉强度。道路与桥梁用混凝土的耐冻性、耐磨性和碱-集料反应等耐久性都极为重要。

混凝土材料的配合比设计包括：组成材料的选择和配合比的计算两项内容。

混凝土组成材料的性能直接影响混凝土的性能。在配合比设计前，首先应选用适合的原材料。混凝土配合比设计时，应满足4项基本要求，正确处理3个参数。配制强度的确定是决定配合比设计的重要一环，配制强度选用不当，将影响工程质量或造成损失。

以立方抗压强度为指标的桥梁用混凝土和以抗弯拉强度为指标的道路用混凝土的配合比计算，基本原理和计算步骤基本上是相同的，但具体参数选用上稍有差别。

外加剂和掺和料（粉煤灰）的应用是现代普通水泥混凝土发展的新技术，科学地应用才可达到提高工程质量和降低成本的目的。

高强混凝土、轻集料混凝土、大流动度混凝土和碾压混凝土等是路桥用混凝土的发展方向。

## 思考题与习题

4-1　在混凝土工程中，根据什么选用水泥的品种与强度等级？

4-2　试述提高水泥混凝土强度的方法。

4-3　影响水泥混凝土干缩大小的因素有哪些？怎样减少或防止水泥混凝土的缩裂？

4-4　拟采用下述几个方案提高水泥混凝土混合物的流动性（不改变水泥混凝土其他技术性质），试问哪几个方案可行，哪几个不可行？并说明理由。

（1）保持水灰比不变，增加水泥浆用量；

（2）增加单位用水量；

（3）加入 $CaCl_2$；

（4）加入减水剂；

（5）加强振捣。

4-5 影响水泥混凝土和易性的主要因素有哪些？

4-6 在工程中如何选用水泥的品种与强度等级？

4-7 水泥混凝土应具有哪些主要性能？

4-8 为什么要求水泥混凝土混合物具有良好的和易性？

4-9 影响混凝土强度的主要因素有哪些？

4-10 简述水泥混凝土初步配合比的设计步骤。

4-11 工程中常用的水泥混凝土外加剂有哪些？试述减水剂和引气剂的作用机理和应用效果。

4-12 施工中新拌砂浆有哪些主要技术性质？

4-13 某公路修建钢筋混凝土梁式桥，要求混凝土设计强度等级为 C20，受一般自然条件影响，配筋中等疏密程度，坍落度要求 30～50 mm，机械搅拌，机械振捣，求该混凝土的初步配合比。原材料的有关技术性质如下：

水泥：强度等级 42.5 的矿渣水泥，密度为 $\rho_c = 3.0$ g/cm³；砂：河砂，细度模数 $M_x = 2.5$，表观密度 $\rho_s = 2.65$ g/cm³，堆积密度 $\rho'_s = 1.52$ g/cm³，级配良好；石子：卵石，最大粒径 $D = 40$ mm，表观密度 $\rho_g = 2.70$ g/cm³，堆积密度 $\rho'_g = 1.55$ g/cm³，空隙率，$n_g = 41\%$；水：自来水。

4-14 按强度等级为 C20 的混凝土配合比制成一组 15 cm×15 cm×15 cm 的试块，在标准条件下养护 28 d，作抗压强度试验：其破坏荷载分别为 $5.5 \times 10^5$ N，$5.2 \times 10^5$ N，$4.8 \times 10^5$ N，问该混凝土实测强度为多少？

4-15 现在试验室求得 1 m³ 路面用混凝土的各种材料用量为水泥 360 kg，砂 612 kg，石子 1 241 kg，水 187 kg，求该混凝土的试验室配合比。如工地所用砂含水率 3%，饱和面干含水率 0.8%，石子含水率 2%，饱和面干含水率 1%，求该混凝土的工地配合比。

4-16 假设混凝土密度为 2 400 kg/m³，经初步计算，某混凝土每立方米各种材料用量为水泥 360 kg，砂 612 kg，石子 1 241 kg，水 187 kg，现试验室测得混凝土密度 2 350 kg/m³，试求修正后该混凝土的配合比。如工地用砂含水率 3%，石子含水率 2%，均不计饱和面干含水率，求混凝土施工配合比（材料用量取整数，配合比取两位小数）。

4-17 已知混凝土质量配合比 $C:S:G:W$ 为 1：2.2：4.30：0.55，各种材料为 52.5 普通水泥，密度 3.10 g/cm³；砂子视密度 2.65 g/cm³；石子视密度 2.70 g/cm³；水的密度 1 g/cm³，试求配制 5 m³ 水泥混凝土需各种材料多少？

4-18 已知某水泥混凝土配合比为 1：1.76：3.41：0.50，用水量 = 180 kg/m³。求：

（1）一次拌制 25 L 水泥混凝土，各材料取多少千克？

（2）配制出来的水泥混凝土的密度应是多少？配制强度是多少？

水泥强度等级 42.5，采用碎石 $\alpha_a = 0.46$，$\alpha_b = 0.07$，$\gamma_c = 1.13$。

4-19 已知某水泥混凝土施工配合比 1：2.30：4.30：0.54，每立方米水泥混凝土水泥用量 350 kg，工地搅拌机容量 400 L，制成系数 0.70，试计算每拌一次应备各材料多少千克？

4-20 已确定水灰比为 0.5，每立方米水泥混凝土用水量为 180 kg，砂率为 33%，水泥混凝土密度假定为 2 400 kg/m³，试求该水泥混凝土各材料的初步配合比。

4-21 今有一组普通水泥混凝土试件（150 mm×150 mm×150 mm），测得 28 d 的破坏荷载分别为

625 kN、797 kN、692 kN，试确定其强度等级。

4-22 试配制 7.5 号水泥石灰膏砌筑砂浆，采用中砂和强度等级 42.5 的普通硅酸盐水泥，水泥堆积密度为 1 300 kg/m³，石灰膏堆积密度为 1 350 kg/m³，求该混合砂浆中水泥、石灰膏和砂的体积比是多少？

4-23 配制某强度等级混合砂浆，每立方米需用水泥 168 kg，已知水泥堆积密度 $\rho_c$ = 1 300 kg/m³，石灰膏密度 $\rho_D$ = 1 350 kg/m³，试计算混合砂浆初步配合比。

4-24 配制 C25 混凝土按饱和面干状态计算的配合比为水泥：砂：碎石 = 314.8：630.7：1 340.3，水灰比 = 0.54，已知砂的饱和面干含水率为 0.8%，天然含水率为 5%，碎石的饱和面干含水率为 0.5%，天然含水率为 3%，通过试验得知掺加一定量减水剂后可降低用水量 15%，节约水泥 10%，试确定施工时单位用水量与用灰量。

## 试验 4.1 水泥混凝土拌和物的拌和与现场取样方法

（JTG E30—2005）

（一）目的和适用范围

本方法规定了在常温环境中室内水泥混凝土拌和物的拌和与现场取样方法。

轻质水泥混凝土、防水水泥混凝土、碾压水泥混凝土等其他特种水泥混凝土的拌和与现场取样方法，可以参照本方法进行，但因其特殊性所引起的对试验设备及方法的特殊要求，均应遵照对这些水泥混凝土的有关技术规定进行。

（二）仪器设备

（1）搅拌机：自由式或强制式。

（2）振动台：标准振动台，符合《混凝土试验用振动台》的要求。

（3）磅秤：感量满足称量总量 1%的磅秤。

（4）天平：感量满足称量总量 0.5%的天平。

（5）其他：铁板、铁铲等。

（三）试验准备

（1）所有材料均应符合有关要求，拌和前材料应放置于温度（20 ± 5)℃环境中。

（2）为防止粗集料的离析，可将集料按不同粒径分开，使用时再按一定比例混合。试样从抽取至试验完毕过程中，不要风吹日晒，必要时应采取保护措施。

（四）试验步骤

1. 水泥混凝土拌和物的拌和

（1）拌和时保持室温（20 ± 5)℃。

（2）拌和物的总量至少应比所需量高 20%以上。拌制混凝土的材料用量应以质量计，称量的精确度：集料为 ± 1%，水、水泥、掺和料和外加剂为 ± 0.5%。

（3）粗集料、细集料均以干燥状态为基准，计算用水量时应扣除粗集料、细集料的含水量。

注：干燥状态是指含水率小于 0.5%的细集料和含水率小于 0.2%的粗集料。

（4）外加剂的加入。

对于不溶于水或难溶于水且不含潮解型盐类，应先和一部分水泥拌和，以保证充分分散。

对于不溶于水或难溶于水但含潮解型盐类，应先和细集料拌和。

对于水溶性或液体，应先加水拌和。

其他特殊外加剂，应遵照有关规定。

（5）拌制混凝土所用各种用具，如铁板、铁铲、镘刀应预先用水润湿，使用完后必须清洗干净。

（6）使用搅拌机前，应先用少量砂浆进行涮膛，再刮出涮膛砂浆，以避免正式拌和混凝土时水泥砂浆黏附筒壁的损失。涮膛砂浆的水灰比及砂灰比，应与正式的混凝土配合比相同。

（7）用搅拌机拌和时，拌和量宜为搅拌机公称容量的 1/4~3/4。

（8）搅拌机搅拌。按规定称好原材料，往搅拌机内顺序加入粗集料、细集料、水泥。开动搅拌机，将材料拌和均匀，在拌和过程中徐徐加水，全部加料时间不宜超过 2 min。水全部加入后，继续拌和约 2 min，而后将拌和物倾出在铁板上，再经人工翻拌 1~2 min，务必使拌和物均匀一致。

（9）人工拌和。采用人工拌和时，先用湿布将铁板、铁铲润湿，再将称好的砂和水泥在铁板上拌匀，加入粗集料，再混合搅拌均匀。而后将此拌和物堆成长堆，中心扒成长槽，将称好的水倒入约一半，将其与拌和物仔细拌匀，再将材料堆成长堆，扒成长槽，倒入剩余的水，继续进行拌和，来回翻拌至少 6 遍。

（10）从试样制备完毕到开始做各项性能试验不宜超过 5min（不包括成型试件）。

2. 现场取样

（1）新混凝土现场取样。凡由搅拌机、料斗、运输小车以及浇制的构件中采取新拌混凝土代表性样品时，均须从 3 处以上的不同部位抽取大致相同分量的代表性样品（不要抽取已经离析的混凝土），集中用铁铲翻拌均匀，而后立即进行拌和物的试验。拌和物取样量应多于试验所需数量的 1.5 倍，其体积不小于 20 L。

（2）为使取样具有代表性，宜采用多次采样的方法，最后集中用铁铲翻拌均匀。

（3）从第一次取样到最后一次取样不宜超过 15 min。取回的混凝土拌和物应经过人工再次翻拌均匀，而后进行试验。

## 试验 4.2　混凝土拌和物坍落度试验
（JTG E30—2005）

（一）目的与适用范围

坍落度是表示混凝土拌和物稠度的一种指标，本试验适用于坍落度大于 10 mm，集料粒径不大于 40 mm 的混凝土。集料粒径大于 40 mm 的混凝土，允许用加大坍落度筒，但应予以说明。

（二）试验仪器

（1）坍落度筒：为铁板制成的截头圆锥筒，厚度不小于 1.5 mm，内侧平滑，在筒的上方约 2/3 高处有两个把手，近下端两侧焊有两个踏脚板，保证坍落度筒可以稳定操作，具体尺寸见试表 4.1。

**试表 4.1　坍落度筒尺寸表**

| 集料公称最大粒径/mm | 筒的名称 | 筒的内部尺寸/mm | | |
|---|---|---|---|---|
| | | 底面直径 | 顶面直径 | 高　度 |
| <31.5 | 标准坍落度筒 | 200±2 | 100±2 | 300±2 |

（2）天平：称量 2 kg，感量 1 g。

（3）量筒：1 000 mL 和 200 mL 各一个。

（4）磅秤：称量 100 kg，感量 50 g。

（5）坍落度高度测量器、漏斗、铁板、铁锹、镘刀、小铲、弹头形捣棒。

## (三) 试验步骤 (人工拌和)

(1) 先用湿布擦净坍落度筒,检查校准磅秤及天平,备齐试验用砂石材料。用湿布将拌和板、铁锹擦湿,防止吸收混合料中的水分。

(2) 称量各种材料,先将水泥与砂倒在拌和板上,用铁锹干拌均匀,加入石子,再一起拌和均匀。将拌和物堆成长堆,倒入剩余的水,继续拌和。来回翻拌至少 6 遍,从加水完毕时起,当拌和物少于 30 L 时,一般拌和 4~5 min。

(3) 将坍落度筒踏板用脚踏紧,筒口放上漏斗,试样分 3 层装入筒内,每层装入高度稍大于筒高的 1/3。用捣棒在每一层的横截面上均匀插捣 25 次,沿螺旋线由边缘至中心在全面积上插捣,插捣底层时插至底部,插捣其他两层时,应插透本层并插入下层 20~30 mm。垂直插捣时(除边缘部分外),不得冲击。坍落度筒及捣棒如试图 4.1 所示。

在插捣顶层时,装入的混凝土应高出坍落度筒,随插捣过程随时添加拌和物,当顶层插捣完毕后,将捣棒用锯和滚的动作清除掉多余的混凝土,用镘刀抹平筒口,刮净筒底周围的拌和物,而后立即垂直地提起坍落度筒,提筒在 5~10 s 内完成,并使混凝土不受横向及扭力作用。

从开始装筒至提起坍落度筒的全过程,应在 150 s 内完成。

(4) 将坍落度筒放在锥体混凝土试样一旁,筒顶平放木尺,用小钢尺量出木尺底面至试样顶面最高点的垂直距离,即为该混凝土拌和物的坍落度,精确至 1 mm,如试图 4.2 所示。

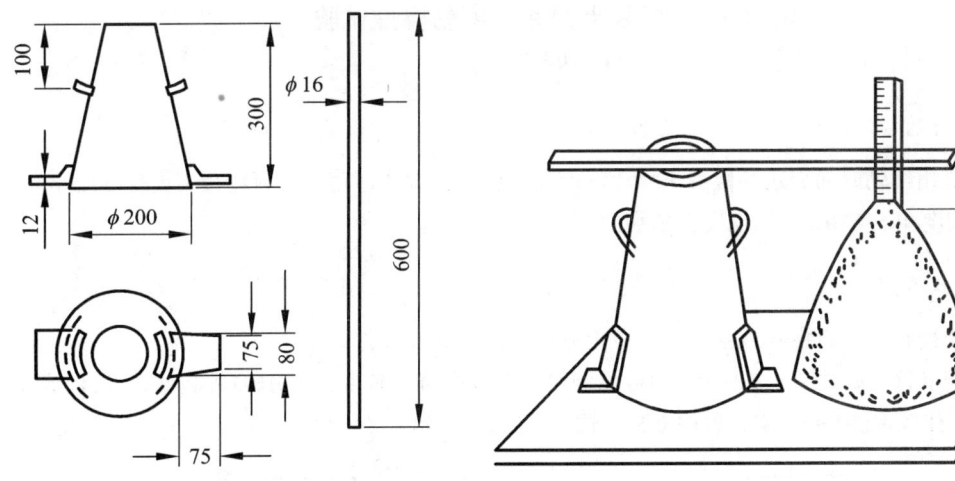

试图 4.1 坍落度筒及捣棒 (尺寸单位: mm)　　　试图 4.2 坍落度测定

(5) 当混凝土试件的一侧发生崩坍或一边剪切破坏,则应重新取样另测。如果第二次仍发生上述情况,则表示该混凝土和易性不好,应记录。

(6) 当混凝土拌和物的坍落度大于 220 mm 时,用钢尺测量混凝土扩展后最终的最大直径和最小直径,在这两个直径之差小于 50 mm 的条件下,用其算术平均值作为坍落扩展度值。否则,此次试验无效。

(7) 坍落度试验同时,可用目测方法评定混凝土拌和物的下列性质,并记录。

① 棍度。按插捣混凝土拌和物时难易程度评定,分"上""中""下" 3 级。

"上": 表示插捣容易;

"中": 表示插捣时稍有石子阻滞的感觉;

"下": 表示很难插捣。

② 含砂情况。按拌和物外观含砂多少而评定,分"多""中""少" 3 级。

"多"：表示用镘刀抹拌和物表面时，一两次即可使拌和物表面平整无蜂窝；

"中"：表示抹五六次才可使表面平整无蜂窝；

"少"：表示抹面困难，不易抹平，有空隙及石子外露等现象。

③ 黏聚性。观测拌和物各组成成分相互黏聚情况，评定方法用捣棒在已坍落的混凝土锥体一侧轻打，如锥体在轻打后渐渐下沉，表示黏聚性良好；如锥体突然倒坍，部分崩裂或发生石子离析现象，即表示黏聚性不好。

④ 保水性。指水分从拌和物中析出情况，分"多量""少量""无" 3 级评定：

"多量"：表示提起坍落度筒后，有较多水分从底部析出；

"少量"：表示提起坍落度筒后，有少量水分从底部析出；

"无"：表示提起坍落度筒后，没有水分从底部析出。

（四）结果整理

混凝土拌和物坍落度和坍落扩展度值以 mm 为单位，测量精确至 1 mm，结果修约至最接近的 5 mm。以两次测定结果的平均值作为测定值。若两次结果相差 20 mm 以上须作第三次试验，第三次与前两次结果均相差 20 mm 以上时，整个试验重做。

## 试验 4.3  混凝土拌和物维勃稠度试验
（JTG E30—2005）

（一）试验目的

维勃稠度是用维勃时间表示的混凝土拌和物稠度指标，本方法适用于集料粒径不大于 31.5 mm 的混凝土及维勃稠度在 5~30 s 干稠混凝土的稠度测定。

（二）试验仪器

（1）混凝土搅拌机：自由式或强制式，应附有产品品质保证文件。

（2）维勃稠度仪：如试图 4.3 所示，由金属圆筒、坍落度筒、漏斗、透明塑料圆盘、振动台等部分组成。振动台工作频率 50 Hz，空载振幅 0.5 mm，上有固定螺丝。

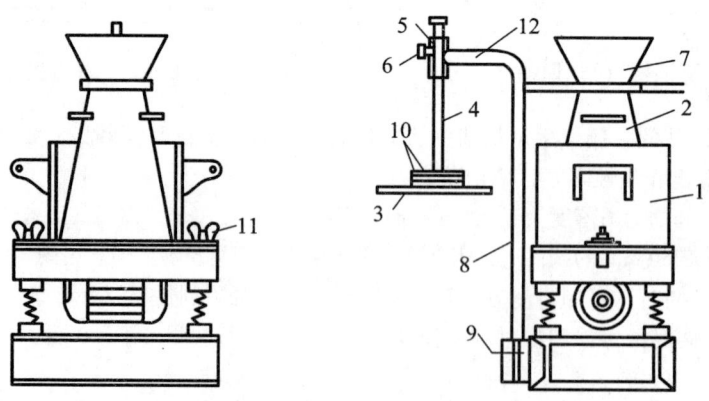

试图 4.3  稠度计（维勃仪）

1—容器；2—坍落度筒；3—圆盘；4—滑杆；5—套筒；6—螺钉；7—漏斗；8—支柱；
9—定位螺丝；10—荷重块；11—元宝螺母；12—旋转架

（3）磅秤：称量100 kg，感量50 g。
（4）其他：拌和用铁板、铁锹、镘刀、小铲、量筒1 000 mL和200 mL各一个。

（三）试验步骤（机械拌和）

（1）使用拌和机前，应先用少量砂浆进行涮膛，其水灰比及砂灰比与正式混凝土配合比相同。

（2）按规定称好各种原材料，往拌和机内顺序加入石子、砂、水泥，加料时间不宜超过2 min，开动机器将材料拌和均匀，将水徐徐加入，水全部加入后，继续拌和约2 min。将拌和物倾出在铁板上，再经人工翻拌1～2 min，务使拌和物均匀一致。

（3）将擦净的容器固定在振动台上，拧紧螺丝，放入坍落度筒。按坍落度试验步骤，分3层装拌和物，每层按螺旋线方向插捣25次，捣完第三层混凝土后移去漏斗，抹平筒口。提起筒模，将塑料透明圆盘移至拌和物上。圆盘可定向向下滑动。圆盘顶端滑棒上的刻度即为坍落度值。开动振动台并计时，当圆盘底面正好被水泥浆布满时，记录时间，即为维勃稠度，精确至1 s。

（四）试验中应注意的问题

（1）先用湿布将容器、坍落度筒、喂料斗内壁及其他用具擦湿。
（2）检查测杆、圆盘及荷重块组成的滑动部分，总质量应为（2 750±50）g。
（3）应当垂直提起坍落度筒，应注意不使混凝土试体产生横向扭动。

## 试验4.4 水泥混凝土毛体积密度试验
（JTG E30—2005）

（一）目的与适用范围

本试验适用于测定混凝土拌和物捣实后的毛体积密度，以为修正、核实混凝土配合比计算中的材料用量提供依据。

本试验适用于各类混凝土毛体积密度的测定。

（二）试验仪器

（1）量筒：其内径应不小于集料最大公称粒径的4倍，如最大粒径为40 mm时，量筒容积$V=5$ L，即$\phi 186$ mm×186 mm，精确至2 mm（或其他合适量筒）。量筒为刚性金属圆筒。两侧装有把手，筒壁坚固且不漏水，也可用混凝土试模进行试验。

（2）弹头形捣棒：同坍落度试验用捣棒。
（3）磅秤：称量100 kg、感量50 g。
（4）其他：振动台、金属直尺、镘刀、玻璃板等。

（三）试验步骤

1. 毛体积密度测定（人工振捣）

（1）该方法适用于测定坍落度不小于70 mm的混凝土拌和物。先用湿布将量筒内外擦净，称出质量$m_1$。

（2）试样分3层装入量筒，每层高度约为1/3筒高，用捣棒从边缘到中心，沿螺旋线每层插捣25次，捣底层时应至筒底，捣上两层时须插入其下一层20～30 mm。每捣毕一层，应在量筒外壁拍打10～15次，直至拌和物表面不出现气泡为止。

（3）去掉多余混凝土，仔细用镘刀抹平表面。抹平后擦净量筒外部并称其质量$m_2$，精确至50 g。

2. 毛体积密度测定（机械振捣）

（1）本方法适用于测定坍落度小于70 mm的混凝土拌和物。先用湿布将量筒内外擦净并称其质量$m_1$。

(2)将量筒在振动台上夹紧,一次将拌和物装满量筒,立即开始振动,随时添加拌和物,直至拌和物表面出现水泥浆为止。

(3)从振动台上取下量筒,刮去多余混凝土,仔细用镘刀抹平表面。并用玻璃板检验抹平情况,擦净量筒外部并称其质量 $m_2$,精确至 50 g。

(四)试验结果整理

毛体积密度计算公式:

$$\rho_h = \frac{(m_2 - m_1)}{V}$$

式中:$\rho_h$——拌和物毛体积密度,kg/L;

$m_1$—— 量筒质量,kg;

$m_2$—— 捣实或振实后混凝土和量筒总质量,kg;

$V$—— 量筒容积,L。

以两次试验结果的算术平均值作为测定值,试样不得重复使用。

(五)试验中应注意的问题

容量筒容积应经常予以校正。校正方法可采用一块能覆盖住容量筒顶面的玻璃板,先称量出玻璃板和空筒的质量,然后向容量筒中灌入清水,灌到接近上口时一边不断加水,一边把玻璃板沿筒口徐徐推入盖严,应注意使玻璃板下不带入任何气泡。然后擦净玻璃上面和筒壁外的水分,将容量筒连同玻璃板放在台秤上称量。两次称量之差(以 kg 计)即为容量筒的容积 $V$(L)。

## 试验 4.5 水泥混凝土抗压强度试验

(JTG E30—2005)

(一)目的和适用范围

本试验规定了测定混凝土抗压强度的方法,以确定水泥混凝土的强度等级,作为评定混凝土品质的主要指标。

本试验适用于各类混凝土的立方体试件。

(二)试验仪器

(1)拌和用铁板、铁锹、镘刀、小铁铲。

(2)磅秤:称量 100 kg,精度 0.5 kg。

(3)天平:称量 2 000 g,感量 1 g。

(4)量筒:1 000 mL、200 mL 各一个。

(5)试模:每组 3 个,尺寸为 150 mm 的正方体。

(6)养护用水槽。

(7)压力试验机:上下压板平整并有足够刚度,可以均匀地连续加荷,满足试件破型吨位的要求。

(三)试验步骤

(1)将拌和铁板、铁锹用湿布擦净,称量各种材料的用量,先将水泥和砂拌和均匀摊成一薄片。倒入石子,干拌均匀。将拌和物堆成一堆,中心扒槽,将拌和水倒入约一半,仔细拌匀。再堆成堆,中心扒槽,倒入剩余水,继续拌和,防止水分流失。来回至少翻拌 6 遍,从加水完毕时起拌和时间为 4~5 min。

（2）将试模擦净，边模与底模接触处涂抹黄油，防止漏浆。将试模紧密结合，试模内均匀涂抹一层机油。将试样分两层装入试模，每层插捣 25 次，插捣时按螺旋方向从边缘到中心均匀进行，捣底层时应捣至模底，捣上层时应插入该层底面下 20～30 mm 处。插捣结束后，将捣棒用锯和滚的动作刮除多余混凝土，流动性小的混凝土，随时用镘刀沿试模内壁插抹数次，防止试件产生麻面。抹平试件表面，与试模高度差不超过 0.5 mm。

（3）试件成型后，用湿布覆盖表面，在室温 15℃～25℃，相对湿度大于 50%的情况下静放 1～2 d，拆模并作第一次外观检验，编号。编号后放入水槽中养护，养护水温 17℃～23℃。试件如有蜂窝缺陷，应在试验前 3 d 用浓水泥浆填补平整，并在报告中说明。养护至规定龄期，取出试件，擦干试件水分。先检查其形状和尺寸，量出边棱长度，精确至 1 mm。试件截面面积按其与压力机上下接触面的平均值计算。在破型前，试件保持原有湿度，称出其质量。

（4）以成型时侧面为上下受压面，置试件于压力机中心，几何对中。开动压力机施加荷载。强度等级小于 C30 的混凝土取 0.3～0.5 MPa/s 的加荷速度；强度等级不低于 C30 时则取 0.5～0.8 MPa/s 的加荷速度。当试件接近破坏而开始迅速变形时，应停止调整试验机油门，直至试件破坏，记录破坏极限荷载。

（四）数据整理

混凝土立方体试件抗压强度计算公式：

$$f_{cu} = \frac{F}{A}$$

式中：$f_{cu}$——混凝土立方体试件抗压强度，MPa；

$F$——试件破坏荷载，N；

$A$——受压面积，mm²。

以 3 个试件测值的算术平均值作为测定值。如任一个测值与中值的差值超过中值的 15%时，取中值为测定值；如有两个测值与中值的差值均超过 15%时，则该组试验结果无效。计算结果精确至 0.1 MPa。

（五）试验中应注意的问题

（1）试件从养护地点取出后应尽快进行试验，以免试件内部的湿度发生显著变化。

（2）试验时以实测试件尺寸计算试件的承压面积，如实测尺寸与公称尺寸之差不超过 1 mm，可按公称尺寸进行计算。

（3）试验应连续而均匀加荷，当试件接近破坏而开始迅速变形时，停止调整试验机油门，直至试件破坏。

（4）150 mm 立方体试件的抗压强度为标准值，用其他尺寸试件测得的强度值均应乘以尺寸换算系数。

## 试验 4.6  水泥混凝土抗折强度试验

（JTG E30—2005）

（一）目的与适用范围

抗折强度是水泥混凝土路面设计的重要指标。本试验规定了测定混凝土抗折强度的方法，以提供设计参数。

本试验适用于各类混凝土的小梁试件。

（二）试验仪器

（1）混凝土搅拌机：自由式或强制式，应附有产品品质保证文件。

（2）拌和用铁板、铁锹、镘刀、小铲。

（3）磅秤：称量100 kg，感量50 g。

（4）天平：称量2 000 g，感量1 g。

（5）量筒：1 000 mL和200 mL各一个。

（6）试验机：采用50~300 kN抗折试验机或万能试验机。抗折试验装置由双点加荷压头和活动支座组成，活动支座采用球形支撑，其中一半为一个钢球支撑，另一半为两个钢球支撑，加荷压头的两个加压点也为球形接触，其中一点为单球接触，与双球支座上下对应，另一点为双球接触与单球支座上下对应。

（7）抗折强度试模：尺寸为150 mm×150 mm×550 mm。

（8）养护试件用水槽。

（三）试验步骤（机械拌和）

（1）使用拌和机前，应先用少量砂浆进行涮膛，其水灰比及砂灰比与正式混凝土配合比相同。

（2）按规定称好各种原材料，往拌和机内顺序加入石子、砂、水泥，加料时间不宜超过2 min，开动机器将材料拌和均匀，将水徐徐加入，水全部加入后，继续拌和约2 min。将拌和物倾出在铁板上，再经人工翻拌1~2 min，务使拌和物均匀一致。

（3）将试模擦净，边模与底模接触处涂抹干黄油，防止漏浆。将试模紧密结合，试模内均匀涂抹一层机油。将拌和好的混凝土拌和物分两层装入试模，装入高度约为1/2。每层插捣100次，按螺旋线由边缘到中心均匀进行。刮除多余混凝土，用镘刀抹平表面。擦净试模边缘多余混凝土。试件成型后，在室温15℃~25℃，相对湿度大于50%的情况下，静放1~2 d，然后拆模并对试件进行外观检查并编号。

（4）将试件放入水槽中进行养护，水温应在17℃~23℃。若用其他方法养护，须在报告中说明养护方法。

（5）到达试验龄期时，从水槽中取出试件并擦干表面水分，检查试件，如试件中部1/3长度内有蜂窝，则该试件作废。在试件表面划出支点及加荷位置，距端部分别为50 mm、200 mm、350 mm、500 mm。

（6）调整两个可移动支座，使试件与试验机下压头中心距离各为225 mm，并旋紧两支座。将试件放在支座上，侧面朝上，几何对中后，缓缓加一初荷载，约1 kN。然后以0.5~0.7 MPa/s的加荷速度连续加荷，试件破坏时，记录最大荷载。

（四）数据整理

混凝土试件抗折强度计算公式：

$$f_{cf} = \frac{FL}{bh^2}$$

式中：$f_{cf}$——抗折强度，MPa；

$F$——极限荷载，N；

$L$——支座间距，450 mm；

$b$——试件宽度，150 mm；

$h$——试件高度，150 mm。

若断面位于加荷点外侧，试验结果无效。该组结果作废。

本试验以3个试件的算术平均值为测定值。如任一个测值与中值的差值超过中值的15%时，取中值为测定值，如两个测值与中值的差值均超过中值的15%时，该组试验结果无效。

（五）试验中应注意的问题

（1）试件从养护水槽取出后应尽快擦干试件表面水分进行试验，以免试件内部的湿度发生显著变化。

（2）试验前准确地在试件表面划出支点位置及加荷位置。

## 试验 4.7　砂浆稠度试验

（JTG E30—2005）

（一）目的与适用范围

砂浆是由细集料、胶凝材料及水所组成。要求砂浆能敷抹在砌筑材料上成为致密、平整的薄层，并能将砌筑材料很好地黏为一体。因此，除测定砂浆硬化后的强度外，尚需测定新拌砂浆的稠度。

（二）试验仪器

（1）砂浆稠度仪。由试锥、容器和支座三部分组成。试锥由钢材或铜材制成，试锥高度为 145 mm，锥底直径为 75 mm，试锥连同滑杆的质量应为 300 g。盛砂浆容器由钢板制成，筒高 180 mm，锥底内径 150 mm。支座分底座、支架及稠度显示 3 个部分，由铸铁、钢及其他金属制成。

（2）钢制捣棒。直径 10 mm、长 350 mm，端部磨圆。

（三）砂浆的制备

试验室拌制砂浆进行试验时，拌和用的材料要求提前运入室内，试验室的温度应保持在（20±5）℃。试验用水泥和其他原材料应与现场使用材料一致。水泥应通过 0.9 mm 方孔筛，细集料应采用干砂或饱和面干砂，通过 4.75 mm 筛，如砌筑砖砌体的砂浆用砂，须筛去大于 2.36 mm 的颗粒。

按选好的砂浆配合比，称出各种材料的用量，在拌锅内或拌盘上干拌均匀，在中间做一凹槽，将称好的石灰膏或黏土膏（混合砂浆）倒入凹槽中，再倒入一部分水，将石灰膏或黏土膏稀释，然后充分拌和，并逐步加水，直至混合料色泽一致，一般须拌和 5 min。拌和好之后立即进行稠度测定。

（四）试验步骤

（1）盛浆容器和试锥表面用湿布擦干净，并用少量润滑油轻擦滑杆，将滑杆上多余的油用吸油纸擦净，使滑杆能自由滑动。

（2）将拌好的砂浆一次装入砂浆筒内，使砂浆表面低于容器口约 10 mm，用捣棒自容器中心向边缘插捣 25 次，然后轻轻地将容器插动或敲击 5~6 下，使砂浆表面平整，随后将容器置于砂浆稠度测定仪的底座上。

（3）拧开试锥滑动杆的制动螺丝，向下移动滑杆，当试锥尖端与砂浆表面刚接触时，拧紧制动螺丝，使齿条测杆下端刚好接触滑杆上端，并将指针对准零点。

（4）拧开制动螺丝，同时计时，待 10 s 立即固定螺丝，将齿条测杆下端接触滑杆上端，从刻盘上读出下沉深度（精确至 1 mm）即为砂浆的稠度值。

（5）圆锥形容器内的砂浆，只允许测定一次稠度，重复测定时，应重新取样测定。

（五）结果评定

（1）取两次试验结果的算术平均值，计算值精确至 1 mm。

（2）两次试验值之差如大于 20 mm，则应另取砂浆拌和后重新测定。

## 试验 4.8　砌筑砂浆抗压强度试验

（一）试验目的

测定砂浆的抗压强度，作为评定砂浆质量的一项依据。

（二）试验仪器

（1）压力试验机。采用精度不大于 ±2% 的试验机，其量程应能使试件的预期破坏荷载值不小于全量程的 20%，也不大于全量程的 80%。

（2）试件尺寸为 70.7 mm × 70.7 mm × 70.7 mm 立方体，分有底试模和无底试模两种。由铸铁或钢制成，应具有足够的刚度并拆装方便。试模内的表面应机械加工，其不平度应为每 100 mm 不超过 0.05 mm。组装后的不垂直度不应超过 ±5°。

（3）捣棒为直径 10 mm、长 350 mm 的钢棒，端部磨圆。

（4）试验机及上下压板及试件之间可以垫钢板，垫板的尺寸应大于试件的承压面，其不平度应为每 100 mm 不超过 0.2 mm。

（三）试验步骤

（1）制作用于多孔基底的砂浆试件时，将无底试模放在预先铺有吸水性良好的纸的普通黏土砖上（砖的吸水率不小于 10%，含水率不大于 20%），试模内部事先涂刷薄层机油或脱模剂。

（2）放于砖上的湿纸，应为湿的新闻纸（或其他粘过胶凝材料的纸），纸的大小要以能盖过砖的四边为准，砖的使用面要求平整，凡砖的四个垂直面粘过水泥或其他胶凝材料后，不允许再使用。

（3）向试模内一次注满砂浆，用捣棒均匀由外向里按螺旋方向插捣 25 次，为了防止低稠度砂浆插捣后可能留下孔洞，允许用油灰刀沿壁模插数次，使砂浆高出试模顶面 6 ~ 8 mm。

（4）当砂浆表面开始呈麻斑状态时（15 ~ 30 min），将高出部分的砂浆沿试模顶面削去抹平。

（5）试件制作后应在（25 ± 5）°C 温度环境下停置一昼夜[(24 ± 2)h]，当气温较低时，可适当延长时间，但不应超过两昼夜，然后对试件进行编号并拆模。试件拆模后，应在标准养护条件下继续养护至 28 d，然后进行试压。

（6）标准养护的条件是：水泥混合砂浆应为温度（25 ± 3）°C，相对湿度 60% ~ 80%；水泥砂浆和微沫砂浆应为温度（25 ± 3）°C，相对湿度 90% 以上；养护期间，试件彼此间隔不少于 10 mm。

（7）试件从养护地点取出后，应尽快进行试验，以免试件内部的温度发生显著变化。试验前先将试件擦拭干净，测量尺寸并检查其外观。试件尺寸测量精确至 1 mm，并据此计算试件的承压面积。如实测尺寸与公称尺寸之差不超过 1 mm，可按公称尺寸进行计算。

（8）将试件安放在试验机的下压板上（或上垫板上），试件的承压面应与成型时的顶面垂直，试件中心应与试验机的下压板（或下垫板）中心对准。开动试验机，当上压板与试件（或上垫板）接近时，调整球座，使接触面均衡受压。承压试验应连续而均匀地加荷，加荷速度应为 0.5 ~ 1.5 kN/s（砂浆强度 5 MPa 及 5 MPa 以下时，取下限为宜），当试件接近破坏而开始迅速变形时，停止调整试验机油门，直至试件破坏，然后记录破坏荷载 $P_u$。

（四）数据整理

砂浆立方体抗压强度应按下列公式计算：

$$f_{m,cu} = \frac{P_u}{A}$$

式中：$f_{m,cu}$——砂浆立方体抗压强度，MPa；

$P_u$——立方体破坏压力，N；

$A$——试件承压面积，$mm^2$。

（五）结果评定

砂浆立方体抗压强度计算应精确至 0.1 MPa。

以 6 个试件测值的算术平均值作为该组试件的抗压强度值，平均值计算精确至 0.1 MPa。

当 6 个试件的最大值或最小值与平均值的差超过 20%时，以中间四个试件的算术平均值作为该组试件的抗压强度值。

# 第五章　沥青材料

### 知识目标

1. 了解石油沥青的分类和组成结构及结构特性；
2. 掌握石油沥青的技术性质和技术标准及试验检测方法；
3. 了解聚合物改性沥青和乳化沥青的技术性能与技术标准；
4. 了解其他沥青的组成结构和技术性质。

### 能力目标

1. 掌握石油沥青的组成结构及其与技术性能的关系；
2. 能评价石油沥青技术性能的主要指标；
3. 能进行石油沥青常规试验，并对煤沥青的特性、乳化沥青的形成和分裂机理有一定的了解。

### 引　言

沥青是一种有机胶结材料，是由一些极其复杂的高分子碳氢化合物及这些碳氢化合物的非金属（氧、硫、氮等）衍生物所组成的混合物。它的外观颜色呈黑色以至黑褐色，在常温下可为液态、半固态或固态。沥青的性能是多种多样的，这些性能会直接影响路面的使用状况，即与路用性能有着密切的联系。因此，如果使用不当，路面将会过早地产生龟裂、老化等病害。

# 第一节　沥青及其分类

沥青按其在自然界中获取的方式不同，分为地沥青和焦油沥青两大类。

## 1. 地沥青

地沥青可以是天然形成的，也可以是石油工业的副产品。按其产源不同可分为天然沥青和石油沥青两类。

（1）天然沥青。天然沥青是指石油在天然条件下，在长时间的地球物理因素作用下，所形成的产物。在自然界中，天然沥青主要存在于沥青脉、沥青湖或岩石、土壤中。其中沥青含量大的可直接作沥青混合料使用；存在于岩石中的少量沥青可用热水煮沸提取沥青。天然沥青的性质与石油沥青相似。

（2）石油沥青。石油沥青是原油分馏各类产品后的残渣经过加工而制成的。石油沥青的成分和性质取决于原油的成分与性能。我国储藏着极其丰富的石油资源，如大庆油田、华北油田、克拉玛依油田、胜利油田和茂名油田等都有很大储量。各地油田的类别不同，沥青的性能也有明显的差异。此外，石油沥青的性能还与其生产工艺有关，如直馏沥青、氧化沥青、裂化沥青等，其技术性能也不一样。

2. 焦油沥青

各种有机物（如煤、木材、页岩等）干馏而得的焦油，经再加工所得的产物，统称焦油沥青。焦油沥青按其加工的有机物名称而命名，如为煤焦油蒸馏后的残余物就命名为煤沥青；油页岩中提炼石油后的沥青称为页岩沥青。

以上各类沥青可归纳如表 5.1 所示：

表 5.1

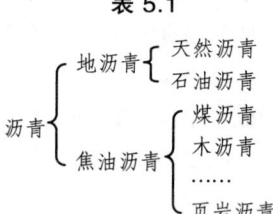

在上述的各类沥青中，道路建筑上最常用的是石油沥青。通常所说的沥青都是指石油沥青，而其他沥青都要在沥青两字之前加上名称以示区别，如煤沥青、木沥青等。

# 第二节 石油沥青

## 一、石油沥青的分类

石油沥青的种类很多，分类方法通常有以下几种：

### （一）按沥青在常温下的稠度分类

1. 液体沥青

在常温下呈液体状态的沥青，称为液体沥青，其针入度一般大于 300。液体沥青的来源主要有两方面：一是蒸馏石油时直接得到的产品，如渣油；二是用稀释剂将黏稠沥青稀释而得到的产品，这是制取液体沥青最常用的方法。

根据液体沥青凝结速度的不同，可分为速凝液体沥青、中凝液体沥青和慢凝液体沥青三种类型。

速凝液体沥青是指稀释剂挥发速度快的沥青，稀释剂的沸点在 170℃ 以下，如汽油；中凝液体沥青是指挥发速度适中的沥青，稀释剂的沸点在 170℃～300℃ 之间，如煤油；慢凝液体沥青所用稀释剂的沸点在 300℃ 以上，如重油。在公路建筑中主要使用慢凝液体沥青。

稀释沥青加入的稀释剂价格较贵，目前中凝与慢凝液体沥青已逐渐被乳化沥青代替。

### 2. 黏稠沥青

在常温下呈固体、半固体状态的沥青，称为黏稠沥青，其针入度在 300 以下。黏稠沥青的用途很广，如沥青混凝土、沥青碎石等都是用黏稠沥青配制的。黏稠沥青的来源主要是将液体沥青减压、蒸馏处理后得到的稠度较大的沥青。

## （二）按不同的加工方法分类

提炼石油的加工方法不同，由此而得到的沥青的性质也不一样，如直馏沥青、蒸馏沥青、氧化沥青，等等。

### 1. 直馏沥青

用直馏方法将石油在不同沸点温度的馏分（汽油、煤油、柴油等）提出之后，残留的黑色液体状产品，符合沥青标准的，称为直馏沥青；不符合标准、针入度大于 300、且含蜡量大的称为渣油。

直馏沥青由于含有许多不稳定的碳氢化合物，所以，温度稳定性和气候稳定性较差，一般不能直接使用。但当针入度不大时，其延伸度较好。

### 2. 蒸馏沥青

将残留沥青或渣油加热至 300°C～350°C 后，吹入过热水蒸气，使沥青中的部分油质被水蒸气蒸馏，从而提高了沥青树脂质和沥青质的相对含量，增大了沥青的稠度。这通常是提高沥青稠度的一种方法，这种沥青称为蒸馏沥青。如果残留沥青中含有大量的树脂类物质，经此蒸馏后就能得到品质优良的路用沥青。

### 3. 氧化沥青

将各种低标号沥青或渣油在 200°C～220°C 的高温下吹入空气，通过氧化改变沥青的成分，提高沥青稠度，这种产品即称为氧化沥青。目前，高标号石油沥青大多是采用这种方法加工成的。

经过氧化加工后的沥青，由于吹入的热空气与沥青发生氧化、聚合等化学反应，使油质变为树脂，树脂变为沥青质，从而增加了沥青质和树脂质的绝对含量。因此，氧化沥青比直馏沥青的稠度高，不易受温度变化的影响，有很高的热稳定性，且具有弹性，但其延伸度没有直馏沥青好。

为了得到理想的沥青材料，可以按要求调剂沥青中的化学组分，这种由人工调配组分的沥青称为调和沥青。调和沥青可根据沥青性能的需要，调配成延性和温度稳定性均很好的沥青。

除此之外，还有裂化沥青、混合沥青等，不再赘述。

## （三）按原油的成分分类

石油沥青来源于原油，原油的成分不同，炼油后所得到的沥青，其成分也不相同，性能也不一样。因此，不同的原油可以得到不同类型的沥青。

目前，我国的原油是按照"关键馏分特性"和"含硫量"的分类方法进行分类的。

关键馏分的分类方法是用一种简易蒸馏装置，将原油蒸馏，切取 250°C～275°C 和减压

275℃~300℃为关键馏分，然后测定两个馏分的相对密度，用相对密度的大小作为原油基属的分类指标，见表5.2。在确定原油基属后再对照表5.3来命名原油属类。"含硫量"是在两个关键馏分的基础上，称含硫量低于0.5%的为低硫，高于2%的为高硫，0.5%~2%的为含硫，由此来确定原油的名称。如大庆原油为"低硫-石蜡基"原油。

含硫量高的沥青，其脆性较大，施工时空气污染严重，同时对机器的腐蚀性也强。

表5.2 关键馏分的指标

| 关键馏分 | 石蜡基 | 中间基 | 环烷基 |
|---|---|---|---|
| 第一关键馏分：250℃~275℃ | $\rho_4^{20}$在0.820 7以下（$K>11.9$） | $\rho_4^{20}$在0.820 7~0.856 0（$K=11.5$~11.9） | $\rho_4^{20}$在0.856 0以上（$K<11.5$） |
| 第二关键馏分：减压275℃~300℃ | $\rho_4^{20}$在0.872 1以下（$K>12.2$） | $\rho_4^{20}$在0.872 1~0.930 2（$K=11.5$~12.2） | $\rho_4^{20}$在0.930 2以上（$K<11.5$） |

注：$\rho_4^{20}$为相对密度；$K$为特性因素，根据关键馏分的沸点和密度指数查有关诺模图求得。

表5.3 关键馏分分类基属

| 编号 | 第一关键馏分基属 | 第二关键馏分基属 | 原油的基属 | 编号 | 第一关键馏分基属 | 第二关键馏分基属 | 原油的基属 |
|---|---|---|---|---|---|---|---|
| 1 | 石 蜡 | 石 蜡 | 石 蜡 | 5 | 中 间 | 环 烷 | 中间-环烷 |
| 2 | 石 蜡 | 中 间 | 石蜡-中间 | 6 | 环 烷 | 中 间 | 环烷-中间 |
| 3 | 中 间 | 石 蜡 | 中间-石蜡 | 7 | 环 烷 | 环 烷 | 环 烷 |
| 4 | 中 间 | 中 间 | 中 间 | | | | |

**[例 5.1]** 某原油测得其第一关键馏分的相对密度值$\rho_4^{20}=0.816\ 9$，第二关键馏分的相对密度值$\rho_4^{20}=0.872\ 4$，含硫量为1.3%，试确定该原油的属类。

**解：** 对照表5.2可知，此原油第一关键馏分$\rho_4^{20}=0.816\ 9$满足石蜡基指标（$\rho_4^{20}$在0.820 7以下），第二关键馏分$\rho_4^{20}=0.872\ 4$满足中间基指标（$\rho_4^{20}$在0.872 1~0.930 2之间），由此，根据表5.3可知该原油为"石蜡-中间基"原油。又由于其含硫量为1.3%，介于0.5%~2%之间，所以，此原油的最终属类为"含硫-石蜡-中间基"原油。

由表5.3可知，原油按其关键馏分，共有7个类别，不同类别的原油可以得到各自相应的沥青，但其路用性能是不一样的，其中，最典型的是石蜡基沥青、环烷基沥青和中间基沥青。

#### 1. 石蜡基沥青

石蜡基沥青是由石蜡基原油提炼而成的。这种沥青的特点是沥青中含有较高的蜡质，含蜡量一般大于5%。由于蜡在常温下常以结晶体的形式存在，且对温度的变化非常敏感，因此，影响着沥青的黏结性和温度稳定性。表现为软化点高、针入度小、延度低，但抗老化性能较好。如果用丙烷脱蜡，仍然能得到延伸性较好的沥青。我国大庆油田、华北油田所产的原油都属于石蜡基原油。

## 2. 环烷基沥青

由环烷基原油提炼而制得的沥青称为环烷环基沥青。这类沥青的特点是沥青中含有较少的蜡质，含蜡量一般低于2%，沥青的黏滞度高，延伸性好。我国茂名油田所产的沥青就属于此类沥青。

## 3. 中间基沥青

中间基沥青是由蜡质介于石蜡基石油和环烷基石油之间的原油提炼而成的，其蜡质含量介于2%～5%之间。玉门原油所产的沥青就属于中间基沥青。

在上述3种沥青中，路用性能最好的沥青是环烷基沥青，这类沥青含有较多的脂环烃，黏滞度高，延伸性好。但目前我国这类原油的数量较少，70%以上是石蜡基和中间基原油。因此，尽管我国的原油储量较多，但目前能直接用于路上的沥青却很少。

# 二、石油沥青的元素组成和化学组分

石油沥青是由多种极其复杂的碳氢化合物和这些碳氢化合物的非金属衍生物组成的混合物，它的化学元素主要是碳（80%～87%）和氢（10%～15%），其次是氧、硫、氮、铁、镍、钒等微量元素。

由于沥青化学组成结构的复杂性，以及目前分析技术的限制，要将沥青分离为纯粹的化合物的单体，存在许多困难，从而不能直接得到沥青的化学元素与路用性能的相互关系。因此，目前都是利用沥青在不同有机溶剂中的选择性溶解或在不同吸附剂上的选择性吸附，而将沥青分离为几个化学性质与路用性能有一定联系的组，这些组就称为沥青的"组分"。

试验证明：不同类别的沥青，其化学组分的含量是有差异的，而这些差异直接影响着沥青的各项技术性质。为了更好地掌握沥青的路用性质，现将沥青"四组分"分析法中各组分的含义，及其含量对路用性能的影响分述如下。

## 1. 油 分

油分为淡黄至红褐色的黏稠状透明液体，具有润滑油的黏度，是沥青中最轻的馏分。油分能减小沥青的稠度，增大沥青的流动性，使沥青柔软、抗裂性好；同时，油分会降低沥青的黏滞度和软化点。在氧、温度、紫外线等作用于油分会转化为树脂，使沥青的性质发生变化。

## 2. 树 脂

树脂是红褐色至深褐色黏稠状的半固体物质，相对密度比油分大，一般介于0.8～1.0之间。

树脂使沥青具有一定的可塑性和黏聚性，它直接决定着沥青的延伸度和黏聚力。树脂含量增加时，沥青的延伸度和黏聚力也增大。

## 3. 沥青质

沥青质是深褐以至黑色的固体脆性粉末状微粒，相对密度比树脂大，是沥青中分子量最大的组分。

沥青质的含量决定着沥青的塑性状态界限和由液态变为固态的速度，还决定着沥青的黏滞度和温度稳定性，以及沥青的硬度等。当沥青质含量适中时，沥青的黏度和黏聚力增大，硬度和温度稳定性提高。当沥青质含量过多时，沥青的脆性增大，低温时路面易开裂。

4. 蜡

蜡在常温下以白色结晶状态存在于沥青之中，当温度达到 45℃ 左右时开始熔化。由于蜡的熔点较低，破坏了沥青的胶体结构，从而降低了沥青的延度、黏聚力和路面抗滑能力。因此，蜡是一种有害组分，而在我国的国产沥青中蜡的含量却很高。

值得指出的是石油沥青中各种化学组分都不是稳定的化合物。沥青在长期使用过程中，在空气、阳光、水的作用下，它的化学组分也会发生转化，其转化的趋势是油分、树脂含量逐渐减少，沥青质的含量不断增加。在某一范围内时，这种变化能使沥青的性质得到改善。但是由于这种转化的继续进行，沥青质含量的不断增加，使得沥青的塑性逐渐消失，脆性逐渐增大，最终使沥青的技术性质变坏。我们把沥青的这种转化过程称为沥青的"老化"现象。

## 三、石油沥青的胶体结构

沥青的组分还不能完全地反映沥青的性质，对沥青作进一步研究表明，沥青的结构与沥青的性质有着密切的联系。利用超级显微镜对沥青进行研究，发现沥青质分散于低分子量的油分中，形成一种复杂的胶体结构。其中固态微粒的沥青质是分散相，液态的油分是分散介质。沥青质对油分是憎液性的，而且不在油分中溶解。如果将这两种组分混合在一起，则会形成不稳定的体系，沥青质极易凝絮。沥青之所以能成为稳定的胶体系统，是因为树脂组分在其中起了过渡性的保护作用。即树脂对沥青质是亲液性的，树脂对油分也是亲液性的，树脂使沥青质很好地胶溶于油分介质之中。我们把这种以沥青质为核心，树脂吸附包裹在其表面，并逐渐向外扩散，均匀地分散在油分介质中的胶体结构单元称为"胶团"。

在"胶团"结构中，从核心沥青质到分散介质，油分是均匀的、逐步递变的，没有明显的分界线。但在不同的沥青胶体中，由于油分、树脂、沥青质等各组分的相对含量不同，由此而形成的"胶团"数量也不相同，从而决定了沥青具有不同的胶体结构类型，即溶胶、凝胶、溶-凝胶三种结构，如图 5.1 所示。

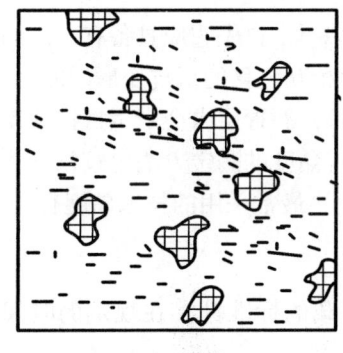  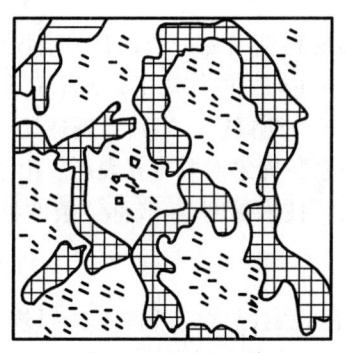  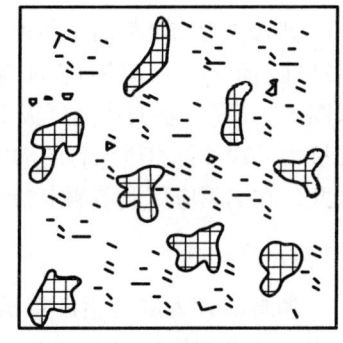

（a）溶胶结构　　　　　　（b）凝胶结构　　　　　　（c）溶-凝胶结构

**图 5.1　沥青胶体结构示意图**

1. 溶胶结构

沥青中油分和树脂含量足够多，而沥青质的含量极少，由沥青质形成的胶团能全部分散，并在油分介质中自由移动,胶团间没有吸引力或吸引力很小。这种胶体结构的沥青,称为溶胶型沥青,如图 5.1（a）所示。溶胶型沥青由于含有较多的油分和树脂,因而具有良好的塑性、黏结性、流动性和开裂后的自愈能力,但在路用性能上表现为有较大的感温性,温度过高会流淌。液体沥青多属溶胶型沥青。

2. 凝胶结构

沥青中油分和树脂的含量很少,树脂包裹沥青质所形成的胶团,相互之间距离缩小,吸引力增强,胶团相互之间形成不规则的空间网络结构,胶团间相互移动比较困难,具有明显的弹性效应。这种胶体结构的沥青称为凝胶型沥青,如图 5.1（b）所示。这类沥青的特点是弹性和高温稳定性较好,但黏结性和开裂后的自愈能力较差。氧化沥青多属于凝胶型沥青。

3. 溶-凝胶结构

沥青中沥青质的含量适当,并有较多的树脂起保护作用,形成的沥青质胶团数量适中,胶团既悬浮于油分介质之中,相互之间又存在一定的吸引力。这种介于溶胶和凝胶二者之间的结构,称为溶-凝胶型沥青,如图5.1（c）所示。这类沥青在路用性能上表现为有较好的黏结性、塑性和温度稳定性,是道路沥青中较为理想的沥青结构。

由此可知,在上述的 3 种胶体结构中,路用性能最好的是溶-凝胶型沥青。目前人工配制的"溶剂沥青"多属于此类沥青。

# 第三节　石油沥青的技术性质

沥青作为一种胶结材料,它应具备黏结性、塑性、感温性等技术性质。

## 一、黏结性

沥青作为结合料而将各种矿质材料胶结为一个具有一定强度的整体,首先它应具备有一定的黏结性。沥青的黏结性是指沥青材料在外力的作用下,沥青粒子产生相互位移的抵抗变形的能力。如图 5.2 所示,在两块金属板中间夹一沥青层,当其受到剪切变形时,沥青层内会产生抵抗移动的抗力。这种抗力用沥青的内摩擦系数即绝对黏度 $\eta$ 表示。由于绝对黏度的测定方法比较复杂,因此,在实际应用上多测定沥青的"技术黏度"（或称"条件黏度"）。最常采用的技术黏度有：

1. 针入度

沥青的针入度是指沥青试样在规定温度的条件下,以规定荷载的标准针,在规定的时间内贯入沥青试样的深度,以 1/10 mm 为单位表示,如图 5.3 所示。

通常采用的测定条件为：温度 25℃,荷载 100 g,贯入的时间 5 s。例如某沥青试样在上述试验条件下,测得标准针贯入的深度为 120（1/10 mm）,则其针入度值可表示为 $P_{(25℃, 100 g, 5 s)}$ = 120（1/10 mm）。黏稠沥青的黏结性是用针入度表示的,针入度值越小,表示沥青的黏结性越好。针入度也是划分黏稠沥青标号的依据,例如,针入度值在 80～100（1/10 mm）的沥青,其标号为 AH-90 号。

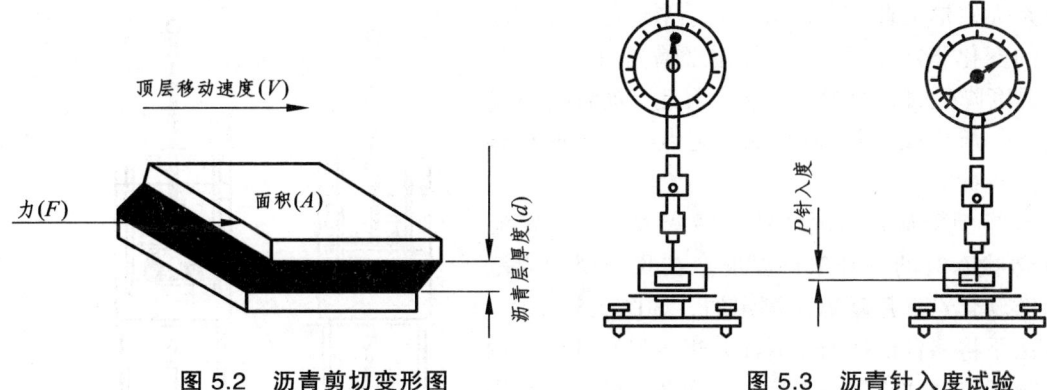

图 5.2　沥青剪切变形图　　　　　图 5.3　沥青针入度试验

#### 2. 标准黏度

这种方法适用于测定液体沥青的黏结性。沥青的黏度是以沥青试样在规定温度下，通过规定流孔，流出规定体积的沥青所需的时间（s）来表示液体沥青的黏结性，以 $C_{T,d}$ 表示。其中 $T$ 为试验温度，$d$ 为流孔直径。未加说明时，温度 $T$ 为 60℃，流孔 $d$ 为 5 mm，流出的体积为 50 mL。例如，某沥青在上述条件下，流出 50 mL 体积沥青所需的时间为 42 s，则黏度表示为 $C_{60,5} = 42$（s）。

根据我国现行标准，液体沥青的标号是按黏度来划分的，例 $C_{60,5} = 60$（s）的液体沥青为 AL(M)-4 号沥青。黏度值越大，表示沥青越黏稠，其标号亦越高。

### 二、塑　性

塑性是指沥青在外力作用下，产生变形而不破坏的能力。沥青路面之所以有良好的柔性，在很大程度上取决于这种性质。

目前，测定沥青塑性的常用方法是延度试验法。延度试验是将沥青做成 8 字形标准试件，在 25℃ 温度下，以 5 cm/min 速度拉伸至断裂时的长度（cm），即为延度。如图 5.4 所示，延度越大，表明沥青的塑性越好，因此，延度是评定沥青塑性好坏的重要指标。为了研究沥青的塑性，常在不同的温度下试验其延度，特别是低温时，因为在低温时，沥青会失去必要的塑性，使路面在冬季产生脆裂。

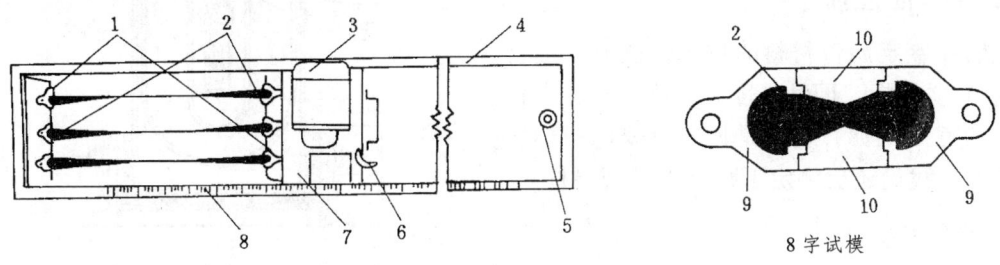

图 5.4　沥青延度试验

1—试模；2—试件；3—电机；4—水槽；5—泄水孔；6—开关柄；7—指针；8—标尺；9—端模；10—侧模

## 三、感温性

沥青是无定形的非结晶高分子化合物,它的力学性能对温度的变化非常敏感,当外界温度增高时,沥青就软化;当温度降低时,沥青就变脆。因此,沥青的感温性日益被人们所重视。目前软化点和脆点是表示沥青感温性的主要指标。

软化点是沥青材料由固体状态转变为具有一定流动性的黏塑状态时的一种条件温度。在我国现行规范中,沥青的软化点是用环球法测定的,如图5.5所示。

该方法是将沥青试样加热后注入规定尺寸的两个铜环内,将铜环装于试验架的中板上,在环内的沥青试样上各放置一个标准钢球,将其架置在盛有规定液体的烧杯内,并规定起始温度,以 5°C/min 加热速度,一直加热到沥青在钢球自重作用下,使试样下垂至与试架底板接触时的温度,即为试样的软化点,如图5.5(b)所示。

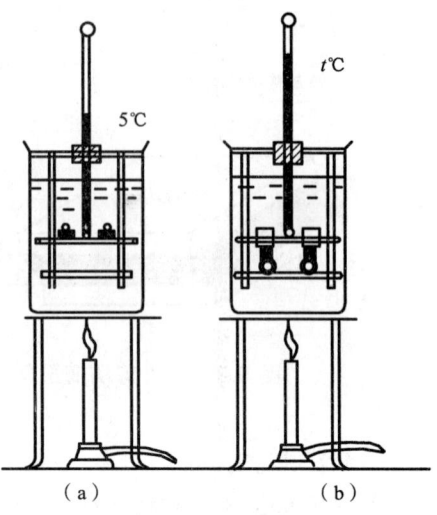

图 5.5 沥青软化点试验

脆点是沥青材料在低温条件下,产生条件脆裂时的温度。试验方法是将 0.4 g 的沥青试样均匀地涂在 41 mm × 20 mm 面积的标准金属片上,再将此片放在脆点仪弯曲器的夹钳上,用漏斗把干冰加到酒精中,控制温度下降的速度为 1°C/min,同时均匀摇动弯曲器手柄,使涂在金属片上的沥青薄膜按一定的速度弯曲-伸直,直至出现一个或多个裂缝时的温度即为脆点,如图5.6所示。

沥青脆点和软化点的大小随其组分不同而异,在实际应用时总希望沥青具有较高的软化点和较低的脆点。为降低脆点,常对沥青进行改性,通过添加增塑剂、橡胶、树脂等填料改变它的软化点和脆点。

## 四、其他性质

我们在鉴定沥青材料的技术性能时,通常把上述 3 项指标,即针入度、延度、软化点称为沥青的三大指标,它们是比较重要的指标。除此之外,我们还要测定下列一些常规指标。

### 1. 溶解度

溶解度是指沥青试样在规定的有机溶剂中可溶物的质量占试样总质量的百分率。溶解度能反映沥青中沥青碳及矿物质等有害杂质的含

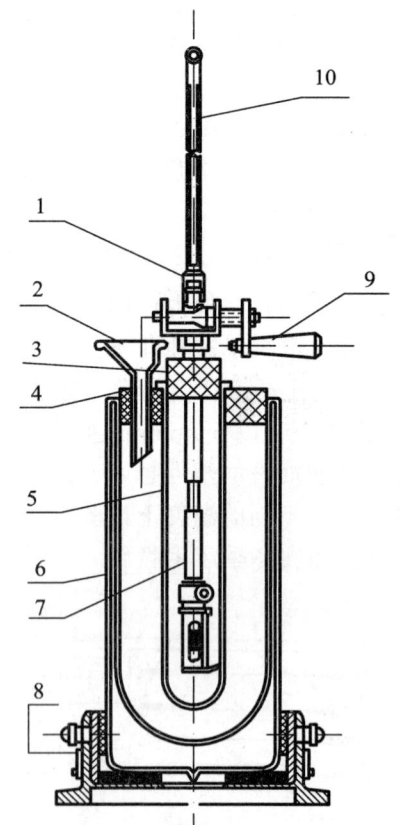

图 5.6 沥青脆点测定仪

1—调节螺丝;2—漏斗;3—内试管塞;4—外试管塞;
5—内试管;6—外试管;7—弯曲器;8—底座;
9—摇柄;10—温度计

量,这些有害杂质降低了沥青的黏滞性。石油沥青的溶解度很高,一般在 98%以上;天然沥青由于含有较多的不溶性矿物质,其溶解度较低。在实际工作中,除特殊目的外,一般不进行沥青的化学组分分析,而是按规定测定其溶解度,以确定沥青中有效成分的含量。

2. 加热稳定性

沥青在过热或长时间加热过程中,会发生一系列的物理、化学变化,使沥青的化学组分和性质也发生相应的变化。我们把沥青被加热时化学组分和性质保持稳定的能力称为沥青的加热稳定性。为了解沥青在施工及使用过程中的加热稳定性,通常要进行沥青的加热质量损失和加热后残渣性质的试验。对于黏稠沥青一般采用加热损失试验。

加热损失试验是将质量为 50 g 的沥青,在 163°C 的高温下保持受热 5 h 后,求其质量损失百分率。在测定质量损失之后,还要测定其残渣的针入度、软化点及延度等指标。根据加热后的质量损失及加热后针入度等值的变化大小,可以概略地说明沥青的挥发、老化速度,从而反映沥青材料的加热稳定性和耐久性。

液体沥青可用蒸馏试验来代替加热质量损失试验,以便确定沥青中轻质的挥发性油分的数量,以及挥发后的沥青性质。

蒸馏试验是将沥青试样在蒸馏烧瓶内加热,分别测定其在 225°C、316°C 和 360°C 时量筒内各自蒸馏出馏分的体积 $V$,当蒸馏温度达到 360°C 时,停止加热,冷却后再测定其残留物的针入度、延度等指标,用以说明残留沥青在道路路面中的性质。

3. 闪点和燃点

沥青在使用时通常要加热,而当加热到一定温度时,沥青材料中挥发的油分蒸汽与周围空气组成的混合气体,遇火焰极易燃烧,以致引起火灾。为此,必须测定沥青的闪点和燃点,以保证施工安全。

闪点是沥青试样在规定的盛样器内,按规定的加热速度加热至一定温度时,用点火器的试焰沿试验杯口水平扫过,当试样液面上首次出现一闪即灭的蓝色火焰时,此时的温度即为闪点。

按规定的加热速度继续加热,并按上述要求用点火器的试焰从杯口水平扫过,当试样表面接触火焰立即着火,并持续燃烧 5 s 以上时,此时的温度即为燃点。

闪点和燃点的温度值越高,表示沥青的使用越安全。

4. 含水量

含水量是指沥青试样内含有水分的数量,以质量百分率表示。沥青中如含有水分,当沥青加热时会形成泡沫,泡沫的体积随温度升高而增大,最终使沥青从熔锅中溢出,除损失沥青材料外,溢出的泡沫还可能引起火灾,故沥青中的含水量不宜过多。沥青的含水量是用含水量测定仪测定的,以抽提出的水分占原沥青试样质量的百分率表示。

石油沥青的技术性质除上述的三大指标和常规指标外,还有如下非常规的指标:

(1)针入度指数。针入度指数是普费尔等人通过长期的试验研究,应用针入度和软化点的试验结果,提出了一种能表征沥青的感温性和胶体结构的所谓"针入度指数"(简称 PI),并根据试验得出如下经验公式:

$$\lg P = AT + B \tag{5-1}$$

$$PI = \frac{30}{1+50A} - 10 \tag{5-2}$$

式中:$P$——在 25°C,100 g,5 s 条件下测定的针入度;

$A$ ——针入度温度感应系数；
$B$ ——常数；
$T$ ——测定针入度时的温度，℃；
PI ——针入度指数。

该经验公式能反映沥青两方面的技术性能：

① 感温性。式（5-1）表明，针入度的对数和温度呈直线关系，$A$ 为直线的斜率（在此称为针入度的感温率），$B$ 为截距，如图 5.7 所示。

根据试验普费尔发现沥青在软化点（$T_m$）温度时，其针入度值恒等于 800。由此，以软化点的温度（$T_m$）、针入度值（800）与 25℃ 时针入度值的关系，得针入度感温系数 $A$ 为

$$A = \frac{\lg 800 - \lg P}{T_m - 25}$$

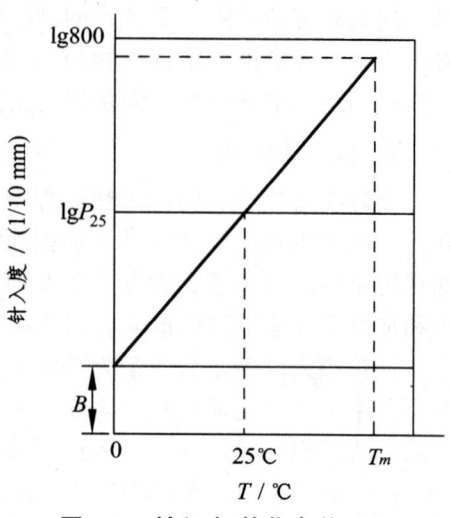

图 5.7 针入度-软化点关系图

$A$ 是直线的斜率，$A$ 值越大，直线越陡，即表明当横坐标的温度 $T$ 有一微小变化时，纵坐标的针入度值就有明显的变化，即沥青的感温性差。

**[例 5.2]** 某沥青试样 Ⅰ，测得其软化点的温度为 36℃，25℃ 时的针入度为 210；沥青试样 Ⅱ 的软化点温度为 49℃，25℃ 时的针入度为 98，试比较沥青试样 Ⅰ 与沥青试样 Ⅱ 的感温性。

**解：** $A_{\mathrm{I}} = \dfrac{\lg 800 - \lg P}{T_m - 25} = \dfrac{\lg 800 - \lg 210}{36 - 25} = 0.0528$

$A_{\mathrm{II}} = \dfrac{\lg 800 - \lg P}{T_m - 25} = \dfrac{\lg 800 - \lg 98}{49 - 25} = 0.038$

因为 $A_{\mathrm{I}} > A_{\mathrm{II}}$，所以试样 Ⅱ 的感温性好。

② 划分沥青胶体结构的类型。

如前所述，沥青按其化学组分相对含量的不同，共有 3 种不同的结构类型，如何从量化指标上来区别这些结构类型是一个重要的问题，针入度指数 PI 提供了鉴别沥青胶体结构类型的量化指标，即：

PI>2 　　　凝胶型沥青
PI<-2 　溶胶型沥青
PI = -2~2 　溶凝胶型沥青

**[例 5.3]** 某厂生产的溶剂脱沥青，经检验其针入度为 60，软化点为 45℃，试确定其针入度指数并判别其胶体结构。

**解** $$PI = \frac{30}{1 + 50A} - 10 = -2.13$$

因为 PI = -2.13 < -2，所以属于溶胶结构。

沥青针入度指数也可用诺模图确定，如图 5.8 所示。

（2）含蜡量。蜡在沥青中的存在，对沥青的技术性质有显著的影响，尤其是蜡含量过大，会显著地降低沥青的黏滞度、塑性和温度稳定性。除此之外，蜡的组成结构对沥青的性能也有影响，因此蜡是一种有害组分。目前国产沥青中通常含有较高的蜡质，因此，如何改善含蜡沥青的性能目前仍是一个重要问题。

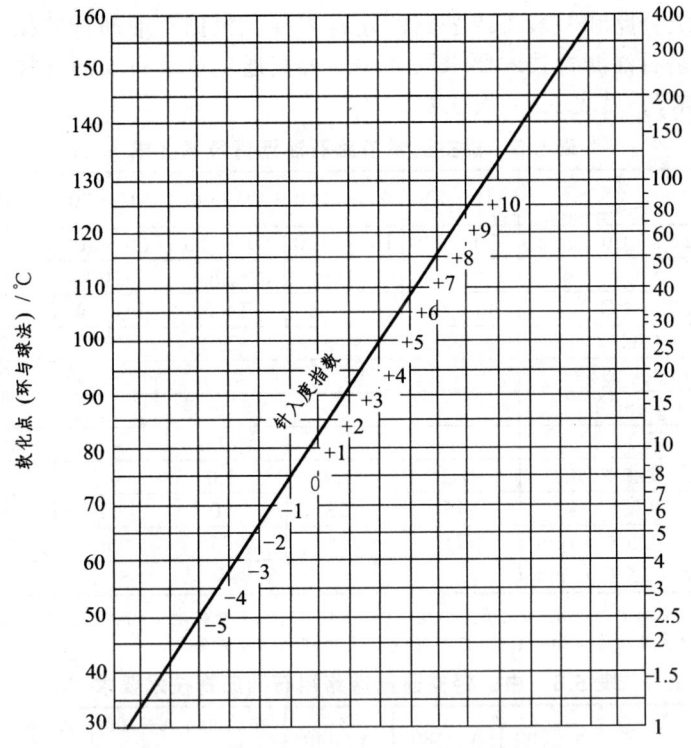

图 5.8 确定沥青针入度指数用诺模图

在现行规范中，含蜡量是用蒸馏法测定的。该法是先将沥青通过高温分馏，再将分馏物溶解于乙醚-乙醇混合液中，经过冷冻析出蜡晶体，即得其含蜡量占沥青质量的百分率。

（3）老化。如前所述，沥青中的各种化学组分都不是稳定的化合物，沥青在外界条件影响下，随时间而逐渐改变其性能的过程，称为"老化"。如沥青在施工过程中长时间加热，在自然环境中受空气、阳光、气温、降水及矿料相互作用等因素的影响，沥青的分子会发生氧化和聚合反应，使沥青的组分发生转化。转化的大致趋势是：

油质→树脂→沥青质→沥青碳，似碳物

在上述转化过程中，沥青组分里油分和树脂的含量相对减少，沥青质、沥青碳的含量逐渐增加。沥青的化学组分转化后，其性质也发生了变化，其最主要的变化是黏滞度增加、软化点升高、黏聚力下降、脆性增大、塑性减小，最终使沥青的技术性质变坏。

沥青老化后技术性质与化学组分的变化示例，见表 5.4。

表 5.4 沥青老化后技术性质与化学组分的变化

| 沥青名称 | 老化周期（循环次数） | 技术性质 | | | 化学组成/% | | |
|---|---|---|---|---|---|---|---|
| | | 针入度(25℃)/(1/10 mm) | 延度(25℃)/cm | 软化点（环球法）/℃ | 油 分 | 树 脂 | 沥青质 |
| 调和石油沥青-60甲 | 0 | 78 | >100 | 46.0 | 42.54 | 38.62 | 18.84 |
| | 5 | 72 | 100 | 50.0 | 40.79 | 38.27 | 20.94 |
| | 11 | 52 | 98 | 51.0 | 38.69 | 37.85 | 23.46 |
| | 15 | 53 | 73 | 51.3 | 37.29 | 37.57 | 25.14 |
| | 21 | 44 | 61 | 52.1 | 35.19 | 37.15 | 27.66 |
| | 26 | 37 | 54 | 52.3 | 33.44 | 36.80 | 29.76 |

为了适应高等级公路和一般等级公路的建设需要，根据石油沥青的技术性质，交通部制定了"重交通量道路石油沥青技术要求"、"中、轻交通量道路石油沥青技术要求"和"液体石油沥青的技术要求"，见表5.5～表5.7。

表5.5 重交通量道路石油沥青技术要求

| 试验项目 | | AH—130 | AH—110 | AH—90 | AH—70 | AH—50 | 试验方法 |
|---|---|---|---|---|---|---|---|
| 针入度（25℃，100 g，5 s）/（0.1 mm） | | 120～140 | 100～120 | 80～100 | 60～80 | 40～60 | T0604 |
| 延度（5 cm/min，15℃）/cm | | >100 | >100 | >100 | >100 | >80 | T0605 |
| 软化点（环球法）/℃ | | 40～50 | 41～51 | 42～52 | 44～54 | 45～55 | T0606 |
| 闪点（COC）/℃ | | >230 | | | | | T0611 |
| 含蜡量（蒸馏法）/% | | ≤3 | | | | | T0615 |
| 密度（15℃）/（g/cm$^3$） | | 实测记录 | | | | | T0603 |
| 溶解度（三氯乙烯）/% | | >99.0 | | | | | T0607 |
| 薄膜加热试验（163℃，5 h） | 质量损失/% | <1.3 | <1.2 | <1.0 | <0.8 | <0.6 | T0609 |
| | 针入度比/% | >45 | >48 | >50 | >55 | >58 | T0609 T0604 |
| | 延度（25℃）/cm | >75 | >75 | >75 | >50 | >40 | T0609 T0605 |
| | 延度（15℃）/cm | 实测记录 | | | | | T0609 T0605 |

注：① 在有条件时，应测定沥青在60℃动力黏度（Pa·s）、135℃运动黏度（mm$^2$/s），并在检验报告中注明；
② 如有需要表中密度及薄膜加热后的15℃延度，用户可向供方提要求。

表5.6 中、轻交通量道路用石油沥青技术要求

| 试验项目 | | A—200 | A—180 | A—140 | A—100甲 | A—100乙 | A—60甲 | A—60乙 | 试验方法 |
|---|---|---|---|---|---|---|---|---|---|
| 针入度（25℃，100 g，5 s）/（1/10 mm） | | 200～300 | 160～200 | 120～160 | 90～120 | 80～120 | 50～80 | 40～80 | T0604 |
| 延度（25℃，5 cm/min）/cm | | — | >100 | >100 | >90 | >60 | >70 | >40 | T0605 |
| 软化点（环球法）/℃ | | 30～45 | 35～45 | 38～48 | 42～52 | 42～52 | 45～55 | 45～55 | T0606 |
| 溶解度（三氯乙烯）/%，> | | 99.0 | 99.0 | 99.0 | 99.0 | 99.0 | 99.0 | 99.0 | T0607 |
| 蒸发损失试验（163℃，5 h） | 质量损失/%，≤ | 1 | 1 | 1 | 1 | 1 | 1 | 1 | T0608 |
| | 针入度比/%，≥ | 50 | 60 | 60 | 65 | 65 | 70 | 70 | T0608 T0604 |
| 闪点（COC）/℃，≥ | | 180 | 200 | 230 | 230 | 230 | 230 | 230 | T0611 |

注：当25℃延度达到100 cm时，如15℃延度不少于100 cm，也认为是合格的。

表5.7 液体石油沥青技术要求

| 试验项目 | | 单位 | 快凝 | | 中凝 | | | | | | 慢凝 | | | | | | 试验方法 |
|---|---|---|---|---|---|---|---|---|---|---|---|---|---|---|---|---|---|
| | | | AL(R)-1 | AL(R)-2 | AL(M)-1 | AL(M)-2 | AL(M)-3 | AL(M)-4 | AL(M)-5 | AL(M)-6 | AL(S)-1 | AL(S)-2 | AL(S)-3 | AL(S)-4 | AL(S)-5 | AL(S)-6 | |
| 黏度 | $C_{25,5}$ | | <20 | | <20 | | | | <20 | | | | | | | | T0621 |
| | $C_{60,5}$ | s | | 5～15 | | 5～15 | 16～25 | 26～40 | 41～100 | 101～200 | 5～15 | 16～25 | 26～40 | 41～100 | 101～200 | | |
| 蒸馏体积 | 225℃前 | % | >20 | >15 | <10 | <7 | <3 | <2 | 0 | 0 | | | | | | | T0632 |
| | 315℃前 | % | >35 | >30 | <35 | <25 | <17 | <14 | <8 | <5 | | | | | | | |
| | 360℃前 | % | >45 | >35 | <50 | <35 | <30 | <25 | <20 | <15 | <40 | <35 | <25 | <20 | <15 | <5 | |
| 蒸馏后残留物 | 针入度(25℃) | 0.1 mm | 60～200 | 60～200 | 100～300 | 100～300 | 100～300 | 100～300 | 100～300 | 100～300 | | | | | | | T0604 |
| | 延度（25℃） | cm | >60 | >60 | >60 | >60 | >60 | >60 | >60 | >60 | | | | | | | T0605 |
| | 浮漂度（5℃） | S | | | | | | | | | <20 | <20 | <30 | <40 | <45 | <50 | T0631 |
| 闪点（TOC） | | ℃ | >30 | >30 | >65 | >65 | >65 | >65 | >65 | >65 | >70 | >70 | >100 | >100 | >120 | >120 | T0633 |
| 含水量，不大于 | | % | 0.2 | | 0.2 | | | | | | 2.0 | | | | | | T0612 |

注：黏度使用道路沥青黏度计规定，$C_{T,d}$的脚标第1个数字$T$代表温度（℃），第2个数字$d$代表孔径（mm）。

# 第四节 煤沥青

　　煤在隔绝空气的条件下，经焦化、干馏得到的黏性液体称为"焦油"。焦油再经进一步加工而得到黏稠液体或半固体的产品称为"煤沥青"。

　　煤沥青的种类很多，按煤干馏的温度不同，可分为高温煤焦油和低温煤焦油；按工艺过程不同，可分为焦炭焦油和煤气焦油。道路建筑用的煤沥青主要是由炼焦和制造煤气得到的高温煤焦油再经加工而得到的。由高温焦油所获得的煤沥青数量最多，质量较好。因其油分含量少，故温度稳定性和气候稳定性好。

　　按煤沥青的稠度可分为硬煤沥青和软煤沥青两类。硬煤沥青由于游离碳含量极高，脆性大，不能直接用于修筑道路路面，只能作为掺配合成沥青的原料。

## 一、煤沥青的化学组分与结构

　　煤沥青和石油沥青一样，也是一种复杂的高分子碳氢化合物及其非金属的衍生物。

　　目前，对煤沥青化学组分的研究与前述的石油沥青方法相同，也是将煤沥青划分为几个化学性质相近、且与路用性能有一定联系的组分。通常将煤沥青分离为油分、树脂、游离碳等几个组分，现将各组分的组成和性能简述如下：

　　（1）游离碳。游离碳是高分子的有机化合物的固态微粒，不溶于任何有机溶剂，有足够的稳定性，只有在高温下才分解。游离碳能使煤沥青的黏滞度增加，热稳性提高；但当游离碳含量超过一定限度时，煤沥青会呈现脆性。煤沥青中的游离碳相当于石油沥青中的沥青质，但颗粒比沥青质大得多。

　　（2）树脂。煤沥青中的树脂分为硬树脂和软树脂两种。硬树脂是固态树脂，类似于石油沥青中的沥青质，它能增加煤沥青的黏度。软树脂是一种赤褐色黏塑性物质，类似于石油沥青中的树脂，它能使煤沥青具有塑性。

　　（3）油分。油分是液态碳氢化合物，类似于石油沥青的油分，它能增加煤沥青的流动性。在煤沥青的油分中还含有萘油和蒽油，它们对煤沥青的技术性质有不良影响，而且蒽油有毒，能引起呼吸道黏膜和皮肤发炎。

　　在煤沥青中除含有上述组分外，还有酸性和碱性等表面活性物质，且含量比石油沥青多，所以煤沥青的表面活性比石油沥青好，无论对酸性、碱性石料均有较好的黏结性。

　　煤沥青的结构和石油沥青类似，也是一种复杂的胶体结构。其中，游离碳和硬树脂组成的胶体微粒为分散相，油分为分散介质，软树脂为过渡性物质，它吸附在固态分散胶粒周围，并逐渐向外扩散，胶溶于油分之中，使分散系组成稳定的胶体体系。

## 二、煤沥青的技术性质和技术要求

　　煤沥青的技术性质主要有以下几项：

### 1. 黏 度

　　黏度表示煤沥青的稠度。当煤沥青组分中油分含量较少、固态树脂及游离碳含量较多时，煤沥青的黏度较大。煤沥青的温度稳定性和大气稳定性较差，当温度变化或"老化"时，其黏度也会显著地变化。煤沥青的黏度测定方法与液体沥青相同，也是用黏度计测定的。

## 2. 蒸馏及蒸馏后残渣的性质

煤沥青中含有各种沸点的油分，这些油分的蒸发将影响煤沥青的技术性质。为了预估煤沥青在路面使用过程中的性质变化，在测定其原始黏度的同时，还必须测定煤沥青在各馏程中所含馏分及其蒸馏后残留物的性质。

煤沥青蒸馏试验是测定试样受热时，在规定温度范围内蒸出的馏分含量，以质量百分率表示。除非特殊需要，各馏分蒸馏的标准切换温度为 170℃、270℃、300℃。其中 170℃以前的为轻油，170℃~270℃的为中油，270℃~300℃的为重油，300℃以后的残留油为蒽油。

在蒸馏出 300℃ 前的油分后，再测定蒸馏后残留物的软化点、脆点等性质，以反映煤沥青的温度稳定性和"老化"速度。

## 3. 有害杂质的含量

煤沥青中的有害杂质对其性能有一定的影响，必须加以限制。

（1）游离碳含量。游离碳在煤沥青中能增加其黏度和热稳定性，但含量过大时，会产生低温脆裂。因此，在保证低温塑性和高温稳定性的条件下，对游离碳的含量应加以限制。

（2）酚含量。酚能溶于水，从而降低了路面的水稳性；同时酚有毒。对人类和牲畜有害。故酚在煤沥青中的含量越少越好。

（3）萘含量。萘在低温时易结晶析出，常温下易升华，使煤沥青产生假黏度而失去塑性，加快老化速度。此外，萘也有毒，故对其含量应加以限制。

（4）含水量。与石油沥青一样，煤沥青中含有水分，会使煤沥青在施工加热时造成沥青外溢，甚至引起火灾事故。因此，煤沥青中的含水量必须小于规范规定的数值。

综上所述，煤沥青与石油沥青相比，具有以下差异：

（1）煤沥青的温度稳定性差。煤沥青是由较粗的分散系组成，树脂的可溶性高，受热容易软化。因而在加热时应严格控制温度，不宜重复加热，否则易引起性质的加剧变化。

（2）煤沥青的塑性较差。煤沥青中含有较多的游离碳，降低了沥青塑性，在使用时容易使路面开裂。

（3）煤沥青的气候稳定性差。在煤沥青的化学组成中含有未饱和的芳香烃化合物。这些物质有相当大的化学潜能，使用过程中，在周围介质（空气中的氧、湿度和紫外线等）作用下，比石油沥青更容易产生聚合、氧化等作用，使沥青的黏度增加，塑性降低，加快沥青老化。

（4）煤沥青有毒性和臭味。由于煤沥青中含有酚、蒽、萘油等有毒成分，虽然防腐性较好，但对人类、动植物均有害。蒽油的蒸气和尘粒，会引起人体各种器官的炎症，特别是在阳光作用下危害更大，因此施工时应特别注意防护措施。

（5）煤沥青与矿料的黏附性好。这是煤沥青最大的优点。由于煤沥青中含有较多的酸、碱性物质，因此，不论对酸性石料还是碱性石料，煤沥青均有较好的黏结性。煤沥青的路用技术要求见表 5.8。

表 5.8　道路用煤沥青技术要求

| 试验项目 | | T-1 | T-2 | T-3 | T-4 | T-5 | T-6 | T-7 | T-8 | T-9 | 试验方法 |
|---|---|---|---|---|---|---|---|---|---|---|---|
| 黏度(s) | $C_{30,5}$ | 5~25 | 26~70 | | | | | | | | T0621 |
| | $C_{30,10}$ | | | 5~25 | 26~50 | 51~120 | 121~200 | | | | |
| | $C_{50,10}$ | | | | | | | 10~75 | 76~200 | | |
| | $C_{60,10}$ | | | | | | | | | 35~65 | |
| 蒸馏试验，馏出量/% | 170℃前不大于 | 3 | 3 | 3 | 2 | 1.5 | 1.5 | 1.0 | 1.0 | 1.0 | T0641 |
| | 270℃前不大于 | 20 | 20 | 20 | 15 | 15 | 15 | 10 | 10 | 10 | |
| | 300℃ | 15~35 | 15~35 | 30 | 30 | 25 | 25 | 20 | 20 | 15 | |
| 300℃蒸馏残留物软化点(环球法)/℃ | | 30~5 | 30~45 | 35~65 | 35~65 | 35~65 | 35~65 | 40~70 | 40~70 | 40~70 | T0606 |
| 水分不大于/% | | 1.0 | 1.0 | 1.0 | 1.0 | 1.0 | 0.5 | 0.5 | 0.5 | 0.5 | T0612 |
| 甲苯不溶物不大于/% | | 20 | 20 | 20 | 20 | 20 | 20 | 20 | 20 | 20 | T0646 |
| 萘含量不大于/% | | 5 | 5 | 5 | 4 | 4 | 3.5 | 3 | 2 | 2 | T0645 |
| 焦油酸含量不大于/% | | 4 | 4 | 3 | 3 | 2.5 | 2.5 | 1.5 | 1.5 | 1.5 | T0642 |

# 第五节　乳化沥青

乳化沥青是沥青经机械作用分裂为细微的液滴，分散在含有表面活性物质的水介质中，形成均匀稳定的分散系。这种分散系呈茶褐色，具有高流动性，可以在常温下施工，无毒无臭，并能与潮湿矿料有良好的黏附性。因此，用乳化沥青修筑的路面有节约能源、减少污染、便利施工、降低成本等优点。

## 一、乳化沥青的组成材料

乳化沥青主要由沥青、水、乳化剂和稳定剂等4个部分组成。

### 1. 沥　青

沥青是乳化沥青的基本组分，它在乳化沥青中占55%~70%，针入度值大多数为100~150（1/10 mm）。沥青材料的性能直接决定着乳化沥青的质量和路用性能的好坏，通常活性组分含量低的沥青不易乳化。

### 2. 水

水是乳化沥青中第二大组分。水能溶解、润湿、黏附其他物质，并起缓和化学反应的作用。生产乳化沥青所用的水应相当纯净，不宜太硬，否则对乳化沥青性能将有很大影响。

### 3. 乳化剂

乳化沥青的性能在很大程度上依赖于乳化剂的性能，是乳化剂使互不相溶的沥青和水结合在一起，形成均匀稳定的分散系。

在选择乳化剂时，要考虑沥青与乳化剂的憎水基之间是否有很好的亲和力。如果两者的亲和力小，乳化剂就会脱离沥青而溶于水中，使沥青微粒相互聚凝，失去乳化作用。乳化剂的化学结构与沥青越接近，其相互亲和力就越强，乳化效果越好。另外，从沥青的胶体结构来看，其最外层为油分，油分的分子结构大部分为直链烷烃。因此，在选择乳化剂时，也以直链烷烃亲油基较多者为好。

常用的乳化剂有阴离子乳化剂和阳离子乳化剂两种。阴离子乳化剂价格便宜，但对水的要求严，不宜用硬水，否则稳定性差，易凝聚，铺成的路面对水的敏感性大。

阳离子乳化剂制作乳化沥青操作比较简单，硬水也可以生产，对矿料的要求也不严格，不仅能与潮湿的硅酸盐矿料紧密结合，而且与碱性矿料也有很好的黏结性。因此，用阳离子乳化剂制成的乳化沥青稳定性好，在低温、潮湿气候条件下，施工不影响工程质量，而且路面成型较快。

4. 稳定剂

在施工中，为使乳液具有良好的储存稳定性和施工稳定性，可加入适量的稳定剂。稳定剂的类型有无机和有机稳定剂两种，在使用稳定剂时应注意它与乳化剂的匹配作用。

## 二、乳化沥青的形成机理

沥青与水本来是不相溶的，尽管热沥青通过机械作用分散在水中形成沥青乳状液，但由于沥青与水的表面张力相差较大，当液滴相互碰撞时，沥青就会自动聚结。因此，要使乳状液成为稳定体系，就必须设法降低沥青与水的表面张力差。乳化剂就能起到这个作用。当加入乳化剂后，它能在沥青与水的界面上形成定向排列，如图5.9所示，从而降低了沥青与水的界面张力。

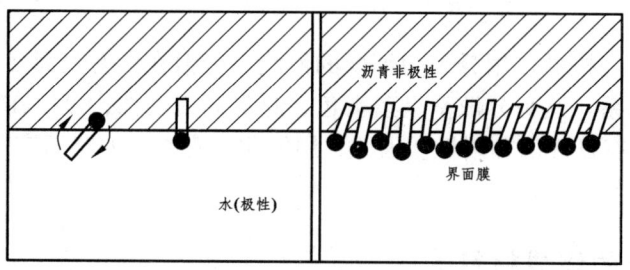

图 5.9　乳化剂在沥青与水界面定向排列

在降低界面张力的同时，由于乳化剂吸附在沥青微粒的表面，故在微粒表面形成一层界面膜，如图5.10所示。这种界面膜具有一定的强度，对沥青微粒起着保护作用，使其在相互碰撞时不易凝结。

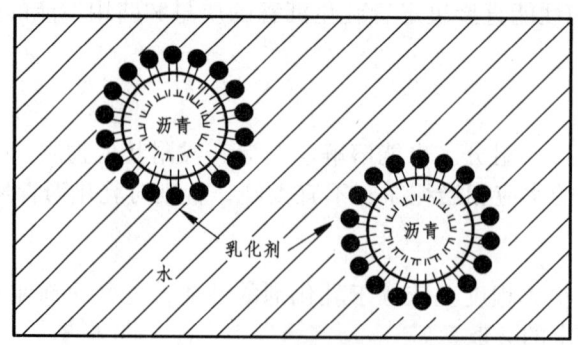

图 5.10　乳化剂在沥青表面形成界面膜

界面膜的强度和紧密程度与乳化剂的浓度有密切的关系。乳化剂用量适当时，界面膜由紧密排列的定向分子组成，膜的强度较大，能形成稳定的沥青乳液。

在稳定的沥青乳液中沥青微粒都带有电荷。这种电荷来源于电离、吸附和沥青微粒与水之间的摩擦。由于每一沥青微粒的界面上都带有相同电荷，如图5.11所示，使沥青颗粒间相互排斥，达到相互分散颗粒的作用。

由此可知，乳化沥青之所以能形成稳定的乳液，主要原因是：

（1）乳化剂降低了沥青与水的界面张力，抵制颗粒凝结。

（2）界面膜的形成对沥青微粒起了保护作用。

（3）颗粒表面因带有同性电荷，相互排斥，达到分散颗粒的作用。

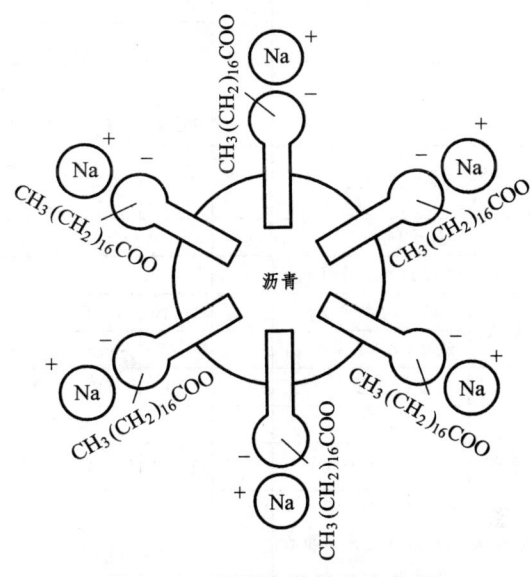

图 5.11　界面电荷的稳定作用

## 三、乳化沥青的分裂机理

当乳化沥青洒布到路面接触集料以后，要使沥青具有黏聚力，沥青微粒必须从乳液中分裂出来，在集料表面聚结形成一层连续的沥青薄膜，这一过程称为"分裂"。乳液分裂的外观特征是它的颜色由棕褐色变成黑色，只有当乳液中的水分全部蒸发尽时，沥青才能产生黏聚力。

沥青乳液的分裂过程主要与下列因素有关：

1. 蒸发作用

乳化沥青洒到路上后，随即产生蒸发作用，这种蒸发和普通水的蒸发现象一样。在温度较高及有风的条件下，水分蒸发快；开阔的路面比有树荫遮盖的路面蒸发快。

在水分蒸发的初期，乳液的分裂是可逆的。当遇到雨水时，乳液会再乳化，甚至被雨水冲走。但当乳液完全分裂，沥青微粒形成一层连续的黑色的薄膜黏结在集料表面时，则不再受雨水和行车荷载的影响，其路用性能与热拌沥青路面几乎没有差别。

2. 乳液与集料的吸附作用

沥青乳液与集料接触后，由于沥青微粒与集料都带有异性电荷，因而会产生离子吸附，使骨料表面迅速牢固地形成一层沥青薄膜，其中的水分被排除。这一反应过程不受气温、湿度和风速等因素的影响，故能形成高强度的路面。

同时，当沥青乳液与干燥集料作用时，由于集料的毛细作用，可使沥青乳液加速凝结。因此，采用高强多孔的石料或高炉矿渣对乳液分裂是有利的。

此外，乳液的分裂还与碾压有关。一般情况，当乳液中水分蒸发到沥青占乳液的80%~90%时，乳液开始凝结，此时碾压产生的应力也促使沥青凝结。

## 四、乳化沥青技术标准

现行规范制定了道路用乳化沥青的技术标准，路用阳离子乳化沥青和阴离子乳化沥青的质量均应满足表 5.9 的要求。

**表 5.9　道路用乳化石油沥青技术要求**

| 试验项目 | | 单位 | 品种及代号 | | | | | | | | | | 试验方法 |
|---|---|---|---|---|---|---|---|---|---|---|---|---|---|
| | | | 阳离子 | | | | 阴离子 | | | | 非离子 | | |
| | | | 喷洒用 | | | 拌和用 | 喷洒用 | | | 拌和用 | 喷洒用 | 拌和用 | |
| | | | PC-1 | PC-2 | PC-3 | BC-1 | PA-1 | PA-2 | PA-3 | BA-1 | PN-2 | BN-1 | |
| 破乳速度 | | | 快裂 | 慢裂 | 快裂或中裂 | 慢裂或中裂 | 快裂 | 慢裂 | 快裂或中裂 | 慢裂或中裂 | 慢裂 | 慢裂 | T0658 |
| 粒子电荷 | | | 阳离子(+) | | | | 阴离子(−) | | | | 非离子 | | T0653 |
| 筛上残留物(1.18 mm 筛)不大于 | | % | 0.1 | | | | 0.1 | | | | 0.1 | | T0652 |
| 黏度 | 恩格拉黏度 $E_{25}$ | | 2~10 | 1~6 | 1~6 | 2~30 | 2~10 | 1~6 | 1~6 | 2~30 | 1~6 | 2~30 | T0622 |
| | 沥青标准黏度 $C_{25,3}$ | s | 10~25 | 8~20 | 8~20 | 10~60 | 10~25 | 8~20 | 8~20 | 10~60 | 8~20 | 10~60 | T0621 |
| 蒸发残留物 | 残留物含量不小于 | % | 50 | 50 | 50 | 55 | 50 | 50 | 50 | 55 | 50 | 55 | T0651 |
| | 溶解度，不小于 | % | 97.5 | | | | 97.5 | | | | 97.5 | | T0607 |
| | 针入度(25℃) | 0.1 mm | 50~200 | 50~300 | 45~150 | | 50~200 | 50~300 | 45~150 | | 50~300 | 60~300 | T0604 |
| | 延度(15℃)，不小于 | cm | 40 | | | | 40 | | | | 40 | | T0605 |
| 与粗集料的黏附性，裹覆面积不小于 | | | 2/3 | | | — | 2/3 | | | — | 2/3 | | T0654 |
| 与粗、细粒式集料拌和试验 | | | — | | | 均匀 | — | | | 均匀 | — | | T0659 |
| 水泥拌和试验的筛上剩余不大于 | | % | — | | | | — | | | | — | 3 | T0657 |
| 常温储存稳定性：<br>1 d　不大于<br>5 d　不大于 | | % | 1<br>5 | | | | 1<br>5 | | | | 1<br>5 | | T0655 |
| 低温储存稳定性（−5℃） | | | 无粗颗粒，不结块 | | | | | | | | | | T0656 |

注：[1] P 为喷洒型，B 为拌和型，C、A、N 分别表示阳离子、阴离子、非离子乳化沥青；
　　[2] 黏度可选用恩格拉黏度计或沥青标准黏度计之一测定；
　　[3] 表中的破乳速度、与集料的黏附性、拌和试验的要求与所使用的石料品种有关，质量检验时应采用工程上实际的石料进行试验，仅进行乳化沥青产品质量评定时可不要求此三项指标；
　　[4] 储存稳定性根据施工实际情况选用试验时间，通常采用 5 d，乳液生产后能在当天使用时也可用 1 d 的稳定性；
　　[5] 当乳化沥青需要在低温冰冻条件下储存或使用时，尚需按 T 0656 进行 −5℃低温贮存稳定性试验，要求没有粗颗粒、不结块。
　　[6] 如果乳化沥青是将高浓度产品运到现场经稀释后使用时，表中的蒸发残留物等各项指标指稀释前乳化沥青的要求。

# 第六节　其他沥青

## 一、再生沥青

再生沥青是已经老化的沥青，经掺加再生剂后使其恢复到原来（甚至超过原来）性能的一种沥青。

### （一）沥青材料的老化

沥青材料的老化是指沥青材料在路面中受到自然因素（氧、光、热和水等）的作用，随时间而产生"不可逆"的化学组成结构和物理-力学性能变化的过程。

1. 化学组分移行

沥青是多种化学结构极其复杂的化合物组成的混合物,将其分离为几个组分来研究,这种方法称为"化学沉淀法"。该法将沥青分离为沥青质、氮基、第一酸性分、第二酸性分和链烷分等五个组分。

沥青在路面中受到自然因素作用后,就会导致沥青组分"移行"。也即沥青质显著增加,氮基和第一酸性分减少,第二酸性分稍有减少,链烷分变化很少,甚至几乎没有变化。现举国产沥青的一个例子,见表5.10。

表 5.10 老化沥青和再生沥青的化学组分示例

| 沥青种类 | 化　学　组　分 | | | | |
|---|---|---|---|---|---|
| | 链烷分 P | 第二酸性分 A2 | 第一酸性分 A1 | 氮基 N | 沥青质 At |
| 原始沥青 | 21.9 | 29.1 | 13.1 | 24.9 | 11.0 |
| 老化沥青 | 20.6 | 21.1 | 12.4 | 15.4 | 30.5 |
| 再生沥青 | 16.5 | 22.4 | 7.0 | 25.1 | 29.0 |

2. 物理-力学性质变化

由于沥青化学组分的移行,因而引起沥青物理-力学性质的变化。通常的规律是针入度变小、延度降低、软化点和脆点升高。表现为沥青变硬、变脆、延伸性降低,导致路面产生裂缝、松散等破坏。同前例,沥青老化后物理-力学性质变化见表5.11。

表 5.11 老化沥青和再生沥青技术性质示例

| 沥青种类 | 技　术　性　质 | | | |
|---|---|---|---|---|
| | 针入度/0.1 mm | 延度/cm | 软化点/°C | 脆点/°C |
| 原始沥青 | 106 | 73 | 48 | −6 |
| 老化沥青 | 39 | 23 | 55 | −4 |
| 再生沥青 | 80 | 78 | 49 | −10 |

### (二)沥青的再生

1. 沥青再生机理

沥青再生的机理目前有两种理论。一种理论是"相容性理论",该理论从化学、热力学出发,认为沥青产生老化的原因是沥青胶体物质中各组分相溶性降低,导致组分间溶度参数差增大。如能掺入一定的再生剂使其溶度参数差减小,沥青即能恢复到(甚至超过)原来的性质。一种理论是"组分调节理论"。该理论是从化学组分移行出发,认为由于组分的移行,沥青老化后,某些组分偏多,而某些组分偏少,各组分间比例不协调,所以导致沥青路用性能降低。如能通过掺加再生剂调节其组分,则沥青将恢复原来的性质。

2. 沥青化学组分调节

从表5.10沥青老化后化学组分移行可以看出:由于第一酸性分转变为氮基的数量不足以补偿氮基转变为沥青质的数量,所以氮基数量的显著减少是沥青老化的主要特征。所以,再生剂必须是以氮基为主的物剂。前例沥青经掺加再生剂和改性剂后，再生沥青的技术性质与原有沥青相近，见表5.10、表5.11。

## 二、改性沥青

### （一）概　述

随着国民经济的高速发展，国家对交通运输的需求不断增大。现代高等级沥青路面的交通特点是交通密度大，车辆轴载重，荷载作用间歇时间短，以及高速和渠化。由于这些特点造成沥青路面高温出现车辙，低温产生裂缝，抗滑性很快衰降，使用年限不长，出现坑槽、松散等水损坏以及局部龟裂等。为进一步提高沥青混合料的路用性能，必须对沥青加以改性，也即提高沥青的流变性能，改善沥青与集料的黏附性，延长沥青的耐久性。

改性沥青是指掺加橡胶、树脂、高分子聚合物、磨细的橡胶粉或其他填料等外掺剂（改性剂），或采取对沥青轻度氧化加工等措施，使沥青的性能得以改善而制成的沥青结合料。

改性剂是指在沥青中加入的天然的或人工的有机或无机材料，可熔融分散在沥青中，改善或提高沥青路面性能（与沥青发生反应或裹覆在集料表面上）的材料。

### （二）改性沥青的分类及其特性

从狭义来说，现在所指道路改性沥青一般是指聚合物改性沥青。按照改性剂的不同，一般分为以下几类：

1. 热塑性橡胶类改性沥青

改性剂主要是苯乙烯嵌段共聚物，如苯乙烯-丁二烯-苯乙烯（SBS）、苯乙烯-异戊二烯-苯乙烯（SIS）、苯乙烯-聚乙烯/丁基-聚乙烯（SE/BS）。其中SBS常用于路面沥青混合料；SIS主要用于热熔黏结料；SE/BS则应用于抗氧化、抗高温变形要求高的道路。目前，世界各国道路改性沥青使用最多的是SBS改性沥青。例如，首都机场高速公路及八达岭高速公路用的就是此种改性沥青。

SBS类改性沥青的最大特点是高温稳定性和低温抗裂性能都好，且有良好的弹性恢复性能、抗老化性能。SBS使软化点提高最大，使5℃延度大幅度增大，且薄膜加热后的针入度比保留90%以上。

2. 橡胶类改性沥青

使用最多的橡胶类改性材料是丁苯橡胶（SBR）和氯丁橡胶（CR）。其中SBR是世界上应用最广泛的改性剂之一，尤其是胶乳形式的使用越来越广泛。CR具有极性，常掺入煤沥青中使用，已成为煤沥青的改性剂。

SBR改性沥青的最大特点是低温性能得到改善，以5℃延度作为主要指标。但其在老化试验后，延度严重降低，所以主要适宜在寒冷气候条件下使用。例如青藏二级汽车专用公路上就铺筑了157万$m^2$的橡胶沥青路面。

3. 热塑性树脂类改性沥青

聚乙烯（PE）、聚丙烯、聚氯乙烯、聚苯乙烯和乙烯-乙酸乙烯酯共聚物（EVA）等在道路沥青的改性中都被应用过，这一类热塑性树脂的共同特点是加热后软化，冷却时变硬。此类改性剂的最大特点是使沥青结合料在常温下黏度增大,从而使高温稳定性增加,遗憾的是并不能使沥青混合料的弹性增加,且加热后易离析,再次冷却时产生众多的弥散体。不过这些局限性一定程度上已被接受。例如,浙江杭州钱江二桥就使用了EVA改性沥青铺筑桥面。

4. 掺加天然沥青的改性沥青

天然沥青是石油经过历史上长期的、长达亿万年的沉积、变化,在热、压力、氧化、触媒、细菌的综合作用下生成的沥青类物质。通常可掺加的天然沥青有湖沥青(如特立尼达湖沥青TLA)、岩石沥青(如美国的Gilsonite)和海底沥青(如BMA)等。掺加TLA的混合沥青有良好的高温稳定性及低温抗裂性能,耐久性好;掺加岩石的沥青有抗剥离、耐久性、高温抗车辙、抗老化特点。BMA适用于重交通道路、飞机场跑道、抗磨耗层等,最小铺筑厚度可减薄到2 cm,由此降低了工程造价。

5. 其他改性沥青

(1)多价金属皂化物。多价金属与一元羧酸所形成的盐类称为金属皂。将一定的金属皂溶解在沥青中,可使延度增加,脆点降低,明显提高与集料的黏附性能,增加沥青混合料的强度,提高沥青路面的柔性和疲劳强度。

(2)炭黑。炭黑是由石油、天然气等碳氢化合物经高温不完全燃烧而生成的高含碳量粉状物质,在改性好的SBS改性沥青中混入炭黑综合改性,可使改性沥青的黏度增大,回弹性能提高。

(3)玻纤格栅。将一种自黏结型的玻璃纤维格栅,用一种专门的摊铺机铺设,铺在沥青混合料层中,耐热、黏结性好。这些格栅对提高高温抗车辙能力及低温抗裂性能都有良好效果,同时还可防治沥青路面的反射性裂缝。

### (三)改性沥青的应用和发展

目前,改性沥青可用于做排水或吸音磨耗层及其下面的防水层;在老路面上做应力吸收膜中间层,以减少反射裂缝,在重载交通道路的老路面上加铺薄或超薄的沥青面层,以提高耐久性;在老路面上或新建一般公路上做表面处治,以恢复路面使用性能或减少养护工作量等。我国现在正处于高等级公路的大规模建设时期,使用改性沥青时,应当特别注意路基、路面的施工质量,以避免产生路基沉降和其他早期损坏。否则,使用改性沥青就达不到应有的效果。

SBS改性沥青无论在高温、低温、弹性等方面都优于其他改性沥青,所以我国改性沥青的发展方向应该以SBS作为主要方向。尤其是现在,SBS的价格比以前有了大幅度的降低,仅成本这一项,它就可以和PE、EVA竞争。明确这一点对于我国发展改性沥青十分重要。

# 小　结

沥青是道路建筑中最常用的一种有机胶结材料。本章着重讲述了道路石油沥青、煤沥青、乳化沥青的技术性能、组成结构及其技术标准。其目的在于:①合理地使用沥青材料;②不断地寻求改善沥青性能的新途径。本章的主要内容包括以下几点:

(1)沥青的分类。沥青是由一些极其复杂的高分子碳氢化合物和这些碳氢化合物的非金属衍生物所组成的混合物。按其在自然界中获取的方式不同,沥青可分为地沥青和焦油沥青两大类。在这两大类中,按其产源不同,又可分为不同类型的沥青(地沥青:天然沥青,石油沥青等。焦油沥青:煤沥青,木沥青,页岩沥青等)。在道路建筑中广泛使用的是石油沥青和煤沥青。

(2)石油沥青。

① 石油沥青的分类;② 石油沥青的元素组成和化学组分;③ 石油沥青的胶体结构。

(3)石油沥青的技术性质。

① 三大指标;② 常规指标;③ 非常规指标。

(4)煤沥青。

① 煤沥青的化学组分与结构;② 煤沥青的技术性质;③ 煤沥青与石油沥青的差异。

(5)乳化沥青。

① 乳化沥青的形成机理;② 乳化沥青的分裂机理。

(6)其他沥青。

① 再生沥青;② 改性沥青。

## 思考题与习题

5-1 试说明石油沥青的主要组分与技术性质之间的关系?

5-2 我国现行的石油沥青化学组分分析方法可将石油沥青分离为哪几个组分?国产石油沥青在化学组分上有什么特点?

5-3 按流变学观点,石油沥青可划分为哪几种胶体结构?各种胶体结构的石油沥青有何特点?

5-4 石油沥青的"三大指标"表征沥青哪些特征?

5-5 什么是沥青的"老化"?老化后的沥青其性质有哪些变化?

5-6 煤沥青与石油沥青在性质和应用上的差别有哪些?

5-7 试述乳化沥青的形成和分裂的机理?

5-8 什么是再生沥青?什么是改性沥青?二者与石油沥青相比较有什么特点?

5-9 某沥青试样,测得软化点为48℃,针入度为76,试确定其针入度指数,并判别胶体结构的类型。

5-10 甲沥青试样软化点为42℃,针入度为105;乙沥青试样软化点为51℃,针入度为58。试比较甲、乙沥青试样的感温性。

## 试验5.1 沥青针入度试验

(JTJ 052 T0604—2000)

(一)目的与适用范围

本方法适用于测定道路石油沥青、改性沥青针入度以及液体石油沥青蒸馏或乳化沥青蒸发后残留物的针入度。用本方法评定聚合物改性沥青的改性效果时,仅适用于融混均匀的样品。

针入度指数用以描述沥青的温度敏感性,宜在15、25、30℃等3个或3个以上温度条件下测定,若30℃时的针入度值过大,可采用5℃代替。当量软化点 $T_{800}$ 是相当于沥青针入度为800时的温度,用以评价沥青的高温稳定性。当量脆点 $T_{1.2}$ 是相当于沥青针入度为1.2时的温度,用以评价沥青的低温抗裂性能。

## （二）仪器设备

（1）针入度仪：凡能保证针和针连杆在无明显摩擦下垂直运动，并能使指示针贯入深度准确至 0.1 mm 的仪器均可使用。针和针连杆组合件总质量为（50±0.05）g，另附（50±0.05）g 砝码一只，试验时总质量为（100±0.05）g。当采用其他试验条件时，应在试验结果中注明。仪器设有放置平底玻璃保温皿的平台，并有调节水平的装置，针连杆应与平台相垂直。仪器设有针连杆制动按钮，使针连杆可自由下落。针连杆易于装拆，以便检查其质量。仪器还设有可自由转动与调节距离的悬臂，其端部有一面小镜或聚光灯泡，借以观察针尖与试样表面接触情况。当为自动针入度仪时，各项要求与此项相同，温度采用温度传感器测定，针入度值采用位移计测定，并能自动显示或记录，且应对自动装置的准确性经常校验。为提高测试精密度，不同温度的针入度试验宜采用自动针入度仪进行。

（2）标准针由硬化回火的不锈钢制成，洛氏硬度 HRC54~60，表面粗糙度 $R_a$0.2~0.3 μm，针及针杆总质量为（2.5±0.05）g，针杆上应打印有号码标志，针应设有固定用装置盒（筒），以免碰撞针尖。每根针必须附有计量部门的检验单，定期进行检验，其尺寸及针头如试图 5.1 所示。

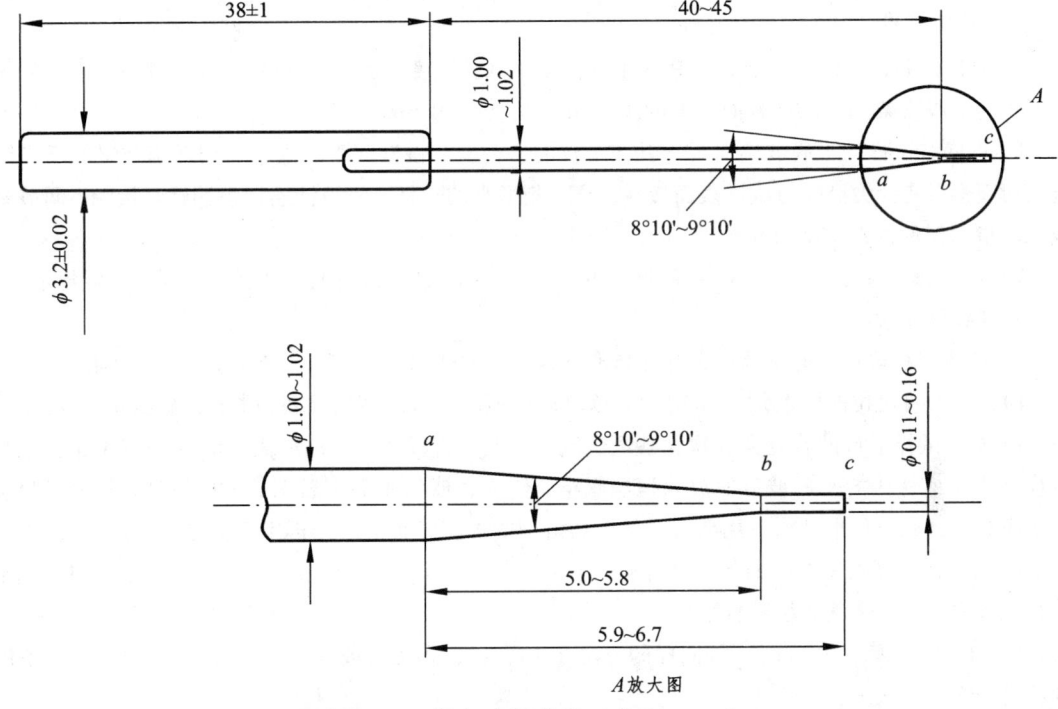

**试图 5.1　针入度标准针**（单位：mm）

（3）盛样皿：金属制，圆柱形平底。小盛样皿的内径 55 mm，深 35 mm（适用于针入度小于 200）；大盛样皿内径 70 mm，深 45 mm（适用于针入度 200~350）；对针入度大于 350 的试样需使用特殊盛样皿，其深度不小于 60 mm，试样体积不少于 125 mL。

（4）恒温水槽：容量不少于 10 L，控温的准确度为 0.1℃。水槽中应设有一带孔的搁架，位于水面下不得少于 100 mm，距水槽底不得少于 50 mm 处。

（5）平底玻璃皿：容量不少于 1 L，深度不少于 80 mm，内设有一不锈钢三脚支架，能使盛样皿稳定。

（6）温度计：0~50℃，分度为 0.1℃。

（7）秒表：分度 0.1 s。

（8）盛样皿盖：平板玻璃，直径不小于盛样皿开口尺寸。

（9）溶剂：三氯乙烯等。

（10）其他：电炉或砂浴、石棉网、金属锅或瓷把坩埚等。

（三）试验准备

（1）按规定的方法准备试样。

（2）按试验要求将恒温水槽调节到要求的试验温度25℃，或15℃、30℃（5℃），保持稳定。

（3）将试样注入盛样皿中，试样高度应超过预计针入度值10 mm，并盖上盛样皿，以防落入灰尘。盛有试样的盛样皿在15℃～30℃室温中冷却1～1.5 h（小盛样皿）、1.5～2 h（大盛样皿）或2～2.5 h（特殊盛样皿）后移入保持规定试验温度±0.1℃的恒温水槽中1～1.5 h（小盛样皿）、1.5～2 h（大试样皿）或2～2.5 h（特殊盛样皿）。

（4）调整针入度仪使之水平。检查针连杆和导轨，以确认无水和其他外来物，无明显摩擦。用三氯乙烯或其他溶剂清洗标准针，并拭干。将标准针插入针连杆，用螺丝固紧。按试验条件，加上附加砝码。

（四）试验步骤

（1）取出达到恒温的盛样皿，并移入水温控制在试验温度±0.1℃（可用恒温水槽中的水）的平底玻璃皿中的三脚支架上，试样表面以上的水层深度不少于10 mm。

（2）将盛有试样的平底玻璃皿置于针入度仪的平台上。慢慢放下针连杆，用适当位置的反光镜或灯光反射观察，使针尖恰好与试样表面接触。拉下刻度盘的拉杆，使与针连杆顶端轻轻接触，调节刻度盘或深度指示器的指针指示为零。

（3）开动秒表，在指针正指5 s的瞬间，用手紧压按钮，使标准针自动下落贯入试样，经规定时间，停压按钮使针停止移动。

注：当采用自动针入度仪时，计时与标准针落下贯入试样同时开始，至5 s时自动停止。

（4）拉下刻度盘拉杆与针连杆顶端接触，读取刻度盘指针或位移指示器的读数，准确至0.5（0.1 mm）。

（5）同一试样平行试验至少3次，各测试点之间及与盛样皿边缘的距离不应少于10 mm。每次试验后应将盛有盛样皿的平底玻璃皿放入恒温水槽，使平底玻璃皿中水温保持试验温度。每次试验应换一根干净标准针或将标准针取下用蘸有三氯乙烯溶剂的棉花或布揩净，再用干棉花或布擦干。

（6）测定针入度大于200的沥青试样时，至少用3支标准针，每次试验后将针留在试样中，直到3次平行试验完成后，才能将标准针取出。

（7）测定针入度指数PI时，按同样的方法在15、25、30℃（或5℃）3个或3个以上温度条件下分别测定沥青的针入度。

（五）结果整理

同一试样3次平行试验结果的最大值和最小值之差在下列允许偏差范围内时（见试表5.1），计算3次试验结果的平均值，取整数作为针入度试验结果，以0.1 mm为单位。

试表　5.1

| 针入度/0.1 mm | 允许差值/0.1 mm |
| --- | --- |
| 0～49 | 2 |
| 50～149 | 4 |
| 150～249 | 12 |
| 250～500 | 20 |

当试验值不符合此要求时，应重新进行。

（1）当试验结果小于 50（0.1 mm）时，重复性试验精度的允许差为 2（0.1 mm），再现性试验精度的允许差为 4（0.1 mm）。

（2）当试验结果等于或大于 50（0.1 mm）时，重复性试验精度的允许差为平均值的 4%，再现性试验精度的允许差为平均值的 8%。

（六）试验记录（见试表 5.2）

试表 5.2 沥青针入度试验记录表

| 试样编号 | | | | 试样来源 | | | |
|---|---|---|---|---|---|---|---|
| 试样名称 | | | | 初拟用途 | | | |
| 试验次数 | 试验温度 /°C | 试验时间 /s | 试验荷载 /N | 指针读数 | | | 平均针入度 $P_{en}$/0.1 mm |
| | | | | 标准针穿入前 | 标准针穿入后 | 针入度 | |
| 1 | | | | | | | |
| 2 | | | | | | | |
| 3 | | | | | | | |
| 准确度校核 | | | | | | | |

试验者_____ 计算者_____ 校核者_____ 试验日期_____

## 试验 5.2 沥青延度试验
（JTJ 052 T0605—1993）

（一）目的与适用范围

（1）本方法适用于测定道路石油沥青、液体沥青蒸馏残留物和乳化沥青蒸发残留物等材料的延度。

（2）沥青延度的试验温度与拉伸速率可根据要求采用，通常采用的试验温度为 25℃、15℃、10℃ 或 5℃，拉伸速度为（5±0.25）cm/min。当低温采用（1±0.05）cm/min 拉伸速度时，应在报告中注明。

（二）仪器设备

（1）延度仪：将试件浸没于水中，能保持规定的试验温度及按照规定拉伸速度拉伸试件，且试验时无明显振动的延度仪均可使用，其形状及组成如试图 5.2 所示。

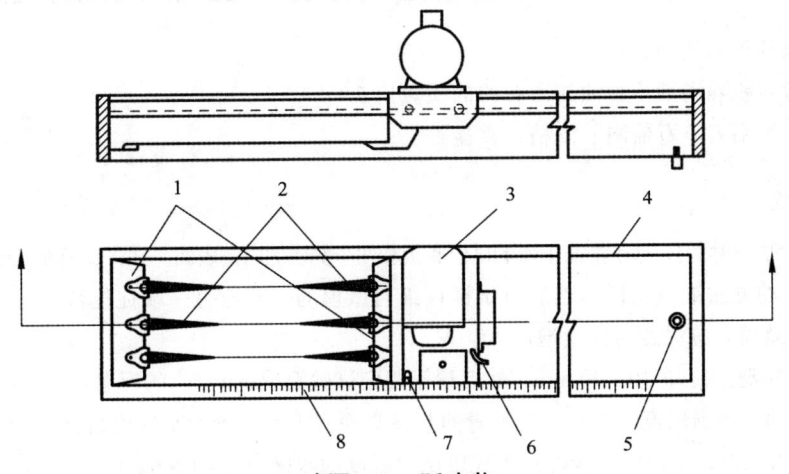

试图 5.2 延度仪

1—试模；2—试样；3—电机；4—水槽；5—泄水孔；6—开关柄；7—指针；8—标尺

（2）试模：黄铜制，由两个端模和两个侧模组成，其形状及尺寸如试图 5.3 所示。试模内侧表面粗糙度 $R_a = 0.2\ \mu m$，当装配完好后可浇筑成试表 5.3 所示尺寸的试样。

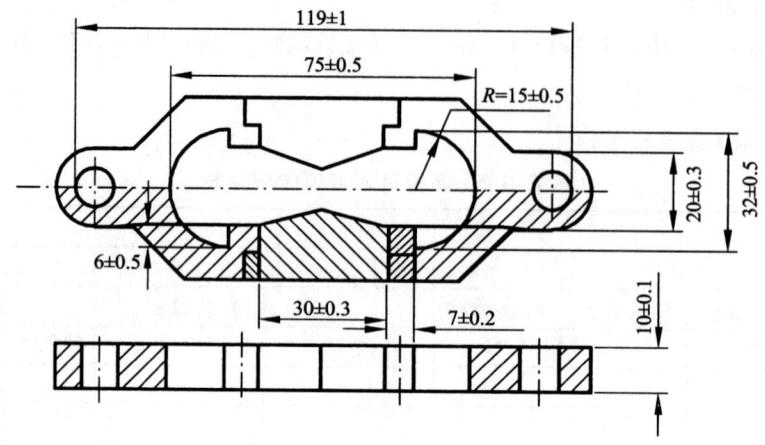

**试图 5.3　延度试模**（尺寸单位：mm）

（3）试模底板：玻璃板或磨光的铜板、不锈钢板（表面粗糙度 $R_a = 0.2\ \mu m$）。

（4）恒温水槽：容量不少于 10 L，控制温度的准确度为 0.1℃，水槽中应设有带孔搁架，搁架距水槽底不得少于 50 mm。试件浸入水中深度不小于 100 mm。

（5）温度计：0~50℃，分度为 0.1℃。

**试表 5.3　延度试样尺寸**（mm）

| 总　　长 | 74.5~75.5 |
|---|---|
| 中间缩颈部长度 | 29.7~30.3 |
| 端部开始缩颈处宽度 | 19.7~20.3 |
| 最小横断面宽 | 9.9~10.1 |
| 厚度（全部） | 9.9~10.1 |

（6）砂浴或其他加热炉具。

（7）甘油滑石粉隔离剂（甘油与滑石粉的质量比 2∶1）。

（8）其他：平刮刀、石棉网、酒精、食盐等。

（三）试验准备

（1）将隔离剂拌和均匀，涂于清洁干燥的试模底板和两个侧模的内侧表面，并将试模在试模底板上装妥。

（2）按规定的方法准备试样，然后将试样仔细自试模的一端至另一端往返数次缓缓注入模中，最后略高出试模，灌模时应注意勿使气泡混入。

（3）试件在室温中冷却 30~40 min，然后置于规定试验温度 ±0.1℃ 的恒温水槽中，保持 30 min 后取出，用热刮刀刮除高出试模的沥青，使沥青面与试模面齐平。沥青的刮法应自试模的中间刮向两端，且表面应刮得平滑。将试模连同底板再浸入规定试验温度的水槽中 1~1.5 h。

（4）检查延度仪延伸速度是否符合规定要求，然后移动滑板使其指针正对标尺的零点。将延度仪注水,并保温达试验温度±0.5℃。

(四)试验步骤

(1)将保温后的试件连同底板移入延度仪的水槽中,然后将盛有试样的试模自玻璃板或不锈钢板上取下,将试模两端的孔分别套在滑板及槽端固定板的金属柱上,并取下侧模。水面距试件表面应不小于25 mm。

(2)开动延度仪,并注意观察试样的延伸情况。此时应注意,在试验过程中,水温应始终保持在试验温度规定范围内,且仪器不得有振动,水面不得有晃动,当水槽采用循环水时,应暂时中断循环,停止水流。

在试验中,如发现沥青细丝浮于水面或沉入槽底时,则应在水中加入酒精或食盐,调整水的密度至与试样相近后,重新试验。

(3)试件拉断时,读取指针所指标尺上的读数,以cm表示,在正常情况下,试件延伸时应成锥尖状,拉断时实际断面接近于零。如不能得到这种结果,则应在报告中注明。

(五)结果整理

同一试样,每次平行试验不少于3次,如3次测定结果均大于100 cm,试验结果记作">100 cm";特殊需要也可分别记录实测值。如3次测定结果中,有一个以上的测定值小于100 cm时,若最大值或最小值与平均值之差满足重复性试验精度要求,则取 3 个测定结果的平均值的整数作为延度试验结果,若平均值大于 100 cm,记作">100 cm";若最大值或最小值与平均值之差不符合重复性试验精度要求时,试验应重新进行。

当试验结果小于100 cm时,重复性试验的允许差为平均值的20%;复现性试验的允许差为平均值的30%。

(六)试验记录(见试表5.4)

### 试表 5.4 沥青延度试验记录表

| 试样编号 | | | 试样来源 | | |
|---|---|---|---|---|---|
| 试样名称 | | | 初拟用途 | | |
| 试验温度 $T_0$/℃ | 延伸速度 $v$/(m/min) | 延度 $D$/cm | | | |
| | | 试件1 | 试件2 | 试件3 | 平均值 |
| | | | | | |
| 准确度校核 | | | | | |

试验者_____ 计算者_____ 校核者_____ 试验日期_____

## 试验 5.3 沥青软化点试验(环球法)

(JTJ 052 T0606—2000)

(一)目的与适用范围

本方法适用于测定道路石油沥青、煤沥青的软化点或乳化沥青破乳蒸发后残留物的软化点。

(二)仪器设备

(1)软化点试验仪:如试图5.4所示,由下列部件组成:

① 钢球:直径9.53 mm,质量(3.5±0.05)g。

② 试样环:黄铜或不锈钢等制成,形状、尺寸如试图5.5所示。

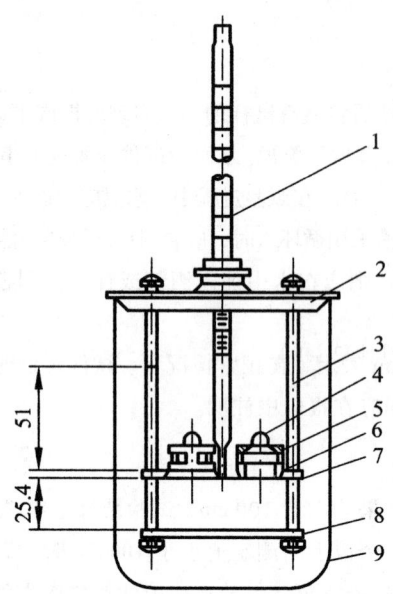

试图 5.4 软化点试验仪（尺寸单位：mm）
1—温度计；2—土盖板；3—立杆；4—钢球；5—钢球定位环；
6—金属环；7—中层板；8—下底板；9—烧杯

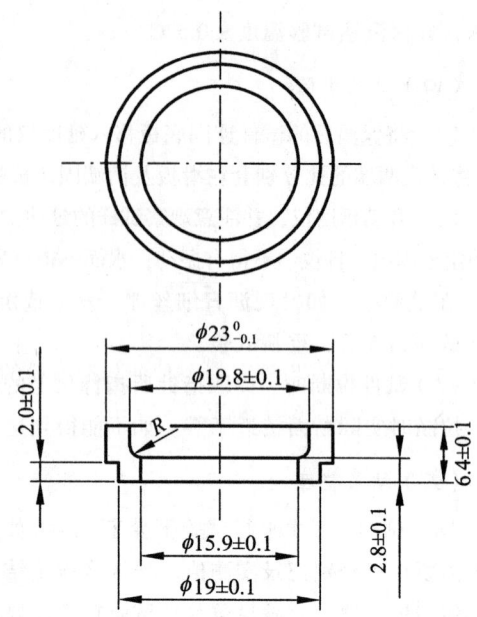

试图 5.5 试样环（尺寸单位：mm）

③ 钢球定位环：黄铜或不锈钢制成，形状、尺寸如试图 5.6 所示。

④ 金属支架：由两个主杆和 3 层平行的金属板组成。上层为一圆盘，直径略大于烧杯直径，中间有一圆孔，用以插放温度计。中层板形状、尺寸如试图 5.7 所示，板上有两个孔，各放置金属环，中间有一小孔可支持温度计的测温端部。一侧立杆距环上面 51 mm 处刻有水高标记。环下面距下层底板为 25.4 mm，而下底板距烧杯底不少于 12.7 mm，也不得大于 19 mm。3 层金属板和两个主杆由两个螺母固定在一起。

⑤ 耐热玻璃烧杯：容量 800～1 000 mL，直径不小于 86 mm，高不小于 120 mm。

⑥ 温度计：0～80 ℃，分度为 0.5 ℃。

（2）环夹：由薄钢条制成，用以夹持金属环，以便刮平表面，形状、尺寸如试图 5.8 所示。

（3）装有温度调节器的电炉或其他加热炉具（液化石油气、天然气炉具等）。应采用带有振荡搅拌器的加热电炉，振荡器置于烧杯底部。

（4）试样底板。金属板（表面粗糙度 $R_a$ 应达 0.8 μm）或玻璃板。

（5）恒温水槽：控温的准确度为 0.5 ℃。

（6）平直刮刀。

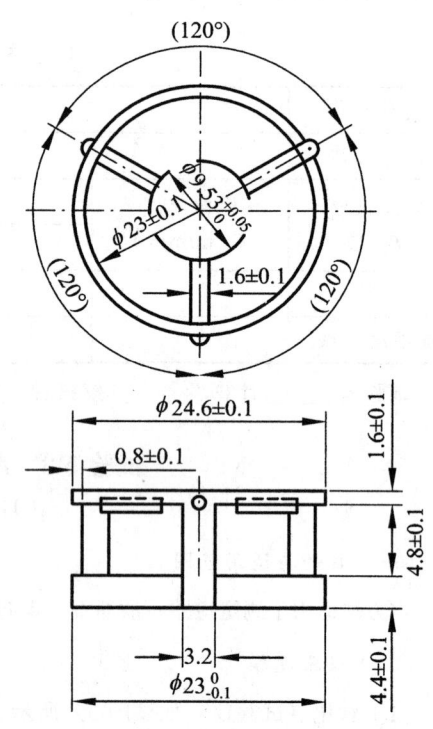

试图 5.6 钢球定位环（尺寸单位：mm）

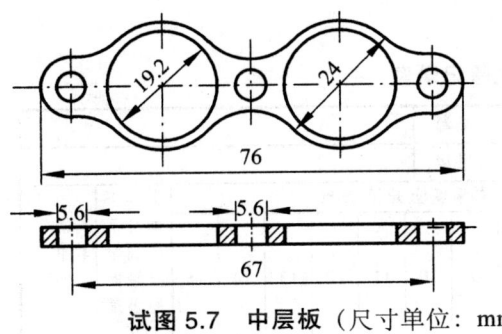
试图 5.7 中层板（尺寸单位：mm）

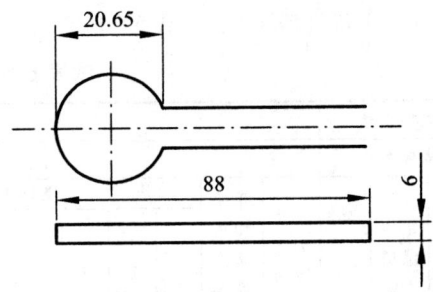
试图 5.8 环夹（尺寸单位：mm）

（7）甘油滑石粉隔离剂（甘油与滑石粉的比例为质量比 2∶1）。

（8）新煮沸过的蒸馏水。

（9）其他：石棉网。

（三）试验准备

（1）将试样环置于涂有甘油滑石粉隔离剂的试样底板上。按规定方法将准备好的沥青试样徐徐注入试样环内至略高出环面为止。如估计试样软化点高于 120℃，则试样环和试样底板（不用玻璃板）均应预热至 80℃~100℃。

（2）试样在室温冷却 30 min 后，用环夹夹着试样杯，并用热刮刀刮除环面上的试样，务使与环面齐平。

（四）试验步骤

1. 试样软化点在 80℃ 以下

（1）将装有试样的试样环连同试样底板置于（5±0.5）℃ 水的恒温水槽中至少 15 min；同时，将金属支架、钢球、钢球定位环等也置于相同水槽中。

（2）烧杯内注入新煮沸并冷却至 5℃ 的蒸馏水，水面略低于立杆上的深度标记。

（3）从恒温水槽中取出盛有试样的试样环放置在支架中层板的圆孔中，套上定位环；然后将整个环夹放入烧杯中，调整水面至深度标记，并保持水温为（5±0.5）℃。环夹上任何部分不得附有气泡。将 0~80℃ 的温度计由上层板中心孔垂直插入，使端部测温头底部与试样环下面齐平。

（4）将盛有水和支架的烧杯移至加热炉具上，然后将钢球放在定位环中间的试样中央，立即开动振荡搅拌器，使水微微振荡，并开始加热，使杯中水温在 3 min 内调节至维持每分钟上升（5±0.5）℃。在加热过程中，应记录每分钟上升的温度值。如温度上升速度超出此范围时，则试验应重作。

（5）试样受热软化逐渐下坠，至与下层底板表面接触时，立即读取温度，准确至 0.5℃。

2. 试样软化点在 80℃ 以上

（1）将装有试样的试样环连同试样底板置于装有（32±1）℃ 甘油的恒温槽中至少 15 min；同时将金属支架、钢球、钢球定位环等也置于甘油中。

（2）在烧杯内注入预先加热至 32℃ 的甘油，其液面略低于立杆上的深度标记。

（3）从恒温槽中取出装有试样的试样环，按上述方法进行测定，准确至 1℃。

（五）结果整理

同一试样平行试验两次，当两次测定值的差值符合重复性试验精密度要求时，取其平均值作为软化点试验结果，准确至 0.5℃。

（1）当试样软化点小于 80℃ 时，重复性试验的允许差为 1℃，复现性试验的允许差为 4℃。

（2）当试样软化点等于或大于 80℃ 时，重复性试验的允许差为 2℃，复现性试验的允许差为 8℃。

（六）试验记录（见试表5.5）

**试表5.5 沥青软化点试验记录表**

| 试样编号 | | | | | | | | | | | | | | | | | 试样来源 | |
|---|---|---|---|---|---|---|---|---|---|---|---|---|---|---|---|---|---|---|
| 试样名称 | | | | | | | | | | | | | | | | | 初拟用途 | |
| 试验次数 | 室内温度/°C | 烧杯内液体种类 | 开始加热时间/s | 开始加热液体温度/°C | 烧杯中液体在下列各分钟末温度上升记录/°C | | | | | | | | | | | | 试样下垂与下层底板接触时的温度/°C | 软化点/°C |
| | | | | | 1 | 2 | 3 | 4 | 5 | 6 | 7 | 8 | 9 | 10 | 11 | 12 | 13 | 14 | 15 | | |
| 1 | | | | | | | | | | | | | | | | | | | | | |
| 2 | | | | | | | | | | | | | | | | | | | | | |
| 准确度校核 | | | | | | | | | | | | | | | | | | | | | |

试验者_____ 计算者_____ 校核者_____ 试验日期_____

## 试验5.4 沥青脆点试验（弗拉斯法）

（一）目的与适用范围

本方法适用于测定各种沥青材料的弗拉斯脆点。

（二）仪器设备

（1）弗拉斯脆点仪：如试图5.9所示，由弯曲器、薄钢片、冷却装置等部分组成。

① 弯曲器：如试图5.10所示，由两个同心圆管组成，它们由硬质玻璃或其他绝缘材料制成。在每

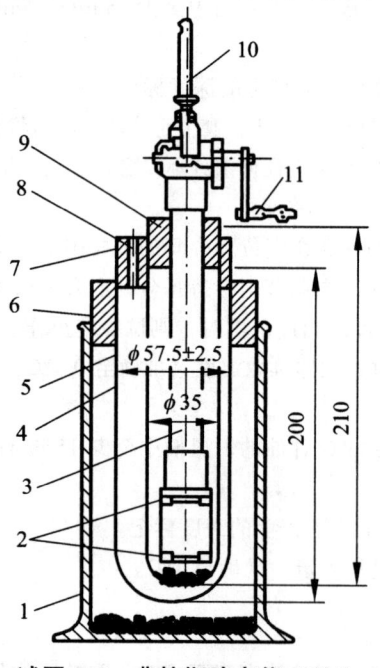

**试图5.9 弗拉斯脆点仪**（单位：mm）

1—外筒；2—夹钳；3—硬塑料管；4—真空玻璃管；
5—试样管；6、7、9—橡胶管；8—通冷却液管道；
10—温度计；11—摇把

**试图5.10 弯曲器**（单位：mm）

一圆管的下端紧紧地装上夹钳，位于两夹钳之间的内管部分留有夹缝，下端有一圆孔，起固定温度计的作用，以便插入内管中的温度计从缝隙可看到水银球固定在内管下端圆孔中。同心圆两管上端装有一个带有摇把的机械升降器。转动摇把，可使内管相对于外管上下移动，从而改变两夹钳之间的距离。夹钳（如试图 5.11 所示）之间的最大距离为（40±0.1）mm，摇动摇把 10~13 圈能使两夹钳之间的距离缩短（3.5±0.2）mm。

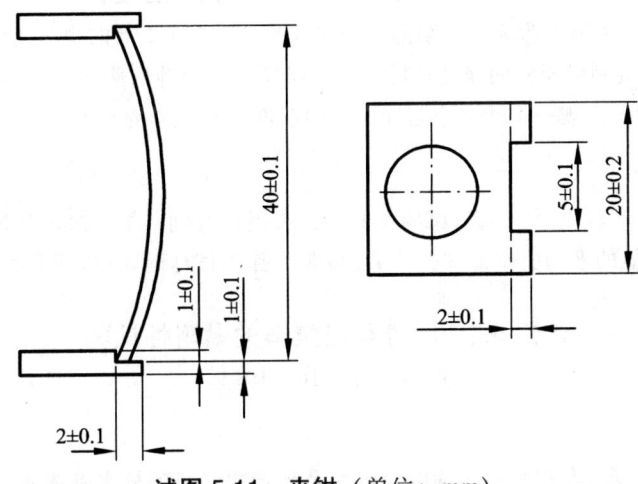

**试图 5.11  夹钳**（单位：mm）

② 薄钢片：不锈钢制成，具有弹性，重复弯曲不变形，长（41±0.5）mm，宽（20±0.2）mm，厚（0.15±0.02）mm，不用时钢片必须展平。

③ 冷却装置：包括一个大试管（内径 35 mm，长 210 mm），该试管借橡皮塞偏轴固定在另一个较大的平底或带木座的已构成真空的双层壁的圆柱玻璃筒（内径 55 mm，外径 65 mm，长 220 mm）内，橡皮塞上装有一个小漏斗。在需要时玻璃筒也可用一个合适尺寸的冷藏瓶或其他冷浴代替。

（2）温度计：测定范围不小于 -38℃ ~ +30℃，分度为 0.5℃。

（3）干冰或其他冷却剂。

（4）工业酒精。

（5）天平：感量大于 0.01 g。

（6）其他：电炉、滤筛等。

（三）试验准备

（1）按规定的方法准备沥青试样。

（2）在一块洁净的薄钢片上，称取试样（0.4±0.01）g 后将薄钢片在电炉上慢慢加热；当沥青刚刚流动时，用镊子夹住薄钢片前后左右摆动，使试样均匀地布满在薄钢片表面上，形成光滑的薄膜。在制样过程中防止样品膜产生气泡，并从开始加热起在 5~10 min 内完成。

注：对于软化点高的试样，也可用干净的细针尖展开或用玻璃纸等薄片隔开按压，并经过适当加热制备成薄膜试件。

如仪器附有将试样压制成宽 20 mm、厚 0.5 mm 薄膜的特殊压膜设备时，可将压制的试样薄膜按长度贴在不锈钢薄片上，并加微热，使之与钢片很好地黏结起来。

将制备成的试样薄膜小心地移置于平稳的试验台上，在室温下冷却至少 30 min，且保护膜不得沾染灰尘。

（3）在玻璃圆柱筒中注入工业酒精，注入量约为空间的一半。

### (四)试验步骤

(1)将涂有试样薄膜的钢片稍稍弯曲,并仔细装入弯曲器的两个夹钳中间。

(2)将已装妥样片的弯曲器置于大试管中,装妥温度计,再将装有弯曲器的大试管置于圆柱玻璃筒内。然后从漏斗中将干冰(固体二氧化碳)慢慢加到酒精中,控制温度下降的速度为1℃/min。

(3)当温度到达预计的脆点以前10℃时,开始以 60 r/min 的速度转动摇把,直到摇不动为止(一般转动摇把 10~20 转)。不取出弯曲器观察薄片上试样是否有裂缝,有时也可听到断裂响声,这时就不必再转动摇把,如无裂缝则以相同的速度转回。如此操作,每分钟使薄钢片弯曲一次。

(4)当薄片弯曲时,出现一个或多个裂缝时的温度即作为试样的脆点。

### (五)结果整理

同一试样至少平行试验 3 次,每次试验都必须使温度回升到与第一次试验相同的状态,取误差在 3℃ 范围内的 3 个测定值的平均值作为试验结果,取整数作为试样的脆点。重复性试验的允许差为 2℃。

## 试验 5.5 沥青与粗集料的黏附性试验
(JTJ 052 T0616—1993)

### (一)目的与适用范围

本方法适用于检验沥青与粗集料表面的黏附性及评定粗集料的抗水剥离能力。对于最大粒径大于 13.2 mm 的集料应用水煮法,对最大粒径小于或等于 13.2 mm 的集料应用水浸法进行试验。对同一种料源,集料最大粒径既有大于又有小于 13.2 mm 的不同集料时,以 13.2 mm 水煮法试验为标准,对细粒式沥青混合料应以水浸法试验为标准。

### (二)仪器设备

(1)天平:称量 500 g,感量不大于 0.01 g。

(2)恒温水槽:能保持温度(80±1)℃。

(3)拌和用小型容器:500 mL。

(4)烧杯:1 000 mL。

(5)试验架。

(6)细线:尼龙线或棉线、铜丝线。

(7)铁丝网。

(8)标准筛:9.5 mm、13.2 mm、19 mm 各 1 个。

(9)烘箱:装有自动温度调节器。

(10)电炉、燃气炉。

(11)玻璃板:200 mm×200 mm 左右。

(12)搪瓷盘:300 mm×400 mm 左右。

(13)其他:拌和铲、石棉网、纱布、手套等。

### (三)试验准备

1. 水煮法试验

(1)将集料过 13.2 mm、19 mm 的筛,取粒径 13.2~19 mm 形状接近立方体的规则集料 5 个,用洁净水洗净,置于温度为(105±5)℃的烘箱中烘干,然后放在干燥器中备用。

(2）将大烧杯中盛水，并置于加热炉的石棉网上煮沸。

2．水浸法试验

（1）将集料过 9.5 mm、13.2 mm 筛，取粒径 9.5～13.2 mm 形状规则的集料 200 g，用洁净水洗净，并置温度为（105±5）℃的烘箱中烘干，然后放在干燥器中备用。

（2）按规定的方法准备沥青试样，加热至规定的沥青与矿料的拌和温度。

（3）将煮沸过的热水注入恒温水槽中，并维持温度（80±1）℃。

（四）试验步骤

1．水煮法试验

（1）将集料逐个用细线在中部系牢，再置入（105±5）℃烘箱内 1 h。按规定的方法准备沥青试样。

（2）逐个取出加热的矿料颗粒，浸入预先加热的沥青（石油沥青 130℃～150℃，煤沥青 100℃～110℃）样中 45 s 后，轻轻拿出，使集料颗粒完全为沥青膜所裹覆。

（3）将裹覆沥青的集料颗粒悬挂于试验架上，下面垫一张纸，使多余的沥青流掉，并在室温下冷却 15 min。

（4）待集料颗粒冷却后，逐个用线提起，浸入盛有煮沸水的大烧杯中央，调整加热炉，使烧杯中的水保持微沸状态，如试图 5.12（c）、（b）所示，但不允许有沸开的泡沫，如试图 5.12（a）所示。

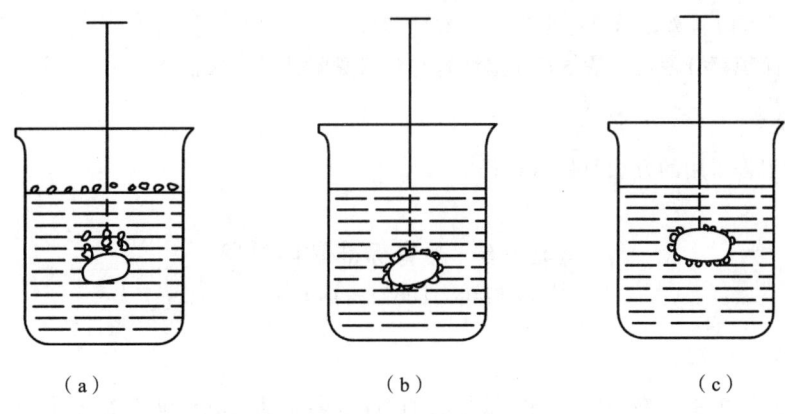

试图 5.12　水煮法试验

（5）浸煮 3 min 后，将集料从水中取出，观察矿料颗粒上沥青膜的剥落程度，并按试表 5.6 评定其黏附性等级。

试表 5.6　沥青与集料的黏附性等级

| 黏附性等级 | 试验后石料表面上沥青膜剥落情况 |
| --- | --- |
| 5 | 沥青膜完全保存，剥离面积百分率接近于 0 |
| 4 | 沥青膜少部为水所移动，厚度不均匀，剥离面积百分率小于 10% |
| 3 | 沥青膜局部明显地为水所移动，基本保留在石料表面上，剥离面积百分率小于 30% |
| 2 | 沥青膜大部为水所移动，局部保留在石料表面上，剥离面积百分率大于 30% |
| 1 | 沥青膜完全为水所移动，石料基本裸露，沥青全浮于水面上 |

（6）同一试样应平行试验 5 个集料颗粒，并由两名以上经验丰富的试验人员分别评定后，取平均等级作为试验结果。

2. 水浸法试验

（1）按四分法称取集料颗粒（9.5~13.2 mm）100 g 置于搪瓷盘中，连同搪瓷盘一起放入已升温至沥青拌和温度以上 5℃ 的烘箱中持续加热 1 h。

（2）按每 100 g 矿料加入沥青（5.5±0.2）g 的比例称取沥青，准确至 0.1 g，放入小型拌和容器中，一起置入同一烘箱中加热 15 min。

（3）将搪瓷盘中的集料倒入拌和容器的沥青中后，从烘箱中取出拌和容器，立即用金属铲均匀拌和 1~1.5 min，使集料完全被沥青薄膜裹覆。然后，立即将裹有沥青的集料取 20 个，用小铲移至玻璃板上摊开，并置室温下冷却 1 h。

（4）将放有集料的玻璃板浸入温度为（80±1）℃ 的恒温水槽中，保持 30 min，并将剥离及浮于水面的沥青，用纸片捞出。

（5）由水中小心取出玻璃板，浸入水槽内的冷水中，仔细观察裹覆集料的沥青薄膜的剥落情况。由两名以上经验丰富的试验人员分别目测，评定剥离面积的百分率，评定后取平均值表示。

注：为使估计的剥离面积百分率较为正确，宜先制取若干个不同剥离率的样本，用比照法目测评定。不同剥离率的沥青与不同集料品种拌和后浸水，可用加不同比例抗剥离剂的改性沥青与酸性集料拌和后浸水得到，样本的剥离面积百分率逐个仔细计算得出。

（6）由剥离面积百分率按试表 5.6 评定沥青与集料黏附性的等级。

（五）结果整理

试验结果应报告采用的方法及集料粒径。

## 试验 5.6　沥青标准黏度试验
（JTJ 052 T0621—1993）

（一）目的与适用范围

本方法采用道路沥青标准黏度计测定液体石油沥青、煤沥青、乳化沥青等材料流动状态时的黏度。本法测定的黏度应注明温度及流孔的孔径，以 $C_{T,d}$ 表示（$T$ 为试验温度，℃；$d$ 为孔径，mm）。

（二）仪器设备

（1）道路沥青标准黏度计，形状及尺寸如试图 5.13 所示。由下列部分组成：

① 水槽：环槽形，内径 160 mm，深 100 mm，中央有一圆井，井壁与水槽之间距离不少于 55 mm。环槽中存放保温用液体（水或油），上下方各设有一流水管。水槽下装有可以调节高低的三脚架，架上有一圆盘承托水槽，水槽底离试验台面约 200 mm。水槽控温精度 ±0.2℃。

② 盛样管：形状及尺寸如试图 5.14 所示，管体为黄铜，而带流孔的底板为磷青铜制成。盛样管的流孔 $d$ 有（3±0.025）mm、（4±0.025）mm、（5±0.025）mm 和（10±0.025）mm 四种。根据试验需要，选择盛样管流孔的孔径。

③ 球塞：用以堵塞流孔，形状尺寸如试图 5.15 所示，杆上有一标记。球塞直径（12.7±0.05）mm，标记高为（92±0.025）mm，用以指示 10 mm 盛样管内试样的高度；球塞直径（6.35±0.05）mm 的标记高为（90.3±0.25）mm，用以指示其他盛样管内试样的高度。

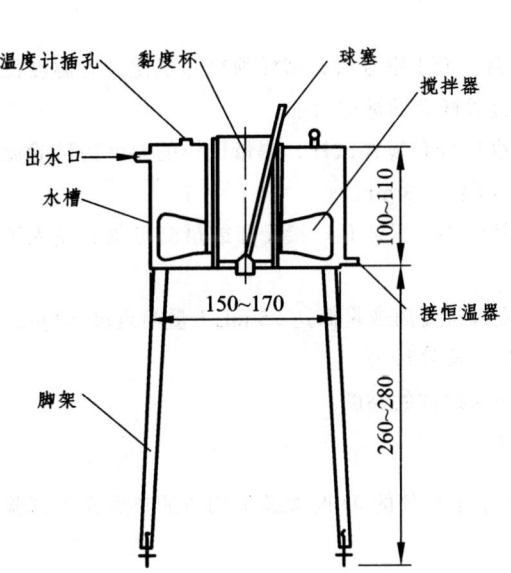

试图 5.13 沥青黏度计（单位：mm）

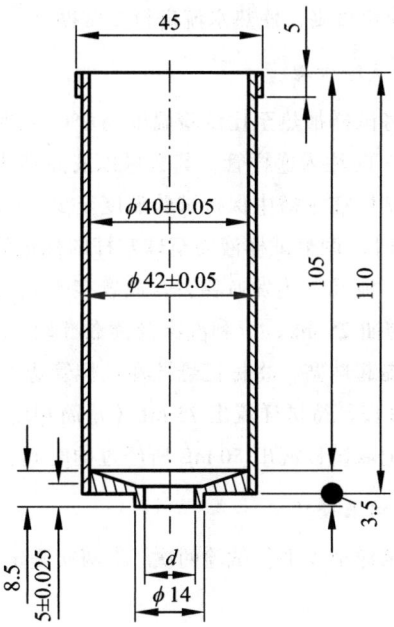

试图 5.14 盛样管（单位：mm，$d$ 为流孔直径）

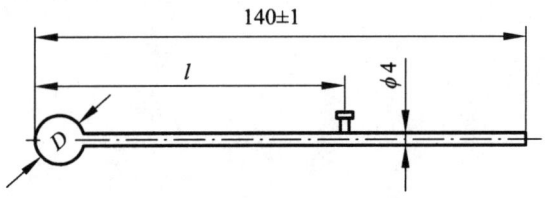

试图 5.15 球塞（单位：mm）

④ 水槽盖：盖的中央有套筒，可套在水槽的圆井上，下附有搅拌叶，盖上有一把手，转动把手时可借搅拌叶调匀水槽内水温。盖上还有一插孔，可放置温度计。

⑤ 温度计：分度为 0.1℃。

⑥ 接受瓶：开口，圆柱形玻璃容器，100 mL，在 25 mL、5 mL、75 mL、100 mL 处有刻度；也可采用 100 mL 量筒。

⑦ 流孔检查棒：磷青铜制，长 100 mm，检查 4 mm 和 10 mm 流孔及检查 3 mm 和 5 mm 流孔各一支，检查段位于两端，长度不少于 10 mm，直径按流孔下限尺寸制造。

（2）肥皂水或矿物油。

（3）其他：加热炉、大蒸发皿、秒表等。

（三）试验准备

（1）按规定方法准备沥青试样，根据沥青材料的种类和稠度，选择需要流孔孔径的盛样管，置水槽圆井中。用规定的球塞堵好流孔，流孔下放蒸发皿，以备接受不慎流出的试样。除 10 mm 流孔采用直径 12.7 mm 球塞外，其余流孔均采用直径为 6.35 mm 的球塞。

（2）根据试验温度需要，调整恒温水槽的水温为试验温度 ± 0.1℃，并将其进出口与黏度计水槽的进出口用胶管接妥，使热水流进行正常循环。

（四）试验步骤

（1）将试样加热至比试验温度高 2℃~3℃（如试验温度低于室温时，试样须冷却至比试验温度低 2°C~3°C）时注入盛样管，其数量以液面到达球塞杆垂直时杆上的标记为准。

（2）试样在水槽中保持试验温度至少 30 min，用温度计轻轻搅拌试样，测量试样的温度为试验温度±0.1℃时，调整试样液面至球塞杆的标记处，再继续保温 1~3 min。

（3）将流孔下蒸发皿移去，放置接受瓶或量筒，使其中心正对流孔。接受瓶或量筒可预先注入肥皂水或矿物油 25 mL，以利洗涤及读数准确。

（4）提起球塞，将标记悬挂在试样管边上，待试样流入接受瓶或量筒达 25 mL（量筒刻度 50 mL）时，按动秒表，待试样流出 75 mL（量筒刻度 100 mL）时，按停秒表。

（5）记取试样流出 50 mL 所经过的时间，以 s 计，即为试样的黏度。

（五）结果整理

同一试样至少平行试验两次，当两次测定的差值不大于平均值的 4%时取其平均值的整数作为试验结果。

重复性试验的允许差为平均值的 4%。

# 第六章　沥青混合料

### 知识目标

1. 了解沥青混合料的组成结构、技术性质；
2. 了解并掌握矿质混合料的级配理论和配合比设计方法；
3. 掌握沥青混合料中最佳沥青用量的确定方法；
4. 了解其他沥青混合料的特点和应用。

### 能力目标

1. 能进行沥青混合料性能常用技术指标的检测；
2. 能综合应用级配理论设计矿质混合料配合组成的方法；
3. 能确定沥青混合料中最佳沥青用量。

### 引　言

沥青混合料是经人工合理选择级配组成的矿质混合料与适量沥青材料拌和而成的混合料的总称。

## 第一节　沥青混合料的分类

### 一、沥青混合料的特点

沥青混合料作为高等级公路最主要的路面材料，是因为它具有许多其他建筑材料无法比拟的优越性，具体如下：

（1）优良的结构力学性能和表面功能特性：一般沥青路面均具有良好的受力特性、路面平整、无裂缝或接缝、柔韧舒适、货物损失率低、噪音小等优点。

（2）良好的表面抗滑性能：沥青路面既平整，又粗糙，有一定的粗、细纹理构造，能保证车辆高速安全行驶。

（3）施工方便：沥青路面可以集中拌和（厂拌）、机械化施工（摊铺、碾压等），完全可以实现大面积施工，质量能够得以保障，及早开放交通。

（4）经济耐久性好：与水泥路面相比，沥青路面一次性投资要低得多，但其使用寿命一般在高速公路和机场道面中以 15 年计，实际使用中只要施工质量好、养护保养及时，有的可以使用 20 年。

（5）便于再生利用：沥青再生利用已成为发达国家一项热门的可持续发展和能源再生利

用的新型课题，我国目前也在进行这方面的研究和技术开发。

（6）其他：如抗震性好、日照下不反射引起眩光、晴天无扬尘、雨后不泥泞等。

当然，沥青混合料也存在一些问题，具体如下：

（1）沥青易老化：沥青是多组分有机材料，随着使用期的延长，沥青的胶体结构和组成成分发生变化，使沥青黏性变差、塑性降低、沥青路面易表面松散、整体性降低，从而导致结构破坏。

一般可以添加抗老化剂，如添加炭黑可以起到抗氧化的作用，增强沥青的抗老化特性，还有其他材料如阻酚类、氨基甲酸酯类、钙盐、胺类等，但目前研究尚不成熟。

（2）温度敏感性较差：夏季高温易流淌，高温稳定性差；低温易发脆，抗裂性能差。可采用优质沥青或采取改性措施等加以改善。

## 二、沥青混合料的分类

沥青混合料一般是由矿质混合料（包含粗、细集料，矿粉）和沥青组成，有时还有外加剂，其性能好坏与其组成材料有关。

通常根据沥青混合料中材料的组成特性、施工的方式等，沥青混合料有以下几种分类方法：

1. 根据矿质混合料的级配类型分类

矿料由适当比例的粗集料、细集料和填料组成，根据矿料级配组成的特点及压实后剩余空隙率的大小，可以将沥青混合料分为以下几类：

（1）连续密级配沥青混凝土混合料。

特点：级配为连续密级配，空隙率较低。

主要代表沥青混合料有：AC（即密实式沥青混凝土混合料）和ATB（即密实式沥青稳定碎石混合料）类。前者设计空隙率通常为3%~6%，具体应根据不同的交通类型、气候特点而定，按关键性筛孔通过率的不同它又可分为粗型（C型）或细型（F型）密级配沥青混合料等，具体见表6.1，可适用于任何面层结构；后者设计空隙率也为3%~6%，但粒径为粗粒式及特粗式，一般称为密级配沥青稳定碎石混合料（ATB），主要适用于基层。

表 6.1 粗型和细型密级配沥青混凝土的关键筛孔通过率表

| 混合料类型 | 公称最大粒径 /mm | 用以分类的关键性筛孔 /mm | 粗型密级配 | | 细型密级配 | |
|---|---|---|---|---|---|---|
| | | | 名称 | 关键性筛孔通过率 /% | 名称 | 关键性筛孔通过率 /% |
| AC-25 | 26.5 | 4.75 | AC-25C | <40 | AC-25F | <40 |
| AC-20 | 19 | 4.75 | AC-20C | <45 | AC-20F | <45 |
| AC-16 | 16 | 2.36 | AC-16C | <38 | AC-16F | <38 |
| AC-13 | 13.2 | 2.36 | AC-13C | <40 | AC-13F | <40 |
| AC-10 | 9.5 | 2.36 | AC-10C | <45 | AC-10F | <45 |

（2）连续半开级配沥青混合料。

特点：空隙率较大，一般采用 10% 左右，粗细集料含量相对密级配要多，填料较少或不加填料。

主要代表混合料：沥青碎石混合料 AM，适用于三级及三级以下公路、乡村公路，此类沥青混合料表面应设置致密的上封层。

（3）开级配沥青混合料。

特点：矿料级配主要由粗集料组成，细集料和填料较少；沥青结合料黏度要求较高。

主要代表混合料：排水式沥青磨耗层混合料 OGFC，排水式沥青稳定碎石基层 ATPB。

（4）间断级配沥青混合料。

特点：采用间断级配，即矿料级配组成中缺少一个或几个档次而形成的级配，粗集料和填料含量较多，中间集料含量较少。

代表混合料如沥青玛蹄脂碎石混合料 SMA。

2. 按矿料的最大粒径分类

集料最大粒径：指筛分试验中，通过百分率为 100% 的最小标准筛孔尺寸，如 AC-16，其最大粒径为 19 mm。

集料公称最大粒径：指全部通过或允许少量不通过的最小一级标准筛筛孔尺寸，如 AC-16，其公称最大粒径为 16 mm，实际上沥青混合料名称中的数值即为公称最大粒径。

沥青混合料一般按公称最大粒径的大小可分为特粗式、粗粒式、中粒式、细粒式和砂粒式，与之相对应的最大粒径和公称最大粒径见表 6.2。

**表 6.2 沥青混合料按公称最大粒径的分类表**

| 沥青混合料类型 | 公称最大粒径/mm | 最大粒径/mm | 密级配 | | 半开级配 | 开级配 | | 间断级配 |
| --- | --- | --- | --- | --- | --- | --- | --- | --- |
| | | | 连续密级配沥青混凝土 AC | 沥青稳定碎石 ATB | 沥青碎石混合料 AM | 排水式沥青磨耗层 OGFC | 排水式沥青稳定碎石 ATPB | 沥青玛蹄脂碎石混合料 SMA |
| 砂粒式 | 4.75 | 9.5 | AC-5 | — | AM-5 | — | — | — |
| 细粒式 | 9.5 | 13.2 | AC-10 | — | AM-10 | OGFC-10 | — | SMA-10 |
| | 13.2 | 16 | AC-13 | — | AM-13 | OGFC-13 | — | SMA-13 |
| 中粒式 | 16 | 19 | AC-16 | — | AM-16 | OGFC-16 | — | SMA-16 |
| | 19 | 26.5 | AC-20 | — | AM-20 | — | — | SMA-20 |
| 粗粒式 | 26.5 | 31.5 | AC-25 | ATB-25 | — | — | ATPB-25 | — |
| | 31.5 | 37.5 | — | ATB-30 | — | — | ATPB-30 | — |
| 特粗式 | 37.5 | 53.0 | — | ATB-40 | — | — | ATPB-40 | — |
| 设计空隙率/% | | | 3~6 | 3~6 | 6~12 | ≥18 | ≥18 | 3~4 |

3. 根据结合料的类型分类

根据沥青混合料中所用沥青结合料的不同，可分为石油沥青混合料和煤沥青混合料，但煤沥青对环境污染严重，一般工程中很少采用煤沥青混合料。

#### 4. 根据沥青混合料拌和与铺筑温度分类

按照这种分类方法，可以将沥青混合料分为热拌热铺沥青混合料和常温沥青混合料。前者主要采用黏稠石油沥青作为结合料，需要将沥青与矿料在热态下拌和、热态下摊铺碾压成型；后者则采用乳化沥青、改性乳化沥青或液体沥青在常温下与矿料拌和后铺筑而成。

#### 5. 根据强度形成原理分类

沥青混合料的组成材料不同，其强度形成原理也不同，一般可以分为嵌挤原则和密实原则两大类。

按嵌挤原则构成的沥青混合料的结构强度主要是以矿料颗粒之间的嵌挤力和内摩阻力为主，以沥青结合料的黏聚力为辅形成的，如沥青贯入式、沥青表处和沥青碎石等路面结构均属于此类。

按密实原则构成的沥青混合料则主要是以沥青与矿料之间的黏聚力为主，矿料间的嵌挤力和内摩阻力为辅，一般的沥青混凝土都属于此类。

## 第二节 沥青混合料的组成结构和强度理论

沥青混合料主要是由沥青、粗集料、细集料、矿粉填料和外加剂（如抗剥离剂、抗老化剂、聚合物改性剂等）组成的混合料。

影响沥青混合料性能的因素：矿料颗粒的大小和不同粒径的分布；颗粒组成的空间位置关系；沥青的分布特征和矿料颗粒表面沥青层的性质；沥青混合料空隙率的大小；空隙的分布与空隙间的连通情况；外加剂与其他材料的相容性及外加剂对沥青与矿料性能的改善情况等。本节主要讨论沥青混合料的结构形成和强度理论及其组成结构类型。

### 一、沥青混合料组成结构的现代理论

#### 1. 表面理论

传统的表面理论认为混合料是由粗、细集料和填料组配而成的矿质骨架和沥青组成，沥青分布在矿质骨料表面，将矿质骨料胶结成具有强度的整体。其中沥青的胶结作用是一个相当复杂的过程，它包括物理吸附、化学吸附过程及选择性吸附作用等。

物理吸附是在固-液界面产生的表面张力作用下，在矿料表面形成定向吸附和湿润现象，吸附的沥青没有发生任何化学变化。

化学吸附是沥青中的沥青酸及沥青酸酐与矿料表面的金属阳离子之间产生的化学反应，生成了沥青酸盐。化学吸附比物理吸附产生的吸附作用更强烈，形成的沥青膜更稳定。

选择性吸附主要是由于矿料表面的微孔或毛细孔产生的吸附作用，使得沥青中的小分子如油分和树脂被吸收而使沥青质相对增多，增强了沥青的黏聚力，从而使沥青与矿料作用更稳固。

## 2. 胶浆理论

近代胶浆理论认为混合料是一种多级空间网状结构的分散系，以粗集料为分散相分散在沥青砂浆中形成粗分散系，而沥青砂浆是由细集料为分散相分散到沥青胶浆中的细分散系，沥青胶浆则是以填料为分散相分散在沥青介质中形成的微分散系。在这种多级分散体系中，因沥青胶浆最为基础，也最为重要，因此沥青胶浆的组成结构决定了沥青混合料的高低温变形能力。

胶浆理论主要研究矿粉的矿物组成、矿粉级配（尤其是<0.075 mm 的成分）、沥青与矿粉间的交互作用，特别强调采用高稠度的沥青、大的沥青用量和间断级配的矿质混合料。这种理论认知可图解（见图 6.1）如下：

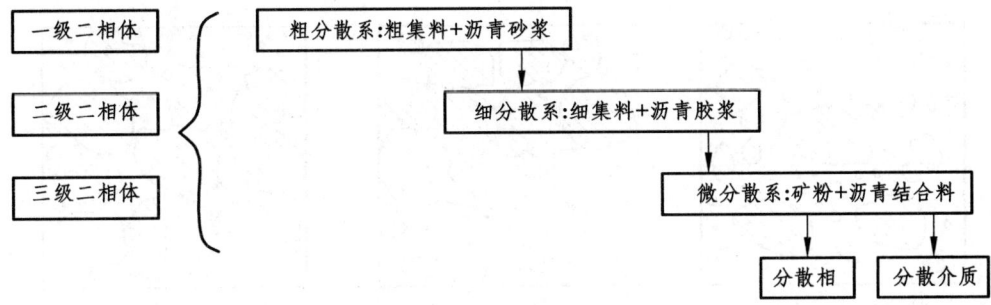

图 6.1 胶浆理论图解

## 二、沥青混合料的结构类型

由于材料组成分布、矿料与矿料及矿料与沥青间的相互作用、剩余空隙率的大小等的不同，混合料可分为悬浮-密实结构、骨架-空隙结构、骨架-密实结构三大类。

### 1. 悬浮-密实结构

如图 6.2（a）所示，该结构组成的基本特点是：采用连续级配，矿料颗粒连续存在，而且细集料含量较多，将较大颗粒挤开，使大颗粒不能形成骨架，而较小颗粒与沥青胶浆含量比较充分，将空隙填充密实，使大颗粒悬浮于较小颗粒与沥青胶浆之间，形成"悬浮-密实"结构。

代表类型：按照连续密级配原理设计的 AC 型沥青混合料是典型的悬浮-密实结构。

力学特点：大颗粒未形成骨架，内摩擦角 $\varphi$ 值较小；小颗粒与沥青胶浆含量充分，黏聚力 $c$ 值较大。

路用性能特点：由于压实后密实度大，该类混合料水稳定性、低温抗裂性和耐久性较好；但其高温性能对沥青的品质依赖性较大，由于沥青黏度降低，往往导致混合料高温稳定性变差。

### 2. 骨架-空隙结构

如图 6.2（b）所示，该结构组成的基本特点：采用连续开级配，粗集料含量高，彼此相互接触形成骨架；但细集料含量很少，不能充分填充粗集料的空隙，形成所谓的"骨架-空隙"结构。

代表类型：沥青碎石 AM 和开级配磨耗层沥青混合料 OGFC 等。

力学特点：大颗粒形成骨架，内摩擦角 $\varphi$ 值较大；小颗粒与沥青胶浆含量不充分，黏聚力 $c$ 值较低。

路用性能特点：粗集料充分发挥其骨架作用，使沥青混合料高温稳定性好；由于细集料含量少，空隙未能充分填充，耐水害、抗疲劳和耐久性能较差，所以一般要求采用高黏稠沥青，以防止沥青老化和剥落。

3. 骨架-密实结构

如图 6.2（c）所示，其结构组成特点：采用间断级配，粗、细集料含量较高，中间集料含量很少，使得粗集料能形成骨架，细集料和沥青胶浆又能充分填充骨架间的空隙，形成"骨架-密实"结构。

代表类型：沥青玛蹄脂碎石混合料 SMA。

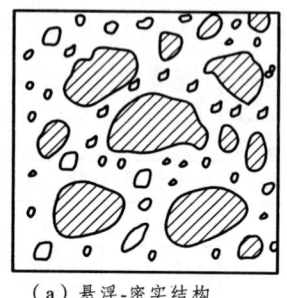 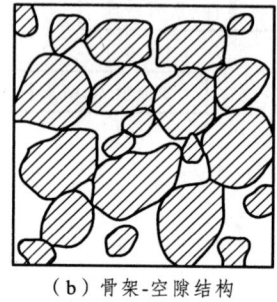 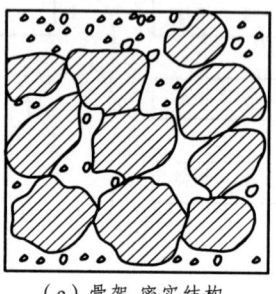

（a）悬浮-密实结构　　（b）骨架-空隙结构　　（c）骨架-密实结构

图 6.2　沥青混合料的典型组成结构

力学性能特点：粗集料的骨架作用，使内摩擦角 $\varphi$ 值较大；小颗粒与沥青胶浆含量充分，黏聚力 $c$ 值也较大，综合力学性能较优。

路用性能特点：该类混合料高低温性能均较好，具有较强的疲劳耐久特性；但间断级配在施工拌和过程中易产生离析现象，施工质量难以保证，使得混合料很难形成"骨架-密实"结构。随着施工技术的发展，这类结构得以普遍使用，但在混合料拌和生产、运输和摊铺等施工过程中，应防止混合料产生离析。

## 三、沥青混合料强度的理论及其影响因素

### （一）沥青混合料强度理论

沥青混合料强度理论，主要是要求沥青混合料在高温时，必须具备抗剪强度和抵抗变形的能力，称为高温强度和稳定性。沥青混合料路面结构破坏的原因，主要是高温时塑性变形过大（塑性变形为不可恢复变形，随着时间产生累积），使路面产生波浪、车辙、拥包与推移等高温变形现象，从而使抗剪强度降低。

沥青路面必须具备一定的抗剪切破坏的能力。

沥青路面设计的抗剪强度，可以用摩尔-库伦理论进行分析，即沥青混合料的结构强度由矿料之间的嵌锁力（内摩阻力）、沥青与矿料的黏聚力以及沥青自身的内聚力构成，可由下式表征：

$$\tau = c + \sigma \tan\varphi \tag{6-1}$$

式中：$\tau$——沥青混合料的抗剪强度，MPa；

$c$——沥青混合料的黏聚力，MPa；

$\varphi$——沥青混合料的内摩擦角,(°);
$\sigma$——实验时的正应力,MPa。

沥青混合料的黏聚力和内摩擦角可以通过三轴剪切试验确定。

### (二)沥青混合料抗剪强度的影响因素

沥青混合料抗剪强度的影响因素,主要是材料的组成、材料的技术性质,以及外界因素,如车辆荷载、温度、环境条件等。

1. 沥青的黏度对沥青混合料抗剪强度的影响

沥青混合料中的矿质集料是分散在沥青中的分散系。因此,它的抗剪强度与分散相的浓度和分散介质黏度有着密切的关系,在其他因素固定的条件下,沥青混合料的黏聚力 $c$ 是随着沥青黏度的提高而增加;同时内摩擦角 $\varphi$ 随着沥青黏度的提高稍有提高。因为沥青黏度越大,表明沥青内部胶团相互位移时,分散介质抵抗剪切的作用力越大,从而使沥青混合料的黏滞阻力增大,因而具有较高的抗剪强度。

2. 矿质混合料性能的影响

矿料的岩石种类、级配组成、颗粒形状和表面粗糙度等特性对沥青混合料的嵌锁力或内摩擦角影响较大。

级配影响:连续密级配多是悬浮密实结构,沥青的内聚力大,矿料间的内摩阻力相对较小;骨架空隙结构的沥青混合料以嵌锁力为主、沥青内聚力为辅形成结构强度;在以嵌挤原则设计的骨架密实结构中,粗集料作用下嵌锁力较大,细料与沥青胶浆填充空隙,黏聚力较好,故该结构整体强度高,稳定性好。

矿料表面特性影响:矿料尺寸近似立方体,粗糙,多棱角,矿料间嵌挤锁结能力好,$\varphi$ 较大;采用碱性石料,混合料中矿料间黏聚力大,混合料强度高。

3. 沥青与矿料在界面上的交互作用

列宾捷尔认为,沥青与矿料交互作用后,因化学组分重排列,形成沥青扩散膜。这一作用是化学吸附引起的,该沥青膜即为"结构沥青",其黏度将大大提高;在"结构沥青"层外,可以"自由"运动的是"自由沥青",这部分沥青的性能保持沥青初始状态性能,混合料的性能主要由结构沥青决定,如图 6.3 所示。

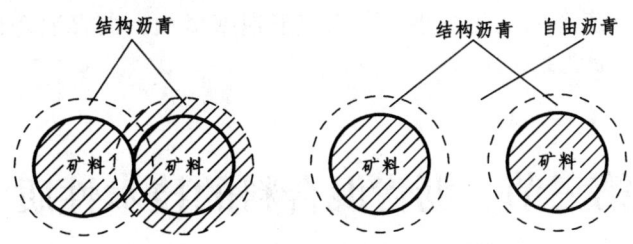

图 6.3 沥青与矿料交互作用示意图

化学吸附有选择性,不同矿料的"结构沥青"膜厚度不一样,混合料中"结构沥青"占的比例也不同。碱性石料(如石灰岩)的混合料其"结构沥青"所占比例比酸性石料的要高。所以碱性石料的沥青混合料强度和稳定性比酸性石料的好。

#### 4. 矿料比面和沥青用量的影响

沥青混合料的黏聚力与"结构沥青"的比例和矿料颗粒间的距离有关。

如图 6.3 所示,矿料间距离越近,且以"结构沥青"黏结,沥青混合料的黏聚力越高;反之,矿料间距越大,且其间由"自由沥青"相互黏结,则沥青混合料的黏聚力低。

矿料比面的影响:矿料比面越大,"结构沥青"的比例越大;矿粉比表面所占比例最大,矿粉用量和性质,可以影响沥青膜厚度和"结构沥青"所占比例。

沥青用量的影响:含量较少时,沥青不足以敷裹集料颗粒表面,沥青混合料整体强度较低;随着沥青用量增加,沥青逐渐敷裹矿料表面,使得结构沥青用量增加,矿料间的黏聚力增强,混合料整体强度增高,直到整个矿料表面被"结构沥青"所敷裹;当沥青用量进一步增加,此时过多的沥青形成"自由沥青",这部分沥青在矿料间主要起润滑作用,并将矿料"推开",从而使沥青混合料的整体强度下降,如图 6.4 所示。

另外,"结构沥青"的存在对矿料起到约束作用,使得矿料间的内摩阻力增大,当沥青用量太多时,"自由沥青"的润滑作用,反而使矿料间相互滑移容易,内摩阻力下降。

在沥青用量固定的情况下,矿粉的用量多少也直接影响着沥青混合料的密实程度及黏聚力。但矿粉用量不能过多,尤其是小于 0.075 mm 的含量不宜过多,否则使沥青混合料结团成块,不易施工。

由以上分析可知沥青混合料强度取决于:嵌挤密实的矿料骨架,高黏度的沥青结合料,适宜的沥青用量,以及采用能产生化学吸附作用的活性矿料。

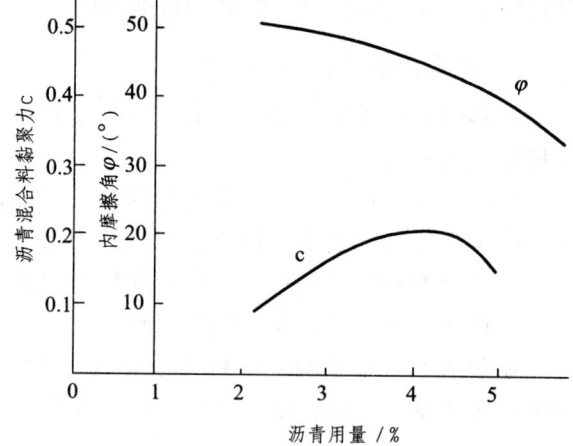

图 6.4 沥青用量对沥青混合料强度的影响

#### 5. 使用条件的影响

环境温度和荷载作用特性对混合料的强度影响也较大。

温度升高,沥青黏度降低,混合料的黏聚力也下降,矿料间的约束减小,使得矿料间的内摩阻力也降低,从而使混合料整体强度都下降。

荷载作用体现在荷载作用时间或变形速率上,一般沥青黏度随变形速率增加而增加,混合料的内摩阻力随变形速率的变化较小,那么变形速率增加,沥青混合料的黏聚力也增大,整体强度则增高。

# 第三节 沥青混合料的技术性质

## 一、沥青路面使用性能的气候分区

沥青混合料的技术性质与使用环境,如气温和湿度关系密切。因此,在选择沥青材料的等级、进行沥青混合料配合比设计、检验沥青混合料的使用性能时,应考虑沥青路面工程的环境因素，尤其是温度和湿度条件。所以，应按照不同气候分区的特点对沥青混合料的技术性能提出相应要求。

1. 气候分区

（1）按工程所在地最近30年内最热月份平均最高气温的平均值，划分为气候分区的一级指标，按此设计高温指标，一级区划分为3个区（>30℃，20~30℃，<20℃）。

（2）按工程所在地最近30年内的极端最低气温，作为反映沥青路面由于温度收缩产生裂缝的气候因子，并作为气候分区的二级指标，二级区划分为4个区。

（3）按工程所在地最近30年降雨量的平均值，作为气候分区的三级指标，三级区划分为4个区。

气候分区用3个数字表示，数字越小，表示气候因素对沥青路面的影响越严重。如某区为1-2-3表示该区为夏季炎热、冬季寒冷、半干旱气候特点。因此，该区对沥青混合料的高温稳定性和低温抗裂性都有很高的要求。

2. 气候分区的确定

沥青路面使用性能气候分区由一、二、三级区划组合而成，以综合反映该地区的气候特征，见表6.3。每个气候分区用三个数字表示：第一个数字代表高温分区，第二个数字代表低温分区，第三个数字代表雨量分区。每级区的数值越小，表明该气候因子对沥青路面的影响越恶劣。如我国上海市属于1-3-1气候区，即为夏炎热冬冷潮湿区，对沥青混合料的高温稳定性和水稳定性要求较高。

表6.3 沥青路面使用性能分区

| 气候分区指标 | | 气 候 分 区 | | | |
|---|---|---|---|---|---|
| 按照高温指标 | 高温气候区 | 1 | 2 | 3 | |
| | 气候区名称 | 夏炎热区 | 夏热区 | 夏凉区 | |
| | 七月平均最高温度/℃ | >30 | 20~30 | <20 | |
| 按照低温指标 | 低温气候区 | 1 | 2 | 3 | 4 |
| | 气候区名称 | 冬严寒区 | 冬寒区 | 冬冷区 | 冬温区 |
| | 极端最低气温/℃ | <-37.5 | -37.5~-21.5 | -21.5~-9.0 | >-9.0 |
| 按照雨量指标 | 雨量气候区 | 1 | 2 | 3 | 4 |
| | 气候区名称 | 潮湿区 | 湿润区 | 半干区 | 干旱区 |
| | 年降雨量/mm | >1 000 | 1 000~500 | 500~250 | <250 |

## 二、沥青混合料的路用技术性质

沥青混合料受自然环境因素和交通荷载作用，要求混合料必须具有高温稳定性、低温抗裂性、耐久性、抗滑性和施工和易性。

## （一）高温稳定性

高温稳定性是指沥青混合料在高温（通常为60°C）的条件下，能够抵抗车辆荷载的反复作用，不发生显著永久变形，保证路面平整度的特性。

高温稳定性的意义：高温条件下或长时间承受荷载作用，混合料会产生显著的变形，其中不能恢复的部分成为永久变形，这种特性是导致沥青路面产生车辙、波浪及拥包等病害的主要原因。在交通量大，重车比例高和经常变速路段的沥青路面上，车辙是最严重、最有危害的破坏形式之一。

评价试验方法：圆柱体试件的单轴静载、动载、重复荷载试验；三轴静载、动载、重复荷载试验；简单剪切的静载、动载、重复荷载试验等。马歇尔稳定度、维姆稳定度和哈费氏稳定度等工程试验，以及反复碾压模拟试验，如车辙试验等。

我国最常用的评价方法是：马歇尔试验和车辙试验。

### 1. 马歇尔稳定度试验

马歇尔稳定度实验方法是由美国密西西比州公路局的布鲁斯·马歇尔提出的，最初是为了美国工程兵团快速确定沥青用量之用，后来经过多人的改进，形成目前的马歇尔设计体系。马歇尔试验的最大特点是设备简单、操作方便，现在已被世界上许多国家所采用。

马歇尔试验用于测定沥青混合料试件的破坏荷载和抗变形能力，以获得马歇尔稳定度、流值和马歇尔模数三项指标。

将沥青混合料制备成规定尺寸的圆柱状试件，将试件横向置于两个半圆形压模中，使试件受到一定的侧限。在规定温度和加荷速度下，对试件施加压力，记录试件所受压力与变形曲线，如图6.5所示。主要力学指标为马歇尔稳定度和流值，稳定度是指试件受压至破坏时承受的最大荷载，以kN计，流值是达到最大破坏荷载时试件的垂直变形，以0.1 mm计。

试件尺寸：① $\phi$101.6 mm × 63.5 mm（±1.3 mm，两侧高度差不大于2 mm）。适用于公称最大粒径小于26.5 mm的混合料，试件成型击实次数根据公路等级、混合料类型、气候条件选择，一般为75次或50次。试验中一组试件需平行试件通常为4个。② $\phi$152.4 mm × 95.3 mm（±2.5 mm，两侧高度差不大于2 mm）。适用于公称最大粒径31.5 mm和37.5 mm的混合料，击实次数一般为112次。试验中一组试件需平行试件通常为4个，必要时需增至5~6个（根据试验结果离散性而定）。

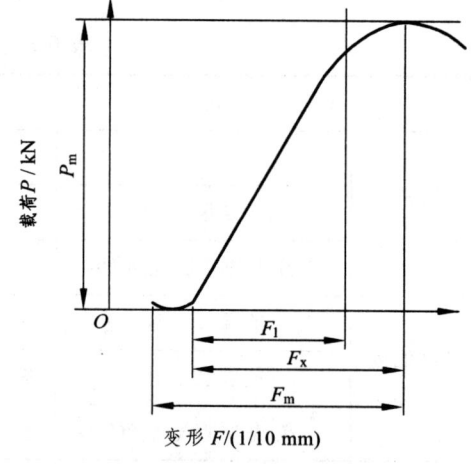

图6.5 马歇尔试验曲线

实验条件：恒温水浴（60°C）中，小型马歇尔试件保温30~40 min，大型马歇尔试件保温45~60 min。然后取出试件，在马歇尔稳定度仪上测马歇尔稳定度和流值。

注意：在我国沥青路面工程中，马歇尔稳定度与流值既是沥青混合料配合比设计的主要指标，也是沥青路面施工质量控制的重要实验项目。然而各国的实验和实践已证明，用马歇尔试验指标预估沥青混合料性能是不够的，它是一种经验型指标，具有一定的局限性，不能确切反映沥青混合料永久变形产生的机理，与沥青路面的抗车辙能力相关性不好。多年的实践和研究表明：对于某些沥青混合料，即使马歇尔稳定度和流值都满足技术要求,也无法避免沥青路面出现车辙。因此,在评价沥青混合料的高温抗车辙能力时,还需要采用其他试验,比如进行车辙试验、残留稳定度试验、冻融劈裂试验和低温弯曲试验,对沥青用量进行检验。

### 2. 车辙试验

车辙实验方法首先是英国运输与道路研究试验所(TRRL)开发的,并经过了法国、日本等道路工作者的改进与完善。车辙实验是一种模拟车辆轮胎在路面上滚动形成车辙的工程试验方法,试验结果较为直观,与沥青路面车辙深度之间有着较好的相关性。

我国标准(GB 50092—1996)中规定,对于高速公路、一级公路和城市快速路、主干路沥青路面的上面层和中面层的沥青混合料,在用马歇尔试验进行配合比设计时必须采用车辙试验对沥青混合料的抗车辙能力进行检验,不满足要求时,应对矿料级配或沥青用量进行调整,重新进行配合比设计。

车辙试验方法:采用标准方法成型沥青混合料板状(300 mm×300 mm×50 mm 板式)试件,在规定的温度条件下(一般为60°C),试验轮以(42±1)次/min 的频率,沿着试件表面同一轨迹反复行走,测试试件表面在试验轮反复作用下所形成的车辙深度,以产生 1 mm 车辙变形所需要的行走次数,即动稳定度指标评价沥青混合料的抗车辙能力。相关试验及计算详见本章试验部分。

我国现行行业标准《公路沥青路面施工技术规范》(JTG F40—2004)规定:对于高速公路和一级公路的公称最大粒径等于或小于 19 mm 的密级配沥青混合料(AC),及 SMA、OGFC 混合料,必须在规定的试验条件下进行车辙试验,并符合表 6.4 的要求。

**表 6.4 沥青混合料车辙试验动稳定度技术要求**

| 气候条件与技术指标 | 相应下列气候分区所要求的动稳定度/(次/mm) ||||||||
|---|---|---|---|---|---|---|---|---|
| 七月平均最高气温(°C)及气候分区 | >30 |||| 20~30 |||| <20 |
| | 1. 夏炎热区 |||| 2. 夏热区 |||| 3. 夏凉区 |
| | 1-1 | 1-2 | 1-3 | 1-4 | 2-1 | 2-2 | 2-3 | 2-4 | 3-2 |
| 普通沥青混合料,不小于 | 800 || 1 000 || 600 || 800 || 600 |
| SMA 混合料 非改性,不小于 | 1 500 |||||||||
| SMA 混合料 改性,不小于 | 3 000 |||||||||
| OGFC 混合料 | 1 500(一般交通路段),3 000(重交通量路段) |||||||||

### 3. 影响高温稳定性的主要因素分析

沥青混合料高温稳定性的形成主要来源于矿质集料颗粒间的嵌锁作用及沥青的高温黏度。在沥青混合料的组成材料中,矿料性质对沥青混合料高温性能的影响是至关重要的。采用表面粗糙、多棱角、颗粒接近立方体的碎石集料,沥青的高温黏度越大,与集料的黏附性越好,相应的沥青混合料的抗高温变形能力就越强。可以使用合适的改性剂来提高沥青的高温黏度,降低感温性,提高沥青混合料的黏聚力,从而改善沥青混合料的高温稳定性。

沥青混合料的高温稳定性还受沥青用量的影响。随着沥青用量的增加,沥青膜增厚,自由沥青比例增加,在高温条件下,易发生明显的流动变形,从而导致沥青混合料抗高温变形能力降低。随着沥青膜厚度的增加,车辙深度随之增加。

细粒式和中粒式密级配沥青混合料，适当减少沥青用量有利于抗车辙能力的提高，当采用马歇尔试验进行沥青混合料配合比设计时，沥青用量应选择最佳沥青用量范围的下限。但对于粗粒式或开级配沥青混合料，不能简单地靠采用减少沥青用量来提高抗车辙能力。

## （二）低温抗裂性

低温抗裂性是指保证沥青路面在低温时不产生裂缝的能力。

沥青路面开裂原因分析：当冬季气温降低时，沥青面层将产生体积收缩，而在基层结构与周围材料的约束作用下，沥青混合料不能自由收缩，将在结构层中产生温度应力。由于沥青混合料具有一定的应力松弛能力，当降温速率较慢时，所产生的温度应力会随着时间松弛减小，不会对沥青路面产生较大的危害。但当气温骤降时，所产生的温度应力来不及松弛，当温度应力超过沥青混合料的容许应力值时，沥青混合料被拉裂，导致沥青路面出现裂缝，造成路面的损坏。因此，要求沥青混合料具备一定的低温抗裂性能，即要求沥青混合料具有较高的低温强度或较大的低温变形能力。

### 1. 低温抗裂性的评价方法和评价指标

目前，用于研究和评价沥青混合料低温抗裂性的方法可以分为 3 类：预估沥青混合料的开裂温度；评价沥青混合料的低温变形能力或应力松弛能力；评价沥青混合料低温抗裂能力。相关的试验主要包括：等应变加载的破坏试验，如间接拉伸试验、直接拉伸试验；低温收缩试验；低温蠕变弯曲试验（现规范推荐方法）；受限试件温度应力试验；应力松弛试验等。

（1）预估沥青混合料的开裂温度。通过间接拉伸试验或直接拉伸试验，建立沥青混合料低温抗拉强度与温度的关系。再根据理论方法，计算沥青面层可能出现的温度应力与温度的关系。根据温度应力与抗拉强度的关系，预估沥青面层出现低温缩裂的温度越低，沥青混合料的开裂温度越低，低温抗裂性越好。

（2）低温蠕变试验。低温蠕变试验用于评价沥青混合料低温下的变形能力与松弛能力。

根据 JTJ 058—2000，在规定温度下（如 $-10℃$），对规定尺寸的沥青混合料小梁试件（$30\ mm \times 35\ mm \times 250\ mm$ 梁式试件）的跨中施加恒定的集中荷载，测定试件随时间不断增长的蠕变变形。蠕变变形曲线可分为三个阶段，第一段为蠕变迁移阶段，第二阶段为蠕变稳定阶段，第三阶段为蠕变破坏阶段，以蠕变稳定阶段的蠕变速率评价沥青混合料的低温变形能力。蠕变速率越大，沥青混合料在低温下的变形能力越大，松弛能力越强，低温抗裂性能越好。

（3）低温弯曲试验。在试验温度下，以 $50\ mm/min$ 速率，对小梁试件（$30\ mm \times 35\ mm \times 250\ mm$ 梁式试件）的跨中施加集中荷载至断裂破坏，记录试件跨中荷载与挠度的关系曲线。由破坏时跨中挠度计算沥青混合料的破坏弯拉应变。沥青混合料在低温下破坏弯拉应变越大，低温柔韧性越好，抗裂性越好。

实验证明，在评价改性沥青混合料低温性能时，采用低温蠕变试验方法所得结果对于改性剂种类和改性剂剂量都不够敏感，数据较为分散，而采用低温弯曲试验的破坏应变指标则相对稳定。所以在我国行业标准（JTJ 036—1998）中，采用低温弯曲试验的破坏应变指标作为评价改性沥青混合料的低温抗裂性能。

### 2. 影响沥青混合料低温性能的主要因素

（1）沥青的低温劲度的影响，取决于沥青黏度和温度敏感性。在寒冷地区，可采用稠度较低、劲度较低的沥青，或选择松弛性能较好的橡胶类改性沥青来提高沥青混合料的低温抗裂性。

（2）级配的影响：密级配的低温抗拉强度高于开级配的沥青混合料，但是粒径大、空隙率大的沥青混合料内部微空隙发达，应力松弛能力略强，温度应力有所减小，两方面的影响相互抵消，故级配类型与沥青路面开裂程度之间没有显著相关关系。

### （三）耐久性

耐久性是指沥青混合料在使用过程中抵抗环境因素及行车反复作用的能力，它包括沥青混合料的抗老化性、抗疲劳性等综合性能。

1. 沥青混合料的抗老化性

（1）老化原因：在沥青混合料使用过程中，受到空气中氧、水、紫外线等介质的作用，促使沥青发生诸多复杂的物理化学变化，逐渐老化或硬化，致使沥青混合料变脆易裂，从而导致沥青路面出现各种与沥青老化有关的裂纹或裂缝。

（2）影响因素：沥青的老化程度、外界环境因素和压实空隙率等。

在气候温暖、日照时间较长的地区，沥青的老化速度快，而在气温较低、日照时间短的地区，沥青的老化速率相对较慢。沥青混合料的空隙率越大，环境介质对沥青的作用就越强烈，其老化程度也越高。压实空隙率的增大，回收沥青针入度减小，老化程度增加。道路中部车辆作用次数较多，对路面的压密作用较大，中部的沥青比边缘部位沥青的老化程度轻些。

（3）解决措施：选择耐老化沥青，有足量的沥青含量。施工过程中，应控制拌和加热温度，并保证沥青路面的压实密度。

2. 沥青混合料的水稳定性

（1）水稳定性不足的原因：压实空隙率较大，沥青路面排水系统不完善，动水压力对沥青产生剥离作用，将加剧沥青路面的"水损害"病害。

（2）水稳定性不足的危害：沥青剥离，黏结强度降低，集料松散，易形成坑槽，即发生"水损坏"。

（3）沥青混合料水稳定性的影响因素：

① 沥青和集料的黏附性。沥青和集料的黏附性在很大程度上取决于集料的化学组成，试验表明花岗岩集料与沥青的黏附性明显低于碱性集料石灰岩与沥青的黏附性，也明显低于中性集料玄武岩与沥青的黏附性。

通过掺加抗剥落剂可以显著改善集料或中性集料与沥青的黏附性。

② 混合料压实空隙率大小及沥青膜厚度。当空隙率较大、沥青膜较薄时水稳定性较差。

③ 成型方法的影响：成型温度较低，要么压实度达不到要求，要么集料被压碎，从而使混合料水稳定性下降。

④ 沥青混合料级配的影响：开级配压实空隙率较大，往往对水稳定性不利。当沥青用量不足时，即使是密级配的沥青混合料也会出现水稳定性不好的问题。

### （四）沥青混合料的抗滑性

沥青路面的抗滑性对于保障道路交通安全至关重要，而沥青路面的抗滑性能必须通过合理选择沥青混合料组成材料、正确的设计与施工来保证。

沥青路面的抗滑性与所用矿料的表面构造深度、颗粒形状与尺寸、抗磨性有着密切的关系。

矿料表面构造深度取决于矿料的矿物组成、化学成分及风化程度；颗粒形状与尺寸既受到矿物组成的影响，也与矿料的加工方法有关；抗磨光性则受到上述所有因素加上矿物成分硬度的影响。因此表层的粗集料应采用粗糙、坚硬、耐磨、抗冲击性好、磨光值大的碎石或破碎石集料，增加粗集料含量也有助于提高沥青路面的宏观构造深度。

### （五）施工和易性

影响沥青混合料施工和易性的因素很多，诸如组成材料的技术品质、用量比例，以及施工条件等。目前尚无直接评价混合料施工和易性的方法和指标。

（1）组成材料的影响：主要是矿料级配和沥青用量。在间断级配的矿质混合料中，粗细集料的颗粒尺寸相差过大，中间尺寸颗粒缺乏，混合料容易离析。如果细料太少，或矿粉用量过多时，混合料容易产生疏松且不易压实；反之，如果沥青用量过多，或矿粉质量不好，则容易使混合料结团，不易摊铺。

（2）施工条件的影响：如温度的影响，较高温度可保证沥青的流动性，拌和中能够充分均匀地黏附在矿料颗粒表面；在压实期间，矿料颗粒能相互移动就位，达到规定的压实密度。但温度过高既会引起沥青老化，也会严重影响沥青混合料的使用性能。

沥青混合料的拌和与压实温度与沥青黏度有关，应根据沥青黏度与温度的关系曲线确定。

（3）工地气温状况：当地气温越高，施工和易性越好。

## 三、沥青混合料的技术标准

我国现行行业标准《公路沥青路面施工技术规范》（JTG F40—2004）对沥青混合料的技术要求见表 6.5、表 6.6。

**表 6.5　热拌沥青混合料马歇尔试验技术标准**

| 试验项目 | 沥青混合料类型 | 密级配热拌沥青混合料（AC） | | | | | | 密级配沥青碎石（ATB） | 沥青碎石（AM） | 排水式开级配（OGFC） |
|---|---|---|---|---|---|---|---|---|---|---|
| | | 高速公路一级公路，城市快速中、主干路 | | | | 其他等级道路 | 行人道路 | | | |
| | | 中轻交通 | 重交通 | 中轻交通 | 重交通 | | | | | |
| | | 夏炎热区 | | 夏热区及夏凉区 | | | | | | |
| 击实次数（双面）次 | | 75 | 75 | 75 | 75 | 50 | 50 | 75（112） | 50 | 50 |
| 空隙率/% | 深 90 mm 以内 | 3～5 | 4～6 | 2～5 | 3～6 | 3～6 | 2～4 | 3～6 | 6～10 | ≥18 |
| | 深 90 mm 以下 | 3～6 | 3～6 | 2～4 | 3～6 | 3～6 | — | | | |
| 沥青饱和度/% | | 见表 6.6 的要求 | | | | | | 55～70 | 40～70 | — |
| 矿料间隙率/% | | 见表 6.6 的要求 | | | | | | ≥11 | | |
| 稳定度/kN≥ | | 8 | 8 | 8 | 8 | 5 | 3 | 7.5（15） | 3.5 | 3.5 |
| 流值/mm | | 2～4 | 1.5～4 | 2～4.5 | 2～4 | 2～4.5 | 2～5 | 1.5～4 | | |

表 6.6 密级配热拌沥青混合料的沥青饱和度与矿料间隙率的要求

| 集料公称最大粒径/mm | | | 4.75 | 9.5 | 13.2 | 16.0 | 19.0 | 26.5 | 31.5 | 37.5 | 50 |
|---|---|---|---|---|---|---|---|---|---|---|---|
| 沥青饱和度 VFA/% | | | 70~85 | | 65~75 | | | 55~70 | | | |
| 2 | 空隙率 VV/% | 矿料间隙率 VMA/%≥ | 15 | 13 | 12 | 11.5 | 11 | 10 | 9.5 | 9 | 8.5 |
| 3 | | | 16 | 14 | 13 | 12.5 | 12 | 11 | 10.5 | 10 | 9.5 |
| 4 | | | 17 | 15 | 14 | 1.35 | 13 | 12 | 11.5 | 11 | 10.5 |
| 5 | | | 18 | 16 | 15 | 14.5 | 14 | 13 | 12.5 | 12 | 11.5 |
| 6 | | | 19 | 17 | 16 | 15.5 | 15 | 14 | 13.5 | 13 | 12.5 |

# 第四节 沥青混合料对组成材料的要求

沥青混合料的技术性质取决于组成材料的质量品质、用量比例及沥青混合料的制备工艺等因素，其中组成材料的质量是首先需要关注的问题。

## 一、沥青

（1）选择依据：沥青应根据气候条件和沥青混合料类型、道路等级、交通性质、路面类型、施工方法以及当地使用经验等，经技术论证后确定。

（2）选择原则：黏度较大的黏稠沥青混合料具有较高的力学强度和稳定性，但黏度过高，则混合料的低温变形能力较差，路面易开裂。反之，黏度较低的沥青的混合料在低温时变形能力较好，但在高温时往往会产生较大的高温变形。一般来说，温度高或高温持续时间长的地区，应采用黏度高的沥青；而在冬季寒冷地区，则宜采用稠度低、低温延度大的沥青。对于日温较大的地区还应考虑选择针入度指数较大、感温性较低的沥青。

对于重载交通路段、高速公路、山区及丘陵区上坡路段、服务区、停车场等路段，应选用稠度大的沥青。对于交通量小、公路等级低的路段可选用稠度略小的沥青。

## 二、粗集料

1. 粗集料的物理力学性质要求

（1）选择原则：

① 粗集料可采用碎石、破碎砾石、筛选砾石、矿渣等。

② 用于高速公路、一级公路、城市快速公路、主干路沥青路面表层用粗集料应选用坚硬、耐磨、抗冲击型号的碎石或破碎砾石，不得使用筛选砾石、矿渣及软质集料，该类粗集料应符合表 6.7 对磨光值和黏附性的要求。

③ 当坚硬石料来源缺乏时，允许掺加一定比例较小粒径的普通粗集料，掺加比例根据试验确定。在以骨架原则设计的沥青混合料中不得掺加其他粗集料。

表 6.7 粗集料磨光值及其与沥青的黏附性的技术要求

| 技术指标 \ 雨量气候分区 | | 1(潮湿区) | 2(湿润区) | 3(半干区) | 4(干旱区) | 试验方法 |
|---|---|---|---|---|---|---|
| 粗集料磨光值（PSV） | | ≥42 | ≥40 | ≥38 | ≥36 | T0321 |
| 粗集料与沥青的黏附性 | 表层 | ≥5 | ≥5 | ≥4 | ≥3 | T0616 |
| | 其他层次 | ≥4 | ≥4 | ≥3 | — | T0663 |

（2）基本要求：

① 应该洁净、干燥、表面粗糙、形状接近立方体，且无风化、不含杂质，并具有足够的强度、耐磨耗性。粗集料的质量应符合表6.8的要求。

② 破碎砾石应采用粒径大于50 mm的颗粒轧制，破碎前必须清洗，含泥量不大于1%，破碎面积应符合规定的要求。

③ 钢渣作为粗集料时，仅限于三级及三级以下公路和次于公路以下的城市道路，并应经过试验论证取得许可后使用。钢渣破碎后应有6个月以上的存放期，除吸水率允许适当放宽外，各项指标应符合表6.8的要求。

表 6.8 沥青混合料用粗集料质量技术要求

| 指 标 | 单位 | 高速公路及一级公路 | | 其他等级公路 | 试验方法 |
|---|---|---|---|---|---|
| | | 表面层 | 其他层次 | | |
| 石料压碎值，不大于 | % | 26 | 28 | 30 | T0316 |
| 洛杉矶磨耗损失，不大于 | % | 28 | 30 | 35 | T0317 |
| 表观相对密度，不小于 | — | 2.60 | 2.50 | 2.45 | T0304 |
| 吸水率，不大于 | % | 2.0 | 3.0 | 3.0 | T0304 |
| 坚固性，不大于 | % | 12 | 12 | — | T0314 |
| 针片状颗粒含量（混合料）不大于 | % | 15 | 18 | 20 | T0312 |
| 其中粒径大于9.5 mm，不大于 | % | 12 | 15 | — | |
| 其中粒径小于9.5 mm，不大于 | % | 18 | 20 | — | |
| 水洗法<0.075 mm颗粒含量，不大于 | % | 1 | 1 | 1 | T0310 |
| 软石含量，不大于 | % | 3 | 5 | 3 | T0320 |

注：① 坚固性试验可根据需要进行；
② 用于高速公路、一级公路和主干路时，多孔玄武岩的视密度可放宽至2.45 t/m³，吸水率可放宽至3%；但须得到主管部门的批准，且不得用于SMA路面；
③ 对S14即3～5规格的粗集料，针片状颗粒含量可不予要求，<0.075 mm含量可放宽到3%。

2. 与沥青的黏附性要求

在高速公路、一级公路、城市快速路和主干沥青路面中，需要使用坚硬的粗集料，当使用花岗岩、石英岩等酸性岩石轧制的粗集料时，若达不到表6.7对粗集料与沥青黏附性等级的要求，必须采取抗剥离措施。工程中常用的抗剥离方法包括使用高黏度沥青；在沥青中掺加抗剥离剂；用干燥的生石灰、消石灰粉或水泥作为填料的一部分，其用量为矿料总量的1%～

2%；将粗集料用石灰浆处理后使用等。

### 3. 粗集料的粒径规格

粗集料的粒径规格应按照表 6.9 进行生产和使用。如某一档粗集料不符合表 6.9 的规格，但确认与其他集料组配后的合成级配符合设计级配的要求时，也可以使用。

表 6.9 沥青面层用粗集料规格

| 规格 | 公称粒径/mm | 通过下列筛孔（方孔筛，mm）的质量百分率/% | | | | | | | | |
|---|---|---|---|---|---|---|---|---|---|---|
| | | 37.5 | 31.5 | 26.5 | 19 | 13.2 | 9.5 | 4.75 | 2.36 | 0.6 |
| S6 | 15~30 | 100 | 90~100 | — | 0~15 | — | 0~5 | | | |
| S7 | 10~30 | 100 | 90~100 | — | — | 0~15 | 0~5 | | | |
| S8 | 15~25 | | 100 | 95~100 | 0~15 | — | 0~5 | | | |
| S9 | 10~20 | | | 100 | 95~100 | — | 0~15 | 0~5 | | |
| S10 | 10~15 | | | | 100 | 95~100 | 0~15 | 0~5 | | |
| S11 | 5~15 | | | | 100 | 95~100 | 40~70 | 0~15 | 0~5 | |
| S12 | 5~10 | | | | | 100 | 95~100 | 0~10 | 0~5 | |
| S13 | 3~10 | | | | | 100 | 95~100 | 40~70 | 0~20 | 0~5 |
| S14 | 3~5 | | | | | | 100 | 90~100 | 0~25 | 0~5 |

## 三、细集料

### 1. 细集料的物理力学性能要求

（1）选择原则：

① 可以采用天然砂、机制砂或石屑。

② 应洁净、干燥、无风化、不含杂质，并有适当的级配范围，物理力学指标要求见表 6.10。

③ 与沥青有良好的黏结能力，在高速公路、一级公路、城市快速路、主干路沥青面层用与沥青黏结性能差的天然砂或用花岗岩、石英岩等酸性岩石破碎的人工砂及石屑时，应采取前述粗集料的抗剥离措施对细集料进行处理。

表 6.10 沥青混合料用细集料质量技术要求

| 项目 | 单位 | 调整公路、一级公路 | 其他等级公路 | 试验方法 |
|---|---|---|---|---|
| 表观相对密度，不小于 | — | 2.50 | 2.45 | T0328 |
| 坚固性（>0.3 mm），不小于 | % | 12 | — | T0340 |
| 含泥量（小于 0.075 mm 的含量），不大于 | % | 3 | 5 | T0330 |
| 砂当量，不小于 | % | 60 | 50 | T0334 |
| 亚甲蓝值，不大于 | g/kg | 25 | | T0346 |
| 棱角性（流动时间），不小于 | s | 30 | | T0345 |

在高速公路、一级公路、城市快速路、主干路沥青路面面层及抗滑磨耗层中，所用石屑总量不宜超过天然砂或机制砂的用量。

2. 细集料的粒径规格

（1）天然砂。天然砂宜采用河砂或海砂，当使用山砂时应经过清洗。天然砂的规格应符合表6.11的规定，经筛洗法测定的砂中小于0.075 mm颗粒含量不得大于3%（高速公路、一级公路、城市快速路、主干路）和5%（其他等级道路）。

表 6.11　沥青混合料用天然砂规格

| 筛孔尺寸/mm | 通过各孔筛的质量百分率/% | | |
| --- | --- | --- | --- |
| | 粗　砂 | 中　砂 | 细　砂 |
| 9.5 | 100 | 100 | 100 |
| 4.75 | 90~100 | 90~100 | 90~100 |
| 2.36 | 65~95 | 75~90 | 85~100 |
| 1.18 | 35~65 | 50~90 | 75~100 |
| 0.6 | 15~30 | 30~60 | 60~84 |
| 0.3 | 5~20 | 8~30 | 15~45 |
| 0.15 | 0~10 | 0~10 | 0~10 |
| 0.075 | 0~5 | 0~5 | 0~5 |

（2）石屑。石屑是通过4.75 mm或2.36 mm的部分，是石料加工破碎过程中表面剥落或撞下的边角，强度一般较低，针片状颗粒含量较高。所以，在生产石屑的过程中应特别注意，避免山体覆盖层或夹层的泥土混入石屑。

石屑规格应符合表6.12的要求。不得使用泥土、细粉、细薄碎片颗粒含量高的石屑。对于高速公路、一级公路、城市快速路、主干路，应将石屑加工成S14（3~5 mm）和S16（0~3 mm）两档使用，在细集料中石屑含量不宜超过总量的50%。

表 6.12　沥青混合料用机制砂或石屑规格

| 规格 | 公称粒径/mm | 水洗法通过各筛孔的质量百分率/% | | | | | | | |
| --- | --- | --- | --- | --- | --- | --- | --- | --- | --- |
| | | 9.5 | 4.75 | 2.36 | 1.18 | 0.6 | 0.3 | 0.15 | 0.075 |
| S15 | 0~5 | 100 | 90~100 | 60~90 | 40~75 | 20~55 | 7~40 | 2~20 | 1~10 |
| S16 | 0~3 | — | 100 | 80~100 | 50~80 | 25~60 | 8~45 | 0~25 | 0~15 |

细集料的级配在沥青混合料中的适用性，应将其与粗集料及填料配制成矿质混合料后，再判断其是否符合矿料设计级配的要求再作决定。当一种细集料不能满足级配要求时，可采用两种或两种以上的细集料掺和使用。

## 四、填 料

填料最好采用石灰岩或岩浆岩中的强基性岩石等憎水性石料经磨细得到的矿粉,生产矿粉的原石料中泥土杂质应清除。矿粉要求干燥、洁净,能自由地从石粉仓中流出,其质量应符合表 6.13 的要求。

表 6.13 沥青混合料用矿粉质量要求

| 项 目 | 单 位 | 高速公路、一级公路 | 其他等级公路 | 试验方法 |
| --- | --- | --- | --- | --- |
| 表观密度,不小于 | t/m$^3$ | 2.50 | 2.45 | T0352 |
| 含水量,不大于 | % | 1 | 1 | T0403 烘干法 |
| 粒度范围<0.6 mm | % | 100 | 100 | T0351 |
| <0.15 mm | % | 90~100 | 90~100 | |
| <0.075 mm | % | 75~100 | 70~100 | |
| 外 观 | — | 无团粒结块 | — | |
| 亲水系数 | — | <1 | — | T0353 |
| 塑性指数 | — | <4 | — | T0354 |
| 加热安定性 | — | 实测记录 | — | T0355 |

在拌和厂采用干法除尘回收的粉尘可以代替一部分矿粉的使用,湿法除尘的应经过干燥粉碎处理,且不得含有杂质。用量不得超过填料总量的 25%,塑性指数不得大于 4%,其余质量要求与矿粉相同。

粉煤灰烧失量应小于 12%,与矿粉混合后的塑性指数应小于 4%,其余质量要求与矿粉相同。粉煤灰的用量不宜超过填料总量的 50%,与沥青黏聚力好,且水稳定性应满足要求。高速公路、一级公路和城市快速路、主干路不宜采用粉煤灰作填料。

为改善水稳定性,可采用干燥的磨细生石灰粉、消石灰粉或水泥作填料,用量不宜超过矿料总量的 1%~2%。

# 第五节 沥青混合料的组成设计

本节主要介绍热拌沥青混合料的组成设计。

热拌沥青混合料是由矿料与黏稠沥青在专门设备中加热拌和而成,用保温设备运输至现场,并在热态下进行摊铺和压实的混合料,简称"热拌沥青混合料",以 HMA 表示。

沥青混合料配合比设计是采用马歇尔试验进行配合比设计的方法,适用于密级配沥青混凝土及沥青稳定碎石混合料。沥青混合料全过程配合比设计包括 3 个阶段:目标配合比设计阶段、生产配合比设计阶段和生产配合比验证(即试验路试铺)阶段。后两个阶段是在目标配合比的基础上进行的,需借助施工单位的拌和设备、摊铺和碾压设备完成。

设计目的和任务：确定沥青混合料中组成材料品种、矿质混合料的配合组成设计和最佳沥青用量。沥青混合料的目标配合比设计流程如图 6.6 所示。

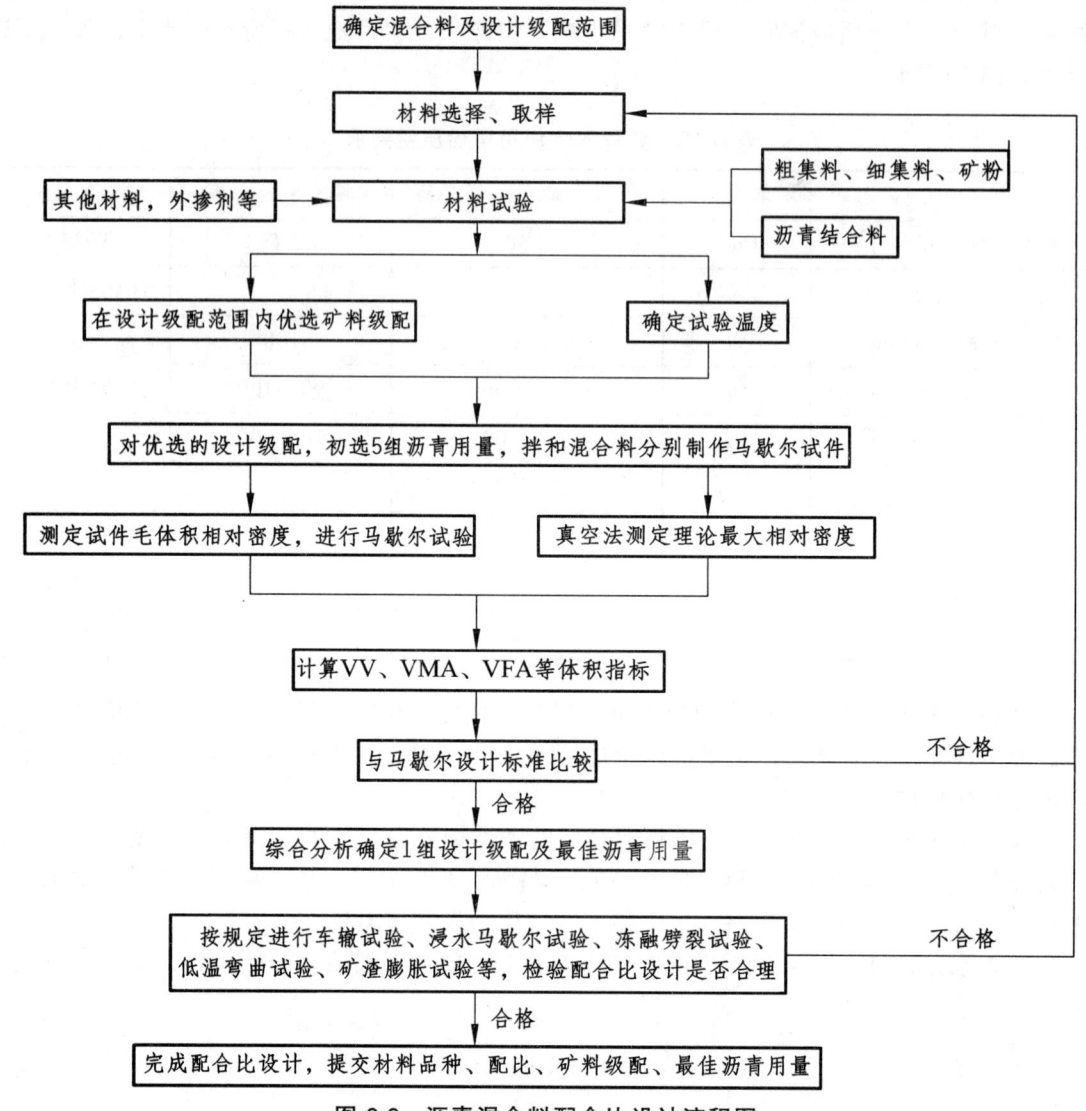

图 6.6　沥青混合料配合比设计流程图

## 一、矿质混合料的组成设计

道路与桥梁用砂石材料，大多数是以矿质混合料的形式与各种结合料（如水泥或沥青等）组成混合料使用。欲使水泥混凝土和沥青混合料具备优良的路用性能，除各种矿质集料的技术性质应符合技术要求外，矿质混合料还必须具有足够的密实度，并且有较高的内摩阻力。可以根据级配理论，计算出需要的矿质混合料的级配范围，但是为了应用已有的研究成果和实践经验，通常是采用规范推荐的矿质混合料级配范围来确定。按我国现行国标《公路沥青路面施工技术规范》（JTG F40—2004）的规定，按下列步骤进行：

## （一）沥青混合料类型和矿料级配的确定

根据道路等级、路面类型、路面结构层位等，按照表 6.14 选择使用的沥青混合料类型，再根据已确定的沥青混合料类型，查阅规范推荐的矿质混合料级配范围，见表 6.15，确定相应的矿质混合料级配范围，也可以根据试验研究成果选择其他的沥青混合料类型及相应的级配范围，经技术经济认证后确定。

表 6.14 沥青混合料类型

| 结构层次 | 高速公路、一级公路、城市快速路、主干路 | | | | | 其他等级公路 | | 一般城市道路及其他道路工程 | | | |
|---|---|---|---|---|---|---|---|---|---|---|---|
| | 三层式路面 | | | 二层式路面 | | | | | | | |
| 上面层 | AC-13<br>AC-16<br>AC-20 | AK-13<br>AK-16 | SMA-13<br>SMA-16 | AC-13<br>AC-16 | AK-13<br>AK-16 | SMA-13<br>SMA-16 | AC-13<br>AC-16 | SMA-13<br>SMA-16 | AC-13<br>AC-16<br>AC-20 | AK-13<br>AK-16 | SMA-13<br>SMA-16 |
| 中面层 | AC-20<br>AC-25 | | | — | | | — | | AC-20<br>AC-25 | | |
| 下面层 | AC-25<br>AC-30 | | | AC-20<br>AC-25<br>AC-30 | | | AC-20<br>AC-25<br>AC-30 | AM-25<br>AM-30 | AC-25<br>AC-30 | AM-25<br>AM-30 | |

表 6.15 沥青混合料矿料级配范围

| 级配类型 | | 通过下列筛孔（方孔筛，mm）的质量百分率/% | | | | | | | | | | | | |
|---|---|---|---|---|---|---|---|---|---|---|---|---|---|---|
| | | 53.0 | 37.5 | 31.5 | 26.5 | 19.0 | 16.0 | 13.2 | 9.5 | 4.75 | 2.36 | 1.18 | 0.6 | 0.3 | 0.15 | 0.075 |
| 密级配沥青混凝土混合料 AC | | | | | | | | | | | | | | | | |
| 粗粒式 | AC-25 | | | 100 | 90~100 | 75~90 | 65~83 | 57~76 | 46~65 | 24~52 | 16~42 | 12~33 | 8~24 | 5~17 | 4~13 | 3~7 |
| 中粒式 | AC-20 | | | | 100 | 90~100 | 78~92 | 62~80 | 50~72 | 26~56 | 16~44 | 12~33 | 8~24 | 5~17 | 4~13 | 3~7 |
| | AC-16 | | | | | 100 | 90~100 | 76~92 | 60~80 | 34~62 | 20~48 | 13~36 | 9~26 | 7~18 | 5~14 | 4~8 |
| 细粒式 | AC-13 | | | | | | 100 | 90~100 | 68~85 | 38~68 | 24~50 | 15~38 | 10~28 | 7~20 | 5~15 | 4~8 |
| | AC-10 | | | | | | | 100 | 90~100 | 45~75 | 30~58 | 20~44 | 13~32 | 9~23 | 6~16 | 4~8 |
| 砂粒 | AC-5 | | | | | | | | 100 | 90~100 | 55~75 | 35~55 | 20~40 | 12~28 | 7~18 | 5~10 |
| 密级配沥青稳定碎石 ATB | | | | | | | | | | | | | | | | |
| 特粗 | ATB-40 | 100 | 90~100 | 75~92 | 65~85 | 49~71 | 43~63 | 37~57 | 30~50 | 20~40 | 15~32 | 10~25 | 8~18 | 5~14 | 3~10 | 2~6 |
| 粗粒式 | ATB-30 | | 100 | 90~100 | 70~90 | 53~72 | 44~66 | 39~60 | 31~51 | 20~40 | 15~32 | 10~25 | 8~18 | 5~14 | 3~10 | 2~6 |
| | ATB-25 | | | 100 | 90~100 | 60~80 | 48~68 | 42~62 | 32~52 | 20~40 | 15~32 | 10~25 | 8~18 | 5~14 | 3~10 | 2~6 |

续表

| 级配类型 | | 通过下列筛孔（方孔筛，mm）的质量百分率/% | | | | | | | | | | | | |
|---|---|---|---|---|---|---|---|---|---|---|---|---|---|---|
| | | 53.0 | 37.5 | 31.5 | 26.5 | 19.0 | 16.0 | 13.2 | 9.5 | 4.75 | 2.36 | 1.18 | 0.6 | 0.3 | 0.15 | 0.075 |
| 半开级配沥青稳定碎石 AM | | | | | | | | | | | | | | | | |
| 中粒式 | AM-20 | | | | 100 | 90~100 | 60~85 | 50~75 | 40~65 | 15~40 | 5~22 | 2~16 | 1~12 | 0~10 | 0~8 | 0~5 |
| | AM-16 | | | | | 100 | 90~100 | 60~85 | 45~68 | 18~40 | 6~25 | 3~18 | 1~14 | 0~10 | 0~8 | 0~5 |
| 细粒式 | AM-13 | | | | | | 100 | 90~100 | 50~80 | 20~45 | 8~28 | 4~20 | 2~16 | 0~10 | 0~8 | 0~6 |
| | AM-10 | | | | | | | 100 | 90~100 | 35~65 | 10~35 | 5~22 | 2~16 | 0~12 | 0~9 | 0~6 |
| 开级配沥青稳定碎石 ATPB | | | | | | | | | | | | | | | | |
| 特粗 | ATPB-40 | 100 | 70~100 | 65~90 | 55~85 | 43~75 | 32~70 | 20~65 | 12~50 | 0~3 | 0~3 | 0~3 | 0~3 | 0~3 | 0~3 | 0~3 |
| 粗粒式 | ATPB-30 | | 100 | 80~100 | 70~95 | 53~85 | 36~80 | 26~75 | 14~60 | 0~3 | 0~3 | 0~3 | 0~3 | 0~3 | 0~3 | 0~3 |
| | ATPB-25 | | | 100 | 80~100 | 60~100 | 45~90 | 30~85 | 16~70 | 0~3 | 0~3 | 0~3 | 0~3 | 0~3 | 0~3 | 0~3 |
| 开级配排水性磨耗层混合料 | | | | | | | | | | | | | | | | |
| 中粒式 | OGFC-16 | | | | | 100 | 90~100 | 70~90 | 45~70 | 12~30 | 10~22 | 6~18 | 4~15 | 3~12 | 3~8 | 2~6 |
| 细粒式 | OGFC-13 | | | | | | 100 | 90~100 | 60~80 | 12~30 | 6~18 | 4~15 | 3~12 | 3~8 | 2~6 | |
| | OGFC-10 | | | | | | | 100 | 90~100 | 50~70 | 10~22 | 6~18 | 4~15 | 3~12 | 3~8 | 2~6 |
| 传统的 AC-Ⅰ型沥青混合料 | | | | | | | | | | | | | | | | |
| 粗粒式 | AC-301 | | 100 | 90~100 | 79~92 | 66~82 | 59~77 | 52~72 | 43~63 | 32~52 | 25~42 | 18~32 | 13~25 | 8~18 | 5~13 | 3~7 |
| | AC-251 | | | 100 | 95~100 | 75~60 | 62~80 | 53~73 | 43~63 | 32~52 | 25~42 | 18~32 | 13~25 | 8~18 | 5~13 | 3~7 |
| 中粒式 | AC-201 | | | | 100 | 95~100 | 75~90 | 62~80 | 52~72 | 38~58 | 28~46 | 20~34 | 15~27 | 10~20 | 6~14 | 4~8 |
| | AC-161 | | | | | 100 | 95~100 | 75~90 | 58~78 | 42~63 | 32~50 | 22~37 | 16~28 | 11~21 | 7~15 | 4~8 |
| 细粒式 | AC-131 | | | | | | 100 | 95~100 | 70~88 | 48~68 | 36~53 | 24~41 | 18~30 | 12~22 | 8~16 | 4~8 |
| | AC-101 | | | | | | | 100 | 95~100 | 55~75 | 38~58 | 26~43 | 17~33 | 10~24 | 6~16 | 4~9 |
| 砂粒式 | AC-51 | | | | | | | | 100 | 95~100 | 55~75 | 35~55 | 20~40 | 12~28 | 7~18 | 5~10 |

## （二）矿质混合料配合比计算

所谓的矿质混合料就是能够满足级配要求的各种粒径材料的集合体，简称矿料。

在水泥混凝土或沥青混合料中，所用集料颗粒的粒径尺寸范围较大，而天然或人工轧制的一种集料往往仅由几种粒径尺寸的颗粒组成，难以满足工程对某一混合料的目标设计级配范围的要求，因此需要将两种或两种以上的集料配合使用。

确定几种集料混合时各自比例的过程就是矿料的组成设计。

进行矿质混合料组成设计，必须首先明确目标级配范围，并应掌握级配组成对矿料技术性能的影响。

### 1. 级配理论和级配范围的确定

1）集料级配的表示方法

（1）筛分试验。采用标准套筛对集料进行筛分，以确定集料粗细颗粒的分布即级配就是所谓筛分试验。通过筛分试验，求得集料试样的级配参数。

（2）集料的级配曲线。

① 级配曲线的绘制。为了直观形象地表示矿料各粒径的颗粒分布状况，常常采用级配曲

线的方式来描述矿料级配。做法是以通过量的百分率为纵坐标,筛孔尺寸(也表示矿料不同颗粒的粒径)为横坐标,将各筛上的通过量绘制在坐标图中,然后用曲线将各点连接起来,成为所谓的级配曲线。

由于标准套筛的筛孔分布是按 1/2 递减的方式设置,在描绘横坐标的筛孔位置时,造成前疏后密的问题,以至到小孔径时无法清楚地将其位置确定。所以在绘制级配曲线的横坐标时采用对数坐标(而相应纵坐标上的通过量仍采用常坐标),以方便级配曲线图的绘制。如图 6.7 所示。

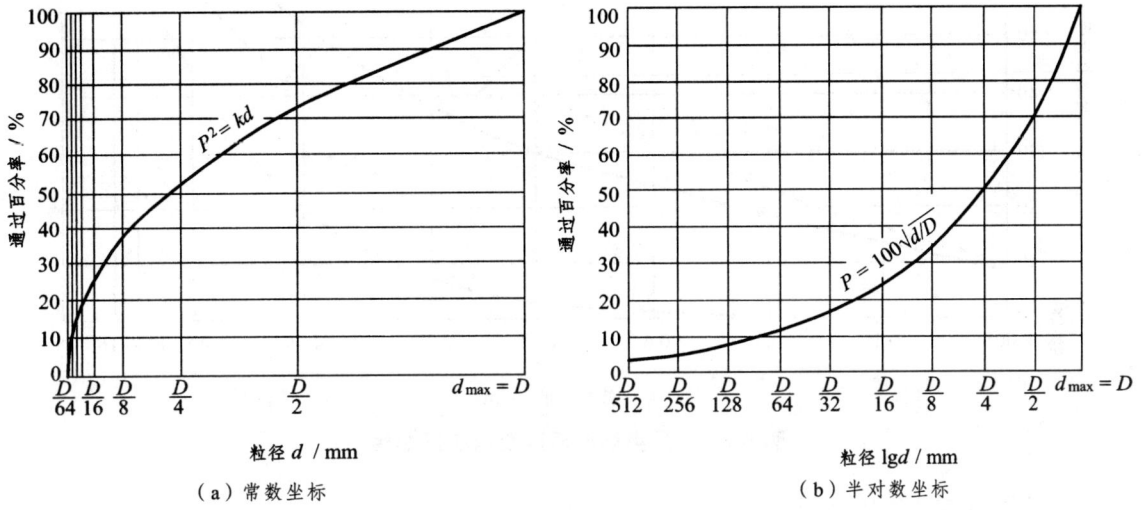

图 6.7 集料级配曲线示意图

② 级配曲线类型。粗细不同的粒径按照一定的比例组合搭配在一起,以达到较高的密实程度,根据搭配组成的结果,可得到以下几种不同级配形式:

• 连续级配:连续级配是某一矿料在标准套筛中进行筛分后,矿料的颗粒由大到小连续分布,每一级都占有适当的比例。这种由大到小逐级粒径都有,并按比例互相搭配组成的矿质混合料,称为连续级配混合料。

• 间断级配:在矿料颗粒分布的整个区间里,从中间剔除一个或连续几个粒级,形成一种不连续的级配,称为所谓的间断级配。

• 连续开级配:整个矿料颗粒分布范围较窄,从最大粒径到最小粒径仅在数个粒级上以连续的形式出现,形成所谓的连续开级配。

不同级配类型的级配曲线如图 6.8 所示。

2) 级配组成对矿料性能的影响

矿料的级配组成直接决定矿料的两大特点:矿料密实度和矿料颗粒间内摩阻力。从而影响到水泥混凝土或沥青混合料的强度、耐久性和施工和易性。

在混合料中是以结合料(水泥或沥青)来填充集料的空隙并包裹集料。所以,集料空隙越大,填充集料颗粒空隙所需的结合料越多;集料的总表面积越大,包裹集料颗粒所需的结合料越多。从节约结合料的角度考虑,最好采用空隙较小、总表面积也较小的集料。此外,若各粒级集料颗粒在相互排列时,能够互相嵌锁又不互相干涉,形成紧密多级嵌挤的空间骨架结构，则集料颗粒间将具有较大的内摩阻力。

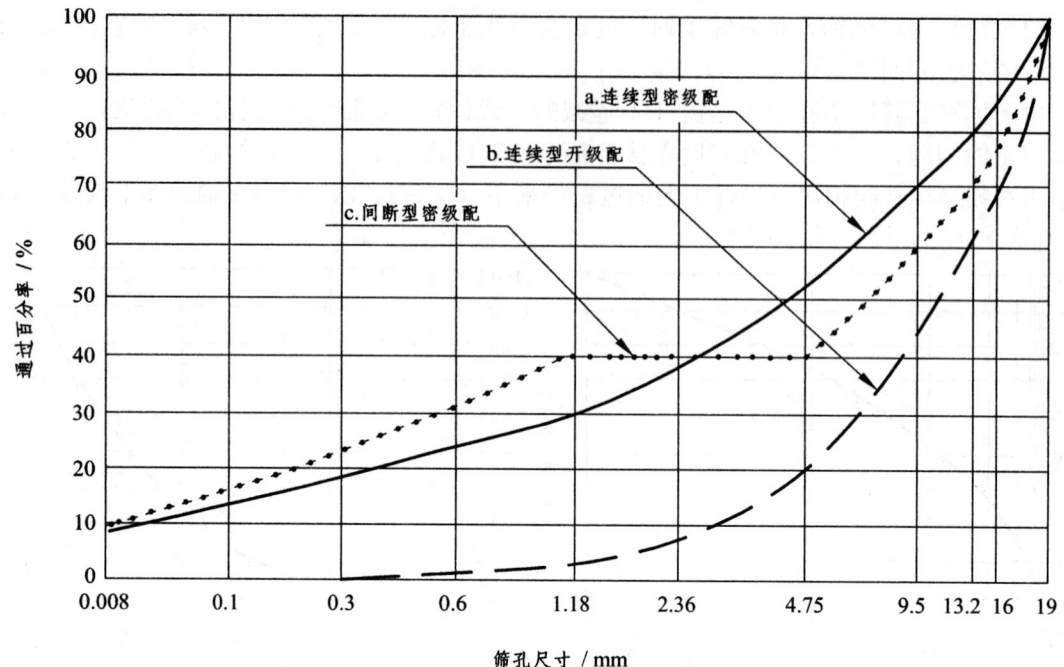

图 6.8　3 种类型矿质混合料级配曲线

3）矿料连续级配的计算

实践中针对连续级配各级粒径矿料数量的计算大多采用最大密度曲线理论，该理论认为，当矿料的颗粒级配曲线越接近抛物线，则其密度越大。根据该理论，当矿料的级配曲线为抛物线时，最大密度理想曲线可用颗粒粒径与通过量按下式表示：

$$P^2 = kd \tag{6-2}$$

式中：$P$——各级颗粒粒径集料的通过量，%；

$d$——矿料各级颗粒粒径，mm；

$k$——常数。

当颗粒粒径 $d$ 等于最大粒径 $D$ 时，则通过量 $P=100\%$，即 $d=D$ 时，$P=100$。

所以：

$$k = 100^2 \cdot \frac{1}{D} \tag{6-3}$$

当希望计算任何一级颗粒粒径 $d$ 的通过量 $P$ 时，则计算公式为：

$$P = 100\sqrt{\frac{d}{D}} \tag{6-4}$$

或

$$P = 100\left(\frac{d}{D}\right)^{0.5} \tag{6-5}$$

式中：$d$——希望计算的某级集料粒径，mm；

$D$——矿质混合料的最大粒径，mm；

$P$——希望计算的某级集料的通过量，%。

上式是最大密度理想曲线的级配组成计算公式，根据此公式可以计算出某矿料达到最大密度时各级颗粒粒径的通过量。

但在实际应用过程中，这一公式的指数并不一定固定为 0.5。对于沥青混合料，当指数是 0.45 时的密度最大；对于水泥混凝土，指数在 0.25~0.45 时工作性更好。因此，矿料的级配计算公式的指数通常在 0.3~0.7 之间，允许矿料的级配曲线在一定的范围内变动，所以上述最大密度曲线公式采用 $n$ 次幂的通式来表达。即：

$$P = 100\left(\frac{d}{D}\right)^n \quad (6\text{-}6)$$

所以，当某一矿料的最大粒径、相应的指数确定时，则该矿料在各级上的颗粒数量就可通过此公式计算得到。

由于矿料在轧制生产过程中的不均匀性，以及混合料在配制时的波动误差等原因，使所配制的混合料难以与理论级配完全吻合一致。因此，必须允许配料时的合成级配可以在一定的范围内波动，从而提出级配范围的概念。即分别根据两个不同的指数 $n_1$ 和 $n_2$ 所确定的级配结果，以及由各级配所绘制的级配曲线，构成级配范围。实际级配合成时，只要得出的合成级配结果位于要求的级配范围之间，则认为该合成级配基本满足设计级配的要求。

**2. 矿料配合比设计方法**

矿料配合比设计就是根据实际工程中现有的各种集料的级配参数（即筛分结果），针对设计要求或技术规范要求，采用一定的方法确定各规格集料在合成矿料中所占比例的过程。

常用的设计方法有：试算法、图解法（修正平衡面积法）。两种方法各有特点，前者计算简便、快捷，但要熟练掌握级配参数的含义，对 3 种以内的矿料设计较适宜；后者简单易掌握，适合多种矿料计算，但计算稍嫌麻烦。

1）数解法——试算法设计步骤

(1) 建立基本计算方程。欲配制矿质混合料 M，混合料 M 在相应筛孔上的分计筛余百分率为 $a_{M(i)}$。设 A、B、C 3 种集料在混合料中的比例分别是 $X$、$Y$、$Z$，则得到下面两式：

$$X + Y + Z = 100 \quad (6\text{-}7)$$

$$a_{A(i)}X + a_{B(i)}Y + a_{C(i)}Z = a_{M(i)} \quad (6\text{-}8)$$

(2) 基本假设。在矿质混合料中，假定混合料中某一级粒径的颗粒仅由三种集料中的一种集料来提供，而其他两种集料中不含有这一粒径的颗粒，此时这两种集料相应的分计筛余百分率为 0。例如，设在 $i$ 粒级上仅 A 集料在此粒级上存在分计筛余，其他两个集料 B 和 C 的分计筛余全部是 0，从而简化计算过程。

(3) 计算。根据上述假设，得 $a_{B(i)} = a_{C(i)} = 0$，带入式 (6-8)，得 $a_{A(i)} X = a_{M(i)}$，则 A 集料在混合料中所占的比例为：

$$X = \frac{a_{M(i)}}{a_{A(i)}} \times 100 \tag{6-9}$$

同理，按此假设在计算 C 集料在混合料中的比例时，在 $j$ 粒级上其他两个集料 A 和 B 在该粒级上的分计筛余百分率也是 0，得 $a_{C(j)}Z = a_{M(j)}$，则 C 集料在混合料中比例为：

$$Z = \frac{a_{M(j)}}{a_{C(j)}} \times 100 \tag{6-10}$$

最后，由式（6-7）得到 B 集料在混合料中的用量比例为：

$$Y = 100 - X - Z \tag{6-11}$$

（4）校核配合比。对以上计算得到的各集料的比例即配合比进行验算，如得到的合成级配不在所要求的级配范围内，应调整初步配合比重新验算，直到满足级配要求为止。

（5）调整配合比。矿质混合料的合成级配应根据下列要求作必要的配合比调整：

① 通常情况下，合成级配曲线宜尽量接近设计级配中值，尤其应使 0.075 mm、2.36 mm、4.75 mm 筛孔的通过量尽量接近设计级配范围的中限；

② 对于高速公路、一级公路、城市快速道、主干道等交通量大、轴载重的道路，合成级配可以考虑偏向级配范围的下（粗）限，而对于中、轻交通量或人行道路等，合成级配宜于偏向级配范围上（细）限；

③ 合成级配曲线应尽量接近连续的或合理的间断级配，但不应有过多的犬牙交错。当经过反复调整仍有两个以上的筛孔超出设计级配范围时，必须对原材料进行调整或更换原材料重新设计。

**[例题 6.1]** 现有碎石、砂和矿粉三种集料，经筛析试验各集料的分计筛余百分率列于表 6.16，并列出按推荐要求设计混合料的级配范围，试求碎石、砂和矿粉三种集料在要求级配混合料中的用量比例。

**表 6.16 原有集料的分计筛余和混合料要求的级配范围**

| 筛孔尺寸 $d_i$ /mm | 碎石分计筛余 $a_{A(i)}$/% | 砂分计筛余 $a_{B(i)}$/% | 矿粉分计筛余 $a_{C(i)}$/% | 矿质混合料要求级配范围通过百分率/% |
|---|---|---|---|---|
| 13.2 | 0.8 | — | — | 100 |
| 4.75 | 60.0 | — | — | 63～78 |
| 2.36 | 23.5 | 10.5 | — | 40～63 |
| 1.18 | 14.4 | 22.1 | — | 30～53 |
| 0.6 | 1.3 | 19.4 | 4.0 | 22～45 |
| 0.3 | — | 36.0 | 4.0 | 15～35 |
| 0.15 | — | 7.0 | 5.5 | 12～30 |
| 0.075 | — | 3.0 | 3.2 | 10～25 |
| <0.075 | — | 2.0 | 83.3 | — |

**解:**

(1) 先将矿质混合料要求级配范围的通过百分率换算为分计筛余百分率,计算结果列于表 6.17,并设碎石、砂、矿粉的配合比为 $X$、$Y$、$Z$。

(2) 由表 6.17 可知,碎石中 4.75 mm 粒径颗粒含量占优势,假设混合料中 4.75 mm 的粒径全部由碎石提供,$a_{B(4.75)} = a_{C(4.75)} = 0$,由式 (6-9) 可得碎石在矿质混合料中的用量比例:

$$X = \frac{a_{M(4.75)}}{a_{A(4.75)}} \times 100 = \frac{29.5}{60.0} \times 100 = 49$$

**表 6.17 原有集料和要求级配范围的分计筛余**

| 筛孔尺寸 $d_i$/mm | 碎石的分计筛余 $a_{A(i)}$/% | 砂的分计筛余 $a_{B(i)}$/% | 矿粉的分计筛余 $a_{C(i)}$/% | 要求级配范围通过率的中值 $P_{(i)}$/% | 要求级配范围累计筛余中值 $A_{(i)}$/% | 要求级配范围分计筛余中值 $M_{(i)}$/% |
|---|---|---|---|---|---|---|
| 13.2 | 0.8 | — | — | — | — | — |
| 4.75 | 60.0 | — | — | 70.5 | 29.5 | 29.5 |
| 2.36 | 23.5 | 10.5 | — | 51.5 | 48.5 | 19.0 |
| 1.18 | 14.4 | 22.1 | — | 41.5 | 58.5 | 10.0 |
| 0.6 | 1.3 | 19.4 | 4.0 | 33.5 | 66.5 | 8.0 |
| 0.3 | — | 36.0 | 4.0 | 25.0 | 75.0 | 8.5 |
| 0.15 | — | 7.0 | 5.5 | 21.0 | 79.0 | 4.0 |
| 0.075 | — | 3.0 | 3.2 | 17.5 | 82.5 | 3.5 |
| <0.075 | — | 2.0 | 83.3 | — | 100.0 | 17.5 |

(3) 同理,由表 6.17 可知,矿粉中 < 0.075 mm 粒径颗粒含量占优势,忽略碎石和砂中此粒径颗粒的含量,即 $a_{A(<0.075)} = a_{B(<0.075)} = 0$,则由式 (6-10) 可得矿粉在矿质混合料中的用量比例:

$$Z = \frac{a_{M(<0.075)}}{a_{C(<0.075)}} \times 100 = \frac{17.5}{83.3} \times 100 = 21$$

(4) 由式 (6-11) 可得砂在矿质混合料中的用量比例:

$$Y = 100 - (X + Z) = 100 - (49 + 21) = 30$$

(5) 校核。以试算所得配合比 $X = 49$,$Y = 30$,$Z = 21$,按表 6.18 进行校核。

根据校核结果符合级配范围要求。如不符合级配范围,应调整配合比再进行试算,经几次调整,逐步接近,直至达到要求。如经计算确实不能符合级配要求,应调整或增加集料品种。

表 6.18 矿质混合料配合组成计算校核

| 筛孔尺寸 $d_i$/mm | 碎石 原来级配分计筛余 $a_{A(i)}$/% | 用量比例 $X$/% | 占混合料百分率 $a_{A(i)}X$/% | 砂 原来级配分计筛余 $a_{B(i)}$/% | 用量比例 $Y$/% | 占混合料百分率 $a_{B(i)}Y$/% | 矿粉 原来级配分计筛余 $a_{C(i)}$/% | 用量比例 $Z$/% | 占混合料百分率 $a_{C(i)}Z$/% | 矿质混合料 分计筛余 $M_{(i)}$/% | 累计筛余 $A_{(i)}$/% | 通过率 $P_{(i)}$/% | 级配范围通过率/% |
|---|---|---|---|---|---|---|---|---|---|---|---|---|---|
| 13.2 | 0.8 | | 0.4 | — | | — | — | | — | 0.4 | 0.4 | 99.6 | 100 |
| 4.75 | 60.0 | | 29.4 | — | | — | — | | — | 29.4 | 29.8 | 70.2 | 63~78 |
| 2.36 | 23.5 | 49 | 11.5 | 10.5 | | 3.2 | — | | — | 14.7 | 44.5 | 55.5 | 40~63 |
| 1.18 | 14.4 | | 7.1 | 22.1 | | 6.6 | — | | — | 13.7 | 58.2 | 41.8 | 30~53 |
| 0.6 | 1.3 | | 0.6 | 19.4 | | 5.8 | 4.0 | | 0.8 | 7.2 | 65.4 | 34.6 | 22~45 |
| 0.3 | — | | — | 36.0 | 30 | 10.8 | 4.0 | | 0.8 | 11.6 | 77.0 | 23.0 | 15~35 |
| 0.15 | — | | — | 7.0 | | 2.1 | 5.5 | 21 | 1.2 | 3.3 | 80.3 | 19.7 | 12~30 |
| 0.075 | — | | — | 3.0 | | 0.9 | 3.2 | | 0.7 | 1.6 | 81.9 | 18.1 | 10~25 |
| <0.075 | — | | — | 2.0 | | 0.6 | 83.3 | | 17.5 | 18.1 | 100 | — | — |
| 校核 | Σ=100 | | Σ=49 | Σ=100 | | Σ=30 | Σ=100 | | Σ=21 | Σ=100 | | | |

2) 图解法设计步骤

(1) 准备工作。对所使用的各集料进行筛分，并计算出各自的通过量百分率。明确设计级配要求的级配范围，并计算出该要求级配范围的中值。

(2) 绘制框图。按比例（通常纵横边各为 100 mm 和 150 mm）绘制一矩形框图，从左下向右上引对角线 $OO'$ 作为合成级配的中值，如图 6.9 所示。按常数标尺在纵坐标上标出通过量百分率刻度，横坐标则表示筛孔位置，而各筛孔的具体位置则根据合成级配要求的通过量百分率中值，在纵坐标上找出该值的位置，然后从纵坐标引平行线与对角线相交，再从交点处向下作垂线，垂线与横坐标的相交点即为各筛孔相应位置。

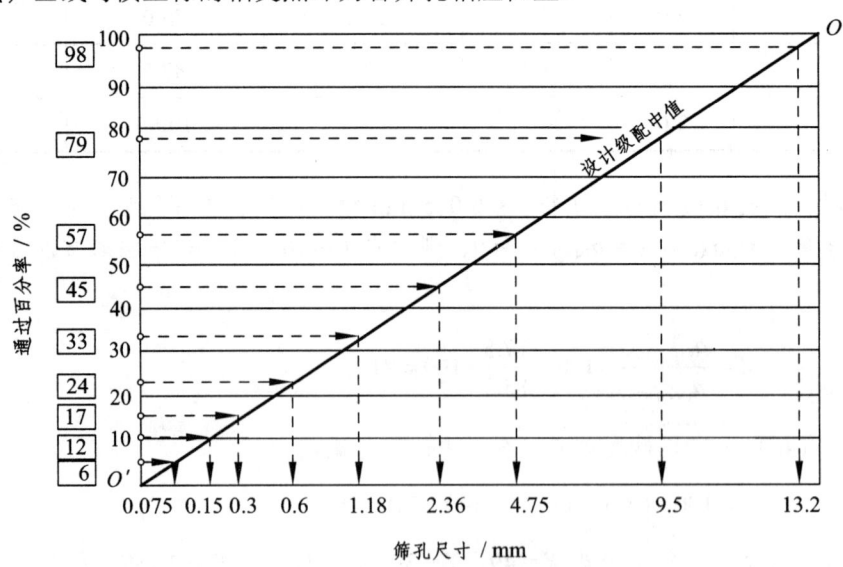

图 6.9 图解法用级配曲线坐标图

(3) 确定各集料用量。将参与级配合成的各集料的通过量绘制在框图中，用折线的形式连成级配曲线。假设以四种集料进行级配合成为例，如图 6.10 所示，根据框图中相邻两条曲线的关系，确定各集料在混合料中的掺配比例。

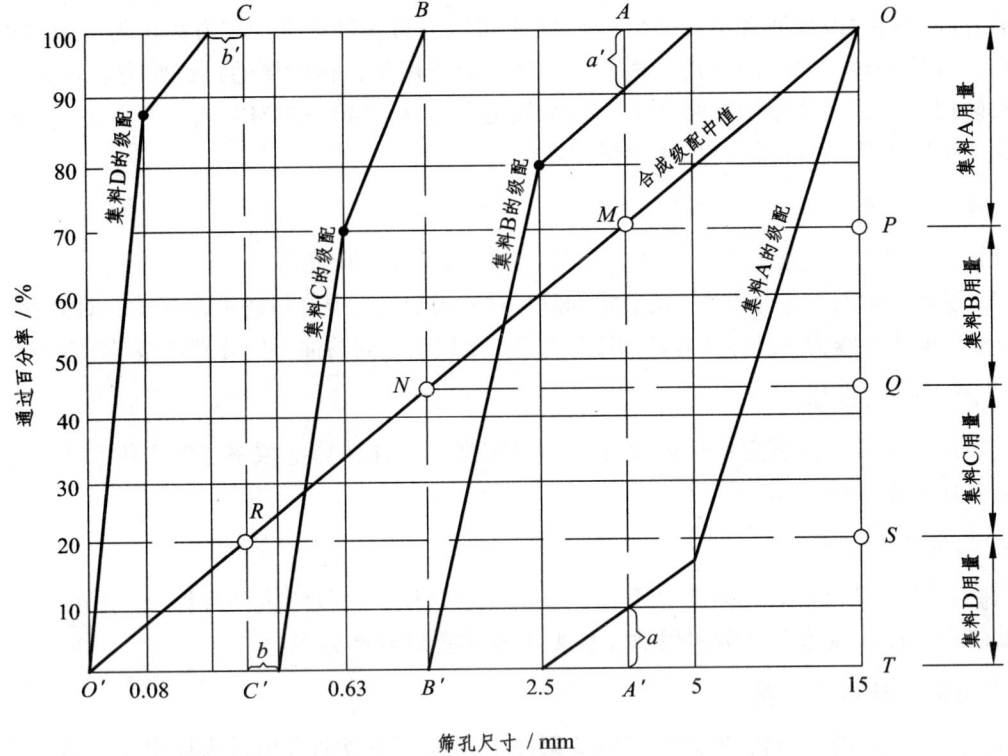

图 6.10 组成集料级配曲线和要求

① 重叠关系：相邻两条曲线相互重叠，图 6.10 中集料 A 的级配曲线下部与集料 B 的级配曲线上部搭接。在两条级配曲线之间引一条垂线 $AA'$，要求该垂线与集料 A、B 的级配曲线截距相等，即 $a = a'$。此时垂线 $AA'$ 与对角线 $OO'$ 相交于点 $M$，再通过点 $M$ 作一水平线与纵坐标交于 $P$ 点，$OP$ 线段的几何长度（以 mm 计）就是集料 A 的用量比例（%）。

② 相接关系：相邻两条曲线首尾相接，图 6.10 中集料 B 的末端与集料 C 的首端正好相接。此时只需从 C 集料的首端向 B 集料的末端引垂线 $BB'$，该垂线与对角线 $OO'$ 相交于点 $N$，过点 $N$ 作水平线与纵坐标交于点 $Q$，则 $PQ$ 线段的几何长度就是 B 集料的用量（%）。

③ 分离关系：相邻两条曲线分离，图 6.10 中集料 C 的级配曲线与集料 D 的级配曲线在水平方向彼此分离。此时作一条垂线 $CC'$ 平分这段水平距离，要求 $b = b'$。垂线 $CC'$ 与对角线 $OO'$ 交于点 $R$，通过该点作一水平线与纵坐标交于点 $S$，则 $QS$ 线段的几何长度就代表集料 C 的用量（%）。

剩余的 $ST$ 线段的几何长度即为集料 D 的用量。

可以说，框图中相邻集料级配曲线的关系只可能是这 3 种情况，但实际操作过程中以第一种关系即重叠关系最为常见。

（4）合成级配的计算与校核。与试算法相同，根据图解过程求得的各集料用量比例，计算出合成级配的结果。当合成级配超出级配范围时，说明图解法得到的比例不太合适，所以要调整各集料的用量，直到满足设计级配的要求为止。如经数次调整仍不能达到要求，可掺加单粒级集料或调换其他集料。

图解法的应用详见本章例 6.2。

## 二、确定沥青混合料的最佳沥青用量

沥青混合料的最佳沥青用量（简称 OAC）可以通过各种理论计算方法求得。但是由于实际材料性质的差异，按理论公式计算得到的最佳沥青用量，仍然要通过试验方法修正。

我国现行国标《公路沥青路面施工技术规范》（JTG F40—2004）规定的方法是采用马歇尔试验法确定最佳沥青用量。具体步骤如下：

### 1. 制备试样

（1）按确定的矿质混合料配合比，计算各种矿质材料的用量。

（2）以预估的油石比为中值，按一定间隔（对密级配沥青混合料通常为 0.5%，对沥青碎石混合料可适当缩小间隔为 0.3%~0.4%），取 5 个或 5 个以上不同的油石比分别成型马歇尔试件。

### 2. 测定物理指标

按规定的试验方法测定试件的毛体积相对密度等，并计算空隙率、沥青饱和度及矿料间隙率等（详见本章试验部分）。

### 3. 测定力学指标

为确定沥青混合料的最佳沥青用量，应用马歇尔稳定度仪测定沥青混合料的力学指标，如马歇尔稳定度、流值和马歇尔模数（详见本章主要试验部分）。

### 4. 确定最佳沥青用量

（1）绘制沥青用量与物理-力学指标关系图。以油石比或沥青用量为横坐标，以马歇尔试验的各项指标为纵坐标，将试验结果点入图中，连成圆滑的曲线。确定均符合规范规定的沥青混合料技术标准的沥青用量范围 $OAC_{min}$ ~ $OAC_{max}$（选择的沥青用量范围必须涵盖设计空隙率的全部范围，并尽可能涵盖沥青饱和度的要求范围，并使密度及稳定度曲线出现峰值）。

注：绘制曲线时含 VMA 指标，且应为下凹型曲线，但确定 $OAC_{min}$ ~ $OAC_{max}$ 时不包括 VMA。

（2）根据试验曲线的走势，按下列方法确定沥青混合料的最佳沥青用量 $OAC_1$。

① 曲线图 6.10 上求取相应于密度最大值、稳定度最大值、目标空隙率（或中值）、沥青饱和度范围中值的沥青用量 $a_1$、$a_2$、$a_3$、$a_4$，取平均值作为 $OAC_1$：

$$OAC_1 = (a_1 + a_2 + a_3 + a_4)/4 \tag{6-12}$$

② 如果所选择的沥青用量范围未能涵盖沥青饱和度的要求范围，按式（6-13）求取三者的平均值作为 $OAC_1$：

$$OAC_1 = (a_1 + a_2 + a_3)/3 \tag{6-13}$$

③ 对所选择试验的沥青用量范围，密度或稳定度没有出现峰值（最大值经常在曲线的两端）时，可直接以目标空隙率所对应的沥青用量 $a_3$ 作为 $OAC_1$，但 $OAC_1$ 必须介于 $OAC_{min}$ ~ $OAC_{max}$ 的范围内，否则应重新进行配合比设计。

（3）以各项指标均符合技术标准（不含 VMA）的沥青用量范围 $OAC_{min}$ ~ $OAC_{max}$ 的中值作为 $OAC_2$。

$$OAC_2 = (OAC_{min} + OAC_{max})/2 \tag{6-14}$$

（4）通常情况下取 $OAC_1$ 及 $OAC_2$ 的中值作为计算的最佳沥青用量 OAC。

$$OAC = (OAC_1 + OAC_2)/2 \tag{6-15}$$

（5）按式（6-15）计算的最佳油石比 OAC，从图 6.10 中得出所对应的空隙率和 VMA 值，检验是否能满足表 6.6 关于最小 VMA 值的要求（OAC 宜位于 VMA 凹形曲线最小值的贫油一侧。当空隙率不是整数时，最小 VMA 按内插法确定，并将其画入图 6.11 中）。

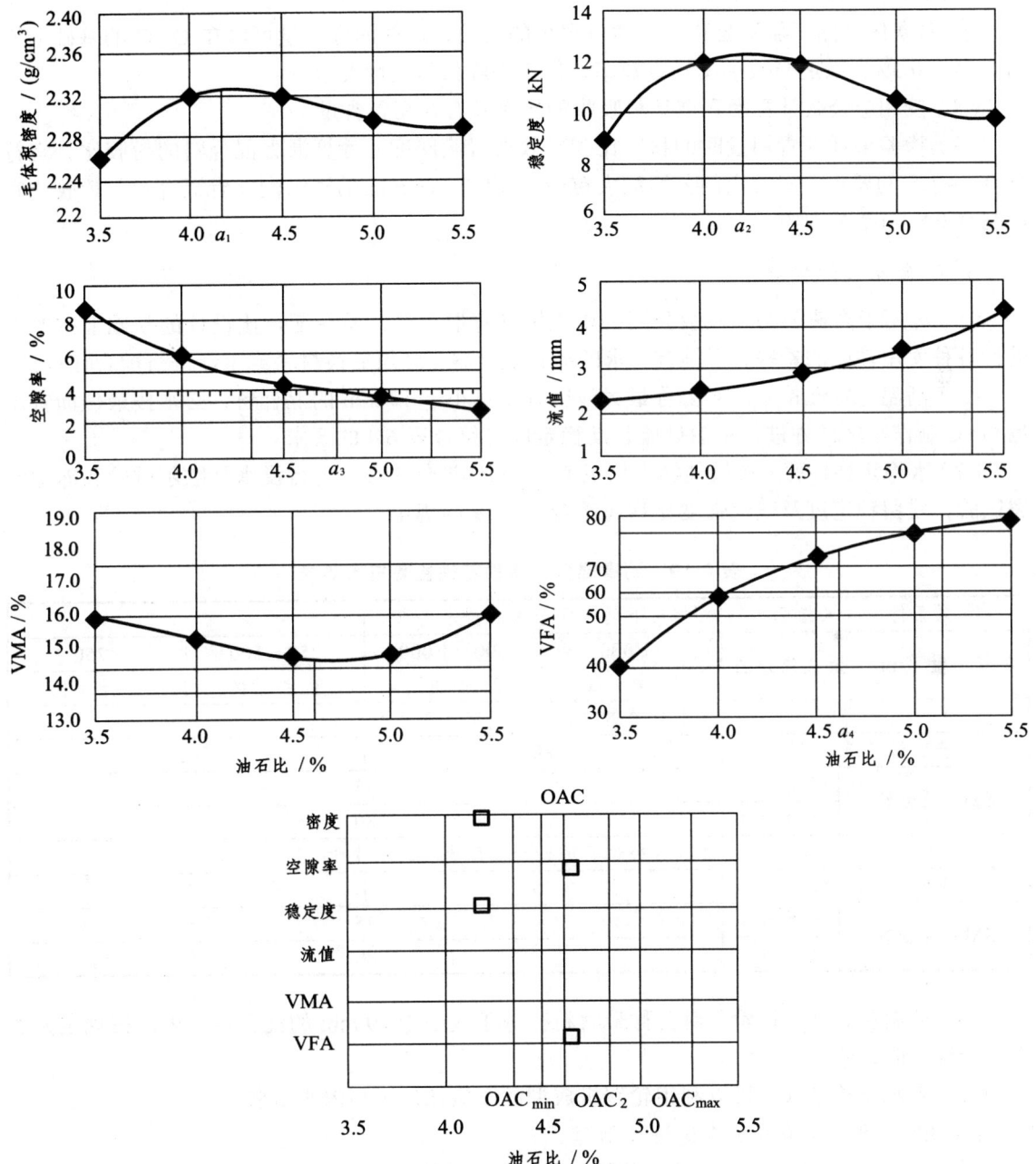

图 6.11 沥青用量与马歇尔试验结果关系图

注：图中 $a_1 = 4.2\%$，$a_2 = 4.25\%$，$a_3 = 4.8\%$，$a_4 = 4.7\%$，$OAC_1 = 4.49\%$（由 4 个平均值确定），$OAC_{min} = 4.3\%$，$OAC_{max} = 5.3\%$，$OAC_2 = 4.8\%$，$OAC = 4.64\%$。此例中相对于空隙率 4% 的油石比为 4.6%。

（6）检查图 6.11 中相应于此 OAC 的各项指标是否均符合马歇尔试验技术标准。

（7）根据实践经验和公路等级、气候条件、交通情况，调整确定最佳沥青用量 OAC。

① 调查当地各项条件相接近的工程的沥青用量及使用效果，论证适宜的最佳沥青用量。

② 对炎热地区公路以及高速公路、一级公路的重载交通路段，山区公路的长大坡度路段，预计有可能产生较大车辙时，宜在空隙率符合要求的范围内将计算的最佳沥青用量减小 0.1% ~ 0.5% 作为设计沥青用量。

③ 对寒区公路、旅游公路、交通量很少的公路，最佳沥青用量可以在 OAC 的基础上增加 0.1% ~ 0.3%，以适当减小设计空隙率，但不得降低压实度要求。

（8）按相应公式计算沥青被集料吸收的比例及有效沥青含量。

（9）检验最佳沥青用量时的粉胶比和有效沥青膜厚度（计算沥青混合料的粉胶比，宜符合 0.6 ~ 1.6 的要求。对常用的公称最大粒径为 13.2 ~ 19 mm 的密级配沥青混合料，粉胶比宜控制在 0.8 ~ 1.2 范围内）。

5. 配合比设计检验

（1）对用于高速公路和一级公路的密级配沥青混合料，需在配合比设计的基础上按要求进行各种使用性能的检验，不符合要求的沥青混合料，必须更换材料或重新进行配合比设计。

（2）高温稳定性检验。对公称最大粒径等于或小于 19 mm 的混合料，必须按最佳沥青用量 OAC 制作车辙试件进行车辙试验，动稳定度应符合表 6.4 的要求。

（3）水稳定性检验。按最佳沥青用量 OAC 制作试件，必须进行浸水马歇尔试验和冻融劈裂试验，残留稳定度及残留强度比均应符合表 6.19 的规定。

表 6.19 沥青混合料水稳定性检验技术要求

| 气候条件与技术指标 | | 相应下列气候分区的技术要求 | | | |
|---|---|---|---|---|---|
| 年降雨量（mm）及气候分区 | | >1 000 | 500 ~ 1 000 | 250 ~ 500 | <250 |
| | | 1. 潮湿区 | 2. 湿润区 | 3. 半干区 | 4. 干旱区 |
| 浸水马歇尔试验残留稳定度/%，不小于 | | | | | |
| 普通沥青混合料 | | 80 | | 75 | |
| SMA 混合料 | 普通沥青 | 75 | | | |
| | 改性沥青 | 80 | | | |
| 冻融劈裂试验的残留强度比/%，不小于 | | | | | |
| 普通沥青混合料 | | 75 | | 70 | |
| SMA 混合料 | 普通沥青 | 75 | | | |
| | 改性沥青 | 80 | | | |

（4）低温抗裂性能检验。对公称最大粒径等于或小于 19 mm 的混合料，可以按规定方法进行低温弯曲试验。

（5）渗水系数检验。可以利用轮碾机成型的车辙试件进行渗水试验。

[例 6.2] 沥青混合料配合比设计例题。

[题目] 试设计某高速公路沥青混凝土路面用沥青混合料的配合组成。

[原始资料]

（1）该高速公路沥青路面为三层式结构的上面层。

（2）气候条件：最高月平均气温为31℃，最低月平均气温为-8℃，年降水量为1 500 mm。

（3）材料性能。

① 沥青材料。可供应50号、70号和90号的道路石油沥青，经检验技术性能均符合要求。

② 矿质材料。碎石和石屑，石灰石轧制碎石，饱水抗压强度120 MPa，洛杉矶磨耗率12%，黏附性（水煮法）5级，视密度2 700 kg/m³。砂：洁净海砂，细度模数属中砂，含泥量及泥块量均<1%，视密度2 650 kg/m³。矿粉：石灰石磨细石粉，粒度范围符合技术要求，无团粒结块，视密度2 580 kg/m³。

[设计要求]

（1）根据道路等级、路面类型和结构层位确定沥青混凝土的矿质混合料的级配范围。根据现有各种矿质材料的筛析结果，用图解法确定各种矿质材料的配合比。

（2）根据选定的矿质混合料类型相应的沥青用量范围，通过马歇尔试验，确定最佳沥青用量。

（3）根据高速公路用沥青混合料要求，对矿质混合料的级配进行调整，沥青用量按水稳定性检验和抗车辙能力校核。

**解：**

1. 矿质混合料配合组成设计

（1）确定沥青混合料类型。由题给道路等级为高速公路，路面类型为沥青混凝土，路面结构为三层式沥青混凝土上面层，为使上面层具有较好的抗滑性，按表6.14选用细粒式密级配（AC-13）沥青混凝土混合料。

（2）确定矿质混合料级配与范围。细粒式密级配沥青混凝土的矿质混合料级配范围见表6.20。

**表6.20　矿质混合料要求级配范围**

| 混合料类型和级配 | 筛孔尺寸/mm | | | | | | | | | |
|---|---|---|---|---|---|---|---|---|---|---|
| | 16 | 13.2 | 9.5 | 4.75 | 2.36 | 1.18 | 0.6 | 0.3 | 0.15 | 0.075 |
| | 通过百分率/% | | | | | | | | | |
| 细粒式沥青混凝土（AC-13）级配范围 | 100 | 90~100 | 68~85 | 38~68 | 24~50 | 15~38 | 10~28 | 7~20 | 5~15 | 4~8 |
| 细粒式沥青混凝土（AC-13）级配中值 | 100 | 95 | 76.5 | 53 | 37 | 26.5 | 19 | 13.5 | 10 | 6 |

（3）矿质混合料配合比计算。

① 组成材料筛析试验。根据现场取样，碎石、石屑、砂和矿粉等原材料筛分结果列于表6.21。

**表6.21　组成材料筛析试验结果表**

| 材料名称 | 筛孔尺寸（方孔筛）/mm | | | | | | | | | |
|---|---|---|---|---|---|---|---|---|---|---|
| | 16.0 | 13.2 | 9.5 | 4.75 | 2.36 | 1.18 | 0.6 | 0.3 | 0.15 | 0.075 |
| | 通过百分率/% | | | | | | | | | |
| 碎石 | 100 | 94 | 26 | 0 | 0 | 0 | 0 | 0 | 0 | 0 |
| 石屑 | 100 | 100 | 100 | 80 | 40 | 17 | 0 | 00 | 0 | 0 |
| 砂 | 100 | 100 | 100 | 100 | 94 | 90 | 76 | 38 | 17 | 0 |
| 矿粉 | 100 | 100 | 100 | 100 | 100 | 100 | 100 | 100 | 100 | 86 |

② 组成材料配合比计算。本例采用图解法进行矿质混合料配合比设计：

步骤1：绘制图解法用图。

绘制图解法用图6.12。根据表6.20中AC-13沥青混合料的级配中值数值，确定各筛孔尺寸在横坐标上的位置。然后将各档集料与矿粉的级配曲线绘制在图6.12中。

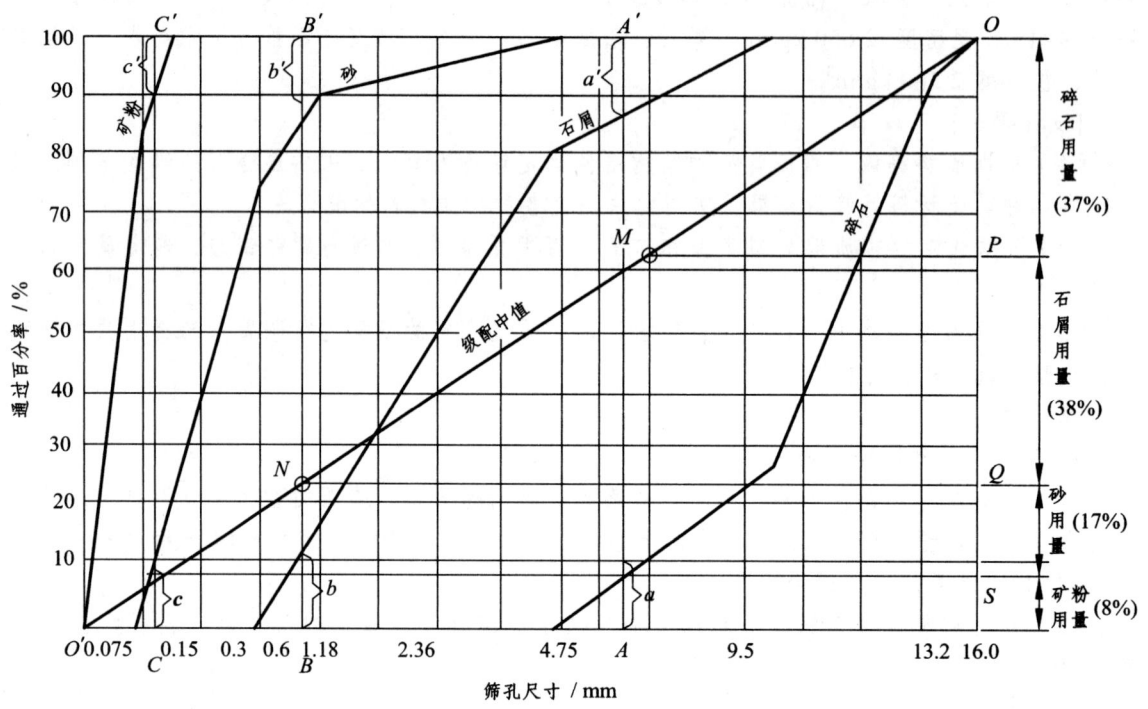

图6.12　矿质混合料配合比计算图

步骤2：确定各种集料用量。

在碎石集料与石屑集料级配曲线相重叠部分作一垂线 $AA'$，使垂线截取这两条级配曲线的纵坐标值相等（即 $a=a'$）。垂线 $AA'$ 与对角线 $OO'$ 有一交点 $M$，过 $M$ 引一水平线，与纵坐标交于 $P$ 点，$OP$ 的长度 $X=37\%$，即为碎石集料的用量。同理，求出石屑集料的用量 $Y=38\%$，砂集料的用量 $Z=17\%$，矿粉的用量 $W=8\%$。

步骤3：调整配合比。

由于高速公路交通量大、轴载重，为使沥青混合料具有较高的高温稳定性，合成级配曲线应偏向级配曲线范围的下限，为此应调整配合比。

经过组成配合比的调整，各种材料用量为：碎石∶石屑∶砂∶矿粉＝43%∶35%∶15%∶7%。此计算结果见表6.22中括号内数字。各种材料组成配合比计算见表6.22，再将表6.22计算所得合成级配绘于矿质混合料级配范围图（见图6.13）中。

由图中可以看出，调整后的合成级配曲线为一光滑平顺接近级配曲线下限的曲线。

2. 最佳沥青用量确定

（1）试件成型。

根据当地气候条件属于1-4夏炎热冬温区，采用70号沥青。

## 表 6.22 矿质混合料组成配合计算表

| 材料组成 | | 筛孔尺寸（方筛孔）/mm | | | | | | | | |
|---|---|---|---|---|---|---|---|---|---|---|
| | | 16.0 | 13.2 | 9.5 | 4.75 | 2.36 | 1.18 | 0.6 | 0.3 | 0.15 | 0.075 |
| | | 通过百分率/% | | | | | | | | | |
| 原材料级配 | 碎石100% | 100 | 94 | 26 | 0 | 0 | 0 | 0 | 0 | 0 | 0 |
| | 石屑100% | 100 | 100 | 100 | 80 | 40 | 17 | 0 | 0 | 0 | 0 |
| | 砂100% | 100 | 100 | 100 | 100 | 94 | 90 | 76 | 38 | 17 | 0 |
| | 矿粉100% | 100 | 100 | 100 | 100 | 100 | 100 | 100 | 100 | 100 | 86 |
| 各矿质材料在混合料中的级配 | 碎石37%（43%） | 37（43） | 34.8（40.4） | 9.6（11.2） | 0（0） | 0（0） | 0（0） | 0（0） | 0（0） | 0（0） | 0（0） |
| | 石屑38%（35%） | 38（35） | 38（35） | 38（35） | 30.4（28） | 15.2（14） | 6.5（5.9） | 0（0） | 0（0） | 0（0） | 0（0） |
| | 砂17%（15%） | 17（15） | 17（15） | 17（15） | 17（15） | 15.9（14.1） | 15.3（13.5） | 12.9（11.4） | 6.5（5.7） | 2.9（2.6） | 0（0） |
| | 矿粉8%（7%） | 8（7） | 8（7） | 8（7） | 8（7） | 8（7） | 8（7） | 8（7） | 8（7） | 8（7） | 6.9（6.0） |
| 合成级配 | | 100（100） | 97.8（97.4） | 72.6（68.2） | 55.4（50） | 39.1（35.1） | 29.8（26.4） | 20.9（18.4） | 14.5（12.7） | 10.9（9.6） | 6.9（6.0） |
| 级配范围 | (AC-13) | 100 | 90~100 | 68~85 | 38~68 | 24~50 | 15~38 | 10~28 | 7~20 | 5~15 | 4~8 |
| 级配中值 | | 100 | 95 | 76.5 | 53 | 37 | 26.5 | 19 | 13.5 | 10 | 6 |

注：括号内的数字为级配调整后的各项相应数值。

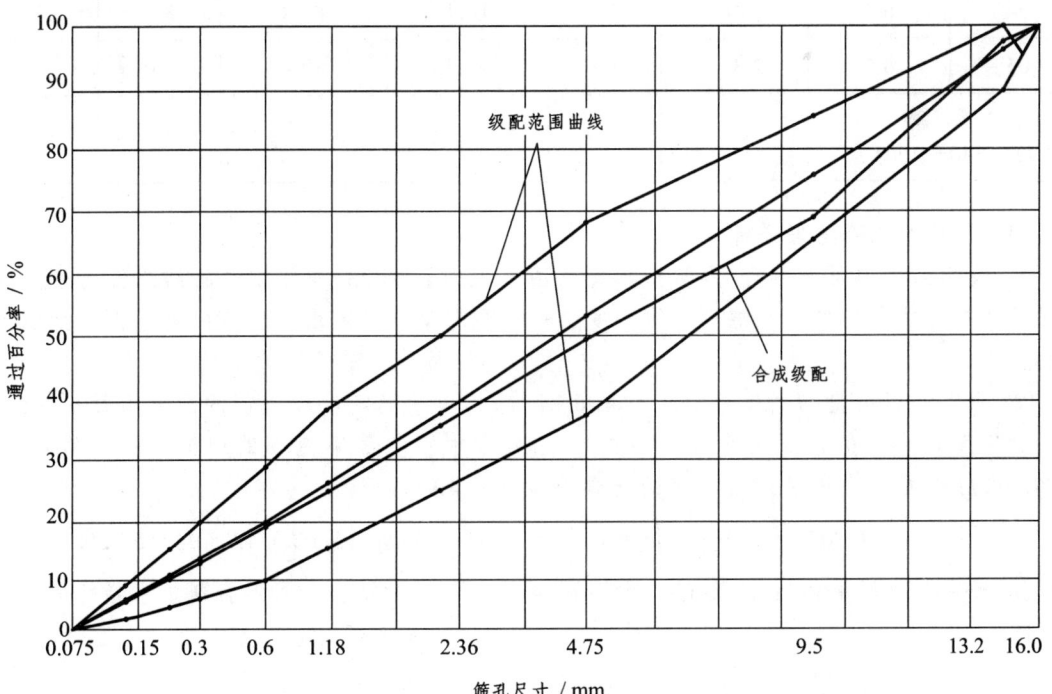

图 6.13 矿质混合料级配范围和合成级配图

根据经验,AC-13 型沥青混合料的沥青用量范围为 4.5%~6.5%。采用 0.5% 间隔变化,分别选择沥青用量 4.5%、5.0%、5.5%、6.0%、6.5% 拌制五组沥青混合料,按表 6.5 规定每面各击实 75 次成型五组试件。

(2)马歇尔试验。

① 物理指标测定。根据沥青混合料的材料组成,计算每个沥青用量下试件的理论最大密度。采用表干法测定试件的空气中质量和表干质量,计算试件的毛体积密度、矿料间隙率、沥青饱和度等体积参数指标,结果见表 6.23。

② 力学指标测定。测定物理指标后的试件,在 60℃ 温度下测定其马歇尔稳定度和流值。马歇尔试验结果列于表 6.23,表 6.23 中最后一行中的数据是规范对沥青混合料各项指标的技术要求,供对照评定。

表 6.23 马歇尔试验物理-力学指标测定结果汇总表

| 试件组号 | 沥青用量 /% | 技 术 性 质 | | | | | |
|---|---|---|---|---|---|---|---|
| | | 毛体积密度 $\rho_s/(g/cm^3)$ | 空隙率 VV /% | 矿料间隙率 VMA /% | 沥青饱和度 VFA /% | 稳定度 MS /kN | 流值 FL /0.1 mm |
| 01 | 4.5 | 2.353 | 6.4 | 16.7 | 61.7 | 7.8 | 21 |
| 02 | 5.0 | 2.378 | 4.7 | 16.3 | 71.2 | 8.6 | 25 |
| 03 | 5.5 | 2.392 | 3.4 | 16.2 | 79.0 | 8.7 | 32 |
| 04 | 6.0 | 2.401 | 2.3 | 16.4 | 85.8 | 8.1 | 37 |
| 05 | 6.5 | 2.396 | 1.8 | 17.0 | 89.4 | 7.0 | 44 |
| 技术标准(JTG F40—2004) | | — | 3~6 | 不小于 15 | 65~75 | 不小于 8 | 15~40 |

(3)马歇尔试验结果分析。

① 绘制沥青用量与物理-力学指标关系图。根据表 6.23 马歇尔试验结果汇总表,绘制沥青用量与毛体积密度、空隙率、饱和度、矿料间隙率、稳定度、流值的关系图,如图 6.14 所示。

② 确定沥青用量初始值 $OAC_1$。从图 6.14 得,相应于稳定度最大值的沥青用量 $a_1=5.4\%$,相应于密度最大值的沥青用量 $a_2=6.0\%$,相应于规定空隙率范围的中值的沥青用量 $a_3=5.1\%$,相应于沥青饱和度范围中值的沥青用量 $a_4=4.9\%$。

$$OAC_1 = (a_1 + a_2 + a_3 + a_4)/4 = (5.4\% + 6.0\% + 5.1\% + 4.9\%)/4 = 5.35\%$$

③ 确定沥青用量初始值 $OAC_2$。由图 6.14 得,各指标符合沥青混合料技术指标的沥青用量范围:

$$OAC_{min} = 4.6\%, \quad OAC_{max} = 5.3\%$$
$$OAC_2 = (OAC_{min} + OAC_{max})/2 = (4.6\% + 5.3\%) = 4.95\%$$

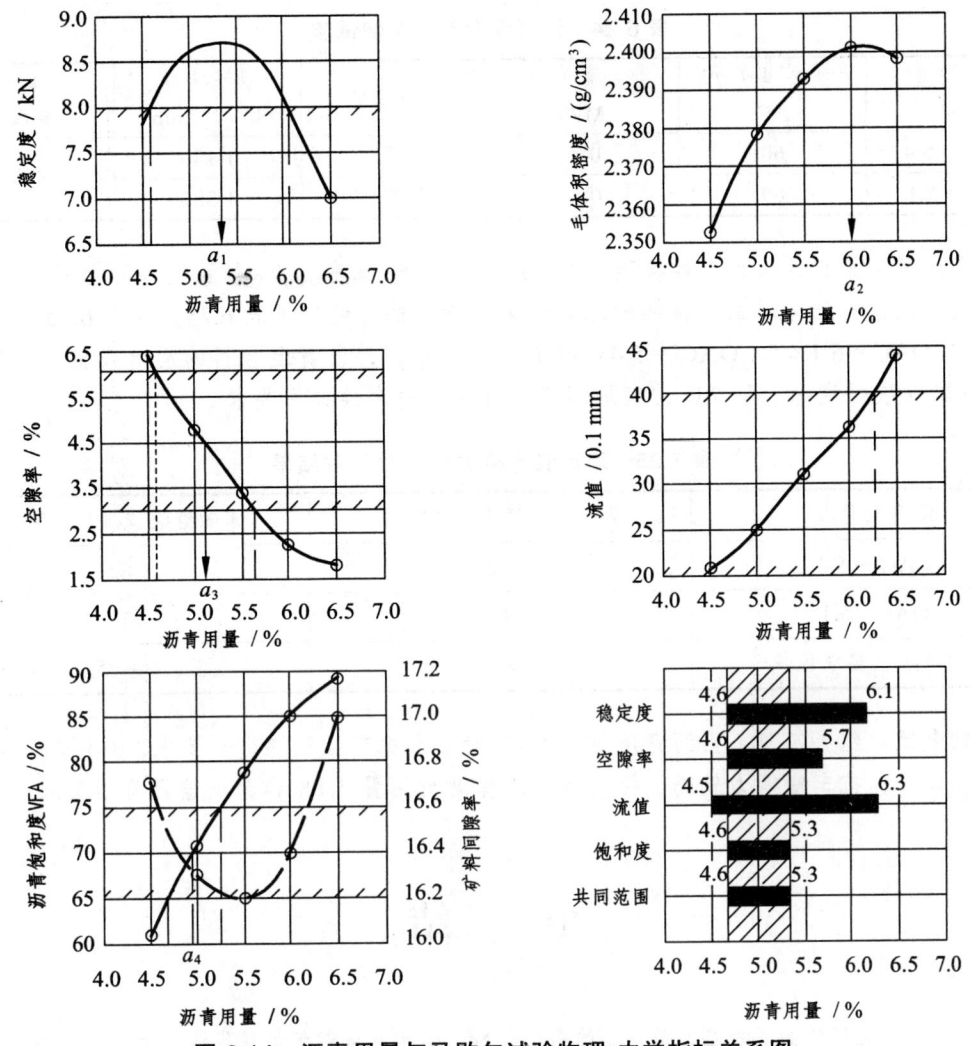

图 6.14 沥青用量与马歇尔试验物理-力学指标关系图

④ 通常情况下取 $OAC_1$ 和 $OAC_2$ 的中值作为计算的最佳沥青用量 OAC。

$$OAC = (OAC_1 + OAC_2)/2 = (5.35\% + 4.95\%)/2 = 5.15\%$$

⑤ 按式（6-15）计算最佳沥青用量 OAC，从图 6.14 中得出所对应的空隙率和 VMA 值，满足表 6.6 关于最小 VMA 值的要求。

⑥ 综合确定最佳沥青用量 OAC。

一般条件下，以 $OAC_1$ 和 $OAC_2$ 的平均值作为最佳沥青用量，即 OAC = 5.15%。

当地最热月平均最高气温 31℃，最冷月平均气温 -8℃，查表 6.3 确定该沥青路面的气候分区属于夏炎热冬温区（1-4），考虑在高速公路上渠化交通对沥青路面的作用，预计可能出现车辙，宜在空隙率符合要求的范围内将计算的最佳沥青用量减小 0.1%～0.5% 作为设计沥青用量。本例取调整后的最佳沥青用量 OAC = 5.1% 进行试验。

（4）沥青混合料抗车辙能力校核。采用沥青用量 5.1% 和 5.4% 分别制备车辙试件，按照规定方法进行车辙试验，试验结果见表 6.24。在两种沥青用量下，试件的动稳定度均大于 1 000 次/mm，符合高等级道路对沥青混合料抗车辙性能的技术要求。

表 6.24　沥青混合料抗车辙试验

| 沥青用量/% | 试验温度 $T$ /℃ | 试验轮压 $P$ /MPa | 实验条件 | 动稳定度 DS/(次/mm) | 1-4-1区要求值 |
|---|---|---|---|---|---|
| OAC′ = 5.4 | 60 | 0.7 | 不浸水 | 1 130 | ≥1 000 |
| OAC = 5.1 | 60 | 0.7 | 不浸水 | 1 380 | |

（5）沥青混合料的水稳定性检验。采用沥青用量5.1%和5.4%分别制备沥青混合料试件，按照规定方法进行浸水马歇尔试验和冻融劈裂试验，试验结果见表6.25。从表6.25试验结果可知，在 OAC=5.1% 和 OAC′=5.4% 两个沥青用量下，沥青混合料的浸水残留稳定度大于80%，冻融劈裂强度比大于75%，满足沥青混合料水稳定性技术要求。

表 6.25　沥青混合料水稳定性试验结果

| 沥青用量/% | 浸水残留稳定度 $MS_0$/% | 冻融劈裂强度比 TSR/% |
|---|---|---|
| OAC′ = 5.4 | 89 | 82 |
| OAC = 5.1 | 82 | 75 |
| 1-4-1区要求值 | ≥80 | ≥75 |

由以上试验结果可见，当沥青用量为5.1%时，水稳定性能够符合要求，且沥青混合料的动稳定度较高，抗车辙能力较高，因此可以选择沥青用量5.1%作为最佳沥青用量。

# 小　　结

沥青混合料是现代高等级路面最主要的路面材料，由于它最能满足现代汽车交通对路面的要求，因而广泛应用于高速公路、城市快速路、主干路和其他公路。

所有以沥青结合料来黏结矿料铺筑而成的不同路面结构，均为沥青路面。沥青路面主要分为：沥青表面处治、沥青贯入式、沥青碎石、沥青混凝土等路面结构形式。

沥青混合料按其组成结构，可分为密实-悬浮、骨架-空隙、密实-骨架3类。目前最常用的为密实-悬浮和骨架-空隙两种。密实-骨架结构具有许多优点，但在现有施工条件下，还存在一定困难。

热拌沥青混合料的强度有很多方面，目前重点研究其在高温时的抗剪强度。混合料中结构沥青的比例是影响强度的最重要的因素，通过控制沥青用量及矿粉用量等手段来确定。

沥青混合料强度和稳定性主要参数为：黏聚力 $c$ 和内摩擦角 $\varphi$。影响混合料参数 $c$、$\varphi$ 的主要内因为：沥青的黏度、沥青与矿料交互作用能力、矿料比面、沥青用量和矿料表面特性等；主要外因为：环境温度和荷载作用特性。

沥青混合料的主要技术性质为：高温稳定性、低温抗裂性、耐久性、抗滑性和施工和易性。沥青混合料的几项技术性质，相互间既有联系又有矛盾，目前着重考虑其高温时的稳定性。通过马歇尔试验测定稳定度、流值等指标来控制。

沥青混合料是由粗集料、细集料、矿粉及沥青混合而成的混合材料，具有良好的力学性能及路用性能。沥青混合料对组成材料的技术要求：沥青材料应根据道路等级、交通特性、气候条件、施工方法等因素选择类型和标号。粗集料的压碎值和洛杉矶磨耗值应符合交通特性的要求。特别是抗滑层用粗集料应符合磨光值、道瑞磨耗值和冲击值的要求。细集料应洁净并注意与沥青的黏附性。填料应采用憎水性石料磨制的矿粉，细度应符合要求。由粗、细集料和填料组成的矿质混合料的级配，应符合规范的要求。

级配集料是经过科学组配后，可以达到更大的密实度和获得较大的内摩擦力的矿质混合料。矿质混合料级配的好坏，直接影响着水泥混凝土或沥青混合料的技术性质，因此必须掌握矿质混合料的设计方法。矿质混合料配比设计一般用试算法和图解法。

我国现行沥青混合料的配合比设计方法是采用马歇尔试验方法。马歇尔试验包括试件成型、物理指标测定及力学指标测定几个方面，较复杂的是各项物理指标的换算。

沥青混合料的配合比设计方法主要内容包括：① 矿料组成设计；② 最佳沥青用量的确定。通过马歇尔稳定度试验，初步确定沥青最佳用量，然后进行水稳定性和动稳定度试验校核并调整。

## 思考题与习题

6-1 什么是沥青混合料，它有何特点？

6-2 符号 AC-16、AM-20、AK-16、SMA-16、OGFC-16 分别表示哪种类型的沥青混合料？

6-3 沥青混合料的结构可分为哪几种类型？各种结构类型的沥青混合料有什么特点及路用特性？

6-4 试述沥青混合料强度形成的原理，并从内部材料组成参数和外界影响因素加以分析。

6-5 论述路面沥青混合料应具备的主要路用技术性质及其主要影响因素。

6-6 对沥青混合料组成材料主要有哪些技术要求？

6-7 何谓连续级配和间断级配？

6-8 对矿质混合料进行组成设计的目的是什么？

6-9 我国现行沥青混合料质量评定有哪几项指标？并说明各项指标何以控制沥青混合料的技术性质。

6-10 试述我国现行热拌沥青混合料配合组成的设计方法，矿质混合料的组成和沥青最佳用量是如何确定的？

6-11 试用图解法设计某高速公路用细粒式沥青混凝土矿质混合料的配合比。

[设计资料]

（1）现有碎石、石屑、砂和矿粉四种矿料，筛析试验得到各粒径通过百分率列于表 6.26。

**表 6.26　原有集料筛析结果**

| 材料名称 | 筛孔尺寸（方筛孔）/mm | | | | | | | | | |
|---|---|---|---|---|---|---|---|---|---|---|
|  | 16.0 | 13.2 | 9.5 | 4.75 | 2.36 | 1.18 | 0.60 | 0.30 | 0.15 | 0.075 |
|  | 通过百分率/% | | | | | | | | | |
| 碎石 | 100 | 93 | 17 | 0 | 0 | 0 | 0 | 0 | 0 | 0 |
| 石屑 | 100 | 100 | 100 | 84 | 14 | 8 | 4 | 0 | 0 | 0 |
| 砂 | 100 | 100 | 100 | 100 | 92 | 82 | 42 | 21 | 11 | 4 |
| 矿粉 | 100 | 100 | 100 | 100 | 100 | 100 | 100 | 100 | 96 | 87 |

(2) 规范要求的矿质混合料级配范围列于表6.27。

表6.27 矿质混合料要求级配范围

| 级配名称 | | 筛孔尺寸（方筛孔）/mm | | | | | | | | |
|---|---|---|---|---|---|---|---|---|---|---|
| | | 16.0 | 13.2 | 9.5 | 4.75 | 2.36 | 1.18 | 0.60 | 0.30 | 0.15 | 0.075 |
| | | 通过百分率/% | | | | | | | | |
| 上面层细粒式（AC-13） | 级配范围 | 100 | 90~100 | 68~85 | 38~68 | 24~50 | 15~38 | 10~28 | 7~20 | 5~15 | 4~8 |

[设计要求]

试用图解法确定各种集料在混合料中的用量比例，并列表校核，确定其结果是否符合级配范围的要求。

6-12 试计算某大桥桥面铺装用细粒式沥青混凝土的矿质混合料的配合比。

[设计资料]

(1) 现有碎石、石屑和矿粉三种矿质集料，筛分结果按分计筛余列于表6.28。

表6.28 原有集料的分计筛余和混合料要求级配范围

| 筛孔尺寸 $d_i$/mm | 碎石分计筛余 $a_{A(i)}$/% | 石屑分计筛余 $a_{B(i)}$/% | 矿粉分计筛余 $a_{C(i)}$/% | 矿质混合料要求级配范围通过百分率 $P_{(n1-n2)}$/% |
|---|---|---|---|---|
| 16.0 | — | | | 100 |
| 13.2 | 5.2 | — | | 90~100 |
| 9.5 | 41.7 | — | | 67~85 |
| 4.75 | 50.5 | 1.6 | | 38~68 |
| 2.36 | 2.6 | 24.0 | — | 24~50 |
| 1.18 | — | 22.5 | | 15~38 |
| 0.6 | | 16.0 | | 10~28 |
| 0.3 | | 12.4 | | 7~20 |
| 0.15 | | 11.5 | | 5~15 |
| 0.075 | | 10.8 | 13.2 | 4~8 |
| <0.075 | | 1.2 | 86.8 | — |

(2) 细粒式沥青混凝土的级配范围，根据规范（JTG F40—2004）规定，细粒式混凝土AC-13的要求级配按通过量列于表6.28。

[设计要求]

(1) 按试算法确定碎石、石屑和矿粉在混合料中所占比例。

(2) 按题给的现行规范要求校核矿质混合料计算结果，确定其是否符合级配范围。

6-13 [题目]试设计一级公路沥青路面面层用细粒式沥青混凝土混合料配合组成。

[原始资料]

(1) 道路等级：一级公路。

(2) 路面类型：沥青混凝土。

(3) 结构层位：两层式沥青混凝土的上面层。

(4) 气候条件:最低月平均气温 -5℃。
(5) 材料性能。
① 沥青材料。可供应50号和70号的道路石油沥青,经检验各项指标符合要求。
② 碎石和石屑。I级石灰岩轧制碎石,饱水抗压强度150 MPa,洛杉矶磨耗率10%,黏附性(水煮法)5级,视密度2 720 kg/m³。
③ 细集料。洁净河砂,粗度属中砂,含泥量小于1%,视密度2 680 kg/m³。
④ 矿粉。石灰石粉,粒度范围符合要求,无团粒结块,视密度2 580 kg/m³。
粗细集料和矿粉的级配组成,经筛分试验结果列于表6.29。

表6.29 组成材料筛析结果

| 材料名称 | 筛孔尺寸(方筛孔)/mm | | | | | | | | | |
|---|---|---|---|---|---|---|---|---|---|---|
| | 16.0 | 13.2 | 9.5 | 4.75 | 2.36 | 1.18 | 0.6 | 0.3 | 0.15 | 0.075 |
| | 通过百分率/% | | | | | | | | | |
| 碎石 | 100 | 96.4 | 20.2 | 2.0 | 0 | 0 | 0 | 0 | 0 | 0 |
| 石屑 | 100 | 100 | 100 | 80.3 | 45.3 | 18.2 | 3.0 | 0 | 0 | 0 |
| 砂 | 100 | 100 | 100 | 100 | 90.5 | 80.2 | 70.5 | 36.2 | 18.3 | 2.0 |
| 矿粉 | 100 | 100 | 100 | 100 | 100 | 100 | 100 | 100 | 100 | 85.2 |

[设计要求]

(1) 根据道路等级、路面类型和结构层次确定沥青混凝土的类型和矿质混合料的级配范围。根据现有各种矿质材料的筛析结果,用图解法或试算法确定各种矿质材料的配合比。

(2) 根据规范推荐的相应沥青混凝土类型的沥青用量范围,通过马歇尔试验的物理-力学指标,确定最佳沥青用量。

(3) 根据一级公路路面用沥青混合料要求,对矿质混合料的级配进行调整,并对最佳沥青用量按水稳定性检验和抗车辙能力校核。

马歇尔试验结果汇总于表6.30,供学生分析评定参考用。

表6.30 马歇尔试验物理-力学指标测定结果表

| 试件组号 | 沥青用量/% | 技术性质 | | | | | |
|---|---|---|---|---|---|---|---|
| | | 毛体积密度$\rho_s$/(g/cm³) | 空隙率 VV /% | 矿料间隙率 VMA /% | 沥青饱和度 VFA /% | 稳定度 MS /kN | 流值 FL (0.1 mm) |
| 1 | 4.5 | 2.366 | 6.2 | 17.6 | 68.5 | 8.2 | 20 |
| 2 | 5.0 | 2.381 | 5.1 | 17.3 | 75.5 | 9.5 | 24 |
| 3 | 5.5 | 2.398 | 4.0 | 16.7 | 84.4 | 9.6 | 28 |
| 4 | 6.0 | 2.382 | 3.2 | 17.1 | 88.6 | 8.4 | 31 |
| 5 | 6.5 | 2.378 | 2.6 | 17.7 | 88.1 | 7.1 | 36 |

## 试验6.1 沥青混合料取样法
（JTJ 052 T0701—2000）

（一）目的与适用范围

本方法适用于在拌和厂及道路施工现场采集热拌沥青混合料或常温沥青混合料试样，供施工过程中的质量检验或在试验室测定沥青混合料的各项物理力学性质。所取的试样应有充分的代表性。

（二）仪器设备

（1）铁锹。

（2）手铲。

（3）搪瓷盘或其他金属盛样容器、塑料编织袋。

（4）温度计：分度为1℃。宜采用有金属插杆的热电偶沥青温度计，金属插杆的长度应不小于300 mm。量程0~300℃，数字显示或度盘指针的分度为0.1℃，且有留置读数功能。

（5）其他：标签、溶剂（汽油）、棉纱等。

（三）取样方法

1. 取样数量

取样数应符合下列要求：

（1）试样数量根据试验目的决定，宜不少于试验用量的2倍。按现行规范规定进行沥青混合料试验的每组代表性取样如试表6.1所示。

平行试验应加倍取样。在现场取样直接装入试模或盛样盒成型时，也可等量取样。

**试表6.1　常用沥青混合料试验项目的样品数量**

| 试验项目 | 目 的 | 最少试样量/kg | 取样量/kg |
|---|---|---|---|
| 马歇尔试验、抽提筛分 | 施工质量检验 | 12 | 20 |
| 车辙试验 | 高温稳定性检验 | 40 | 60 |
| 浸水马歇尔试验 | 水稳定性检验 | 12 | 20 |
| 冻融劈裂试验 | 水稳定性检验 | 12 | 20 |
| 弯曲试验 | 低温性能检验 | 15 | 25 |

（2）根据沥青混合料集料公称最大粒径，取样应不少于下列数量：

细粒式沥青混合料，不少于4 kg；

中粒式沥青混合料，不少于8 kg；

粗粒式沥青混合料，不少于12 kg；

特粗式沥青混合料，不少于16 kg。

（3）取样材料用于仲裁试验时，取样数量除应满足本取样方法规定外，还应保留一份有代表性的试样，直到仲裁结束。

2. 取样方法

沥青混合料取样应是随机的，并具有充分的代表性。以检查拌和质量（如油石比、矿料级配）为目的时，应从拌和机一次放料的下方或提升斗中取样，不得多次取样混合后使用。以评定混合料质量为目的时，必须分几次取样，拌和均匀后作为代表性试样。

（1）在沥青混合料拌和厂取样。在拌和厂取样时，宜用专用的容器（一次可装 5~8 kg）装在拌和机卸料斗下方，如试图 6.1，每放一次料取一次样，顺次装入试样容器中，每次倒在清扫干净的平板上，连续几次取样，混合均匀，按四分法取样至足够数量。

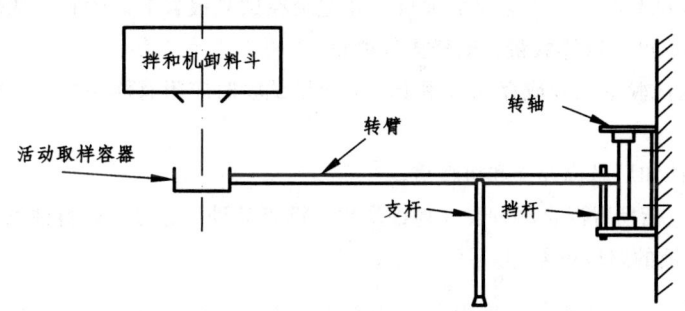

**试图 6.1　装在拌和机上的沥青混合料取样装置**

（2）在沥青混合料运料车上取样。在运料车上取沥青混合料样品时，宜在汽车装料一半后开出去，于汽车车厢内分别用铁锹从不同方向的 3 个不同高度处取样，然后混在一起用手铲适当拌和均匀，取出规定数量。这种车到达施工现场后取样时，应在卸掉一半后将车开出去，从不同方向的 3 个不同高度处取样。宜从 3 辆不同的车上取样混合使用。

注意：在运料车上取样时不能仅从满载的运料车车顶上取样，且不允许只在一辆车上取样。

（3）在道路施工现场取样。在道路施工现场取样时，应在摊铺后未碾压前，于摊铺宽度的两侧 1/2~1/3 位置处取样，用铁锹将摊铺的全厚铲出，但不得将摊铺层下的其他层料铲入。每摊铺一车取一次样，连续 3 车取样后，混合均匀按四分法取样至足够数量。对现场制件的细粒式沥青混合料，也可在摊铺机经螺旋拨料杆拌匀的一端一边前进一边取样。

（4）对热拌沥青混合料每次取样时，都必须用温度计测量温度，准确至 1℃。

（5）乳化沥青常温混合料试样的取样方法与热拌沥青混合料相同，但宜在乳化沥青破乳水分蒸发后装袋，对袋装常温沥青混合料亦可直接从储存的混合料中随机取样。取样袋数不少于 3 袋，使用时将 3 袋混合料倒出作适当拌和，按四分法取出规定数量试样。

（6）液体沥青常温混合料的取样方法同上，当用汽油稀释时，必须在溶剂挥发后方可封袋保存。当用煤油或柴油稀释时，可在取样后即装袋保存，保存时特别注意防火安全，其余与热拌沥青混合料同。

（7）从碾压成型的路面上取样时，应随机选取 3 个以上不同地点，钻孔、切割或刨取混合料至全厚度，仔细清除杂物及不属于这一层的混合料，需重新制作试件时，应加热拌匀按四分法取样至足够数量。

3. 试样的保存与处理

（1）热拌热铺的沥青混合料试样需送至中心试验室或质量检测机构作质量评定，且二次加热会影响试验结果（如车辙试验）时，必须在取样后趁高温立即装入保温桶内，送试验室立即成型试件，试件成型温度不得低于规定要求。

（2）热混合料需要存放时，可在温度下降至 60℃后装入塑料编织袋内，扎紧袋口，并宜低温保存，应防止受潮、淋雨等，且时间不要太长。

（3）在进行沥青混合料质量检验或进行物理力学性质试验时，由于采集的热拌混合料试样温度下降或稀释沥青溶剂挥发结成硬块，已不符合试验要求时，宜用微波炉或烘箱适当加热重塑，且只允许加热一次，不得重复加热。不得用电炉或燃气炉明火局部加热。用微波炉加热沥青混合料时不得使用金属容器和带有金属的物件。沥青混合料的加热温度以达到符合压实温度要求为度，控制最短的加热时间，通常用烘箱加热时不宜超过4 h,用工业微波炉加热5~10 min。

（四）样品的标记

（1）取样后当场试验时,可将必要的项目一并记录在试验报告上。此时,试验报告必须包括取样时间、地点、混合料温度、取样数量、取样人等栏目。

（2）取样后转送试验室试验或存放后用于其他项目试验时应附有样品标签,样品标签应记载下列事项：

① 工程名称、拌和厂名称及拌和机型号。

② 样品概况：包括沥青混合料种类及摊铺层次、沥青品种、标号、矿料种类、取样时混合料温度及取样位置或用以摊铺的路段桩号等。

③ 试样数量。

④ 取样人,提交试样单位及责任者姓名。

⑤ 取样目的或用途（送达单位）。

⑥ 样品标签填写人,取样日期。

⑦ 备注：其他应予注明的事项。

## 试验6.2 沥青混合料试件制作方法（击实法）

（JTJ 052 T0702—2000）

（一）目的与适用范围

（1）本方法适用于标准击实法或大型击实法制作沥青混合料试件,以供试验室进行沥青混合料物理力学性质试验使用。

（2）标准击实法适用于马歇尔试验、间接抗拉试验（劈裂法）等所使用的$\phi$101.6 mm×63.5 mm圆柱体试件的成型。大型击实法适用于$\phi$152.4 mm×95.3 mm的大型圆柱体试件的成型。

（二）仪器设备

（1）标准击实仪：由击实锤、$\phi$98.5 mm平圆形压实头及带手柄的导向棒组成。用人工或机械将压实锤举起,从（457.2±1.5）mm高度沿导向棒自由落下击实,标准击实锤质量（4 536±9）g。

（2）大型击实仪：由击实锤、$\phi$149.5 mm平圆形压实头及带手柄的导向棒（直径15.9 mm）组成。用机械将压实锤举起,从（457.2±2.5）mm高度沿导向棒自由落下击实,大型击实锤质量（10 210±10）g。

自动击实仪是将标准击实锤及标准击实台安装一体,并用电力驱动使击实锤连续击实试件且可自动计数的设备,击实速度为（60±5）次/min。

（3）试验室用沥青混合料拌和机：能保证拌和温度并充分拌和均匀,可控制拌和时间,容量不小于10 L,如试图6.2所示。搅拌叶自转速度70~80 r/min,公转速度40~50 r/min。

（4）脱模器：电动或手动,可无破损地推出圆柱体试件,备有标准圆柱体试件及大型圆柱体试件尺寸的推出环。

（5）试模：由高碳钢或工具钢制成,每组包括内径（101.6±0.2）mm,高87 mm的圆柱形金属筒、底座（直径约120.6 mm）和套筒（内径101.6 mm、高70 mm）各1个。

大型圆柱体试件的试模套筒外径165.1 mm,内径（155.6±0.3）mm,总高83 mm。试模内径（152..4±0.2）mm,总高115 mm,底座板厚12.7 mm,直径172 mm。

(6)烘箱:大、中型各1台,装有温度调节器。

(7)天平或电子秤:用于称量矿料的,感量不大于0.5 g;用于称量沥青的,感量不大于0.1 g。

(8)沥青运动黏度测定设备:毛细管黏度计、赛波特重油黏度或布洛克菲尔德黏度计。

(9)温度计:分度为 1℃。宜采用有金属插杆的热电偶沥青温度计,金属插杆的长度不小于300 mm。量程0~300℃,数字显示或度盘指针的分度0.1℃,且有留置读数功能。

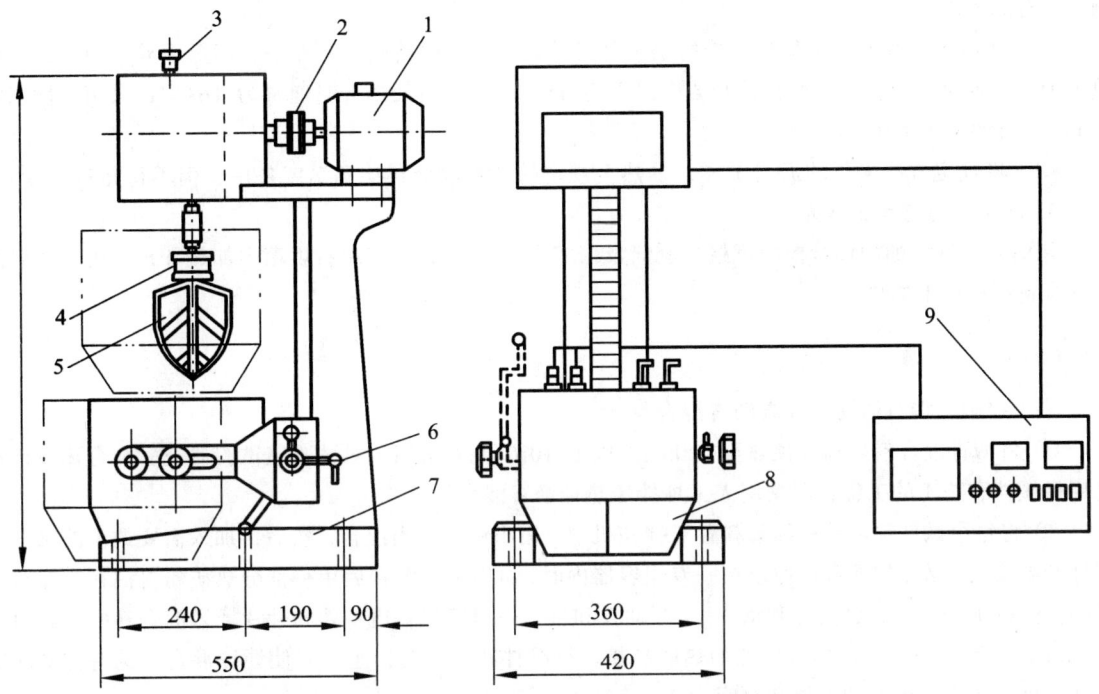

试图6.2 试验室用沥青混合料拌和机(尺寸单位:mm)
1—电机;2—联轴器;3—变速箱;4—弹簧;5—拌和叶片;6—升降手柄;
7—底座;8—加热拌和锅;9—温度时间控制仪

(10)其他:插刀或大螺丝刀、电炉或煤气炉、沥青熔化锅、拌和铲、标准筛、滤纸(或普通纸)、胶布、卡尺、秒表、粉笔、棉纱等。

(三)试验准备

1. 确定制作沥青混合料试件的拌和与压实温度

当缺乏沥青黏度测定条件时,试件的拌和与压实温度可按试表6.2选用,并根据沥青品种和标号作适当调整。针入度小、稠度大的沥青取高限;针入度大、稠度小的沥青取低限;一般取中值。对改性沥青,应根据改性剂的品种和用量,适当提高混合料的拌和及压实温度,对大部分聚合物改性沥青,需要在基质沥青的基础上提高15℃~30℃左右,掺加纤维时,尚需再提高10℃左右。

试表6.2 沥青混合料的拌和及压实温度参考试表

| 沥青结合料种类 | 拌和温度/℃ | 压实温度/℃ |
| --- | --- | --- |
| 石油沥青 | 130~160 | 120~150 |
| 煤沥青 | 90~120 | 80~110 |
| 改性沥青 | 160~175 | 140~170 |

常温沥青混合料的拌和及压实在常温下进行。

2. 试验室人工配制沥青混合料材料准备

（1）将各种规格的矿料置（105±5）℃的烘箱中烘干至恒重（一般不少于 4~6 h）。根据需要，粗集料可先用水冲洗干净后烘干，也可将粗细集料过筛后用水冲洗再烘干备用。

（2）按规定试验方法分别测定不同粒径规格粗、细集料及填料（矿粉）的各种密度，按规定方法测定沥青的密度。

（3）将烘干分级的粗细集料，按每个试件设计级配要求称其质量，在一金属盘中混合均匀，矿粉单独加热，置烘箱中预热至沥青拌和温度以上约 15℃（采用石油沥青时通常为 163℃；采用改性沥青时通常需 180℃）备用。

（4）将规定方法采集的沥青试样，加热至规定的沥青混合料拌和温度备用，但不得超过 175℃。

3. 试模、套筒等加热备用

用沾有少许黄油的棉纱擦净试模、套筒及击实座等，置 100℃ 左右烘箱中加热 1 h 备用。常温沥青混合料用试模不加热。

（四）试验步骤

（1）拌制黏稠石油沥青或煤沥青混合料。

① 将沥青混合料拌和机预热至拌和温度以上 10℃ 左右备用（对试验室试验研究、配合比设计及采用机械拌和施工的工程，严禁用人工炒拌法热拌沥青混合料）。

② 将每个试件预热的粗细集料置于拌和机中，用小铲子适当混合，然后再加入需要数量的已加热至拌和温度的沥青（如沥青已称量在一专用容器内时，可在倒掉沥青后用一部分热矿粉将沾在容器壁上的沥青擦拭下来，一起倒入拌和锅中），开动拌和机，一边搅拌一边将拌和叶片插入混合料中拌和 1~1.5 min，然后暂停拌和，加入单独加热的矿粉，继续拌和至均匀为止，并使沥青混合料保持在要求的拌和温度范围内。标准的总拌和时间为 3 min。

（2）马歇尔标准击实法的成型步骤：

① 将拌好的沥青混合料，均匀称取一个试件所需的用量（标准马歇尔试件约 1 200 g，大型马歇尔试件约 4 050 g）。当已知沥青混合料的密度时，可根据试件的标准尺寸计算并乘以 1.03，得到要求的混合料数量。当一次拌和几个试件时，宜将其倒入经预热的金属盘中，用小铲适当拌和均匀分成几份，分别取用。在试件制作过程中，为防止混合料温度下降，应连盘放在烘箱中保温。

② 从烘箱中取出预热的试模及套筒，用沾有少许黄油的棉纱擦拭套筒、底座及击实锤底面，将试模装在底座上，垫一张圆形的吸油性小的纸，按四分法从四个方向用小铲将混合料铲入试模中，用插刀或大螺丝刀沿周边插捣 15 次，中间 10 次。插捣后使沥青混合料表面成凸圆弧面。对大型马歇尔试件，混合料分两次加入，每次插捣次数同上。

③ 插入温度计，至混合料中心附近，检查混合料温度。

④ 待混合料温度符合要求的压实温度后，将试模连同底座一起放在击实台上固定，在装好的混合料上面垫一张吸油性小的圆纸，再将装有击实锤及导向棒的压实头插入试模中，然后开启电动机或人工将击实锤从 457 mm 的高度自由落下击实规定的次数（75、50 或 35 次）。对大型马歇尔试件，击实次数为 75 次（相应于标准击实 50 次的情况）或 112 次（相应于标准击实 75 次的情况）。

⑤ 试件击实一面后，取下套筒，将试模掉头，装上套筒，然后以同样的方法和次数击实另一面。

⑥ 试件击实结束后，立即用镊子取掉上下面的纸，用卡尺量取试件离试模上口的高度，并由此计算试件高度。如高度不符合要求时，试件应作废，并按下式调整试件的混合料质量，以保证高度符

合（63.5±1.3）mm（标准试件）或（95.3±2.5）mm（大型试件）的要求。

$$调整后混合料质量 = \frac{要求试件高度 \times 原用混合料质量}{所得试件的高度}$$

（3）卸去套筒和底座，将装有试件的试模横向放置冷却至室温后（不少于12 h），置脱模机上脱出试件。

（4）将试件仔细置于干燥洁净的平面上，供试验用。

## 试验 6.3  压实沥青混合料密度试验（表干法）
### （JTJ 052 T0705—2000）

（一）目的与适用范围

（1）表干法适用于测定吸水率不大于2%的各种沥青混合料试件的毛体积相对密度或毛体积密度。

（2）本方法测定的毛体积密度适用于计算沥青混合料试件的空隙率、矿料间隙率等各项体积指标。

（二）仪器设备

（1）浸水天平或电子秤：当最大称量在3 kg以下时，感量不大于0.1 g；最大称量3 kg以上时，感量不大于0.5 g；最大称量10 kg以上时，感量5 g，应有测量水中重的挂钩。

（2）水中重称重装置：网篮、溢流水箱（如试图6.3所示）和试件悬吊装置。

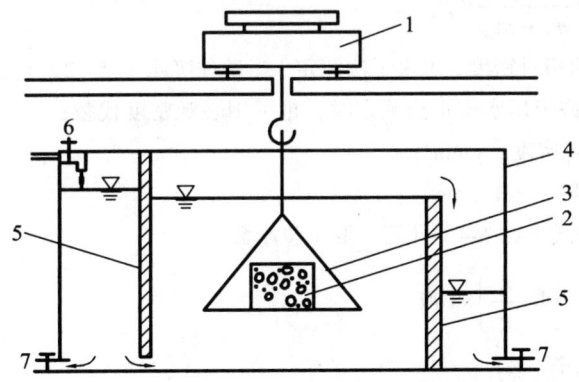

试图6.3  溢流水箱及下挂法水中重称量方法示意图

1—浸水天平或电子秤；2—试件；3—网篮；4—溢流水箱；5—水位隔板；6—注入口；7—放水阀门

（3）其他：秒表、毛巾、电风扇或烘箱等。

（三）试验步骤

（1）选择适宜的浸水天平或电子秤：最大称量应不小于试件质量的1.25倍，且不大于试件质量的5倍。

（2）除去试件表面的浮粒，称取干燥试件的空气中质量（$m_a$），根据选择的天平的感量读数，准确至0.1 g，0.5 g或5 g。

（3）挂上网篮，浸入溢流水箱中，调节水位，将天平调平或复零，把试件置于网篮中（注意不要晃动水），浸水中约3~5 min，称取水中质量（$m_w$）。若天平读数持续变化，不能很快达到稳定，说明试件吸水较严重，不适用于此法测定，应改用蜡封法测定。

（4）从水中取出试件，用洁净柔软的拧干湿毛巾轻轻擦去试件的表面水（不得吸走空隙内的水），称取试件的表干质量（$m_f$）。

（5）对从路上钻取的非干燥试件可先称取水中质量（$m_w$），然后用电风扇将试件吹干至恒重[一般不少于 12 h，当不需进行其他试验时，也可用（60±5）℃烘箱烘干至恒重]，再称取空气中质量（$m_a$）。

（四）结果整理

（1）计算试件的吸水率，取 1 位小数。

试件的吸水率即试件吸水体积占沥青混合料毛体积的百分率，按式（试 6-1）计算。

$$S_a = \frac{m_f - m_a}{m_f - m_w} \times 100 \tag{试 6-1}$$

式中：$S_a$——试件的吸水率，%；

　　　$m_a$——干燥试件的空气中质量，g；

　　　$m_w$——试件的水中质量，g；

　　　$m_f$——试件的表干质量，g。

（2）计算试件的毛体积相对密度和毛体积密度，取 3 位小数。

当试件的吸水率符合 $S_a<2\%$ 要求时，试件的毛体积相对密度和毛体积密度按式（试 6-2）及式（试 6-3）计算；当吸水率 $S_a>2\%$ 要求时，应改用蜡封法测定。

$$r_f = \frac{m_a}{m_f - m_w} \tag{试 6-2}$$

$$\rho_f = \frac{m_a}{m_f - m_w} \times \rho_w \tag{试 6-3}$$

式中：$r_f$——试件的毛体积相对密度，用表干法测定。当试件吸水率 $S_a>2\%$ 时，由蜡封法或体积法测定；当按规定容许采用水中重法测定时，也可用表观密度代替；

　　　$\rho_f$——试件的毛体积密度，g/cm³；

　　　$\rho_w$——常温水的密度，≈1 g/cm³。

（3）试件的空隙率按式（试 6-4）计算，取 1 位小数。

$$VV = \left(1 - \frac{r_f}{r_t}\right) \times 100 \tag{试 6-4}$$

式中：VV——试件的空隙率，%；

　　　$r_t$——沥青混合料理论最大相对密度，当实测理论最大相对密度有困难时，也可用按式（试 6-6）或（试 6-7）计算的最大理论相对密度。

（4）确定矿料的有效相对密度 $r_{se}$，按式（试 6-5）计算。

$$r_{se} = \frac{100 - P_b}{\dfrac{100}{r_t} - \dfrac{P_b}{r_b}} \tag{试 6-5}$$

式中：$r_{se}$——合成矿料有效相对密度；

　　　$P_b$——试验采用的沥青用量（占混合料总量的百分数），%；

　　　$r_t$——试验沥青用量条件下实测得到的最大相对密度，无量纲；

　　　$r_b$——沥青的相对密度（25℃/150℃），无量纲。

（5）确定沥青混合料的最大理论相对密度，按式（试 6-6）、（试 6-7）计算。

$$r_{ti} = \frac{100 - P_{ai}}{\dfrac{100}{r_{se}} + \dfrac{P_{ai}}{r_b}} \tag{试 6-6}$$

$$r_{ti} = \frac{100}{\dfrac{P_{si}}{r_{se}} + \dfrac{P_{bi}}{r_b}}$$ (试 6-7)

式中：$r_{ti}$ ——相对于计算沥青用量 $P_{bi}$ 时沥青混合料的最大理论相对密度，无量纲；

$P_{ai}$ ——所计算的沥青混合料中的油石比，%；

$P_{bi}$ ——所计算的沥青混合料的沥青用量，%；

$P_{si}$ ——所计算的沥青混合料的矿料含量，$P_{si} = 100 - P_{bi}$，%；

$r_{se}$ ——矿料的有效相对密度；

$r_b$ ——沥青的相对密度（25°C/15°C），无量纲。

（6）矿料的合成毛体积相对密度 $r_{sb}$ 按式（试 6-8）计算。

$$r_{sb} = \frac{100}{\dfrac{P_1}{r_1} + \dfrac{P_2}{r_2} + \cdots + \dfrac{P_n}{r_n}}$$ (试 6-8)

式中：$r_{sb}$ ——矿料的合成毛体积相对密度；

$r_1, r_2, \cdots, r_n$ ——各种矿料相应的毛体积相对密度，粗集料按（JTG E42 T0304—2005）方法测定，机制砂及石屑按（JTG E42 T0330—2005）方法测定，也可以用筛出的 2.36~4.75 mm 部分的毛体积相对密度代替，矿粉（含消石灰、水泥）以表观相对密度代替。

（7）试件中的矿料间隙率可按式（试 6-9）计算。

$$\text{VMA} = \left(1 - \dfrac{r_f}{r_{sb}} \times P_s\right) \times 100$$ (试 6-9)

式中：VMA ——沥青混合料试件的矿料间隙率，%；

$P_s$ ——沥青混合料中各种矿料占沥青混合料总质量的百分率之和，即 $\Sigma P_i$，%。

（8）试件的有效沥青饱和度按式（试 6-10）计算。

$$\text{VFA} = \dfrac{\text{VMA} - \text{VV}}{\text{VMA}} \times 100$$ (试 6-10)

式中：VFA ——沥青混合料试件的有效沥青饱和度，%。

（9）试件中的粗集料骨架间隙率可按式（试 6-11）计算，取 1 位小数。

$$\text{VCA}_{mix} = \left(1 - \dfrac{r_f}{r_{ca}} \times P_{ca}\right) \times 100$$ (试 6-11)

式中：$\text{VCA}_{mix}$ ——沥青混合料中粗集料骨架之外的体积（通常指小于 4.75 mm 的粗细集料、矿粉、沥青及空隙）占总体积的比例，%；

$P_{ca}$ ——沥青混合料中粗集料的比例（由计算，为矿料级配中 4.75 mm 筛余量，即 100 减去 4.75 mm 通过率之差），%；

$r_{ca}$ ——矿料中所有粗集料颗粒部分对水的合成毛体积相对密度，按式（试 6-12）计算。

$$r_{ca} = \dfrac{P_{1c} + P_{2c} + \cdots + P_{nc}}{\dfrac{P_{1c}}{r_{1c}} + \dfrac{P_{2c}}{r_{2c}} + \cdots + \dfrac{P_{nc}}{r_{nc}}}$$ (试 6-12)

式中：$P_{1c}, \cdots, P_{nc}$ ——各种粗集料在矿料配合比中的比例，%；

$r_{1c}, \cdots, r_{nc}$ ——相应的各种粗集料对水的毛体积相对密度。

应在试验报告中注明沥青混合料的类型及采用的测定密度的方法。

## 试验 6.4　沥青混合料马歇尔稳定度试验

（JTJ 052 T0709—2000）

（一）目的与适用范围

（1）本方法适用于马歇尔稳定度试验和浸水马歇尔稳定度试验，以进行沥青混合料的配合比设计或沥青路面施工质量检验。

（2）本方法适用于标准马歇尔试件圆柱体和大型马歇尔试件圆柱体。

（二）仪器设备

（1）沥青混合料马歇尔试验仪：符合国家标准《沥青混合料马歇尔试验仪》（GB/T 11823）技术要求的产品，对用于高速公路和一级公路的沥青混合料宜采用自动马歇尔试验仪，用计算机或 X-Y 记录仪记录荷载-位移曲线，并具有自动测定荷载与试件垂直变形的传感器、位移计，能自动显示或打印试验结果。对 $\phi$63.5 mm 的标准马歇尔试件，试验仪最大荷载不小于 25 kN，测定精度为 100 N，加载速率应能保持（50 ± 5）mm/min。钢球直径 16 mm，上下压头曲率半径为 50.8 mm。当采用 $\phi$152.4 mm 大型马歇尔试件时，试验仪最大荷载不得小于 50 kN，读数准确度为 100 N。上下压头的曲率内径为（152.4 ± 0.2）mm，上下压头间距（19.05 ± 0.1）mm。（见试图 6.4）

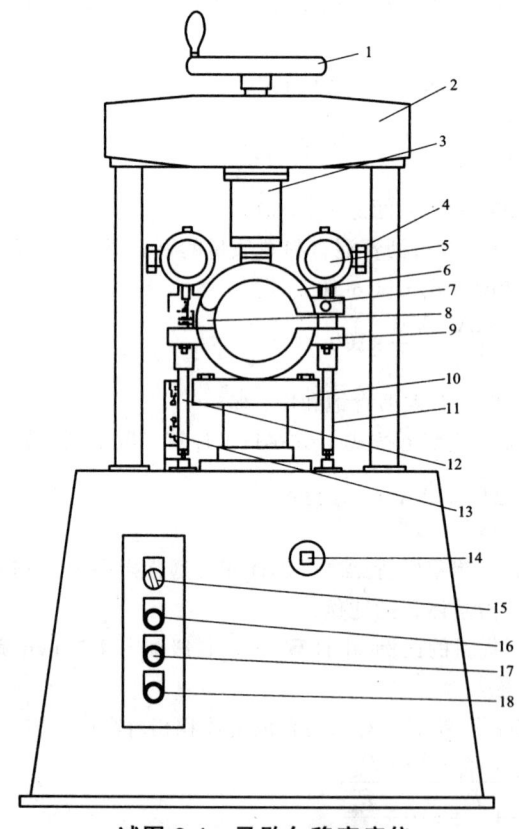

**试图 6.4　马歇尔稳定度仪**

1—手摇装置；2—上载荷架；3—载荷控制传感器；4—千分表固定螺丝；5—千分表；6—上压头；7—固定螺丝；8—夹架；9—下压头；10—承压板；11—支柱；12—上微动螺丝；13—下微动螺丝；14—手轮轴；15—电源开关；16—上升开关；17—下降开关；18—停止开关

（2）恒温水槽：控温准确度为 1℃，深度不小于 150 mm。
（3）真空饱水容器：包括真空泵及真空干燥器。
（4）其他：烘箱、天平、温度计、卡尺、棉纱、黄油等。
（三）试验准备和试验步骤
1. 标准马歇尔试验方法
1）试验准备
（1）按标准击实法成型马歇尔试件，标准马歇尔试件尺寸应符合要求。
（2）测量试件的直径及高度：用卡尺测量试件中部的直径，用马歇尔试件高度测定器或用卡尺在十字对称的 4 个方向量测离试件边缘 10 mm 处的高度，准确至 0.1 mm，并以其平均值作为试件的高度。如试件高度不符合（63.5±1.3）mm 或（95.3±2.5）mm 要求或两侧高度差大于 2 mm 时，此试件应作废。
（3）按本规程规定的方法测定试件的密度、空隙率、沥青体积百分率、沥青饱和度、矿料间隙率等物理指标。
（4）将恒温水槽调节至要求的试验温度，对黏稠石油沥青或烘箱养生过的乳化沥青混合料为（60±1）℃，对煤沥青混合料为（33.8±1）℃。
2）试验步骤
（1）将试件置于已达规定温度的恒温水槽中保温，保温时间对标准马歇尔试件需 30～40 min，对大型马歇尔试件需 45～60 min。试件之间应有间隔，底下应垫起，离容器底部不小于 5 cm。
（2）将马歇尔试验仪的上下压头放入水槽或烘箱中达到同样温度。将上下压头从水槽或烘箱中取出擦拭干净内面。为使上下压头滑动自如，可在下压头的导棒上涂少量黄油。再将试件取出置于下压头上，盖上上压头，然后装在加载设备上。
（3）在上压头的球座上放妥钢球，并对准荷载测定装置的压头。
（4）当采用自动马歇尔试验仪时，将计算机采集的数据绘制成压力和试件变形曲线，或由 X-Y 记录仪自动记录的荷载-变形曲线，按试图 6.5 所示的方法在切线方向延长曲线与横坐标相交于 $O_1$，将 $O_1$ 作为修正原点，从 $O_1$ 起量取相应于荷载最大值时的变形作为流值（FL），以 mm 计，准确至 0.1 mm。最大荷载即为稳定度（MS），以 kN 计，准确至 0.01 kN。
（5）当采用压力环和流值计时，将流值计安装在导棒上，使导向套管轻轻地压住上压头，同时将流值计读数调零。调整压力环中百分表，对零。
（6）启动加载设备，使试件承受荷载，加载速度为（50±5）mm/min。计算机或 X-Y 记录仪自动记录传感器压力和试件变形曲线，并将数据自动存入计算机。
（7）当试验荷载达到最大值的瞬间，取下流值计，同时读取压力环中百分表读数及流值计的流值读数。

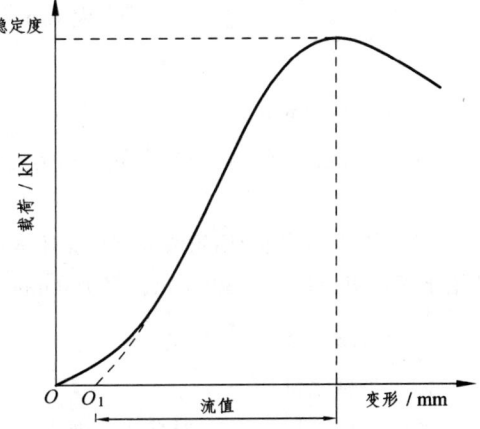

试图 6.5　马歇尔试验结果的修正方法

（8）从恒温水槽中取出试件至测出最大荷载值的时间，不得超过 30 s。
2. 浸水马歇尔试验方法
浸水马歇尔试验方法与标准马歇尔试验方法的不同之处在于，试件在已达规定温度恒温水槽中的保温时间为 48 h，其余均与标准马歇尔试验方法相同。

（四）结果整理

1. 计　算

（1）试件的稳定度及流值。

① 当采用自动马歇尔试验仪时，将计算机采集的数据绘制成压力和试件变形曲线。求由 X-Y 记录仪自动记录的荷载-变形曲线。曲线上最大荷载为稳定度（MS），以 kN 计，准确到 0.01 kN；曲线上相应于荷载最大值时的变形作为流值（FL），以 mm 计，准确到 0.1 mm。

② 采用压力环和流值测定时，根据压力环标定曲线，将压力环中百分表的读数换算为荷载值，或者由荷载测定装置读取的最大值即为试样的稳定度（MS），以 kN 计，准确至 0.01 kN。由流值计及位称传感器测定装置读取的试件垂直变形，即为试件的流值（FL），以 mm 计，准确至 0.1 mm。

（2）试件的浸水残留稳定度按式（试 6-13）计算

$$\mathrm{MS}_0 = \frac{\mathrm{MS}_1}{\mathrm{MS}} \times 100 \qquad\qquad (试 6\text{-}13)$$

式中：$\mathrm{MS}_0$——试件的浸水残留稳定度，%；

$\mathrm{MS}_1$——试件浸水 48 h 后的稳定度，kN。

2. 报　告

（1）当一组测定值中某个测定值与平均值之差大于标准差的 $k$ 倍时，该测定值应予舍弃，并以其余测定值的平均值作为试验结果。当试件数目 $n$ 为 3、4、5、6 个时，$k$ 值分别为 1.15、1.46、1.67、1.82。

（2）采用自动马歇尔试验时，试验结果应附上荷载-变形曲线原件或自动打印结果，并报告马歇尔稳定度、流值、马歇尔模数，以及试件尺寸、试件密度、空隙率、沥青用量、沥青体积百分率、沥青饱和度、矿料间隙率等各项物理指标。

## 试验 6.5　沥青混合料车辙试验

（JTJ 052 T0719—1993）

（一）目的与适用范围

（1）本方法适用于测定沥青混合料的高温抗车辙能力，供沥青混合料配合比设计的高温稳定性检验使用。

（2）本方法适用于用轮碾成型机碾压成型的长 300 mm、宽 300 mm、厚 50 mm 的板块状试件，也适用于现场切割制作长 300 mm、宽 150 mm、厚 50 mm 板块状试件。

（二）仪器设备

1. 车辙试验机

如试图 6.6 所示，车辙试验机主要由以下部分组成：

（1）试件台。可牢固地安装两种宽度（300 mm 及 150 mm）的规定尺寸试件的试模。

（2）试验轮。橡胶制的实心轮胎，外径 $\phi$200 mm，轮宽 50 mm，橡胶层厚 15 mm。橡胶硬度（国际标准硬度）20℃时为（84±4），60℃时为（78±2）。试验轮行走距离为（230±10）mm，往返碾压速度为（42±1）次/min（21 次往返/min）。允许采用曲柄连杆驱动试验台运动（试验轮不移动）或链驱动试验轮运动（试验台不动）的任一种方式。

注：轮胎橡胶硬度应注意检验，不符合要求者应及时更换。

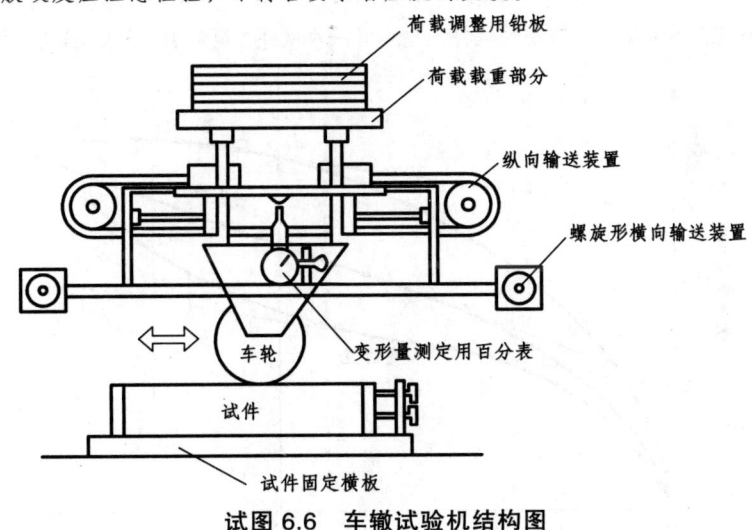

试图6.6 车辙试验机结构图

（3）加载装置。使试验轮与试件接触压强在60°C时为（0.7±0.05）MPa，施加的总荷重为78 kg左右，根据需要可以调整。

（4）变形测量装置。自动检测车辙变形并记录曲线的装置，通常用LVDT、电测百分表或非接触位移计。

（5）温度检测装置。自动检测并记录试件表面及恒温室内温度的温度传感器、温度计，精密度0.5°C。

2. 恒温室

车辙试验机必须整机安放在恒温室内，装有加热器、气流循环装置及装有自动温度控制设备，能保持恒温室温度（60±1）°C[试件内部温度（60±5）°C]。根据需要亦可为其他需要的温度。

（三）试验准备

（1）试验轮接地压强测定。测定在60°C时进行，在试验台上放置一块50 mm厚的钢板，其上铺一张毫米方格纸，上铺一张新的复写纸，以规定的700 N荷载的试验轮静压复写纸，即可在方格纸上得出轮压面积，并由此求得接地压强。

（2）用轮碾成型法制作车辙试验试块。在试验室或工地制备成型的车辙试件，其标准尺寸为300 mm×300 mm×50 mm。也可从路面切割得到300 mm×150 mm×50 mm的试件。

（3）试件成型后，连同试模一起在常温条件下放置的时间不得少于12 h。对聚合物改性沥青混合料，放置的时间以48 h为宜，使聚合物改性沥青充分固化后方可进行车辙试验，但室温放置时间也不得长于一周。

注：为使试件与试模紧密接触应记住四边的方向位置不变。

（四）试验步骤

（1）将试件连同试模一起，置于已达到试验温度（60±1）°C的恒温室中，保温不少于5 h，也不得多于24 h。在试件的试验轮不行走的部位上，粘贴一个热电偶温度计（也可在试件制作时预先将热电偶导线埋入试件一角），控制试件温度稳定在（60±0.5）°C。

（2）将试件连同试模移置于车辙试验机的试验台上，试验轮在试件的中央部位，其行走方向须与试件碾压或行车方向一致。开动车辙变形自动记录仪，然后启动试验机，使试验轮往返行走，时间约

1 h，或最大变形达到 25 mm 时为止。试验时，记录仪自动记录变形曲线（见试图 6.7）及试件温度。

注：对 300 mm 宽且试验时变形较小的试件，也可对一块试件在两侧 1/3 位置上进行两次试验取平均值。

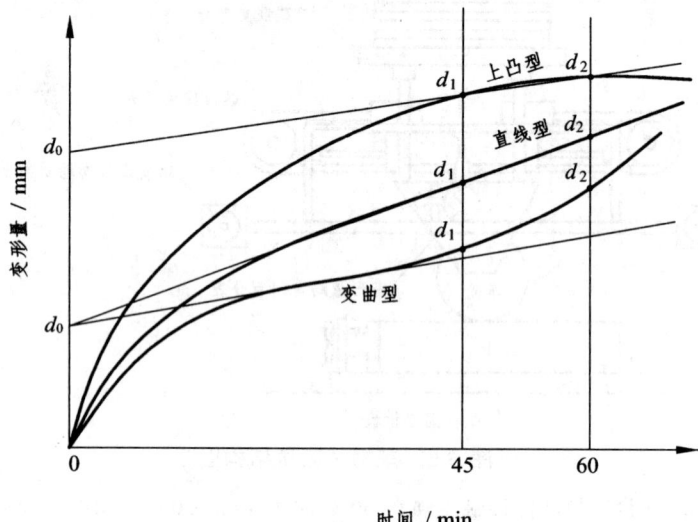

试图 6.7 车辙试验自动记录的变形曲线

（五）结果整理

（1）计算。

① 从试图 6.7 上读取 45 min（$t_1$）及 60 min（$t_2$）时的车辙变形 $d_1$ 及 $d_2$，准确至 0.01 mm。

当变形过大，在未到 60 min 变形已达 25 mm 时，则以达到 25 mm（$d_2$）时的时间为 $t_2$，将其前 15 min 时间为 $t_1$，此时的变形量为 $d_1$。

② 沥青混合料试件的动稳定度按式（试 6-14）计算：

$$\mathrm{DS} = \frac{(t_2 - t_1) \times N}{d_2 - d_1} \times C_1 \times C_2 \qquad （试 6\text{-}14）$$

式中：DS ——沥青混合料的动稳定度，次/mm；

　　　$d_1$ ——对应于时间 $t_1$ 的变形量，mm；

　　　$d_2$ ——对应于时间 $t_2$ 的变形量，mm；

　　　$C_1$ ——试验机类型修正系数，曲柄连杆驱动试件的变速行走方式为 1.0，链驱动试验轮的等速方式为 1.5；

　　　$C_2$ ——试件系数，试验室制备的宽 300 mm 的试件为 1.0，从路面切割的宽 150 mm 的试件为 0.8；

　　　$N$ ——试验轮往返碾压速度，通常为 42 次/min。

（2）报告。

① 同一沥青混合料或同一路段的路面，至少平行试验 3 个试件，当 3 个试件动稳定度变异系数小于 20% 时，取其平均值作为试验结果。变异系数大于 20% 时应分析原因，并追加试验。如计算动稳定度值大于 6 000 次/mm 时，记作：>6 000 次/mm。

② 试验报告应注明试验温度、试验轮接地压强、试件密度、空隙率及试件制作方法等。

（3）重复性试验动稳定度变异系数的允许差为 20%。

# 第七章 钢 材

### 知识目标

1. 掌握常用钢材的规格、性能和应用等方面的基础知识;
2. 了解钢材在道路桥梁工程中的技术标准。

### 能力目标

1. 能按设计要求选用相应规格的钢材;
2. 能用常规性能指标进行检测和数据处理。

### 引 言

钢桥和钢筋混凝土桥是现代桥梁的主要桥型。在钢结构和钢筋混凝土结构中,都要应用钢材,在进行钢桥设计和钢筋混凝土桥设计之前,必须掌握常用钢材的规格、性能和应用等方面的基础知识。

## 第一节 钢材的分类和制品

### 一、钢材的分类

钢是含碳量在0.04%~2.3%之间的铁碳合金。为了保证其韧性和塑性,含碳量一般不超过1.7%。钢中除铁、碳外,还有硅、锰、硫、磷等。钢材的分类方法很多,较常用的有以下七种方法:

1. 按品质分类

根据碳钢质量的高低,即主要根据钢中所含有害杂质硫(S)、磷(P)的含量来分,通常分为3类:

(1)普通钢(P≤0.045%,S≤0.050%)。
(2)优质钢(P、S均≤0.035%)。
(3)高级优质钢(P≤0.025%,S≤0.025%)。

2. 按化学成分分类

(1)碳素钢:亦称"碳钢",属铁碳合金范畴,常包含硅、锰、磷等杂质。碳钢按含碳量可分为:① 低碳钢(C<0.25%);② 中碳钢(0.25%≤C≤0.60%);③ 高碳钢(C>0.60%)。

(2)合金钢:为了改善钢的机械性能、工艺性能或物理、化学性能,在冶炼时特意往钢中加入一些合金元素,这种钢就称为合金钢。经常加入的合金元素有锰、硅、钛、铬、钼、钨等。合金钢按合金元素含量可分为:① 低合金钢(合金元素总含量≤5%);② 中合金钢(5%<

合金元素总含量10%）；③ 高合金钢（合金元素总含量≥10%）。

3. 按成形方法分类

① 锻钢；② 铸钢；③ 热轧钢；④ 冷拉钢。

4. 按用途分类

（1）结构钢：制造各种工程的构件（如桥梁、船舶、建筑等）和机械零件。这类钢一般属于低碳钢和中碳钢。

（2）工具钢：制造各种刀具、量具、模具。这类钢含碳量较高，一般属于高碳钢。

5. 按冶炼时脱氧程度分类

（1）沸腾钢：是脱氧不充分的钢，在浇铸及钢液冷却时，有大量的一氧化碳气体逸出，钢液呈激烈沸腾状。

（2）镇静钢：脱氧充分，钢水较纯净，浇铸钢锭时，钢水平静，镇静钢材质致密均匀，质量高于沸腾钢。

（3）半镇静钢：脱氧程度及钢水质量介于上述两者之间。

## 二、钢的特点

钢材是在严格的技术质量控制条件下生产的材料，具有材质均匀、性能可靠，强度高，有一定的塑性和韧性，能承受较大的冲击荷载和振动荷载等特点。钢材具有良好的工艺性能，可采用焊接、铆接或螺栓联接进行装配；可进行冷加工、热处理，易于切削加工。钢材的缺点是耐久性差，如容易锈蚀，因此维修费用高，耐火性能差。

## 三、建筑钢材的主要品种

建筑钢材是指建筑工程中使用的各种钢材，建筑钢材的主要品种和用途见表7.1。

表7.1 常用建筑钢材的品种和用途

| 建筑钢材品种 | 主 要 品 种 | 用 途 |
|---|---|---|
| 型 钢 | 热轧工字钢、热轧轻型工字钢；热轧槽钢、热轧轻型槽钢；热轧等边角钢、热轧不等边角钢；钢轨等 | 钢结构 |
| 钢 筋 | 热轧光圆钢筋、热轧带肋钢筋、低碳钢热轧圆盘条、热处理钢筋、冷轧带肋钢筋等 | 钢筋混凝土结构和部分受轻荷载作用的预应力混凝土结构 |
| 钢丝和钢绞线 | 高强圆形钢丝、钢绞线 | 大跨度、重荷载的预应力混凝土结构 |

# 第二节 钢的技术性质和技术标准

建筑钢材的性能主要包括力学性能（拉伸性能、冲击韧性、硬度等）、工艺性能（冷弯性能、可焊性等）和耐久性（如锈蚀）。

## 一、力学性能

### (一) 拉伸性能

**1. 低碳钢的拉伸过程**

低碳钢的含碳量低,强度较低,塑性较好,其应力应变图($\sigma$-$\varepsilon$图)如图7.1所示。从图中可以看出,低碳钢拉伸过程经历弹性阶段($OA$)、屈服阶段($AB$)、强化阶段($BC$)和颈缩阶段($CD$)四个阶段。

(1) 弹性阶段($OA$)。钢材主要表现为弹性。当加荷到 $OA$ 上任意一点,此时产生的变形为$\varepsilon$,当荷载$\sigma$卸掉后,变形$\varepsilon$将恢复到零。在 $OA$ 段,钢材的应力与应变成正比,在此阶段应力和应变的比值称为弹性模量,单位为MPa。$A$ 点的应力为弹性极限,用$\sigma_p$表示,单位为 MPa。

(2) 屈服阶段($AB$)。钢材在荷载作用下,开始丧失对变形的抵抗能力,并产生明显的塑性变形。在屈服阶段,锯齿形的最高点所对应的应力称为上屈服点($\sigma_{SU}$);最低点所对应的应力称为下屈服点($\sigma_{SL}$)。下屈服点的应力为钢材的屈服强度,用$\sigma_s$表示,单位为 MPa。屈服强度是确定结构容许应力的主要依据。

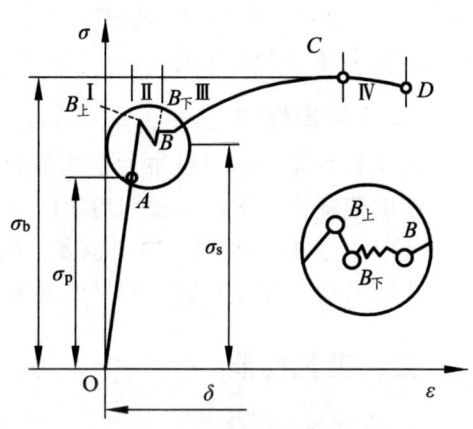

图7.1 低碳钢拉伸$\sigma$-$\varepsilon$图

(3) 强化阶段($BC$)。应变随应力的增加而继续增加。$C$ 点的应力称为强度极限或抗拉强度,用$\sigma_b$表示,单位为 MPa。屈强比$\sigma_s/\sigma_b$在工程中很有意义,此值越小,表明结构的可靠性越高,即防止结构破坏的潜力越大;但此值太小时,钢材强度的有效利用率低。合理的屈强比一般在 0.60~0.75 之间。

(4) 颈缩阶段($CD$)。钢材的变形速度明显加快,而承载能力明显下降。此时在试件的某一部位,截面急剧缩小,出现颈缩现象,钢材将在此处断裂。

**2. 高碳钢(硬钢)的拉伸特点**

高碳钢(硬钢)的拉伸过程无明显的屈服阶段,如图7.2所示。通常以条件屈服点$\sigma_{0.2}$代替其屈服点。条件屈服点是使硬钢产生 0.2% 塑性变形(残余变形)时的应力。

**3. 钢材的拉伸性能指标**

(1) 强度指标。

屈服强度或屈服点:$\sigma_s = \dfrac{F_s}{A_0}$

抗拉强度或强度极限:$\sigma_b = \dfrac{F_b}{A_0}$

式中:$\sigma_s$、$\sigma_b$——钢材的屈服强度和抗拉强度,MPa;
$\quad\quad\ \ F_s$、$F_b$——钢材拉伸时的屈服荷载和极限荷载,N;
$\quad\quad\ \ A_0$——钢材试件的初始横截面面积,$mm^2$。

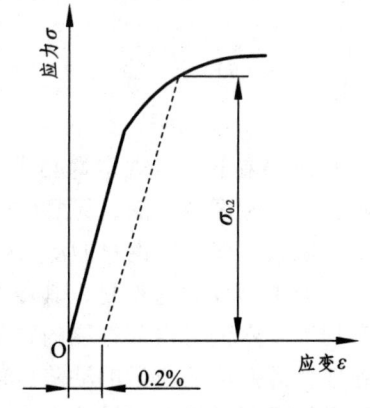

图7.2 硬钢拉伸及条件屈服点

（2）塑性指标。

伸长率：$$\delta = \frac{l_1 - l_0}{A_0}$$

式中：$l_1$——试件断裂后标距的长度，mm；

$l_0$——试件的原标距（$l_0 = 5d_0$ 或 $l_0 = 10d_0$，$d_0$ 为试件的直径），mm；

$\delta$——伸长率（当 $l_0 = 5d_0$ 时，为 $\delta_5$；当 $l_0 = 10d_0$ 时，为 $\delta_{10}$）。

伸长率是衡量钢材塑性的重要指标，$\delta$ 越大，则钢材的塑性越好。伸长率大小与标距大小有关，对于同一种钢材，$\delta_5 > \delta_{10}$。钢材具有一定的塑性变形能力，可以保证钢材应力重分布，从而不致突然产生脆性破坏。

### （二）冲击韧性

冲击韧性是指钢材抵抗冲击荷载而不破坏的能力。规范规定以刻槽的标准试件，在冲击试验机的摆锤作用下，以破坏后缺口处单位面积所消耗的功来表示，符号 $\alpha_k$，单位为 J/mm²。$\alpha_k$ 值越大，冲断试件消耗的功越多，或者说钢材断裂前吸收的能量越多，说明钢材的韧性越好，不容易产生脆性断裂。钢材的冲击韧性会随环境温度下降而降低。

## 二、工艺性能

### 1. 冷弯性能

冷弯性能是指钢材在常温下，以一定的弯心直径和弯曲角度对钢材进行弯曲，钢材能够承受弯曲变形的能力。

钢材的冷弯，一般以弯曲角度 $\alpha$、弯心直径 $d$ 与钢材厚度（或直径）$a$ 的比值 $d/a$ 来表示弯曲的程度，如图 7.3 所示。弯曲角度越大，$d/a$ 越小，表示钢材的冷弯性能越好。

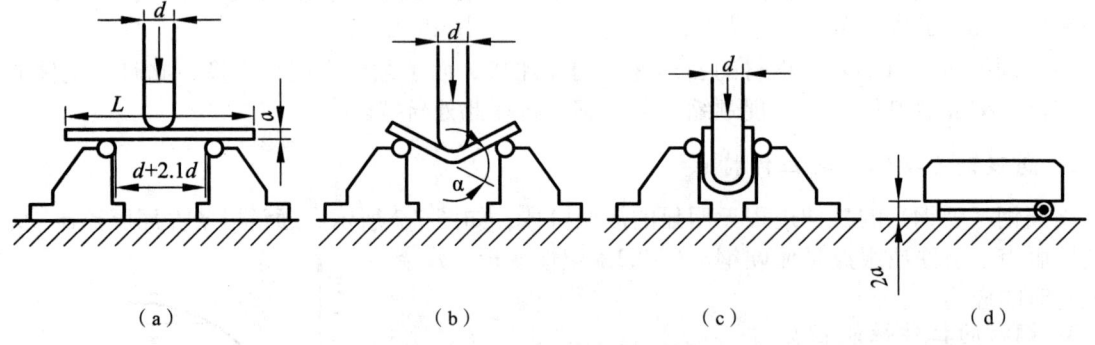

图 7.3 钢材冷弯试验示意图

在常温下，以规定弯心直径和弯曲角度（90°或 180°）对钢材进行弯曲，在弯曲处外表面，即受拉区或侧面，无裂纹、起层、鳞落或断裂等现象，则钢材冷弯合格。如有一种及以上的现象出现，则钢材的冷弯性能不合格。

伸长率较大的钢材，其冷弯性能也必然较好。但冷弯试验是对钢材塑性更严格的检验，有利于暴露钢材内部存在的缺陷，如气孔、杂质、裂纹、严重偏析等；同时在焊接时，局部脆性及焊接接头质量的缺陷也可通过冷弯试验而发现。因此，钢材的冷弯性能也是评定焊接质量的重要指标。钢材的冷弯性能必须合格。

## 2. 可焊性

可焊性是指钢材适应一定焊接工艺的能力。可焊性好的钢材在一定的工艺条件下,焊缝及附近过热区不会产生裂缝及硬脆倾向,焊接后的力学性能如强度不低于或略低于原材。

可焊性主要受化学成分及含量的影响。含碳量高、含硫量高、合金元素含量高等因素,均会降低可焊性。含碳量小于 0.25% 的非合金钢具有良好的可焊性。

焊接结构应选择含碳量较低的氧气转炉或平炉的镇静钢。当采用高碳钢及合金钢时,为了改善焊接后的硬脆性,焊接时一般要采用焊前预热及焊后热处理等措施。

## 三、钢材的技术性质

### (一) 碳素结构钢的牌号及其表示方法

根据国家标准《碳素结构钢》(GB 700—88)规定,碳素结构钢分五个牌号,即 Q195、Q215、Q235、Q255 和 Q275(Q 表示屈服点,数值为屈服强度值)。按其冲击韧性和硫、磷杂质含量由多到少分为 A、B、C、D 4 个质量等级。脱氧程度:F(沸腾钢)、b(半镇静钢)、Z(镇静钢)、TZ(特殊镇静钢)。

牌号表示方法:

是由代表屈服点的字母 Q、屈服点数值、质量等级(A、B、C、D)、脱氧程度(F、b、Z、TZ)等四个部分按顺序组成。

镇静钢和特殊镇静钢的符号 Z 和 TZ 在钢的牌号中通常予以省略。如 Q235-A·F,表示此碳素结构钢是屈服点为 235 MPa 的 A 级沸腾钢;Q235-C,表示此碳素结构钢是屈服点为 235MPa 的 C 级镇静钢。

### (二) 化学成分对碳素钢技术性能的影响

#### 1. 含碳量对碳素钢力学性能的影响

碳是钢中除铁之外含量最多的元素,是决定钢性能的主要元素。随含碳量的增加,钢的强度和硬度相应提高,而塑性和韧性则相应降低。但含碳量过高会增加钢的冷脆性和时效敏感性,降低抗大气腐蚀性和可焊性。

#### 2. 钢中常存杂质元素对碳钢性能的影响

(1) 锰的影响。一般认为锰在钢中是一种有益元素。在碳钢中含锰量通常<0.8%;在含锰合金钢中,含锰量一般控制在 1.0%~1.2% 范围内。锰大部分溶于铁素体中,形成置换固溶体,并使铁素体强化;一部分锰则溶于 $Fe_3C$,形成合金渗碳体;锰还能增加珠光体相对量并使珠光体变细,这都使钢的强度提高。锰与硫化合成 MnS,能减轻硫的有害作用。当锰含量不多,在碳钢中仅次于碳作为少量杂质存在时,它对钢性能影响并不大。

(2) 硅的影响。硅在钢中也是一种有益元素,在碳钢中含硅量通常<0.35%。硅与锰一样能溶于铁素体中,使铁素体强化,从而使钢的强度、硬度、弹性提高,而塑性、韧性降低。当硅含量不多仅作为少量杂质存在时,它对钢的性能也基本无影响。

(3) 硫的影响。硫在钢中是有害物质。硫不溶于铁,而以 FeS 形式存在。FeS 会与 Fe 形成共晶(熔点只有 989℃),当将钢材在 1 000℃~1 200℃温度下加工时,FeS-Fe 共晶熔化,钢材变得极脆。这种脆性现象称为"热脆"。为了避免热脆，钢中含硫量必须严格控制，普通钢含硫量应≤0.050%，优质钢含硫量应≤0.035%，高级优质钢含硫量应≤0.025%。

在钢中增加含锰量，可消除硫的有害作用。Mn 能与 S 形成熔点为 1 620°C 的 MnS，而且 MnS 在高温时具有塑性，因此可避免热脆现象。

（4）磷的影响。磷也是一种有害杂质。磷在钢中全部溶于铁素体中，虽可使铁素体的强度、硬度有所提高，但却使室温下钢的塑性、韧性急剧降低，使钢变脆，这种现象称为冷脆。磷的存在还使钢的可焊接性能降低，因此钢中含磷量要严格控制。普通钢含磷量应≤0.045%，优质钢含磷量应≤0.035%，高级优质钢含磷量应≤0.025%。

### （三）技术性能

按照国家标准《碳素结构钢》（GB 700—88）规定，碳素结构钢的技术要求如下：

（1）化学成分：各牌号碳素结构钢的化学成分应符合表 7.2 的规定。

**表 7.2　碳素结构钢的化学成分**

| 牌号 | 等级 | 化学成分/% | | | | | 脱氧方法 |
| | | C | Mn | Si | S | P | |
| | | | | | ≤ | | |
|---|---|---|---|---|---|---|---|
| Q195 | — | 0.06~0.12 | 0.25~0.50 | 0.30 | 0.050 | 0.045 | F、b、Z |
| Q215 | A | 0.09~0.15 | 0.25~0.55 | 0.30 | 0.050 | 0.045 | F、b、Z |
| | B | | | | 0.045 | | |
| Q235 | A | 0.14~0.22 | 0.30~0.65 | 0.30 | 0.050 | 0.045 | F、b、Z |
| | B | 0.12~0.20 | 0.30~0.70 | | 0.045 | | |
| | C | ≤0.18 | 0.35~0.80 | | 0.040 | 0.040 | Z |
| | D | ≤0.17 | | | 0.035 | 0.035 | TZ |
| Q255 | A | 0.18~0.28 | 0.40~0.70 | 0.30 | 0.050 | 0.045 | F、b、Z |
| | B | | | | 0.045 | | |
| Q275 | — | 0.20~0.38 | 0.50~0.80 | 0.35 | 0.050 | 0.045 | b、Z |

（2）力学性能：碳素结构钢的强度、冲击韧性等指标应符合表 7.3 的规定，冷弯性能应符合表 7.4 的要求。

**表 7.3　碳素结构钢的力学性能**

| 牌号 | 等级 | 拉伸试验 | | | | | | | | | | | | 冲击试验 | |
| | | 屈服点 $\sigma_s$/MPa | | | | | 抗拉强度 $\sigma_b$/MPa | 伸长率 $\delta_s$/% | | | | | | 温度/°C | V 型冲击功(纵向)/J |
| | | 钢材厚度（或直径）/mm | | | | | | 钢材厚度（或直径）/mm | | | | | | | |
| | | ≤16 | >16~40 | >40~60 | >60~100 | 100~150 | >150 | | ≤16 | >16~40 | >40~60 | >60~100 | >100~150 | >150 | | |
| | | ≥ | | | | | | | ≥ | | | | | | | |
|---|---|---|---|---|---|---|---|---|---|---|---|---|---|---|---|---|
| Q195 | — | (195) | (185) | — | — | — | — | 315~390 | 33 | 32 | — | — | — | — | — | — |
| Q215 | A | 215 | 205 | 195 | 185 | 175 | 165 | 335~410 | 31 | 30 | 29 | 28 | 27 | 26 | — | — |
| | B | | | | | | | | | | | | | | 20 | 27 |

续表

| 牌号 | 等级 | 拉伸试验 ||||||| 冲击试验 ||
|---|---|---|---|---|---|---|---|---|---|---|
| | | 屈服点 $\sigma_s$/MPa ||||| 抗拉强度 $\sigma_b$/MPa | 伸长率 $\delta_s$/% ||||| 温度/°C | V型冲击功(纵向)/J |
| | | 钢材厚度（或直径）/mm ||||| | 钢材厚度（或直径）/mm ||||| | |
| | | ≤16 | >16~40 | >40~60 | >60~100 | 100~150 | >150 | | ≤16 | >16~40 | >40~60 | >60~100 | >100~150 | >150 | | |
| | | ≥ |||||| | ≥ |||||| | |
| Q235 | A | 235 | 225 | 215 | 205 | 195 | 185 | 375~460 | 26 | 25 | 24 | 23 | 22 | 21 | — | — |
| | B | | | | | | | | | | | | | | 20 | 27 |
| | C | | | | | | | | | | | | | | 0 | |
| | D | | | | | | | | | | | | | | −20 | |
| Q255 | A | 255 | 245 | 235 | 225 | 215 | 205 | 410~510 | 24 | 23 | 22 | 21 | 20 | 19 | — | — |
| | B | | | | | | | | | | | | | | 20 | 27 |
| Q275 | — | 275 | 265 | 255 | 245 | 235 | 225 | 490~610 | 20 | 19 | 18 | 17 | 16 | 15 | — | — |

表7.4 碳素结构钢的冷弯性能

| 牌号 | 试样方向 | 冷弯试验（$B=2a$，180°） |||
|---|---|---|---|---|
| | | 钢材厚度（或直径）（$a$, mm） |||
| | | ≤60 | >60~100 | >100~200 |
| | | 弯心直径 $d$/mm |||
| Q195 | 纵 | 0 | — | — |
| | 横 | 0.5$a$ | | |
| Q215 | 纵 | 0.5$a$ | 1.5$a$ | 2$a$ |
| | 横 | $a$ | 2$a$ | 2.5$a$ |
| Q235 | 纵 | $a$ | 2$a$ | 2.5$a$ |
| | 横 | 1.5$a$ | 2.5$a$ | $a$ |
| Q255 | 2$a$ | 2$a$ | 3$a$ | 3.5$a$ |
| Q275 | 3$a$ | 3$a$ | 2$a$ | 4.5$a$ |

注：$B$为试样宽度，$a$为钢材厚度（或直径）。

从表7.2、表7.3、表7.4可以看出，碳素结构钢随着牌号的增大，其含碳量和含锰量增加，强度和硬度提高，而塑性和韧性降低，冷弯性能逐渐变差。

# 第三节 钢的冷加工和热处理

## 一、钢材的冷加工

冷加工：指钢材在再结晶温度下（一般为常温下）进行的机械加工。如冷拉、冷拔、冷轧、冷扭、刻痕等。

1. 冷加工强化

钢材经冷加工后，产生一定的塑性变形，屈服点明显提高，即强度和硬度明显提高，但塑性和韧性有所降低，这种现象称为钢材的冷加工强化（或冷作硬化）。

通常冷加工变形越大，则强化越明显，即屈服强度提高越多，而塑性与韧性降低也越大。

土木工程中大量使用的钢筋，往往是冷加工和时效处理同时采用，常用的冷加工方法是冷拉和冷拔。

（1）冷拉：将热轧钢筋用拉伸设备在常温下拉长，使之产生一定的塑性变形，称为冷拉。冷拉后的钢筋不仅屈服强度提高 20%～30%，同时还增加钢筋长度（4%～10%），因此冷拉是节约钢材（一般 10%～20%）的一种措施。

钢材经冷拉后屈服阶段缩短，伸长率减小，材质变硬。

实际冷拉时，应通过试验确定冷拉控制参数。冷拉参数的控制，直接关系到冷拉效果和钢材质量。

（2）冷拔：将光圆钢筋通过硬质合金拔丝模孔强行拉拔。钢筋在冷拔过程中，不仅受拉，同时还受到挤压作用。经过一次或多次冷拔后，钢筋的屈服强度可提高 40%～60%，但塑性大大降低，具有硬钢的性质。

2. 钢材的时效处理

将经过冷加工后的钢材，在常温下存放 15～20 d，或加热至 100℃～200℃ 并保持 2 h 左右，其屈服强度、抗拉强度及硬度进一步提高，伸长率和冲击韧性逐渐降低，弹性模量得以恢复的现象称为时效处理。前者称为自然时效，后者称为人工时效。

钢材经冷加工和时效处理后，其性能变化规律在应力-应变图上明显地得到反映，如图 7.4 所示。

通常对强度较低的钢筋可采用自然时效，强度较高的钢筋则需采用人工时效。

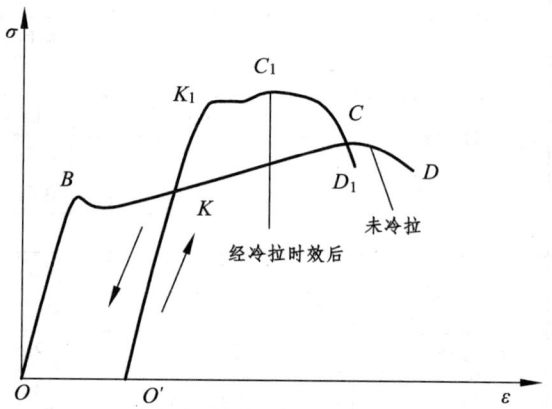

图 7.4　钢筋冷拉时效后应力-应变曲线的变化

图 7.4 中 $OBCD$ 为未经冷拉和时效处理试件的 $\sigma$-$\varepsilon$ 曲线。当试件冷拉至超过屈服强度的任意一个 $K$ 点时卸荷载，此时由于试件已产生塑性变形，曲线沿 $KO'$ 下降，$KO'$ 大致与 $BO$ 平行。如果立即重新拉伸，则新的屈服点将提高至 $K$ 点，以后的 $\sigma$-$\varepsilon$ 曲线将与原来曲线 $KCD$ 相似。如果在 $K$ 点卸荷载后不立即重新拉伸，而将试件进行自然时效或人工时效，然后再拉伸，则其屈服点又进一步提高至 $K_1$ 点，继续拉伸时曲线沿 $K_1C_1D_1$ 发展。这表明钢筋经冷拉和时效处理后，屈服强度得到进一步提高，抗拉强度亦有所提高，塑性和韧性则相应降低。

## 二、钢材的热处理

热处理是将钢材在固态范围内进行加热、保温和冷却，从而改变其金相组织和显微结构组织，获得需要性能的一种综合工艺。

（1）退火：是将钢材加热到一定温度，保温后缓慢冷却（随炉冷却）的一种热处理工艺，按加热温度可分为重结晶退火和再结晶退火。其作用是细化晶粒，改善组织，降低硬度，提高塑性，消除组织缺陷和内应力，防止变形、开裂。

（2）正火：正火是在空气中冷却。与退火相比，正火后钢的硬度、强度较高，而塑性减少。其作用是细化晶粒，消除组织缺陷等。

（3）淬火：是将钢材加热到相变临界点以上（一般为 900℃ 以上），保温后放入水或油等冷却介质中快速冷却的一种热处理操作。其作用是得到高强度、高硬度的组织，以便在随后的回火时获得具有高的综合力学性能的钢材。淬火会使钢的塑性和韧性显著降低。

（4）回火：是将钢材加热到相变温度以下，保温后在空气中冷却的热处理工艺。其作用是为消除淬火产生的很大内应力，降低脆性，改善机械性能等。

# 小　结

本章重点讲述建筑钢材的重要性能、种类、技术标准和应用；介绍冶炼方法、化学成分、冷加工和热处理对钢材性能的影响。对碳素结构钢和低合金结构钢的性质、技术标准及选用原则，建筑结构钢材和钢筋混凝土用钢材的种类、特点和应用作了介绍。

钢材是在严格的技术控制条件下生产的，与非金属材料相比，其优点是品质均匀致密、强度高、塑性和韧性好、能经受冲击和振动荷载等；钢材还具有优良的加工性能，可以锻压、焊接、铆接和切割，便于装配。缺点是易锈蚀、耐火性差。

## 思考题与习题

7-1　钢有哪些分类方法？各分几种？

7-2　含碳量对建筑碳钢的力学性能有哪些规律性的影响？硫磷元素对钢材技术性能有什么影响？

7-3　桥梁建筑用钢材有哪些？

7-4　钢材牌号如何规定？说明下列钢材牌号的含义：Q235A、45SiCr。

7-5　钢的屈强比在工程使用中有什么意义？

## 试验 7.1　冷弯试验

（一）目的和适用范围

可了解受试钢材对某种工艺加工适合的程度。

（二）试验准备

1. 直径为 $d_0$ 的钢筋，试样长度 $L \approx 5\,d_0 + 150$ mm。

2. 试件可由钢筋试件两端截取，试样中间 1/3 范围内不准有凿冲等工具刻痕或压痕。

### (三)仪器设备

弯曲试验可用压力机、特殊试验机、万能试验机或圆口钳等设备进行。试验过程中应平稳地对试件施加压力。

### (四)试验步骤

(1)试验前:测量试样尺寸是否符合要求。

(2)选择适当的弯心直径 $d$,按图 7.3(a)装置,支座的净距为 $d_0+2.1d_0$。对于不同种类的钢材其弯心直径取值不同。试表 7.1 为《钢筋混凝土用热轧带肋钢筋》(GB 1499—1998)规定的热轧带肋钢筋取用的弯心直径。

试表 7.1

| 牌号 | 公称直径 $d_0$/mm | 弯曲试验弯心直径 $d$ | 牌号 | 公称直径 $d_0$/mm | 弯曲试验弯心直径 $d$ |
|---|---|---|---|---|---|
| HRB335 | 6~25<br>28~50 | $3d_0$<br>$4d_0$ | HRB500 | 6~25<br>28~50 | $4d_0$<br>$5d_0$ |

(3)上升支座使弯心压头与试样接触,然后均匀加压,压至规定的角度,参见图 7.3(b)。

(4)如需弯曲成两臂平行,可一次绕弯心弯成,参见图 7.3(c)进行试验。

(5)如需压成两臂接触,可先弯成两臂平行,而后取出改放在压力机上,压至试件两臂接触为止,参见图 7.3(d)。

(6)压至规定条件后,检查试件弯曲处是否有裂纹、起层分化或断裂等情况。

### (五)试验记录

钢筋冷弯试验记录见试表 7.2。

试表 7.2 钢筋冷弯试验记录表

| 试样编号 | | | 试样来源 | | | |
|---|---|---|---|---|---|---|
| 试样名称 | | | 初拟用途 | | | |
| 试验次数 | 试件尺寸 | | 弯心直径 $d$/mm | 跨度 $L$/cm | 弯折角度 $\alpha$/(°) | 试验结果 |
| | 直径 $d_0$/mm | 长度 $L$/cm | | | | |
| 1 | | | | | | |
| 2 | | | | | | |
| 3 | | | | | | |
| 结论: | | | | | | |

试验者_____ 计算者_____ 校核者_____ 试验日期_____

# 第八章 工程高分子聚合物材料

### 知识目标
1. 了解高分子聚合物材料的基础知识、主要工程高分子聚合物的组成和性能；
2. 了解高分子聚合物材料在道路与桥梁工程中的应用。

### 能力目标
1. 能掌握高分子聚合物的结构和性能；
2. 根据常用高分子聚合物的特性，会应用高分子聚合物材料，改善水泥和沥青混合料性能。

### 引　言
高等级公路的快速发展，对路面和桥梁建筑用的材料提出了更高的要求。工程高分子聚合物材料在道路工程中的应用，不仅提供了代替传统材料的新材料，而且可以作为改性剂来改善和提高现有材料的技术性能。

## 第一节　概　述

高分子聚合物，是组成单元相互多次重复连接而构成的物质。通常认为聚合物材料包括塑料、橡胶和纤维三类。

高分子材料有许多优良性能，如质轻、比强度高、耐腐蚀、耐磨、绝缘性好，同时经济效益高，不受地域、气候限制，目前被广泛地应用于工程实际中。

### 一、高分子聚合物的概念

1. 单体、链节、聚合物、聚合度

高分子聚合物虽然分子量大、原子数较多，但都是由许多低分子化合物聚合而成的，例如聚乙烯（…—$CH_2$—$CH_2$—$CH_2$—$CH_2$…）是由低分子化合物乙烯（$CH_2 = CH_2$）聚合而成，若将—$CH_2$—$CH_2$—看作聚乙烯大分子中的一个重复结构单元，则聚乙烯可写成[—$CH_2$—$CH_2$—]$_n$。

"单体"是指可以聚合成高分子聚合物的低分子化合物，如上例中的乙烯（$CH_2 = CH_2$）；"链节"是指组成高分子聚合物最小的重复结构单元，如上例中—$CH_2$—$CH_2$—；"聚合物"是指相应组成的大分子，如上例中的[—$CH_2$—$CH_2$—]$_n$；"聚合度"是指聚合物中所含链节的数目 $n$；聚合度很大（$10^3$ 以上）的聚合物称为"高聚物"。

2. 聚合物的命名

（1）根据单体的名称命名。以形成聚合物的单体为基础，在单体名称之前加"聚"字而命名，如聚乙烯、聚丙烯等。如单体有两种或两种以上时，常把单体的名称（或其缩写）写在前面，在其后按用途加"树脂"或"橡胶"名称。如丁苯橡胶（由丁二烯和苯乙烯聚合而成）等。

（2）习惯上命名或商品名称。如聚己二酰己二胺，习惯上称为聚酰胺66，商品名称为尼龙。为简化起见也以聚合物英文名称缩写符号表示，如聚乙烯（Polyethylene）缩写为PE等。

## 二、高分子化合物的分子结构

高分子化合物是由不同结构层次的分子有规律地排列、堆砌而成。按分子几何结构形态来分，可分线型、支链型和体型3种。

1. 线　型

线型高聚物的分子为线状长链分子，大多数呈卷曲状。由于高分子链之间的范德华力很微弱，使分子容易相互滑动，在适当的溶剂中能溶解，溶解后的溶液黏度很大。当温度升高时，它可以熔融而不分解，成为黏度较大、能流动的液体。利用此特性，在加工时可以反复塑制。塑性树脂大部分属于线型高聚物。

线型高聚物具有良好的弹性、塑性、柔顺性，还有一定的强度，但硬度小。

2. 支链型

支链型高聚物的分子在主链上带有比主链短的支链，它可以溶解和熔融。但当支链的支化程度和支链的长短不同时，会影响高聚物的性能。如低密度聚乙烯属于支链型结构，它与线型高密度聚乙烯相比，密度小，抗拉强度低，而溶解性增大，这是由于其分子间的作用较弱而造成的。

3. 体　型

体型高聚物的分子，是由线型或支链型高聚物分子以化学键交联形成，呈空间网状结构。它不能溶解于任何溶剂，最多只能溶胀。加热后不软化，也不能流动，加工时只能一次塑制。热固性树脂属于体型高聚物。

由于体型高聚物是一个巨型分子，所以塑性和弹性低，但硬度与脆性较大，耐热性较好。

三大合成材料中的合成纤维是线型高聚物，而塑料可以是线型高聚物，也可以是体型高聚物。

## 三、高分子化合物的分类

高聚物的分类方法很多，经常采用的方法有以下几种：

（1）按高分子化合物的合成材料分为塑料、合成橡胶和合成纤维，此外还有胶黏剂、涂料等。

（2）按高分子化合物的分子几何结构形态分为线型、支链型和体型3种。

（3）按高分子化合物反应类别分加聚反应和缩聚反应，其反应产物为加聚物和缩聚物。

## 四、工程应用

工程高分子聚合物材料，除了直接作为道路与桥梁结构物构件或配件的材料外，更多的是作为改善水泥混凝土或沥青混凝土性能的组分，为此必须掌握高分子聚合物材料的组成、性能和配制，才能正确选择和应用这类材料。

# 第二节 土工布

土工合成材料是以高分子聚合物为原料的新型建筑材料，广泛应用于公路工程各个领域。它的种类很多，其中有一类具有透水性的布状织物，叫作"土工织物"，俗称"土工布"。织物的成分是人造聚合物，常用的有聚丙烯（丙纶）、聚酯（涤纶）、聚乙烯、聚酰胺（锦纶）、尼龙和聚偏二氯乙烯等。目前土工合成材料主要包括：土工织物（透水、布状），土工网、格、垫（粗格或网状），土工薄膜（不透水、膜状）和土工复合材料（以上材料的组合）。

## 一、土工布的种类和特点

按照不同的制造工艺，可将土工布分为有纺、无纺、编织和复合织物四种。

1. 有纺织物

有纺织物是由经线和纬线相互交织而成的织物，与日用布相似，可分为平纹织物（经、纬线相互垂直）和斜纹织物。

（1）单丝有纺织物。织物的成分大多为聚酯或聚丙烯，单丝的横截面为圆形或长方形。单丝有纺织物一般为中等强度，主要用作反滤材料。

（2）复丝有纺织物。由许多细纤维的纱线织成。纤维原料多为聚丙烯和聚酯，薄膜丝原料为聚乙烯。主要用于加筋，在铺设时应注意使其最大强度方向与最大应力方向一致。此种织物价格较高，应用受到限制。

（3）扁丝有纺织物。由宽度大于厚度许多倍的纤维织造而成。常见的扁丝织物是聚丙烯薄膜织物，扁丝之间不经黏合易撕裂。但此织物具有较高强度和弹性模量，主要用作分隔材料。

2. 无纺织物

将纤维沿一定方向或随机地以某种方法相互结合而制成的织物。无纺织物的原料几乎全是聚酯、聚丙烯或由聚丙烯与尼龙纤维混纺制成。其价格较低，具有中、低强度和中等至较大的破坏延伸率，已广泛用作反滤、隔离和加筋材料。

3. 编织织物

由一股或多股纱线组成的线卷相互连锁而制成，又称"针织物"。使用单丝和复合长丝，能够织成各种管状织物。编织织物造价较低，但在工程领域中较少应用，近年美国已将其用于反滤与加筋材料。

4. 复合织物

将编织织物、有纺织物和无纺织物等重叠在一起，用黏合或针刺等方法使其相互组合加工而成的织物。许多专门用于排水的复合织物由两层薄反滤层中间夹一厚透水层组成。反滤层一般是热黏合无纺织物，透水层是厚型针织物或特种织物。

## 二、土工布在道路工程中的应用

合成织物用于土木工程始于20世纪50年代末，最早是美国人R.J.Barrett在佛罗里达州将透水性合成纤维有纺织物铺设在混凝土块下，作为防冲刷保护层。20世纪70年代后，国外织物的应用从公路、铁路的路基工程逐步扩展到挡土墙、土坝等大型永久性工程。80年代初，我国铁道部门开始试用无纺织物，自80年代中期，水利、港建、航道和公路部门开始推广使用。其作用如下：

1. 排水作用

织物是多孔隙透水介质，埋在土中可以汇集水分，并将水排出土体。织物不仅可以沿垂直于其平面的方向排水，也可以沿其平面方向排水，即具有水平排水功能。

2. 反滤作用

为防止土中细颗粒被渗流潜蚀（管涌现象），传统上使用级配粒料滤层。而有纺和无纺织物都能取代常规的粒料，起反滤层作用。工程中往往同时利用织物的反滤和排水两种作用。

3. 分隔作用

在岩土工程中，不同的粒料层之间经常发生相互混杂现象，使各层失去应有的性能。将织物铺设在不同粒料层之间，可以起分隔作用。例如，在软弱地基上铺设碎石粒料基层时，在层间铺设织物，可有效地防止层间土粒相互贯入和控制不均匀沉降。织物的分隔作用在公路软土路基处理中效果很好。

4. 加筋作用

织物具有较高的抗拉强度和较大的破坏变形率，以适当方式将其埋在土中，作为加筋材料，可以控制土的变形，增加土体稳定性。也可用于加筋土挡墙中。

在一项工程中，可要求织物发挥多种作用，见表8.1。

表8.1 织物在工程中的各种作用

| 主要作用 | 工程应用 | 次要作用 | 主要作用 | 工程应用 | 次要作用 |
|---|---|---|---|---|---|
| 分隔 | 道路和铁路路基 | 反滤、排水、加筋 | 加筋 | 沥青混凝土路面 | — |
| | 填土、预压稳定 | 排水、加筋 | | 路面底基层 | 反滤 |
| | 边坡防护、运动场、停车场 | 反滤、排水、加筋 | | 挡土结构 | 排水 |
| 排水 | 挡土墙、垂直排水 | 分隔、反滤 | | 软土地基 | 分隔、排水、反滤 |
| | 横向排水（铺在薄膜下） | 加筋 | | 填土地基 | 排水 |
| | 土坝 | 反滤 | 反滤 | 沟渠、基层、结构和坡脚排水 | 分隔、排水 |
| | 铺在水泥板下 | — | | 堤岸防护 | 分隔 |

# 第三节 高分子合成树脂

## 一、概述

在道路工程中，常遇到各种软弱路基需要处理。世界范围内，各国都广泛利用有机和无机结合料加固类材料修筑道路的基层、底基层和垫层，有时还用于稳定表层土基。

加固土方法有很多种，按其技术措施的不同可分为：机械方法（如压实），物理方法（如改善水温状况），掺入化学材料方法及技术处理方法（如热处理、电化学处理等）。实践中应根据具体情况选择各种有效的加固方法。本节主要介绍在实践中便于操作、易于推广、应用效果良好的高分子合成树脂土体化学加固材料。

实践表明，在道路工程中采用加固土，可降低劳动量和动力的需要量，降低工程造价，且随着石料运距的增加，应用加固土的效益更为明显。应当指出，即使在当地有石料供应的情况下，有时采用加固土在技术和经济上还是合理的，因为它工艺较简单，且可根据需要提供必要的强度、刚度及稳定性。

## 二、技术性质及要求

1. 技术性质

高分子合成树脂加入土中后，通过单体在土中发生聚合反应，生成聚合物。聚合物生成后，将产生以下两方面的作用：

（1）聚合物机械地填充土中空隙及裹覆土粒和土团粒。

（2）在离子或共价键的作用下，聚合物链节直接把土粒和团粒连接起来。土粒本身组成了聚合物网格的一部分，与聚合物有机地形成一个整体的空间结构，从而大大提高了土体的强度。

2. 要求

（1）聚合物的分子是极性的或离子型的。

（2）聚合物在加入土以前具有可溶解性。

（3）聚合物溶液与土拌和均匀。

## 三、应用

用高分子聚合物材料加固土体在道路工程中应用广泛，具体表现在以下几个方面：

（1）道路基层、底基层和垫层中的应用，用作加固软弱地基。

（2）在稳定道路边坡中的应用。

（3）在桥梁、挡土墙等道路结构物软弱地基中的应用。

（4）在江边道路护岸中的应用。

实践证明，采用化学材料加固土体具有显著的技术、经济、社会效益，应用前景广阔。

# 第四节 高分子聚合物改性水泥混凝土

水泥混凝土具有许多优良技术品质，所以广泛应用于高等级路面和大型桥梁工程。但它最主要的缺点是抗拉（或抗弯）强度与抗压强度之比值较低，相对延伸率小，是一种典型的强而脆的材料。如能借助高聚物的特性，采用高聚物改性水泥混凝土，则可弥补上述缺点，使水泥混凝土成为强而韧的材料。

## 一、聚合物浸渍混凝土（PIC）

聚合物浸渍混凝土是已硬化的混凝土（基材）经干燥后浸入聚合物有机单体，用加热或辐射等方法使混凝土孔隙内的单体聚合而成的一种混凝土。

1. 基本工艺

（1）干燥。为使聚合物能渗填混凝土基材的孔隙，必须使基材充分干燥，温度为100℃～105℃。

（2）浸渍。是使配制好的浸渍液渗填入混凝土孔隙中的工序。最常用的浸渍聚合物材料有甲基丙烯酸甲酯（MMA）、苯乙烯（S），此外还需加入引发剂、催化剂及交联剂等浸渍液。

（3）聚合。是使浸渍在基体孔隙中的单体聚合固化的过程。目前采用较多的是掺加引发剂的热聚合法。

2. 技术性能

聚合物浸渍混凝土由于聚合物浸渍充盈了混凝土毛细管孔和微裂缝所组成的孔隙系统，改变了混凝土的孔结构，因而使其物理-力学性状得到明显改善。一般情况下，聚合物浸渍混凝土的抗压强度为普通混凝土的3～4倍，抗拉强度约提高3倍，抗弯强度约提高2～3倍。弹性模量约提高1倍，抗冲击强度约提高0.7倍。此外，徐变大大减少，抗冻性、耐硫酸盐、耐酸和耐碱等性能都有很大改善。主要缺点是耐热性差，高温时聚合物易分解。

## 二、聚合物水泥混凝土（PCC）

聚合物水泥混凝土是以聚合物（或单体）和水泥共同起胶结作用的一种混凝土。它是在拌和混凝土混合料时将聚合物（或单体）掺入的，因此生产工艺简单，便于现场使用。

1. 材料组成

聚合物水泥混凝土的材料组成，基本上与普通水泥混凝土相同，只增加了聚合物组分。常用的聚合物有下列三类：

（1）橡胶乳液类：天然胶乳（NR）、丁苯胶乳（SBR）和氯丁胶乳（CR）等。

（2）热塑性树脂：类聚丙烯酸酯（PAE）、聚醋酸乙烯酯（PVAC）等。

（3）热固性树脂类：环氧树脂（PE）类。

2. 技术性能

（1）抗弯拉强度高。掺加聚合物后，作为路面混凝土强度指标的抗弯拉强度，提高更为明显。

（2）冲击韧性好。掺加聚合物后，其脆性降低，柔韧性增加，因而抗冲击能力提高，这对作为承受动荷载的路面和桥梁用混凝土是非常有利的。

（3）耐磨性好。聚合物对矿质集料具有优良的黏附性，因而可以采用硬质耐磨的岩石作为集料，这样可提高路面混凝土的耐磨性和抗滑性。

（4）耐久性好。聚合物在混凝土中能起到阻水和填隙的作用，因而可提高混凝土的抗水性、耐冻性和耐久性。

### 三、聚合物胶结混凝土（PC）

聚合物胶结混凝土是完全以聚合物为胶结材的混凝土，常用的聚合物为各种树脂或单体，所以亦称"树脂混凝土"。

1. 组成材料

（1）胶结材。用于拌制聚合物混凝土的树脂或单体，常用的有环氧树脂（PE）、苯乙烯（S）等。

（2）集料。应选择高强度和耐磨的岩石，轧制的集料要有良好的级配，集料最大粒径不大于 20 mm。

（3）填料。其粒径宜为 1~30 μm，矿物成分有碱性的碳酸钙（$CaCO_3$）系和酸性氧化硅（$SO_2$）系，需根据聚合物特性确定。

2. 技术性能

聚合物混凝土是以聚合物为结合料的混凝土，由于聚合特征，则其具有以下特点：

（1）表观密度小。由于聚合物的密度较水泥的密度小，所以聚合物混凝土的表观密度亦较小。通常在 2 000~2 200 $kg/m^3$，如采用轻集料配制混凝土，更能减小结构断面和增大跨度，达到轻质高强的要求。

（2）力学强度高。聚合物混凝土的抗压、抗拉或抗折强度比普通水泥混凝土要高，特别是抗拉和抗折强度尤为突出。这对减薄路面厚度或减少桥梁结构断面都有显著效果。

（3）与集料的黏附性强。由于聚合物与集料的黏附性强，可采用硬质石料做成混凝土路面抗滑层，提高路面抗滑性。此外，还可做成孔隙式路面防滑层，以防止高速公路路面的飘滑和减小噪声。

（4）结构密实。由于聚合物不仅可填密集料间的孔隙，而且可浸填集料的孔隙，使混凝土的结构密度增大，提高了混凝土的抗渗性、抗冻性和耐久性。

聚合物混凝土具有许多优良的技术性能，除了用于特殊要求的道路与桥梁工程结构外，也经常使用于路面和桥梁的修补工程。

## 第五节 高分子聚合物改性沥青混合料

### 一、高分子聚合物改性沥青的性能

目前，应用于改善沥青性能的高分子聚合物，主要有树脂类、橡胶类和树脂-橡胶共聚物等 3 类，各类常用聚合物名称分别列于表 8.2。

表 8.2 改性沥青常用高聚物

| 树脂类高聚物 | 橡胶类高聚物 | 树脂-橡胶共聚物 |
|---|---|---|
| 聚乙烯（PE）<br>聚丙烯（PP）<br>聚乙烯-乙酸乙烯酯共聚物（EVA） | 丁苯橡胶（SBR）<br>氯丁橡胶（CR）<br>丁腈橡胶（NBR）<br>苯乙烯-异戊二烯橡胶（SIR）<br>乙丙橡胶（EPDR） | 苯乙烯-丁二烯嵌段共聚物（SBS）<br>苯乙烯-异戊二烯嵌段共聚物（SIS） |

**1. 热塑性树脂类改性沥青**

用作沥青改性的树脂，主要是热塑性树脂，较常用的有聚乙烯（PE）和聚丙烯（PP）。它们所组成的改性沥青性能，主要是提高沥青的黏度、改善高温抗流动性，同时可增大沥青的韧性，所以它们对改善沥青高温性能是有效的，但是低温性能改善有时并不明显。

**2. 橡胶类改性沥青**

橡胶沥青的性能，不仅取决于橡胶的品种和掺量，而且取决于沥青的性质。

当前合成橡胶类改性沥青中，通常认为改性效果较好的是丁苯橡胶（SBR）。丁苯橡胶改性沥青的性能主要表现为：

（1）在常规指标上，针入度值减小，软化点升高，常温（25℃）延度稍有增加，特别是低温（5℃）延度有较明显的增加。

（2）不同温度下的黏度均有增加，随着温度降低，黏度差逐渐增大。

（3）热流动性降低，热稳定性明显提高。

（4）韧度明显提高，黏附性亦有所提高。

**3. 热塑性弹性体改性沥青**

热塑性弹性体由于它兼具有树脂和橡胶的特性，所以它对沥青性能的改善优于树脂和橡胶改性沥青。现以苯乙烯-丁二烯嵌段共聚物（SBS）为例，说明其改善沥青性能的优越性。以 90 号沥青为基料，掺入 5% 的 SBS 改性沥青的技术性能列于表 8.3。

表 8.3 SBS 改性沥青的技术性能

| 沥青名称 | 高温指标 | | 低温指标 | | 耐久性指标 |
|---|---|---|---|---|---|
| | 绝对黏度<br>（60℃）<br>/(Pa·s) | 软化点<br>$T_{R\&B}$<br>/℃ | 低温延度<br>（5℃）<br>/cm | 脆点<br>Fraa$\beta$<br>/℃ | TFOT 前后黏度比<br>$A = \dfrac{\eta_{(60℃)b}}{\eta_{(60℃)a}}$ |
| 原始沥青<br>[针入度 86(0.1 mm)] | 115 | 48 | 3.8 | -10.0 | 2.18 |
| 改性沥青①<br>[针入度 86(0.1 mm)] | 224 | 51 | 36.0 | -23.0 | 1.08 |

注：改性沥青由原始沥青与助剂组成。

从表中可知，改性沥青较原始沥青在路用性能上，主要有下列改善：

（1）提高了低温变形能力。改性沥青 5°C 时的延度增加，脆点降低。

（2）提高了高温使用的黏度。改性沥青 60°C 的黏度增加，软化点提高。

（3）提高了温度感应性。改性沥青在低温时的黏度较原始沥青降低（具有较好的变形能力），而高温（60°C）的黏度提高（具有较好的抗变形能力）。在更高温度（90°C 以上），黏度与原始沥青相近（具有较好的易施工性）。

（4）提高了耐久性。掺加聚合物后沥青的耐久性指标 $A$ 值变小，表明其耐久性有了提高，这主要取决于聚合物中助剂（防老剂）的作用。

## 二、改性沥青混合料的性能

采用不同高聚物的改性沥青配制成沥青混合料，可以考察其使用于路面中的使用性能。现以 SBS 改性沥青为例，将该沥青配制沥青混合料，然后测定其技术性能，试验结果列于表 8.4。

表 8.4 SBS 改性沥青混合料的技术性能

| 混合料名称 | 高温指标（$T=60°C$） | | 低温性能（$T=-10°C$） | | | | |
|---|---|---|---|---|---|---|---|
| | 稳定度 MS/kN | 流值 FL /(1/10 mm) | 视劲度 $T$ /(kN/mm) | 劈裂抗拉强度 $\sigma_t$/MPa | 竖向应变 $\varepsilon_h$ /($10^{-2}$ mm/mm) | 侧向应变 $\varepsilon_l$ /($10^{-2}$ mm/mm) | 断裂能 $E_g$ /(N/mm) |
| 原始沥青混合料 | 8.30 | 31 | 2.72 | 2.90 | 6.9 | 2.0 | 1.00 |
| 改性沥青混合料[①] | 8.45 | 29 | 2.87 | 2.75 | 16.0 | 9.0 | 2.19 |

注：改性沥青混合料为中粒式 LH-10, I；改性沥青由 5%SBS 及助剂组成。

从表中试验结果可以看出 SBS 改性沥青混合料在技术性能上有以下几点改善：

（1）提高了高温时的稳定性。表中 SBS 改性沥青混合料的马歇尔稳定度有所提高，流值有所减少，韧度也有所提高。

（2）提高了低温时的变形能力。从表中看出 SBS 改性沥青混合料的抗拉强度稍有降低，变形量增大，断裂能增加，这就表明在低温下，它变得较原始沥青混合料更为柔韧，因此抵抗低温裂缝的能力也有所提高。

聚合物改性沥青可改善混合料的性能，树脂类改性沥青对提高混合料的稳定性有明显的效果，橡胶类改性沥青对提高混合料的低温抗裂性都有一定的效果，树脂-橡胶高聚物能适当程度地兼顾高温稳定性和低温抗裂性两方面的性能。改性沥青制备的混合料应用于高等级路面，对防止高温车辙和低温裂缝有一定的效果。

## 思考题与习题

8-1　什么是土工布？简述土工布在道路工程中的作用。

8-2　什么是高分子聚合物材料？简述其特征。

8-3　聚合物浸渍混凝土、聚合物水泥混凝土和聚合物胶结混凝土在组成和工艺上有什么不同？简述它们在道路与桥梁工程中的用途。

8-4　常用于改性沥青的聚合物有哪几类？分析它们在改善沥青性能方面各有什么优点和不足之处。

8-5　SBS改性沥青混合料与原始沥青混合料相比技术性能有何改善？

# 参考文献

[1] 中华人民共和国行业标准. 公路工程集料试验规程（JTG E42—2005）[S]. 北京：人民交通出版社，2005.

[2] 中华人民共和国行业标准. 公路工程技术标准（JTG B50—2014）[S]. 北京：人民交通出版社，2014.

[3] 中华人民共和国行业标准. 公路工程岩石试验规程（JTG E41—2005）[S]. 北京：人民交通出版社，2005.

[4] 中华人民共和国国家标准. 沥青路面施工及验收规范（GB 50092—96）[S]. 北京：中国计划出版社，2000.

[5] 中华人民共和国行业标准. 公路工程无机结合料稳定材料试验规程（JTJ 057—2009）[S]. 北京：人民交通出版社，2009.

[6] 中华人民共和国国家标准. 金属材料 弯曲试验方法（GB/T 232—2010）[S]. 北京：人民交通出版社，2010.

[7] 中华人民共和国行业标准. 公路改性沥青与路面施工技术规范（JTJ 036—1998）[S]. 北京：人民交通出版社，1998.

[8] 中华人民共和国行业标准. 建设用砂（GB/T 14684—2011）[S]. 北京：中国标准出版社，2011.

[9] 中华人民共和国国家标准.水泥细度检验方法（筛析法）（GB/T 1345—2005）人民交通出版社，2005.

[10] 中华人民共和国国家标准. 矿渣硅酸盐水泥、火山灰硅酸盐水泥和粉煤灰硅酸盐水泥（GB 1344—1999）[S]. 北京：中国标准出版社，1999.

[11] 中华人民共和国国家标准. 复合硅酸盐水泥（GB 12598—1999）[S]. 北京：中国标准出版社，1999.

[12] 中华人民共和国行业标准. 公路工程水泥及水泥混凝土试验规程（JTG E30—2005）[S]. 北京：人民交通出版社，2005.

[13] 中华人民共和国国家标准. 通用硅酸盐水泥（GB 175—2007）人民交通出版社，2005.

[14] 中华人民共和国行业标准. 公路工程水泥混凝土路面施工技术规范（JTG F30—2005）[S]. 北京：人民交通出版社，2005.

[15] 中华人民共和国行业标准. 公路钢筋混凝土及预应力混凝土桥涵设计规范（JTG D62—2004）[S]. 北京：人民交通出版社，2004.

[16] 中华人民共和国行业标准. 砌筑砂浆配合比设计规程（JCJ 98—2010）[S]. 北京：中国建筑工业出版社，2011.

[17] 中华人民共和国行业标准. 公路桥涵施工技术规范（JTJ 041—2000）[S]. 北京：人民交通出版社，2000.

[18] 姜志青. 道路建筑材料[M]. 北京：人民交通出版社，2005.

[19] 沈金安. 改性沥青与SMA路面[M]. 北京：人民交通出版社，2009.

[20] 中华人民共和国行业标准. 公路工程集料试验规程（JTG E42—2005）[S]. 北京：人民交通出版社，2005.

[21] 中华人民共和国行业标准. 公路工程水泥及水泥混凝土试验规程（JTG E30—2005）[S]. 北京：人民交通出版社，2005.

[22] 中华人民共和国行业标准. 公路工程无机结合料稳定材料试验规程（JTG E51—2009）[S]. 北京：人民交通出版社，2009.

[23] 中华人民共和国行业标准. 公路土工试验规程（JTG E40—2007）[S]. 北京：人民交通出版社，2007.

[24] 中华人民共和国国家标准. 水泥比表面积测定方法 勃氏法（GB/T 8074—2008）[S]. 北京：人民交通出版社，2008.

[25] 中华人民共和国国家标准. 水泥标准稠度用水量、凝结时间、安定性检验方法（GB/T 1346—2011）[S]. 北京：人民交通出版社，2011.

[26] 中华人民共和国国家标准. 水泥胶砂流动度测定方法（GB/T 2416—2005）[S]. 北京：人民交通出版社，2005.

[27] 中华人民共和国国家标准. 公路工程沥青及沥青混合料试验规程（JTG E20—2011）[S]. 北京：人民交通出版社，2011.

[28] 中华人民共和国国家标准. 水泥密度测定方法（GB/T 208—2014）[S]. 北京：人民交通出版社，2014.